高等财经院校"十四五"精品系列教材

管理信息系统

（第二版）

张　新　主编　张　戈　王小斌　蔡永明　副主编

Management Information System

中国财经出版传媒集团
经济科学出版社
Economic Science Press

图书在版编目（CIP）数据

管理信息系统/张新主编. —2 版. —北京：经济科学出版社，2022.1（2024.1 重印）
高等财经院校"十四五"精品系列教材
ISBN 978-7-5218-2342-4

Ⅰ.①管… Ⅱ.①张… Ⅲ.①管理信息系统－高等学校－教材 Ⅳ.①C931.6

中国版本图书馆 CIP 数据核字（2021）第 020351 号

责任编辑：宋　涛
责任校对：隗立娜
责任印制：范　艳

管理信息系统（第二版）

张　新　主　编
张　戈　王小斌　蔡永明　副主编

经济科学出版社出版、发行　新华书店经销
社址：北京市海淀区阜成路甲 28 号　邮编：100142
总编部电话：010-88191217　发行部电话：010-88191522
网址：www.esp.com.cn
电子邮箱：esp@esp.com.cn
天猫网店：经济科学出版社旗舰店
网址：http://jjkxcbs.tmall.com
北京密兴印刷有限公司印装
787×1092　16 开　26.75 印张　490000 字
2022 年 1 月第 2 版　2024 年 1 月第 2 次印刷
印数：2001—4000 册
ISBN 978-7-5218-2342-4　定价：49.00 元
(图书出现印装问题，本社负责调换。电话：010-88191510)
(版权所有　侵权必究　打击盗版　举报热线：010-88191661
QQ：2242791300　营销中心电话：010-88191537
电子邮箱：dbts@esp.com.cn)

总　　序

大学是研究和传授科学的殿堂,是教育新人成长的世界,是个体之间富有生命的交往,是学术勃发的世界。* 大学的本质在于把一群优秀的年轻人聚集一起,让他们的创新得以实现、才智得以施展、心灵得以涤荡,产生使他们终身受益的智慧。

大学要以人才培养和科学研究为己任,大学教育的意义在于它能够给人们一种精神资源,这一资源可以帮助学子们应对各种挑战,并发展和完善学子们的人格与才智,使他们经过大学的熏陶,学会思考、学会反省、学会做人。一所大学要培养出具有健全人格、自我发展能力、国际视野和竞争意识的人才,教材是实现培养目标的关键环节。没有优秀的教材,不可能有高质量的人才培养,不可能产生一流或特色鲜明的大学。大学教材应该是对学生学习的引领、探索的导向、心智的启迪。一本好的教材,既是教师的得力助手,又是学生的良师益友。

目前,中国的大学教育已从"精英型教育"走向"平民化教育",上大学不再是少数人的专利。在这种情况下,如何保证教学质量的稳定与提升?教材建设的功能愈显重要。

为了全面提高教育教学质量,培养社会需要的、具有人文精神和科学素养的本科人才,山东财经大学启动了"十二五"精品教材建设工程。本工程以重点学科(专业)为基础,以精品课程教材建设为目标,集中全校优秀师资力量,编撰了高等财经院校"十二五"精品系列教材。

本系列教材在编写中体现了以下特点:

---

* 雅斯贝尔斯著,邹进译:《什么是教育》,生活·读书·新知三联书店1991年版,第150页。

1. 质量与特色并行。本系列教材从选题、立项，到编写、出版，每个环节都坚持"精品为先、质量第一、特色鲜明"的原则。严把质量关口，突出财经特色，树立品牌意识，建设精品教材。

2. 教学与科研相长。教材建设要充分体现科学研究的成果，科学研究要为教学实践服务，两者相得益彰，互为补充，共同提高。本系列教材汇集各领域最新教学与科研成果，对其进行提炼、吸收，体现了教学、科研相结合，有助于培养具有创新精神的大学生。

3. 借鉴与创新并举。任何一门学科都会随着时代的进步而不断发展。因此，本系列教材编写中始终坚持"借鉴与创新结合"的理念，舍其糟粕，取其精华。在中国经济改革实践基础上进行创新与探索，充分展示当今社会发展的新理论、新方法、新成果。

本系列教材是山东财经大学教学质量与教学改革建设的重要内容之一，适用于经济学、管理学及相关学科的本科教学。它凝聚了众多教授、专家多年教学的经验和心血，是大家共同合作的结晶。我们期望摆在读者面前的是一套优秀的精品教材。当然，由于我们的经验存在欠缺，教材中难免有不足之处，衷心期盼专家、学者及广大读者给予批评指正，以便再版时修改、完善。

山东财经大学教材建设委员会
2012 年 6 月

前　言

信息系统学界对于管理信息系统课程在内容设置方面，一直存在着"造"与"用"两种观点：所谓"造"，是指对信息系统侧重于技术视角的认识，即强调信息系统的开发与实施；所谓"用"，是指对信息系统侧重于管理视角的认识，即强调信息系统的应用及其行为特征。本书编者认为，这二者并无孰重孰轻之分，是一个事物的两个方面，应把信息系统看做是"造"与"用"的统一体，并反映出信息技术与管理的密切内在联系。

随着云计算、大数据、物联网、移动互联网等信息技术的飞速发展以及在管理实践中的发展演化，信息技术在改造提升传统产业等方面取得了显著成效，技术与管理的融合达到了一个前所未有的深度。一方面，新兴信息技术与商业活动深度融合，催生出许多新型管理模式和商业机会；另一方面，传统的组织管理活动在今天越来越离不开信息技术/信息系统（IT/IS）的支持，有时甚至正在变成信息管理活动。

同时，组织在应用信息技术、建设信息系统过程中也出现许多问题，突出表现在一些组织运用信息技术进行管理与业务创新的能力较弱，主要原因是未能将信息技术/信息系统（IT/IS）与组织管理进行深度融合，这就要求组织中信息系统的建设者和管理者，不但需要对信息技术有所认识和把握，更应当对组织的业务流程和管理模式有深入的理解。信息系统的关键作用不仅仅在于技术应用，更在于如何发挥其提升组织竞争战略优势的能力上，这就要求在本课程的讲授过程中，让学生从管理、组织和技术等多个角度来认识信息系统，了解组织如何使信息系统与组织战略、组织管理以及业务流程有效结合在一起，并获得竞争优势。换句通俗的话说，学生既应该了解信息系统是如何"造"出来的，还应该知道如何"用"，以及如何"用"得更好。

基于当前的发展趋势，本书的编者在借鉴、参考国内外同类优秀教材的基础上，进行了尝试和创新，参照"中国高等院校信息系统学科课程体系2011（CIS2011）"制定的《管理信息系统课程教学大纲》，按照"信息技术支持管理变革"和"管理影响技术创新"的融合脉络来组织编写，通过分析讨论管理中信息系统的应用、信息技术背景下的组织管理变革、信息系统规划如何支持组织战略等问题，希望能使学生加强对管理信息系统作为一个社会技术系统的整体认识，为学生提供一个掌握信息时代的管理信息系统如何帮助企业获取并保持竞争优势的知识框架。

本书力图凸显管理信息系统课程的"信息技术与管理融合"特色，从"技术"、"管理"和"组织"的三维立体视角，分成三大篇内容：第1篇为基础篇（1~3章），分别介绍信息系统相关概念、信息系统与组织的关系以及信息系统的技术基础；第2篇为应用篇（4~8章），介绍管理信息系统在组织中的典型应用，比如企业资源计划（ERP）、客户关系管理（CRM）、供应链管理（SCM）、电子商务以及知识管理与决策支持；第3篇为建设与管理篇（9~14章），主要介绍信息系统的战略规划与开发方法，信息系统分析、设计与实施，信息系统的项目管理，信息系统的运行与管理。

另外，本书还引入较多的企业应用案例，希望能帮助学生更好地理解信息技术对企业经营和管理的影响和冲击，理解如何有效地利用信息技术应对不断涌现的管理挑战。因此，本书既可用于高等院校管理科学与工程类、工商管理类相关专业课程的教学，也可用于其他财经管理类相关专业课程的教学。本书为山东省精品课程"管理信息系统"课程的配套建设教材，在精品课程建设和教学过程中，我们积累了较多的教学素材，可与以本书作为授课教材的老师分享。

参加本书编写的院校有山东财经大学、山东大学、济南大学。本书由山东财经大学张新教授担任主编，山东财经大学刘位龙教授、张戈副教授、济南大学蔡永明副教授、山东大学彭志忠教授担任副主编；参加本书编写的其他老师有：王盼盼、宋健、王小斌、苏玮、李珊珊、孙凌云、祝翠玲、林金娇、王晓辉、王会东，全书由张新教授统稿。

本书的编写工作得到了多方面的帮助和支持。编写中，我们参考了许多教材、专著和论文，书后仅列出了直接引用的主要部分，衷心感谢原创者的辛勤劳动与创造性思维。此外，我们对经济科学出版社在本书的编辑和出版过程中所做的各项细致工作深表谢意。

由于本书编者水平和时间有限，难免有不足之处，希望得到广大读者的批评指正，以便进一步修改完善。

编者

2014年5月

第二版前言

《管理信息系统》第一版出版已经有6年的时间,在此期间,以移动互联网、物联网、云计算、大数据、人工智能等为代表的新一代信息技术加快向经济社会各领域渗透融合,助力企业数字化转型与创新,推动数字经济与实体经济深度融合,全球新一轮科技革命与产业变革正蓬勃兴起,信息技术与管理的融合也呈现出日新月异的变化。

在此情形下,《管理信息系统》第一版的教材已不能反映当前管理信息系统发展和应用的实际情况,有必要对其加以修改和扩充。此次第二版教材从体系上仍然沿用第一版的结构,强调"信息技术与管理融合"的特色,从"技术""管理""组织"的三维立体视角,分为三大篇内容:第1篇为基础篇(1~3章)、分别介绍信息系统相关概念、信息系统与组织的关系以及管理信息系统的技术基础;第2篇为应用篇(4~8章),介绍管理信息系统在组织中的典型应用,比如企业资源计划、客户关系管理、供应链管理、电子商务以及知识管理与商务智能;第3篇为建设管理篇(9~14章),主要介绍信息系统的战略规划和开发方法,信息系统分析、设计与实施,信息系统的项目管理,信息系统的运行与管理。

从内容上来看,第二版对第一版做了较多的扩充,更多地体现了管理信息系统相关技术、理论和应用的发展状况。在管理信息系统的基础理论部分,增加了对中台、平台生态系统以及数字化转型等概念的剖析。在管理信息系统的技术基础部分,调整了商务智能的内容结构,补充了云计算、物联网、大数据、人工智能等方面的基础知识。第二部分在介绍管理信息系统应用的基础上,结合呈现出的新业态、新模式,修改和扩充了企业资源计划、客户关系管理和电子商务方面的一些新业务模式和应用场景,比如大数据环境下ERP应用、CRM的新发展、电子商务的新发展等内容。在商务智能部分,既体现传统商务智能的传承,更突出其现代发展,以较大篇幅更新扩充了现代商务智能及其应用的内容。第三部分在信息系统工程内容基础上,引入介绍了一些新型开发技术和运维模式,比如Python语言、敏捷开发和DevOps;以一个学生比较熟悉的高校图书馆管理系统案例将信息系统分析与设计的内容贯穿起来；信息系统管理方面，扩充了管理沟通和 CIO 能力体系需求方面的相关内容。本次修订中更新和补充了很多信息化、数字化应用方面的本土案例，帮助学生更好地理解课程内容，启发引导学生进行深入思考，提升专业能力，同时通过案例感受和认知我国在信息化、数字化、数字经济方面的建设成就，增强学生的国家认同感。

在本书编写过程中，一方面，着重阐述管理信息系统领域的相关概念、基本原理、技术以及管理信息系统应用；另一方面，也紧跟信息系统相关领域的发展潮流，使教材内容能尽量贴近前沿。但由于管理信息系统相关领域的发展过于迅速，加之作者水平有限，书中一定存在一些不足之处，恳请读者批评指正。

本书由山东财经大学张新教授担任主编，山东财经大学张戈副教授、王小斌教授、济南大学蔡永明教授担任副主编，此外，山东财经大学管理科学与工程学院孙凌云、徐德英、李高勇和孙凯等老师参加了本书的修订工作，并在整理、校对等工作中，付出了大量辛勤的劳动。本书的编写，得到了浪潮集团、中国管理案例共享中心、清华经管学院中国工商管理案例中心等案例提供单位的大力支持，同时感谢本书撰写和修订过程中参阅的诸多文献的作者为本书提供的大力支持，在此谨向上述各位老师和学者表示衷心的感谢。同时衷心感谢经济科学出版社编辑的辛勤付出，才使本书得以如期与读者见面。

编者

2021 年 12 月

目 录

第1篇　基础篇 1

第1章　管理信息系统概论 3
1.1　信息时代与信息社会 5
1.2　信息与信息系统 8
1.3　管理信息系统 18

第2章　信息系统与组织 29
2.1　信息系统与组织的关系 31
2.2　信息系统与组织结构 38
2.3　信息系统与竞争战略 44
2.4　信息系统与业务流程重组 57
2.5　数字化转型 64

第3章　管理信息系统的技术基础 71
3.1　计算机硬件技术 74
3.2　计算机软件技术 79
3.3　数据管理技术 87
3.4　网络技术 111
3.5　物联网与云计算 125
3.6　大数据与人工智能 132

第2篇　应用篇 147

第4章　企业资源计划（ERP） 149
4.1　ERP的产生与历程 152

4.2　ERP 的概念与功能 ·········· 159
　　4.3　ERP 系统的实施 ············ 163
　　4.4　ERP 的发展 ··················· 170

第 5 章　客户关系管理（CRM）·········· 184
　　5.1　什么是客户关系管理 ······ 187
　　5.2　CRM 的核心概念 ··········· 191
　　5.3　客户关系管理系统构成 ··· 194
　　5.4　客户关系管理系统的核心技术 ··· 196
　　5.5　CRM 的新发展 ··············· 197

第 6 章　供应链管理（SCM）············ 199
　　6.1　供应链管理的产生背景 ··· 201
　　6.2　供应链 ··························· 203
　　6.3　供应链管理 ··················· 204
　　6.4　信息系统与供应链管理 ··· 206
　　6.5　供应链管理系统的框架 ··· 209

第 7 章　电子商务 ······························· 213
　　7.1　电子商务的产生与发展 ··· 214
　　7.2　电子商务的概念 ············ 216
　　7.3　电子商务的分类 ············ 218
　　7.4　电子商务的基础框架 ······ 220
　　7.5　电子商务的盈利模式 ······ 222
　　7.6　电子商务的新发展 ········· 224

第 8 章　知识管理与新型商务智能 ···· 230
　　8.1　知识管理概论 ················ 231
　　8.2　大数据与人工智能对知识管理的影响 ··· 239
　　8.3　传统商务智能的发展及应用 ··· 243
　　8.4　新型商务智能 ················ 254

第 3 篇　建设与管理篇 ······················ 265

第 9 章　信息系统战略规划与开发方法 ··· 267
　　9.1　企业建设信息系统的原因 ··· 268
　　9.2　信息系统战略规划概述 ··· 269

  9.3 信息系统战略规划的常用方法 …… 273
  9.4 信息系统的开发方法 …… 278
  9.5 初步调查与可行性研究 …… 286

第10章 信息系统分析 …… 294
  10.1 详细调查 …… 295
  10.2 现行系统分析与优化 …… 298
  10.3 新系统的逻辑模型 …… 302
  10.4 编制系统分析报告 …… 315
  10.5 系统分析阶段用户的作用 …… 316

第11章 信息系统设计 …… 319
  11.1 系统设计阶段的工作与原则 …… 319
  11.2 系统功能结构设计 …… 321
  11.3 系统物理配置方案设计 …… 324
  11.4 代码设计 …… 326
  11.5 数据库设计 …… 331
  11.6 输入输出设计 …… 341
  11.7 编制系统设计报告 …… 346

第12章 信息系统实施 …… 349
  12.1 物理系统的实施 …… 349
  12.2 程序设计 …… 350
  12.3 系统测试 …… 352
  12.4 人员以及岗位培训 …… 355
  12.5 数据的整理、录入和转换 …… 356
  12.6 系统切换 …… 357
  12.7 系统实施阶段用户的作用 …… 359

第13章 信息系统项目管理 …… 360
  13.1 信息系统项目管理概述 …… 363
  13.2 信息系统项目管理的内容 …… 369
  13.3 信息系统的获取方式 …… 378

第14章 信息系统运行与管理 …… 384
  14.1 信息系统运行管理的组织 …… 385
  14.2 信息系统的运行维护管理 …… 390
  14.3 信息系统文档管理 …… 394

14.4　信息系统的安全管理 …………………………………………… **399**
　　14.5　信息系统的评价与审计 ………………………………………… **403**

参考文献 ………………………………………………………………………… **410**

第1篇

基础篇

【本篇主要内容】

第 1 章　管理信息系统概论

第 2 章　信息系统与组织

第 3 章　管理信息系统的技术基础

【本篇教学目标】

使学生了解时代背景，全面概括地掌握管理信息系统的基本概念；帮助学生掌握信息系统与组织的双向关系，尤其侧重信息系统对组织结构、组织战略及其业务流程再造的影响；了解计算机硬件和软件技术与发展趋势、网络技术、数据管理技术、云计算、大数据、商务智能与人工智能前沿技术。

第1章 管理信息系统概论

在知识成为生产力的当代，信息技术已经成为企业生存和发展的必要条件。信息技术的商业和战略价值正伴随信息化进程的不断推进，得到经济社会和企业的高度重视。世界经济发展变化的趋势推动现代管理思想和理论日新月异，激烈的市场竞争使信息化管理已成为企业运营、发展的基础和手段，企业正在比以往更多地利用信息，以获得竞争优势。管理信息系统以期将信息技术与现代管理融合并服务于管理，成为当今信息时代一个非常重要的研究与应用领域。

引导案例

"云医疗"快速发展　互联网诊疗同比增长17倍

突如其来的新冠肺炎疫情，让一些要去医院复诊的患者左右为难：药品要续上不能断，去医院又怕交叉感染，怎么办？

江西64岁的帕金森病患者宋女士正为此事着急。此时，宋女士的儿子发现了浙江大学医学院附属邵逸夫医院互联网实时门诊平台，在线医生给出了复诊、药品配送的解决方案。很快，宋女士收到药物，解了燃眉之急。

疫情防控期间，一种新的医疗服务模式——"云医疗"应运而生，即患者通过互联网医院、在线平台复诊、咨询，药物配送到家，不少地方还可以进行医保结算。这种就诊方式不用去实体医院，能减少病毒感染风险，受到欢迎。据国家卫健委规划信息司统计，疫情防控期间，国家卫健委属管医院互联网诊疗比去年同期增长17倍，一些第三方平台互联网诊疗咨询增长20多倍。

——"17倍"这个数字的背后，是越来越多的人接受了"云医疗"的看病模式。

据浙江大学医学院附属邵逸夫医院院长蔡秀军介绍，医院开设了专家咨询问诊专线、名医直播、免费咨询、人工智能辅助咨询问诊自测系统、防疫心理专线等，1 700多万人注册了自测系统。2月15日，网上医保结算开通后，邵逸夫医院在全国率先实现了慢病在线复诊、药品配送到家、医保自动结算等系列功能，服务量激增。截至目前，共收到线上咨询超过16.8万条，23.8万人次进行了在线健康咨询，12 120人次享受到慢病续方+药品配送服务。

——"17倍"这个数字的背后，是互联网技术在医疗领域越来越普遍应用。

各地普遍依托互联网技术开展线上医疗健康服务，满足人们的需求：5G技术支持远程会诊——中日友好医院国家远程医疗与互联网医学中心开展湖北远程会诊85例、教学查房5次、防护知识直播15场次；人工智能助力隔离管理——中国医师协会组织人工智能专家组和远程医疗工作队，在湖北省内537个隔离点应用新冠肺炎康复智能护航系统，累计管理收治2.76万人；"互联网+"中医药服务、心理援助——北京中医药大学、北京大学附属第六医院等在线上开展服务，有力支援湖北疫情防控……

——"17倍"这个数字的背后，还是医护人员、医院、社会各界的支持，使线上服务供给数量不断增长、质量不断优化。

大量医生借助信息技术在网上开辟"第二战场"；很多医院充分运用"互联网+"手段，创新服务模式，上海、天津、重庆、湖南、湖北、甘肃等地加快开通互联网医院；百度、阿里、腾讯、微医、好大夫在线、平安好医生等互联网企业，纷纷免费提供各类技术和平台支持。

"政府主导、多方参与、联合创新、共建共享的良好生态正在形成，推动'互联网+医疗健康'新业态加快发展。"国家卫健委规划发展与信息化司副司长刘文先说，今后将统筹推动线上线下一体化服务，加强监管，规范服务，更好地推动"互联网+医疗健康"新业态良性健康发展。

中日友好医院国家远程医疗与互联网医学中心主任卢清君认为，人们会逐步习惯于寻求线上医疗服务，"互联网+医疗健康"服务内容将随之多样化，相关产业群也会快速发展，从而撬动大健康服务业的发展。

案例来源：《人民日报》，2020年6月10日。

案例分析：突如其来的疫情使得社会生活发生了巨大的改变，基于互联网开展的线上诊疗、线上教育等活动获得了显著的成效。实际上，近年来在互联网、5G、云计算、人工智能等一系列新兴技术的支持下，社交媒体、远程医疗、虚拟服务等新型应用模式持续拓展着人类创造和利用信息的范围和形式，也产生了许多新的商业模式和商业生态。基于海量结构化或非结构化数据的分析和网络化信息系统正在源源不断地渗透到人们生活和工作的方方面面。

1.1 信息时代与信息社会

21世纪生产力发展水平的重要标志是信息技术的广泛应用，数字化已成为时代的标志。人类社会从农业经济时代，经过工业经济时代，发展到了当今的信息经济时代。随着IT应用在范围上的不断拓展和深度上的持续渗透，信息化已经成为组织至关重要的核心任务之一。信息技术不但是组织赖以生存、发展并建立竞争优势的一种有力工具，同时也是推动组织自身变革和管理创新的一种不可替代的驱动力量。

1.1.1 信息时代的商业环境变化

自20世纪后期以来，信息技术在自身突飞猛进发展的同时，以一种前所未有的力量冲击着当代商务活动和企业运营，组织所面临的商业环境也发生了深刻变化。

1. 经济全球化

过去的30多年，是全球化快速推进的阶段。经济全球化与信息革命相结合，给世界经济带来了诸多深刻的变化，其中引人注目的是全球产业价值链的形成。首先，经济全球化的日益深化，大大消除了跨国生产布局的制度性障碍；其次，信息技术革命大大推动了全球产业价值链的形成。在全球产业链中，同一件商品或者服务经由不同国家或者处于不同地理位置的企业，依靠各种信息系统快速地感知和响应市场需求的变化，协同生产，降低成本，从而达到较高的运营效率。例如，美国联邦包裹服务公司（UPS）在世界范围内每天运送37亿件包裹；软件提供商利用全球的智力资源，为其开发和生产软件产品。

2. 快速变化的竞争格局

经济全球化使越来越多的跨国公司加大了对中国市场的投入，我国企业将面临更加残酷的国际化市场竞争，为了应对挑战，我国企业利用现代管理理论与方法，结合先进信息技术，寻求服务、商业模式等一系列变革创新，以提高其核心竞争力。

3. 信息技术的应用促进信息消费

信息技术在提高生产效率的同时，很大程度上刺激了信息消费。就我国来说，数据显示，2019年，我国信息消费规模持续扩大，前三个季度规模近 4 万亿元。大数据、人工智能、云计算等新一代信息技术以更快的速度全面融入消费的各个领域。随着数字化、网络化、智能化进程不断加速，培育出诸多新业态，推动信息消费需求加速释放。2019 年，我国电子商务的交易规模达 34.81 万亿元，已经连续多年占据全球电子商务市场的首位。网络支付交易达 249 万亿元。信息消费在很大程度上也改善了民生，过去买火车票、看病挂号都需要排队，现在有了信息系统，这些事情都可以在网上完成；网上购物还可以很容易地货比三家，足不出户就可以挑选到满意的商品；过去，"的哥"们只能用"扫马路"或者电话预约的方式揽客，现在通过使用智能交通系统平台或者打车软件系统就能够让生意自动"找"上门。

4. 新产品新业态层出不穷

各种各样的信息技术在生活的方方面面改善着我们的生活体验，催生出众多新产品、新业态。例如，在新产品方面，各类便携式医疗设备可以实时上传患者的医疗数据供远程的专家们会诊；电子书包、智能手表、智能眼镜和智能电视等给用户带来更多的互动体验。在新业态方面，移动电子商务、移动支付和位置服务等移动互联网服务，带动着生产消费模式的创新；云计算服务、大数据服务等新兴信息技术也在逐渐得到广泛应用；电子政务服务、网络教育服务也越来越融入人们的日常生活。

全球化的经济形势和技术变化的无穷性都给信息系统的发展提出了巨大挑战也带来了更多的机遇，可以说，没有信息系统的未来，世界是难以想象的。

1.1.2 信息技术与企业信息化

目前，就我国来说，企业的 IT 基础建设已基本普及，大约 95% 的企业已经接入互联网（Internet），大型企业大多具备比较完善的信息系统，中小企业信息化也已经走过起步阶段步入信息系统建设发展阶段。总的来说，信息系统的发展经历了单机版集中式信息管理模式，目前正处于面向企业过程的分布式信息管理模式，未来将向开放式集成化的信息管理模式发展。技术的日新月异给企业信息化也带来了新的变化和内容，下面从三个方面概括。

1. 技术领域

在技术领域，计算机处理能力飞速发展，存储设备日新月异，多核的 PC 已经普及；云计算平台作为创新的信息服务模式出现，耗能更小，功率更大，从而使互联网上一个灵活的计算机集合能执行传统公司主机执行的任务；服务软件层出不穷，企业应用系统主要是在线提供，它是作为互联网而不是一个盒装软件或者客户系统；小而轻、低成本、低耗能的简易笔记本及平板电脑普及率提高，开源代码软件比比皆是，各种移动数字平台不断完善发展，客户数量猛增，像苹果公司的 App Store 把软件开发者和用户联系在一起，用户可以下载个性化的应用程序，进行通信和协同工作。

2. 管理

管理者采用在线合作和社交软件改进协调、合作和知识共享，如钉钉、腾讯会议、微信、Zoom、Google Apps 和 Microsoft Office Sharepoint 等在全球被用于支持项目管理、在线会议以及在线社区等；商业智能及大数据分析的应用，使管理者快速处理海量数据，掌握运营状态，迅速应对不断变化的市场形势，有助于更好地管控风险，保证决策明智、正确，挖掘业务流程和决策过程中的潜在价值，节约成本，在激烈的市场竞争中赢得一席之地；虚拟会议的普及可以为管理者提供电话会议和网络会议，节省出差时间和成本，改善合作。

3. 组织

使用"Web 2.0"技术，如社交网络、协作工具等，基于互联网服务，雇员们可以使用博客、电子邮件、即时信息服务，像在线社区一样互动，即使不在同一个时差地区，也同样可以开展团队工作和项目协作；管理者依赖移动数字平台远程开展遥控工作和进行分布式决策，协调供应商和客户；更多地外包生产，使得企业将生产外包给生产成本低的国家和企业，可以更多地依赖市场而不是依赖雇员去创造价值。

总之，移动数字平台的应用、在线服务软件的增长和云计算的应用，使得越来越多的信息系统整合在一起，跨网运行。亚马逊、阿里以及腾讯代表了基于新的硬件和软件以及企业投资组合的新生计算平台，这些新兴技术被企业采用，用于改善管理和增加竞争优势。管理者深深地依赖移动数字平台协调供应商，改善客户服务质量，加强企业内部的沟通。这些使得企业和供应商、客户协同工作，创造新的产品或服务。

1.1.3 信息化与组织管理创新

1. 提高运营效率

企业持续寻求改进运行效率以求达到盈利的目的，信息系统协助管理者更有效地管理企业各方面的运营，以达到企业运行的高效率和高生产率。

沃尔玛的信息系统能力与卓越的企业管理结合是其中著名的范例。它的 RetailLink 系统连接了供应商和沃尔玛的每一个店铺，当顾客购买一项商品，供应商马上就能监控到，从而正确地安排商品的补充和运输。沃尔玛是行业中最高效的零售店，它每平方英尺的销售量达到28美元以上，遥遥领先于其他竞争者。

2. 更好地满足客户需求

利用信息系统和网络，企业为消费者提供了按照自己喜好来订制产品或服务的机会，从而使信息系统能够帮助企业更好地了解客户需求，留住客户，改善与客户的关系。

京东、当当等电商网站不但给消费者提供了一个可以足不出户就能购买商品的平台，而且还能够根据消费者长时间内表现出来的购买习惯，对其进行精准画像，从而进行个性化推荐。例如，通过获知每位读者看书的喜好，可以向每位读者推荐他所喜爱的书籍。类似的例子还有很多，如海尔智家可以让消费者通过App按照自己的意愿来配置所需要的家电。这些方便快捷的个性化服务，从一定程度上拓展了实体店铺提供的服务，并为消费者提供了更加便利的消费体验。

3. 改进决策

信息是当今企业竞相抢占的珍贵资源，在正确的时间掌握正确的信息可以使企业管理者作出正确的决策，把握商机创造价值。

家家悦是以经营生鲜为特色的全供应链、多业态的零售企业，在一体化的供应链平台上，业务人员可以看到实时销售、库存等实时分析数据，帮助他们及时掌握业务情况，及时调整策略。管理者每天早上首先通过系统查看销售和库存信息，以及系统给出的建议，在此基础上进行更加科学的决策。

4. 增强竞争优势

当企业能够维持高运营效率，创新产品、服务以及商业模式，与顾客和供应商关系良好并能够作出正确的决策，企业也就拥有了竞争优势。

丰田汽车公司的敏捷制造模式成为教科书上的著名案例，其生产系统（或称丰田生产体系，Toyota Production System，TPS）关注于节约、避免浪费、持续改进和优化顾客价值等工作。

1.2 信息与信息系统

1.2.1 信息、数据与知识

1. 信息的概念

信息（Information）是客观世界所固有的，人类自古对其有一定的认识，但从来没有像现代社会这样引起如此广泛、深入、持久的影响。

对于"信息"这个概念，至今尚未有一个统一的定义，不同学者在研究信息定义时往往与各自的工作领域相联系，在不同领域中对信息的内涵有不同的理解，形成不同的定义和描述。

信息论的创始人香农（Shannon）把信息定义为用以消除随机不确定性的东西。

《中国大百科全书》中对信息一词的解释是物质运动规律的总和。信息是客观事物状态和运动特征的一种普遍形式，客观世界中大量地存在、产生和传递着以这些方式表示出来的各种各样的信息。

著名学者钟义信在《信息科学原理》一书中根据不同的条件区分不同的层次来给出信息的定义：本体论层次的信息，就是事物运动的状态和（状态改变的）方式；认识论层次的信息，就是认识主体所感知或所表述的事物运动的状态及其变化方式。

信息是客观世界中各种事物的运动和变化的反映。客观世界中任何事物的存在、运动和变化，都反映在事物的有关属性状态上，如存在形式、联系、内容、程度、方式和不确定性等。只有这些属性状态可标示、描述时才会成为信息。也可以说，信息是客观事物属性标识的集合，人们通过获得信息来认识客观事物，减少对其认识的不确定性。信息的范围极广，如气温变化属于自然信息，遗传密码属于生物信息，企业报表属于管理信息，等等。

信息是可以传递和通信的。客观事物所"发"出的信息通过一定的媒介或传递方式被其他事物感知，人类的感觉器官就是专门用来感知周围信息的。信息不仅可以被感知而且可以被传递和通信，它是构成事物联系的基础。由于人类感官能力有限，因此，大量的信息需要通过传输工具获得。

人们通过获得信息来认识事物、区别事物，从相关的或者不相关的信息中变化、重构和创造得到知识从而认识和改造世界。

信息可以从不同角度分类，如表1-1所示。

表1-1　　　　　　　　　　　信息的分类

信息分类角度	信息类型
按照应用领域	管理信息、社会信息和科技信息等
按照管理的层次	战略信息、战术信息和作业信息
按照加工顺序	一次信息、二次信息和三次信息等
按照反映形式	数字信息、文字信息、图像信息和声音信息等

2. 数据的概念

数据（Data）是对客观事物记录下来的、可以鉴别的符号。这些符号不仅包括数字，而且包括文字、声音和图像等形式，如表 1-2 所示。例如，水的温度，大楼的高度，一个人的体重、身高等。

表 1-2　　　　　　　　　　数据类型与表现形式

数据类型	表现形式
数值数据	数字、字母或其他符号
声音数据	声音、噪声或音调
图像数据	图形或图片
模糊数据	高、胖、干净等

数据表示的仅是一个描述，并没有特定背景和意义，不提供对事物的判断或解释。例如，单独地看"19491001"就只是一个数字，你可以把它视为日期，也可以视为门牌号码，不具有任何特定的含义。

3. 知识的概念

知识是对意识的反映，是对经过实践证明的客体在人的意识中相对正确的反映。知识是一种随着时间动态变化的复杂综合体，且可以存储在个人、组织、文档、流程和文化中，其包含了经验、价值观、专家见解和情境信息，通过个人或组织的消化和吸收，可以形成指导组织决策与应对变化的核心能力。

知识有显性和隐性之分。显性知识是指能够明确描述、编码、记录且易于传递和共享的知识。隐性知识是指员工的内心模式与信念，包括企业、员工的经验、技能、文化、习惯等通常无法直接辨认，保存于个人身上、过程、关系等形式中，所以难以通过文字、程序或图形具体向外传达，此类知识的传递较为困难。

4. 数据、信息和知识的关系

数据与信息概念不同，但又相互联系。数据仅描述了客观事物的部分事实，但并不提供对事物的判断和解释，数据只有经过解释，才能成为信息，才可能对客观世界产生影响。因此，数据和信息之间的区别是相对的。一个系统或一次处理所输出的信息，可能是另一系统或另一次处理的原始数据；底层决策所用的信息又可以成为加工处理高一层决策所需信息的数据，这就是信息间的递归定义，如图 1-1 所示。因此，在计算机系统中常将信息与数据不加区分地使用。例如，信息处理与信息管理，也可称为数据处理与数据管理。

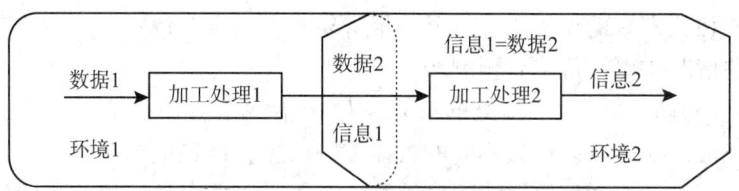

图 1-1 信息间的递归定义示意图

知识是在信息的基础上加上人的经验、洞察力和价值判断后得到的，它能够给出因果关系，并指导人们下一步做什么。例如，对于一条天气预报信息，我们知道，它是通过大量的气象数据并对其进行加工处理得到的，因此，数据是信息的来源；作为一个具有经验和判断力的人，当看到这条天气预报信息的时候，就会在自己的大脑中形成知识，从而对自己的出行等客观活动作出合理的安排。

由此可见，"数据—信息—知识"之间是依次包含的关系。具体来讲，数据是基本原料，而信息是经过加工处理和解释的数据，知识则是信息经过人的大脑加工后的产品，是信息之间的联系和规律。

5. 信息的三个维度

一般来说，可以从三个维度：时间、内容和形式来考察信息的特性。

（1）时间维度。信息的时间维度包括两方面：第一，人们需要及时获得信息，也就是信息的时效性。信息的时效是指从信息源发送信息，经过接收、加工、传递、利用的时间间隔及其效率。时间间隔越短，使用信息越及时，使用程度越高，时效性越强。例如，若想今天进行股票交易，就需要知道现在的股票价格，如果第二天才得到这条信息的话，用户就会失去交易的时机。第二，信息的新颖性。新颖性是指获得最近和最新的信息，一般来说，具有新颖性的信息比仅具有及时性的信息更具有价值。及时性能够帮助企业把握住机会，新颖性则可以为企业带来新的机会。

（2）内容维度。信息的内容维度包括三个方面：一是信息的事实性。事实性是信息的核心价值，不符合事实的信息不仅没有价值，而且可能给信息的接收者带来负的价值。例如，企业谎报产量和利润不仅会给管理决策带来失误，而且损害了企业在公众心中的形象。二是信息的不完全性。由于人们认识事物的能力和手段的局限性，人们没有能力掌握一个客观事物的全部信息，只能依靠已有的知识和方法进行合理的分析和判断，从而尽可能地掌握完整的信息。三是信息的相关性。相关性是指信息与信息使用者要做的事情的相关程度，两者的关联程度越高，越能体现信息的使用价值。例如，会计信息相关性要求企业提供的会计信息应当与投资者等财务报告使用者的经济决策需要相关，有助于投资者等财务报告使用者对企业过去、现在或者未来的情况作出评价或者预测。

（3）形式维度。信息的形式维度包括两个方面：第一，信息的呈现性，即它可以通过不同的载体传输出去，以最适当的形式，如声音、图片或者文字等形式提供给用户。第二，信息的详尽性，即信息具体化、细节化的程度。随目标不同，对信息详尽程度要求不同。例如，对于生产主管来说，他需要知道每个工人每天每件产品的生产量，但是对于财务主管来说，只要知道每天的产量汇总就可以了。

信息是经过加工并对生产经营活动产生影响的数据，从经济学的角度说，信息耗费了人类的劳动，因此信息是有价值的。信息、物质、能源是人类现在利用的三大资源，它们之间可以相互转化。企业通过销售信息及时调整库存，能够节约成本而不影响生产和销售，这样信息资源就转换为物质财富。信息经过转换能够影响和控制实物流动、资金流动等，使之向效益最大化的方向运动，从而达到充分利用物质、能源两大资源的目的。因此，管理人员要善于驾驭信息，实现信息的价值。

1.2.2　系统与系统论

对于系统科学来说，一方面是要认识系统，另一方面是在认识系统的基础上，去设计、改造和运用系统，这就要有科学方法论的指导和科学方法的运用。

1. 系统的概念

系统（System）是指在一定环境中，由为了达到某一目的而相互联系、相互作用的若干个要素组成的有机整体。

系统的一般模型如图 1-2 所示。

图 1-2　系统的一般模型

（1）环境：环境是为系统提供输入和输出的场所，既与系统发生作用，但又不包括在系统内的其他事物的总和。系统与环境之间通常都有物质、能量和信息的交换。

（2）系统边界：系统边界是由定义和描述一个系统的一些特征来形成，边界之内是系统，边界之外是环境。

（3）输入/输出：系统接收的物质、能量和信息称为系统的输入；经系统处理后产生的另一种形态的物质、能量和信息称为系统的输出。

（4）反馈：系统的输入反过来影响系统输入的现象，称为反馈。没有反馈的系统为开环系统，具有反馈的系统为闭环系统。系统的反馈主要是信息反馈。

2. 系统的特征

一般来说，系统的特征可以归纳为以下几点：

（1）集合性：一个系统至少要由两个或两个以上的要素或子系统组成，它是这些要素或子系统的集合。集合的整体系统功能是由所有子系统功能的有机集成来实现的，系统的整体功能和性能大于各要素之和。因此，在处理系统问题时要注意研究系统的结构与功能的关系，重视提高系统的整体功能。

（2）目的性：无论自然系统还是人工系统，都有明确的目的；目的表现为系统的目标（一个或多个），目标的实现需要一定的功能，目标决定了系统的组成和结构。在建设系统的过程中，首先要明确系统的目标，然后再考虑运用什么功能来达到这个目标。

（3）相关性：系统内的各要素是相互作用又相互联系，这种联系决定了整个系统的运行机制，分析这些联系是构建一个系统的基础。例如，一个生产企业，计划部门依据企业的市场需求、生产能力等因素制订出生产计划；采购部门根据生产计划、原材料的库存情况以及产品结构制订出采购计划；而生产部门组织生产，其生产能力又是计划部门制订计划的依据。由此可见，企业的计划、采购和生产等子系统按照一定的分工各自完成其特定的功能，彼此之间是相互作用和相互联系的。

（4）环境适应性：不适应环境的系统是没有生命力的，系统与外界进行物质、能源、信息的交换，外界环境的变化必然会引起系统内部各要素之间的变化。例如，开发的系统需要适应企业不断修改的需要；个人需要不断吸收新事物提高自己的能力。

3. 系统论

随着科学技术尤其是信息技术的飞速发展，系统论与控制论、信息论、运筹学、计算机和现代通信技术等新兴学科相互渗透、紧密结合。系统论是研究控制论和信息论的基础，也是管理信息系统的重要理论基础。

系统的概念具有普遍适用性。无论是自然界、人类社会，还是思维领域都有系统存在。系统论就是以系统为研究对象，探索和揭示系统发生、发展的基本规律，并用逻辑思维和数学语言定量描述系统的一门科学。系统论形成三个相互关联的三个具体领域。

一是系统工程，即以系统作为研究对象，从系统的整体出发，采用最合理、经济、有效的组织管理方法和技术，达到系统的目的。系统工程的关键是使系统达到最优化。

二是系统分析，是指从系统的观点出发，对事物进行分析或综合，找出各种可行方案，使决策者可以在许多可行方案中选择最优方案。

三是系统管理，是指运用系统工程的思想、方法和程序，对已建成并投入运行的系统进行管理，一般包括系统研究、系统计划、计划执行和工作检查四个阶段。这四个阶段构成了一个动态的系统管理过程。

系统论反映了现代科学发展的趋势，也反映了现代社会化大生产的特点和社会生活的复杂性，所以它的理论和方法能够得到广泛的应用。系统论不仅为现代科学的发展提供了理论和方法，而且也为解决现代社会中的政治、经济、军事、科学、文化等方面的各种复杂问题提供了方法论基础，系统思想正渗透到各个领域。

4. 系统工程及方法论

系统工程（System Engineering）具有两种含义：第一种含义是指那些规模庞大、涉及因素众多的任务或项目，它们需要从整体上加以把握，综合地进行处理。第二种含义是指处理上述任务或项目所应用的思想、方法而构成的学科。

作为学科的系统工程，是人们在社会实践中，特别是在大型工程或经济活动的规划、组织与管理中，需要综合考虑系统所要解决的共性问题，研究其普遍规律。著名学者钱学森提出，系统工程是组织管理系统的规划、研究、设计、制造、试验和使用的科学方法，是对所有系统都具有普遍意义的科学方法。简言之，"组织管理的技术——系统工程"。

20世纪60年代以来，许多学者对系统工程方法论进行了探讨，发现企图找到能够处理世界上所有问题的一成不变的"万能"方法是不现实的，但是，总还是可以找到一些带有普遍意义的思路和模式，这就是系统工程方法论。其中影响最大的是1968年美国贝尔电话公司工程师霍尔（A. D. Hall）提出的系统工程三维结构，简称为霍尔模型，其三维是时间维、逻辑维和知识维（专业维），如图1-3所示。

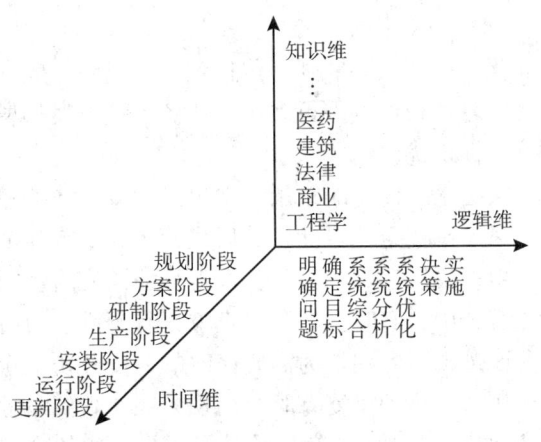

图 1-3 系统工程三维形态

（1）时间维。对一个具体的工程项目，从规划工作开始起一直到系统更新的全过程可分为如下七个阶段：①规划阶段（调研、可行性研究阶段）；②方案阶段（具体计划阶段）；③研制阶段（系统开发）；④生产阶段；⑤安装阶段；⑥运行阶段；⑦更新阶段。上述七个阶段是按时间先后顺序排列的，所以称为"时间维"。

（2）逻辑维（解决问题的逻辑过程、步骤）。将时间维的每一个阶段展开，在每一个阶段都可以划分为若干个逻辑步骤，从而展示出系统工程的详细结构。所谓逻辑维，就是每一个工作阶段例行要做的几个工作步骤，即：明确问题、确定目标、系统综合、系统分析、系统优化、决策、实施。

①明确问题：按照系统的观点，收集各种有关资料和数据，把问题的历史、现状、发展趋势与环境因素调查、分析清楚，把握住问题的实质和要害，并使有关人员做到心中有数。为了将问题的实质、要害搞清楚，就要进行调查研究。

②确定目标：系统问题往往具有多个目标，在摆明问题的前提下，应该选择明确的指标体系，作为以后衡量各个备选方案的评价标准。确定目标关系到整个工程的方向、规模、投资、工程周期、人员配备等，因而是十分重要的环节。

③系统综合：按照问题的性质、系统目标、环境和条件的要求，拟定若干个备选方案，对每个备选方案都列出其费用、资源消耗、功能等指标，并说明其优缺点。

④系统分析：对每一种方案建立各种模型，进行仔细分析，得出可靠的数据、资料和结论。系统分析主要依靠模型（有实物模型与非实物模型，尤其是数学模型）来代替真实系统，利用演算和模拟代替系统的实际运行，进行仿真。在系统分析的过程中，可能形成新

的方案。

⑤系统优化：按照主要准则，包括效果、风险、成本、效益等方面，对各方案在各种条件下进行评价，使各备选方案都尽量均衡地满足系统的评价指标最优。

⑥决策：根据系统优化的结果，选出最优方案。若最优方案有多个时，进一步考虑一些定性目标，最后决策出一个或几个方案。

⑦实施：根据最后选定的方案，拟订具体的实施计划，并组织实施，在决策或实施中，有时会遇到原定方案有不满意的情况。这时就有必要回到前面逻辑步骤中认为需要修改的一步开始重新做起，然后再进行决策或实施。这种反复有时会出现多次，直到满意为止。

(3) 知识维（专业维）。知识维是指完成上述各阶段、各步骤的工作所需要的各种专业知识和技能，包括工程、医学、建筑、商业、法律、管理、社会科学、艺术等。钱学森先生认为"系统工程的理论基础，除了共同性的基础之外，每门系统工程又有各自的专业基础。这是因为对象不同，当然也掌握不同对象本身的规律"。

把时间维与逻辑维两者结合起来形成一个二维结构，称为系统工程的活动矩阵。信息系统的建设过程采用系统工程方法，并且强调统一的、规范化的工作流程，以及共识的、便于交流和沟通的规范化的表达方式。

1.2.3 信息系统

1. 信息系统的概念

信息系统是对信息进行收集、加工、传递和存储，并向有关人员提供有用信息的系统。信息系统可以不涉及计算机等现代技术，甚至可以是纯人工的。但是，现代通信与计算机技术的发展，使信息系统的处理能力得到很大的提高。现在，各种信息系统已经离不开现代通信与计算机技术，所以说，现代信息系统一般均指由人、机共同组成的系统。

对于信息系统，根据它所处理的信息内容和应用领域不同，有不同的内涵。例如，地理类专业定义的信息系统是指对地理信息进行处理，因此称为地理信息系统，除此以外还有气象信息系统、军事信息系统、新闻信息系统、管理信息系统等。

管理信息系统是特定的信息系统，是信息系统在管理中的应用，在本书后文中所讲的信息系统都指的是应用在企业经营管理领域的，即管理信息系统。

2. 信息系统的信息支持层次

1965年，安东尼（Anthony）等企业管理研究专家通过对欧美制造型企业长期的大量实践观察和验证,创立了制造业经营管理业务流程及其信息系统层次结构理论,即著名的"安东尼金字塔模型",该理论认为企业信息系统可分为战略规划、战术决策和业务处理三个层次,如图1-4所示。

(1) 战略规划层:简称战略层。战略层的管理活动要涉及组织的总体目标和长远发展规划,如制定市场开发战略、产品开发战略、预算等。因此,为战略层服务的战略子系统,其数据和信息来源是广泛的和概括性的,其中包括相当数量的外部信息。由于战略子系统又是为组织制定战略计划服务的,因此它所提供的信息也必须是高度概括和综合性的。

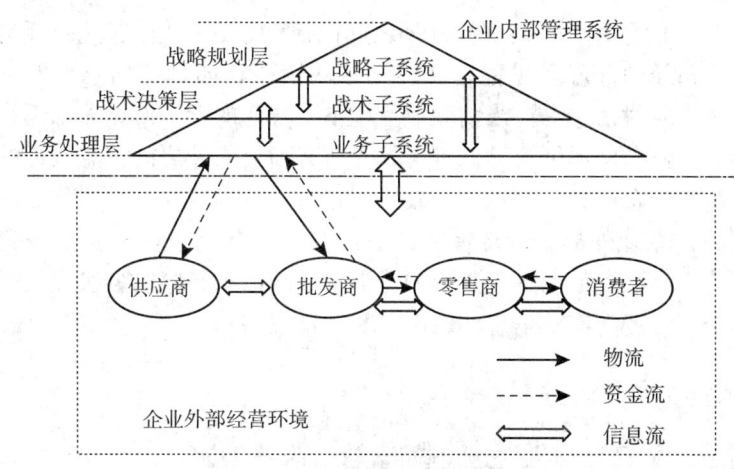

图1-4 安东尼金字塔模型

(2) 战术决策层:又叫管理控制层,简称管理层。管理层包括各个部门工作计划的制订、执行、监控和各项计划完成情况的评价等主要内容。因此,战术子系统主要是为各个部门负责人提供信息服务,以保证他们在管理控制活动中能够正确地制订各项计划。它的信息来源有两个方面:一方面来自战略层,包括各种预算、规划和计划等;另一方面来自业务处理层的信息。

(3) 业务处理层:又叫运行控制层或作业层,是某特定业务能够被有效地、高效地执行的全过程。业务处理层的管理活动属于组织的基层管理,是为有效利用资源和设备所展开的各项管理活动,业务子系统的信息主要来源于企业内部。

3. 物流、资金流与信息流

在安东尼模型中,除了提出信息系统的层次结构外,还系统地描述出企业内外物流、资金流和信息流的双向流动及其基本规律。

物流的流程一般体现在从原材料采购到产成品销售的整个过程之

中，即从供应商到企业，再到分销商、零售商和消费者；资金流的流程一般是从下游向上游方向流动，即从消费者流到零售商及分销商，然后到企业（或直接到企业），再到供应商。与物流、资金流等相比，信息流的流程要复杂得多，它起着管理企业整体活动的作用，主要体现在：

（1）在企业内部，向上流动的信息描述了基于日常事务处理的组织当前的状态，信息来源于组织的基层，并通过各级管理层次向上流动，为决策者提供决策依据。向下流动的信息源于高层的战略、目标和计划，这些信息向较低的层次流动，指导职能部门的各项活动。水平流动的信息是在职能业务部门或工作小组之间水平流动，这些信息用来支持部门之间的协作。

（2）信息在企业内部与外部之间的流动，这些信息包括与顾客、供应商、经销商和其他商业伙伴交流的信息，如订货信息、发货信息、应收应付信息等。当前商业环境下，合作的上下游企业都不是孤立的，企业必须保证自己拥有与外界所有商业伙伴之间信息沟通的能力，使各个企业共享信息，有效协调各自的行为。

（3）企业外部经营环境中，信息在各个合作企业以及消费者之间流动，产品和促销等信息影响着消费者的需求，同时各级经销商也能根据消费者的需求信息调整库存和营销策略。

1.3 管理信息系统

1.3.1 管理信息系统的定义

最早提出管理信息系统概念的是美国学者瓦尔特·肯尼万（Walter T. Kennevan）。1970年他将管理信息系统描述如下："以书面或口头形式，在合适的时间向经理、职员以及其他人员提供过去、现在和未来有着企业内部及其环境的信息，以帮助他们进行决策。"这一定义并没有明确在管理信息系统中要使用计算机。1985年，美国明尼苏达大学卡尔森管理学院的高登·戴维斯（Gordon B. Davis）教授基于计算机环境下的应用给出了如下定义："管理信息系统是一个以计算机硬件和软件，手工作业为基础，利用分析、计划、控制和决策模型，以及数据库的人机系统。它具有提供信息，支持企业或组织的运作、管理和决策功能。"如今，管理信息系统从内容体系、研究范式等方面有了更多的发展，在各领域的应用呈现出百花齐放的局面。

管理信息系统一词在中国出现于20世纪70年代末80年代初，1984年，我国许多最早从事管理信息系统工作的学者给管理信息系统下了一个经典定义："管理信息系统是一个由人、计算机等组成的能进行管理信息收集、传递、储存、加工、维护和使用的系统。管理信息系统能实测企业的各种运行情况，利用过去的数据预测未来，从全局出发辅助企业进行决策，利用信息控制企业的行为，帮助企业实现其规划目标。"这个定义强调了管理信息系统的应用领域在企业，也强调了其组成和功能，并对管理信息系统的功能进行了详细定义。

20世纪90年代后，随着支持管理信息系统的一些环境和技术的变化，对其定义的描述也有了一些新的发展和变化。

仲秋雁教授在其《管理信息系统》（1998）一书中提出了对管理信息系统的新认识，即"不仅仅把信息系统看作一个能对管理者提供帮助的基于计算机的人机系统，而且把它看作一个社会技术系统，将信息系统放在组织与社会这个大背景去考察，并把考察的重点，从科学理论转向社会实践，从技术方法转向使用这些技术的组织与人，从系统本身转向系统与组织、环境的交互作用"。这个定义是人们在不断实践中总结出来的，说明管理信息系统的应用不仅有赖于信息技术本身，而且更多地依赖于组织的内外部环境。这是对管理信息系统的社会技术系统属性的充分认识。

黄梯云教授在其《管理信息系统》（2005）一书中提出："管理信息系统通过对整个供应链上组织内和多个组织间的信息流管理，实现业务的整体优化，提高企业运行控制和外部交易过程的效率。"这个定义是近年来互联网技术的发展和电子商务深入应用的结果。管理信息系统已突破原有的界限，成为企业内部业务流程和外部商务流程集成的平台，即跨组织的信息交流平台。

由此可看出，人们对管理信息系统的认识是一个不断发展和完善的过程。综合以上定义，管理信息系统的概念重点强调四个基本观点：

1. 人机系统

在管理信息系统中，真正执行管理命令，对企业的人、财、物、资源，以及资金流、物流进行管理的主体是人，计算机自始至终都是一个辅助管理的工具，是一个至关重要、举足轻重的工具。因此，管理信息系统是融合人的现代思维与管理能力和计算机强大的处理、存储能力为一体的协调、高效率的人机系统。

2. 能为管理者提供信息服务

管理信息系统的处理对象是企业生产经营全过程，通过反馈为企业管理者提供有用的信息，辅助管理人员进行管理和决策。即利用信息来分析企业生产经营状况，利用各种模型对企业生产经营活动的各个细节进行分析和预测，控制各种可能影响实现企业目标的因素，以科学的方法，最优分配各种资源，如设备、任务、人、资金、原料、辅料等合理地组织生产。管理信息系统更强调管理方法的作用，强调信息的进一步深加工。

3. 集成化

管理信息系统是一个集成化的系统，系统内部的各种资源设备统一规划，以确保资源的最大利用率、系统各部分的协调一致性以及高效低成本地完成企业日常的信息处理业务。通过集中统一规划中央数据库的运用，使得系统中的数据实现了一致性和共享性。

4. 社会技术系统

管理信息系统植根于组织之中，而且要依赖于组织的内外部环境，信息系统技术的复杂性仅是问题的一个方面。而更为重要的是，推进信息系统的应用犹如推进社会变革。管理信息系统在应用过程中，由于与管理发生相互作用，导致企业的管理模式、管理制度、管理流程、组织结构、工作方式和企业文化等发生变化；同时，现存的组织要素又对管理信息系统的分析、设计和实施的成功与否产生重要影响。因此，管理信息系统不仅是技术系统，而且是社会系统。

1.3.2 信息视角下的管理信息系统

信息作为管理信息系统的处理对象，从支持组织管理目标来看，可以分为以下四种（见图1-5）。

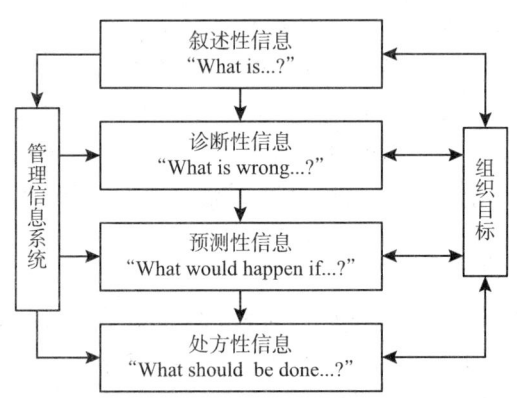

图1-5 管理信息系统的作用

1. 叙述性信息

叙述性信息（Descriptive Information）描述了一个组织在某一特定时间点的状态，是识别组织问题的基础。如财务、生产、销售等方面的日常业务记录。

2. 诊断性信息

诊断性信息（Diagnostic Information）反映了组织的错误状态，被用于定义组织中所产生的问题，如有关生产水平低下、投资回报率太低、资产负债比率不合理等。

3. 预测性信息

预测性信息（Predictive Information）是有关对未来可能事件的分析所产生的信息，既可以用于问题的定义，又可以用于如何回避问题，如下一年期望的产品价格、销量，技术升级的投资额等。

4. 处方性信息

处方性信息（Prescriptive Information）是指直接回答"应该如何做"的信息，如高回报且高风险的项目需要更严的管理控制。

管理信息系统通过各种手段收集叙述性信息，以这类信息为输入，经过处理、转换，形成诊断性信息、预测性信息和处方性信息。在组织中，管理信息系统通过信息支持其所有职能部门的管理工作，为企业的各个管理层次及职能部门提供决策信息，如财务信息系统提供组织各个层次决策中所需要的财务信息。

1.3.3 经营视角下的管理信息系统

组织进行信息的处理是为了改善或提高其自身的效率和效益。为了描述信息系统在企业或组织的经营管理领域的作用，美国著名信息系统专家劳顿夫妇（Kenneth C. Laudon and Jane P. Laudon）在其所著的《管理信息系统》（第6版）中从经营视角对信息系统进行了描述：信息系统是一个基于信息技术的，为了应对环境挑战而建立的组织和管理上的解决方案，是组织创造价值的重要工具。这个观点不仅涉及了信息系统的技术要素，更强调了信息系统的组织和管理特性。

图1-6描述了管理、技术、组织这三要素如何共同构成信息系统，即管理、技术和组织是如何针对经营上所面临的挑战来形成基于信息技术的解决方案。这个观点不仅涉及了信息系统的技术要素，更强调了信息系统的组织和管理特性。

1. 管理信息系统的管理维

管理人员的职责是识别环境给组织带来的挑战，制定应对挑战的战略与决策方案，进而为实现战略而进行资源的分配和工作的协调。管理信息系统的应用支持各个层次管理人员的职能，为其提供反映组织运作实况的各种分析数据以支持其决策的正确性。管理信息系统的管理维体现出信息系统的目标。

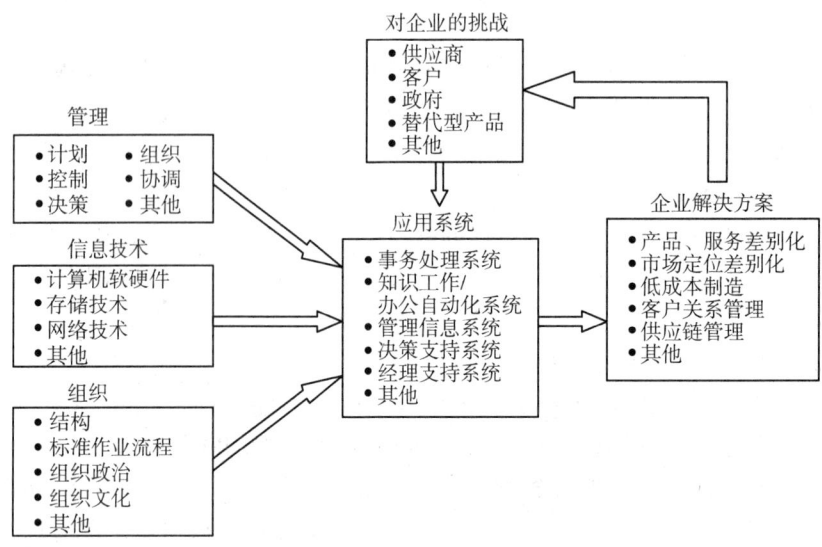

图 1-6 管理信息系统的管理、技术、组织三维示意

2. 管理信息系统的技术维

信息技术包括计算机硬件、软件、存储技术及通信技术等，共同构成组织信息系统的技术基础设施，以便让整个组织分享资源、协调工作。信息技术是管理者应对变革的重要手段之一，信息技术的应用显著地改变了传统的管理方法和手段，帮助组织获取更多的效益和竞争力。信息系统的技术维体现出信息系统的实现手段。

3. 管理信息系统的组织维

规范的组织有着层次和专业的划分，不同的专业技术人员服务于组织的不同功能领域。组织通过内部层次结构和标准工作流程进行工作或协调。信息系统是组织的重要组成部分，信息系统的应用会改变组织中人员、结构、工作流程、政治和文化等关键要素，组织适应这些变革的程度也影响到信息系统的应用效果。信息系统的组织维体现出信息系统发挥作用的载体。

认识信息系统的组织、管理和技术这三个维度的意义在于，若要有效地设计和应用信息系统，就必须首先了解组织的环境、结构、功能和战略，熟悉组织的管理模式、管理方法以及管理决策过程，进而识别现代信息技术为组织问题的解决方案所提供的能力和机会，并在系统的应用过程中积极适应技术带来的变革以充分发挥信息系统的作用。

从经营视角下对信息系统的认识，可以看出，信息系统就是一个社会技术系统。它不仅是一个由机器、设备与各种技术结合而成的技术系统，更重要的是体现了组织人员带入其中的知识、技能、态度和价值观以及组织中权力结构和激励系统等社会要素。社会技术系统的角度可以避免人们以纯技术的眼光来看待信息系统,还应关注人的态度、管理和组织变革等问题。例如,信息技术成本下降和能力上升的事实并不必然或容易地转换成生产力的提升或是利润的提高。系统效能的最佳化应是整体的,即技术与组织双方互相调整配合。技术必须配合组织的需求来设计,而组织及其员工也必须随着技术的引入,通过训练与学习来改变自己。

1.3.4 管理信息系统的类型

随着信息系统在企业应用的不断深入,美国著名信息系统专家劳顿夫妇将一个组织的管理人员分为四个层次,分别是战略层(如董事长、总经理等)、管理层(如生产经理、财务主管等)、知识层(工程师、文秘等)及作业层(如车间、班组负责人等)。

由于管理职能的不同以及管理者所处管理层次的不同,为不同管理者服务的管理信息系统的类型也不同。因此,劳顿夫妇将一个组织的信息系统分为四个层次、六种类型,如图1-7所示。

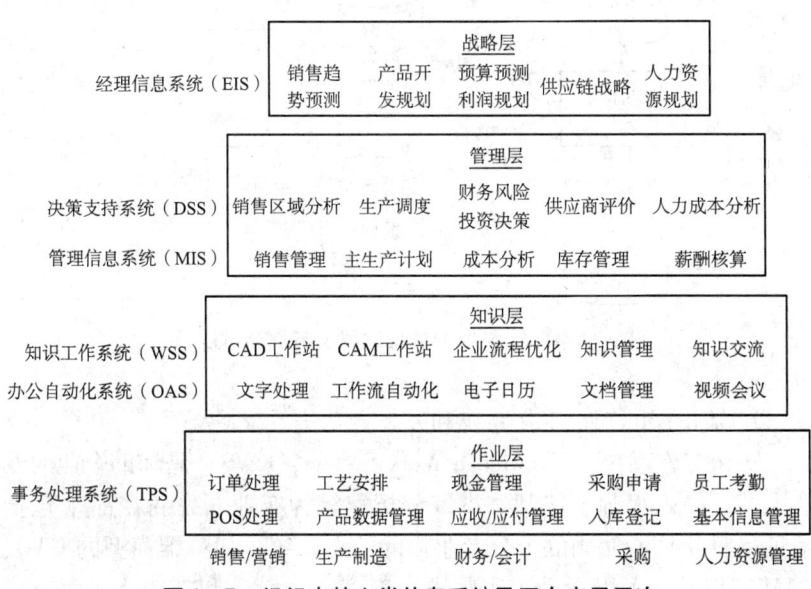

图1-7 组织中的六类信息系统及四个应用层次

1. 作业层的事务处理系统

事务处理系统(Transaction Processing System,TPS)是组织内最基本和最常用的一种信息系统,它面向企业作业层的基本业务活动,即对企业每日正常运作必需的常规事务所发生的信息进行处理。TPS是信息系统的初级应用,也是伴随着计算机的诞生而出现的最早的信息系统，其特点是所处理的问题高度结构化，即能完全按照事先制定好的规则或程序进行，而且功能单一、设计范围小，如订票系统、订单管理系统、工资发放系统、仓库进出管理系统等，它提供的是企业运行的实时信息。TPS 的运行目的在于大大提高作业层管理人员的工作效率，在某些情况下，甚至可以完全取代作业层的手工操作，如商业实时零售 POS（Point of Sales）终端系统、全球贸易的电子数据交换（Electric Data Interchange，EDI）系统。TPS 通常处于企业系统的边界，即它能将企业和它的外部环境联系起来，同时也是其他层次信息系统的基础系统，是企业数字化、信息化的基础。

如图 1-8 所示是 POS 系统事务处理的一个实例。超级市场通常用扫描枪自动读取商品磁条上的通用商品代码 UPC（Universal Product Code），并在商品数据库中查询商品的价格，POS 系统根据价格、数量进行结算并打印顾客发票。然后 POS 系统用收集到的数量、时间和价格更新销售数据库和库存数据库。销售数据库和库存数据库中的数据可以提供给管理信息系统作进一步的数据处理，产生相关报表。

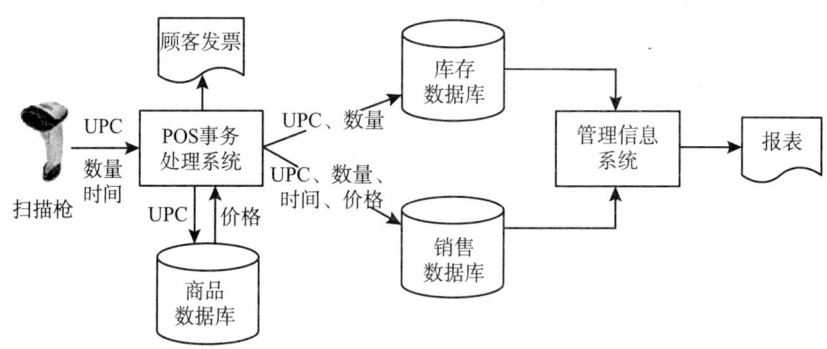

图 1-8　POS 系统的处理过程及与 MIS 的关系

2. 知识层的知识工作系统和办公自动化系统 OAS

知识工作系统（Knowledge Work System，KWS）是辅助企业的专业人员，如工程师、律师、投资分析家等为企业开发新产品（包括信息和服务）所使用的十分专业化的信息系统，如三维模型的 CAD、CAM 工作站，可以帮助工程师进行新型产品设计和制造，从而节省大量的时间和费用；又如投资分析家对某一投资项目的各种分析报表。因此，KWS 是一种能通过计算机利用专业领域的知识对来自企业内部、外部信息进行高效处理的信息系统。

办公自动化系统（Office Automation System，OAS）是由最先进的科学技术和现代办公设备构成的，能快速、有效地加工、管理和传递办公信息，是协助行政管理人员协调和管理部门之间、企业和环境之间关系、保障信息畅通的有力工具，如文字处理系统、电子邮件、电子政务系统、视频会议系统、图像语言处理系统等。随着工业化经济向信息化经济转换，企业的生产率及整体经济实力越来越依赖于知识层的信息系统。

3. 管理层的管理信息系统（MIS）和决策支持系统（DSS）

管理信息系统（MIS）是在 TPS 的基础上发展起来的，TPS 针对的是每项具体业务，而 MIS 则是针对企业各种事务的全面、集成的管理过程。它不仅具备了 TPS 的功能，而且还能向企业中层领导提供全面的、定期的常规报告和例外报告，并能利用系统所具有的数据库和一些简单的经济管理模型，产生关于企业经营状况的各种信息，辅助领导进行决策。

MIS 所处理的信息是面向企业内部的、已发生的数据流，信息的需求是稳定和已知的。但由于所使用的数学模型较简单也较少，虽然 MIS 对企业管理者的决策有一定的支持，但缺乏灵活性和分析能力，对于诸如生产调度、确定公司库存量、产品定价策略等问题决策的支持力度是不够的，因此只能靠直觉、经验进行决策。所以，为了满足管理层对复杂问题决策的要求，DSS 应运而生。

决策支持系统（DSS）也是服务于企业管理层的信息系统。DSS 不仅需要从 MIS、TPS 中抽取一些支持决策者所需的内部信息，还需要大量的与决策有关的外部信息，如竞争对手的产品价格等。DSS 能为决策者提供友好、易操作的人机界面，尤其是在模型驱动、人工智能等技术的支持下，DSS 具有较强的灵活性和适应性。关于决策支持系统的详细讨论见第 8 章。

4. 战略层的经理支持系统

经理支持系统（Executive Support System，ESS）服务于组织的战略层。与 DSS 不同，它是专门为企业最高层决策者设计的，具有通用的计算能力和通信能力。ESS 主要是帮助高层领导从宏观上、战略上管理企业，解决一些不断变化的非结构化问题，如一条新的生产线是否要投产？是否要开拓某地区的市场？与某家企业要进行何种形式的合作？等等。因此，ESS 应能很方便地为高层领导提供来自企业内部、外部包括竞争对手的信息，但这些信息不是简单的原始数据的堆积，而是上述几种类型系统，特别是 MIS 和 DSS 加工处理过的综合信息，尽可能多地以图形、图像、声音的形式出现，充分利用屏幕和通信设备达到人机的高度交互。与 DSS 相比，ESS 不用很多的分析模型，因为最终的决策要依靠决策者自身的思维，ESS 只是一种辅助工具。

图 1-9 表明了各种信息系统之间的信息传递关系。TPS 通常是组织中其他系统数据的主要来源，是组织内基本运行数据的直接输

入和与外界的边界；ESS 则从下层系统中接收数据，其他系统之间都有数据的交换。因此，从整体的观点出发，各类系统在企业管理中并不是独立运行的，而是相互联系的、集成的，有时功能界限也并不明确。

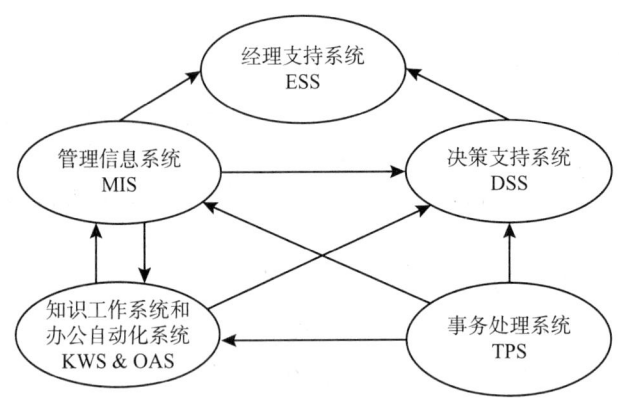

图 1-9 各类信息系统之间的关系

综合案例：丰田汽车的宏观视野

在客户下订单时才及时制造汽车是每一家汽车制造公司的梦想，丰田汽车制造公司已使这个梦想成真。2002 年 3 月，丰田与法国的达索系统公司以及 IBM 签订一纸 8 亿~12 亿美元的软件、硬件与服务的采购合约，用来连接分散在 25 个国家的 64 座工厂与它的 1 000 多家供货商。这项科技使丰田有能力为汽车制造过程中的每一个步骤模型化，包含汽车的外观、零件、每一个零件装配的顺序等都与工厂本身的汽车设计有关。

达索为丰田提供一套三维产品生命周期管理软件，功能包含协同设计、产品生命周期管理（Product-Life-Cycle Management，PLM）与支持生产的应用程序。IBM 则提供硬件与服务以及一套用来连接丰田这套新系统与公司内其他系统的软件。这套新系统将会替换丰田自行研发的计算机辅助设计（CAD）与产品数据管理系统，该系统虽然已经获得高度评价，但依然无法达到丰田在汽车制造业保持领先所需的功能要求。

达索公司的协同设计软件称为计算机辅助三维组件设计程序（Computer Aided Tri-Dimensional Interface Application，CATIA），它让丰田的设计师与远方供货商的设计伙伴得以相互合作来设计产品。他们可以使用计算机来构建三维设计模型，然后测试这些模型的"可生产性"，并测试零部件在汽车装配时是否易于安装。丰田将成为第一家在全球基础上测试设计模型的可生产性的汽车制造公司，其他公司仅能在个别独立的流程上使用这些工具。

丰田也计划使用 CATIA 于逆向工程：那些不会影响到汽车样式的零件将在整个生产流程的最后交由工程师设计制造。CATIA 也让丰田能够重复使用零件的设计模型，以车盖为例，丰田的设计师可以在一个模型库中搜寻现有的车盖设计模型,使用软件修改其外形与轮廓,并自动地测试新设计模型的可生产性,然后丰田便可要求该车盖的供货商生产这个新零件。

达索的生产支持软件称为 Delmia,可让单个的工程小组使用设计和可生产性数据来制订计划,以规定汽车生产线上的零件安装顺序。丰田最终希望可以用这个计划来将整个工厂的环境数字化,明确生产流程中每一步骤所该完成的事项,需要哪些工具和零件,在每一装配点所需配置的人数与所需完成的工作。丰田已经在几家工厂使用 Delmia 来模型化生产线。

一旦设计、生产计划与工厂制造战略相互结合,丰田便可将新车型的规格输入它的生产与供应链管理系统。数字化的设计与生产的整合,将使丰田新车上市时间由数年缩短到仅需 10 个月。产品上市时间的长短,在丰田试图开发年轻人的市场时愈显重要。目前丰田汽车的买主平均年龄为 45 岁,它想要吸引更多以最新流行趋势为买车考虑因素的年轻群体。丰田希望这套新的设计和生产支持系统能帮助它迅速转换年轻消费者的营销数据,在数周内设计出可以上路的新车。

丰田最终的理念是,让它使用这些新工具与工作方法来支持其依订单交车的模式,依照客户要求的规格生产汽车并在数日内交车。丰田使用因特网技术设计出一套经销商每日交易系统,将丰田的经销商与丰田的新设计和生产管理系统连接,帮助经销商依客户喜好来定制汽车规格,并在数日后交车给客户。

在图 1-10 中展示了丰田汽车公司的协同设计、生产支持系统与经销商系统,如何应对企业面临的客户结构的改变、客户需求个性化、缩短产品上市时间等挑战的。这些系统缩短了产品上市的周期,提高了产品开发和生产过程的效率,从而为丰田汽车创造了巨大价值。图 1-10 也描述了管理、技术与组织应如何共同合作来构成这个信息系统的。

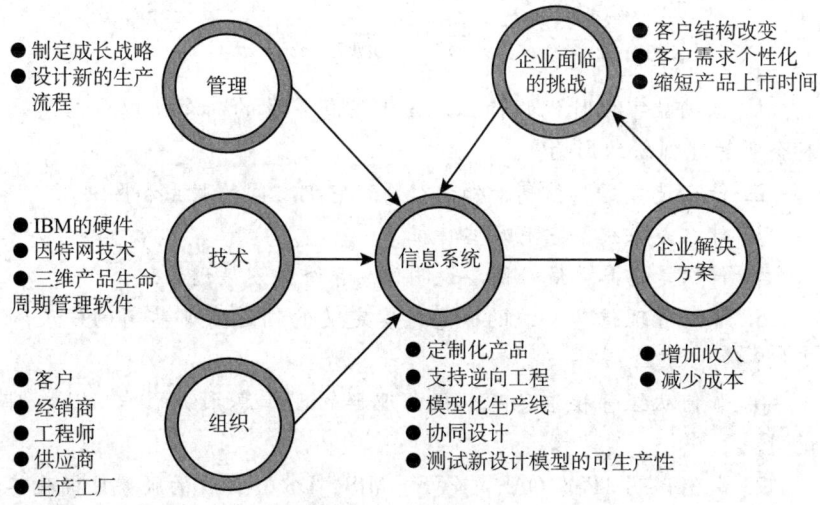

图 1-10　丰田公司管理信息系统的三维示意

案例来源:肯尼斯·C. 劳顿等,周宣光译:《管理信息系统》,清华大学出版社 2005 年版。

本 章 小 结

本章首先分析了数字时代的挑战和机遇，展示了数字时代信息系统的新内容和新变化，阐述了信息系统能够帮助企业实现哪些管理创新。

信息作为信息系统的处理对象，与数据、知识既有本质上的不同，更有着密不可分的关系，信息的三个维度可以帮助我们进一步认识信息及其特征。从系统论的角度阐述系统的基础概念、特征以及系统工程的三维结构有助于我们从根本上认识信息系统。信息系统是一个进行信息处理的人机系统，信息系统根据它所处理的信息内容和应用领域不同，有不同的内涵。信息系统在企业中的应用经历了由电子数据处理到管理信息系统、再到决策支持系统和企业集成化系统阶段。

管理信息系统是信息系统在企业经营管理中的应用，随着环境和技术的变化，对其定义的描述也有了一些新的发展和变化。在组织中，管理信息系统通过信息支持其所有职能部门的管理工作，为企业的各个管理层次及职能部门提供决策信息。为了全面了解管理信息系统，从组织、管理和技术三个维度来认识管理信息系统。

由于管理职能的不同以及管理者所处管理层次的不同，为不同管理者服务的管理信息系统的类型也不同，组织内的信息系统由服务于作业层、知识层、管理层和决策层的6类信息系统，即TPS、OAS、KWS、MIS、DSS、ESS组成。

习 题

1. 根据数字化时代的特征，分析信息系统的新变化以及信息化对企业管理创新的影响？
2. 什么是数据、信息、知识？简述它们之间的联系和区别。
3. 什么是系统？它有哪些特征？
4. 什么是信息系统？简要说明信息系统的发展过程。
5. 简述管理信息系统的概念，其定义的描述有哪些新的发展和变化？
6. 如何从经营和信息两个视角理解管理信息系统的作用？举例说明。
7. 举例说明TPS、OAS、KWS、MIS、DSS、ESS的服务目标及其在组织活动中发挥的作用。
8. 简述TPS、OAS、KWS、MIS、DSS、ESS之间的信息处理关系。

第2章
信息系统与组织

随着环境的变化与信息技术的发展，信息系统与组织的关系变得复杂化。一方面，信息系统在组织中所起的作用发生了很大的变化，信息系统不仅对组织的业务过程与管理活动进行着有效的支持，而且承担着对组织结构和业务流程的再设计，甚至包含着对组织管理模式与竞争战略的变革和创新；另一方面，组织及其战略也影响着信息系统建设的成败，以及信息系统在组织中的应用效果。

引导案例

海尔业务流程再造

国际化不仅是市场的国际化，管理也必须国际化。位于青岛的海尔总部就像全球海尔的心脏，在国际化的进程中，它时刻与外界保持同样的脉搏，随时在调整自己。

海尔作为一个在160多个国家建立了营销网点的大公司，怎样避免臃肿和迟钝？2001年，海尔对自身进行了一场"革命"：把原来的组织结构由过去的直线职能式的金字塔结构改革为扁平化的组织结构，将职能变为流程，形成以订单信息流为中心，带动物流和资金流的运行，实施业务流程再造。

1. 革仓库的命，让物流成为"第三利润源泉"

海尔集团董事局主席张瑞敏在很多场合举过这样的例子：用户要一个三角形的冰箱，海尔也能生产出来。快速地满足全球用户个性化的需求，正是物流带来的强大动力。海尔国际物流中心在2001年3月正式启动，这个高22米的立体仓库相当于40多个同样大小的普通仓库，采用世界上最先进技术开发的激光导引无人运输车系统、巷道堆垛机、机器人、穿梭车等，全部实现现代物流的自动化和智能化，使原料在4个小时内即可送达生产。一杯静止的水变成一条流动的河。张瑞敏将这比喻成"卖海鲜"，卖的东西必须是活蹦乱跳的，要是搁一宿,肯定不值钱了。

从前的海尔,每个分厂,都有独立的采购权,那时的供货商达到了2 336家,供货速度不能保障,质量参差不齐,最后经过筛选和优化,精减到了900家。断了1 000多家供货商的财路,这种大手术对于物流本部部长梁海山这个30岁的年轻人来说,是承担着巨大风险的。梁海山眼睛盯着全球的供货商,就是要做到从货比三家到万里挑一的转变。海尔的采购周期从10天压缩到了3天,同时国际供货商的比例达到了67.5%,比整合前上升了20%,其中世界500强企业占了44家,如GE、埃莫生、巴斯夫等。

在网上招标中,价格低并不是最重要的,海尔提出供货商要参与产品的前期设计。目前可以参与前期开发的供货商比例已高达32.5%,韩国LG公司与海尔合作已达10年历史,面对越来越挑剔的海尔,他们丝毫不敢掉以轻心。的确,海尔的供应链随时都会优胜劣汰,每一家供货商每走一步,都要小心翼翼。

建立一套目前国内自动化程度最高的物流系统,海尔只用了不到两年的时间。谈到海尔的物流建设,海尔集团总裁杨绵绵女士说,最关键的是不能要仓库。现在,我们全是根据订单来采购原材料,根据订单来生产产品,把仓库改造成一个立体配送中心,所有的东西在配送中心停留的时间只有3~7天。

2. 创造性破坏,把组织机构的金字塔"压扁"

曾经有人说过,创新有两个层次,一种是从无到有,另一种是有创造性的破坏。相比较而言,创造性的破坏更加有难度。尤其是一些已经取得成功的管理理念和制度要打破重来,更需要勇气和智慧。我国的一些企业产品和资本都很有竞争力,却缺乏适应全球市场竞争的现代企业制度,正是这个差距拉低了我国企业国际竞争力的分值。海尔在走出去的同时,对内部的管理和结构进行全新的调整和改造,来适应国际化的需要。

冰箱二厂原来一共有6级管理程序,厂长下面还有生产厂长、生产调度、车间主任、大组长和工人。实施了流程再造后,厂长的办公地点搬到了生产现场,在车间里,没有人再叫李清君为"厂长",而是叫"李经理"。管理程序减为2个,经理直接对着操作工。原来的23个管理人员减成了9个,结构一下子扁平化了。

李清君从1997年开始当厂长,中间有过几起几落。每一次变化都像是从零开始。这一次实施扁平化的结构,开始时他感到过失落、心里没底。"说心里话一开始是挺忙的,比以前责任要大了,因为我原来从厂长到工人有六级管理人员,出了问题我可以把责任推给他们。原来一个问题层层上报,到我这里可能就变味了,走样了。"

过去海尔是一种金字塔式的组织结构,员工应对的是层层的上级。现在改造成了一种扁平化的组织结构。原来再造前的订单流程是：供货公司把订单先传到集团的市场部，经过事业部、企划处到生产分厂，分厂做一个计划，再发到车间。现在没有了这些中转站，工人和市场需求的距离一下子被拉近了，每个部门每个员工直接对市场负责。一位法国经销商曾经订购 3 000 台节能冰箱，当天，冰箱二厂就在 ERP 系统界面上收到了订货信息，并立即安排了生产。可在流程再造之前，这几个小时的过程需要十几天。

张瑞敏认为，原来没有流程再造的时候，就好比是到医院去看病，你到这个窗口划价，到那个窗口交钱，再到另一个窗口拿药。对于窗口里头的人，非常简单，只划价或只拿药，但对于拿药这个人，就非常复杂，一个窗口一个窗口走。但是现在改了，窗口里的人既要给他划价，又要给他算钱，又要给他拿药，那么你的素质就要很高。但对于拿药的人来说，省事了，速度快了。

谈到组织结构创新对于海尔国际化的意义时，张瑞敏说："组织结构创新的最终目的是把企业组织内部每一个员工的积极性调动起来，或者说给他创造一个创新的空间，这个组织结构的改变不是为了改变而改变，而是为了以最快的速度适应市场的要求。在如今的市场竞争当中速度是第一位的，所以所有的组织结构改变都是为了这两个字。"

案例来源：中国企业培训网，www.chinacpx.com。

2.1 信息系统与组织的关系

全面地认识信息系统与组织的关系有着重要的意义：不了解组织就不能了解现行系统和设计新系统，信息系统必须与组织紧密结合起来；而组织也应当懂得自己必须适应环境和技术的变化，借助于信息系统提升自己。绝不要相信"技术将替你做事"这类观点，要想恰当地使用信息系统，必须主动地变革业务过程，让技术针对具体情况发挥作用。

2.1.1 信息系统在组织中的角色演化

在信息系统的组织应用过程中，信息系统对组织的影响发生了改变，其在组织中的地位与作用也同时发生着变化。信息系统应用于组织管理的早期阶段，组织的经营管理者更多关注"物质、能源"这两大资源，信息作为资源的价值尚未充分表现出来，信息系统在组织内主要体现在技术的变化上,其对组织的影响有限,更多体现在微观效率的提高上,在组织中的地位和作用并不凸显。信息系统只是一个附属物,即附属于组织固有的、适应于竞争相对平缓的外部环境的结构形式、业务流程、经营模式、规章制度及职能划分等。

但是到了 20 世纪后期,人类社会进入一个新的历史阶段——信息社会。随之而来的是,竞争日趋激烈,社会经济活动的深度与广度不断扩大。经营者认识到只占据物质资源是远远不够的,必须充分地掌握组织内、外环境中的信息,如市场、客户、合作伙伴、竞争对手等,并且要快速分析、处理这些信息以用于决策,在既定资源约束条件下达到利益最大化,实现组织生存与发展壮大的长远目标。

为适应上述经济环境的变化和经营管理的需要,组织的信息管理方式也在不断地调整和变革,组织形成了新的信息战略——如何充分有效地开发利用信息资源以增强竞争实力、获得竞争优势的战略。体现这一战略思想的信息系统的架构与地位也悄然发生着变革:组织的存在与运转越来越依赖于信息系统的支持,融合先进的管理思想的信息系统成为促进组织结构、业务流程、经营模式、职能划分等进行变革以适应外部环境变化的主导力量。

信息系统在组织中的地位从最初的从属状态逐渐上升到与组织固有体系的互动,甚至已经凌驾于传统意义的"组织"之上。这一时期的信息系统比过去涉及更多的组织内容,信息系统的内涵从仅体现技术变化扩展到管理控制,进而覆盖组织所有的基本活动,如图 2-1 所示。早期的信息系统主要引起技术改变,较容易实现;其后逐渐影响到管理控制,随后是组织的各种核心活动,进而延伸超出企业的范畴,包含了供应商、客户甚至竞争者。

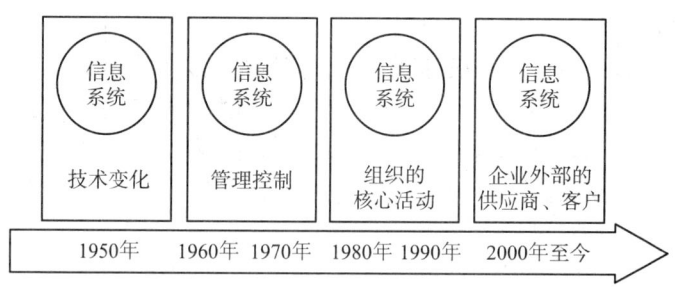

图 2-1 信息系统在组织中的角色演化

2.1.2 信息系统与组织的双向关系

毋庸置疑,信息技术对组织发挥着日益重要的作用。但是在不同组织的实践应用中,我们发现信息技术的作用结果却不尽相同。究其原因，信息系统和组织之间的关系如同作用力与反作用力一样是双向的。一方面，信息系统的建立必然使得组织采用新的工作方式，使人员的日常工作更趋于流程化和规范化，进而改变组织长期以来在权力、责任、义务和情感上建立的均衡状态。另一方面，任何信息系统的应用都需要经过组织领导层的审批及相关层级、岗位员工的实践应用才能最终得以实施，信息系统不可能存在于真空之中，因此，现存的体系必将影响信息技术和信息系统的结构、功能及应用效果等。

信息系统对组织的效率与效益的提高具有巨大作用，然而现实情况却是，多数信息系统并未像人们想象的那样引起组织的根本性转变。研究表明，组织中有许多因素，包括组织周围的环境、组织战略和目标、组织结构、组织的标准作业流程和组织文化等对信息系统的作用有着较大影响，如图 2-2 所示。这些因素作为媒介和载体，传递着信息系统与组织之间的相互促进与制约的关系。

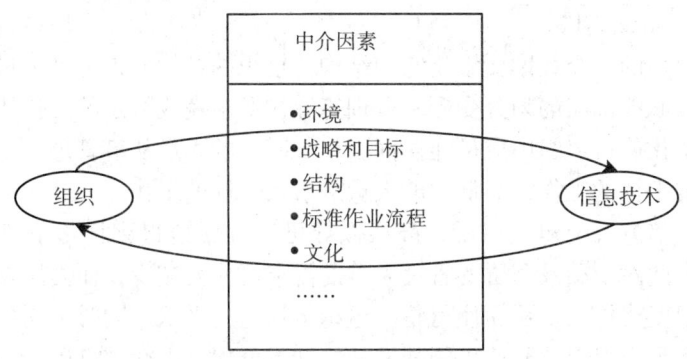

图 2-2　组织与 IT/IS 间的中介因素

下面我们从组织所在的环境、组织战略和目标、组织结构、标准作业流程、组织文化等几个方面来分析信息系统和组织之间的双向关系。

1. 组织所在的环境

任何组织都是存在于特定的环境中的，组织通过获得环境信息了解现状并预测未来。环境中的因素，如客户、供应商、竞争对手、政策法规等，都会对组织的行为及其效果产生影响，组织要想实现自己的目标，就必须适应其所存在的环境。

在信息技术飞速发展的今天，信息系统是扫描组织内外部环境的重要手段，帮助管理者识别内外部环境变化，并要求组织做出响应。因此，信息系统辅助组织响应环境的变化，同时还协助组织反作用于环境。

组织的信息化行为也同样会受到环境的影响和制约，信息系统应当能够适应组织的新需求和环境的变化。只有具有很强的环境适应性，信息系统才能更有生命力。

2. 组织战略和目标

组织战略是组织为实现自己的目标所遵循的基本原则，而组织目标是组织表现其经营目的实现状态的具体指标，如利润、技术领先程度、规模发展规划、市场份额等。信息系统不仅仅是一种技术，它往往与组织的战略和目标的实现紧密关联。信息系统的规划过程即是把组织的战略目标转变成信息系统的战略目标的过程。因此，从战略的高度重新认识与充分利用信息技术已经是管理者不得不正视的现实。

同时，信息系统的体系结构需要有效地支持组织的战略和经营目标。例如，生产型的企业强调其信息系统应当具有较高的集成性以支持企业高效、低成本运作与管理，而以资本运作为核心的投资控股型企业则着重在投资分析方面需要信息系统的支持。此外，在组织的不同发展阶段，对信息系统也会产生不同的需求。

3. 组织结构

组织的一个关键要素是它的结构。组织的结构使得劳动力进行分工、按职能部门的划分受到专业训练并被要求完成特定的工作，组织的层次化使得组织中成员能协同工作。高层的人员从事管理、专业性的和技术性的工作，而低层的人员从事操作性的工作。

当信息系统建立以后，高层领导可以方便地得到详尽的基层信息，因此对中层及基层的管理人员的需求可能会减少，而高层领导的管理幅度将扩大，从而使得整个组织结构呈扁平状。同时，岗位、职责和人员必然因此而产生剧烈波动，利益分配的平衡被打破，不能积极主动适应这种变动的人员势必产生抵触情绪，对组织信息化的推动将会形成潜在甚至直接的阻碍作用。

4. 标准作业流程

组织中常规的重复性活动和步骤称为标准作业流程（Standard Operating Procedure，SOP）。SOP 是组织长期积累的结果，改变它需要付出相当大的努力。有许多组织成功地进行了这种变革，极大地提高了他们的竞争力，这是因为现代的信息系统不仅是一个软件、硬件系统，而且涵盖了大量先进的管理思想和最佳业务实践。因此，在信息技术/信息系统的应用过程中通常伴随着组织业务流程的变革，例如，组织在实施 ERP 之前需要进行业务流程分析。

另外，大多数组织在进行业务流程重组（BPR）时，也需要借助信息技术/信息系统的实施进行推动。从这一点上来说，信息系统管理的一个重要任务，就是要决定在多大程度上改变现有的业务流程使它适应信息系统，或者如何使信息系统以及相关的软件功能适应现有的业务流程。

5. 组织文化

组织成员共有的价值观和行动规范称为组织文化，每个组织都有它们独特的文化，组织文化是被组织成员所广泛认可的一组概念、价值观和工作方法的集合。信息技术可以用来支持现有的组织文化，也可能与之产生抵触。当与现行的组织文化相抵触时，信息技术往往难以发挥应有的作用。同时，不能指望在短时间内改变组织文化。经验表明，组织文化的转变比技术更新需要更长的时间。

因此，引进信息技术之前需要对组织的文化进行深入了解，如果信息系统与组织固有的行为习惯存在抵触，而这种抵触又不能够通过管理上的调整和变革来消除，那就得考虑改变信息系统以适应组织的实际情况。否则，系统不但不能发挥期望的作用，还有可能对组织造成不利的影响。另外，领导的重视对信息系统的作用将产生重大影响。

还有其他一些因素诸如组织政治、管理决策等，也在组织与信息系统之间发挥着类似的中介作用。

2.1.3 信息系统对组织影响的理论分析

关于信息系统如何影响组织，已有许多的研究成果，不同的理论运用各自的核心概念和基本原理从不同的角度对信息系统如何影响组织进行了分析。下面主要从经济学的几个领域来分析信息系统对组织的影响。

1. 微观经济理论

从经济学的角度来看，信息技术可被视为一种生产要素，并可以自由地替代资本与劳动力。当信息技术的成本不断下降，而劳动力的成本却不断升高时，利用信息技术可以实现手工操作的自动化或对原有的业务流程的重新设计，这样自然取代了成本不断提高的劳动力，从而使企业以较少的资本和劳动力投入生产出同样多的产出。

因此，微观经济理论认为广泛地应用信息技术将会减少企业中层管理者数量以及管理的层次、改进原有的生产过程、提高生产率、降低成本，并在组织规模扩大的过程中有效地控制管理成本的上升趋势，使组织获得持续的规模经济性。

2. 交易成本理论

交易成本理论认为，当企业在市场上购买其自身不生产的产品时，成本就发生了，这类成本被称为交易成本。企业追求交易成本的经济性。传统上企业通过规模扩张的方式来降低交易成本，如进入新的市场、雇用更多的雇员、兼并小公司等。这种靠纵向联合的方式降低市场交易成本的方法是有限度和代价的，一方面，随着企业规模的膨胀，其内部的管理与协调成本也在急剧上升，这将抵销其下降的交易成本；另一方面，庞大臃肿的组织机构也很难适应市场的快速变化，并充分发挥其核心竞争力。

而信息技术的应用能帮助企业降低交易成本，使企业利用外部的资源比利用内部的资源更经济。随着交易成本的减少，企业能更方便和更便宜地从市场中采购所需的资源而不必自己来生产这些资源，企业规模也相应缩减，而企业间的供应链则迅速发展。

3. 代理理论

企业可以看作是一群追求自我利益最大化而不是追求集体利益最大化的当事人之间形成的"委托—代理"关系结构。委托人（雇主）雇用代理人（雇员）作为其利益的代表来执行任务，并把一些决策权力授予代理人。然而，代理人需要被时时地监督和管理，否则的话，代理人往往倾向于谋取个人利益而不是雇主的利益，这样就会产生代理成本或管理成本。当公司发展到一定的规模和较大的经营范围时，雇主就要花费越来越多的精力去获取信息以监督和掌控代理人的行为，这就导致了管理成本的上升。

信息技术能减少在这种"委托—代理"关系中获取和分析相关信息的成本，加大管理者的控制程度，从而有效地减少企业的非生产性人员和委托人的代理成本。

2.1.4 信息系统应用的组织阻力及对策

1. 关键的组织因素

信息技术是信息化生产力的重要组成部分，但信息化不等于计算机化、不等于通信网络化。组织因素滞后于技术的发展成为制约信息化发展的主要障碍之源。

为了从技术应用中获得收益，在进行技术改造的同时，必须对关键的组织因素加以考虑。根据以往的经验，主要涉及以下几个方面：

（1）组织的类型及其所处的环境；
（2）组织结构、专业分工及标准工作流程；
（3）组织文化；
（4）领导的风格及其对信息技术的理解与支持；
（5）系统服务的组织层次；
（6）系统影响到的主要利益群体；
（7）组织中将使用信息系统的员工的情感和态度；
（8）组织过去对IT的投资及效果、现有的技能、人力资源等；
（9）信息系统所辅助的任务和决策类型。

2. 组织阻力及对策

信息系统的行为观点指出，建立新信息系统或改造旧系统绝不仅仅是对机器或工人的技术性再安排，新的信息系统会打破组织原有的平衡，产生新的冲突和组织阻力。

信息化过程中的阻力和冲突的来源有两个方面：一个是信息技术的应用所带来的原有管理模式和利益分配机制的变革对组织及个体的冲击；另一个是惯性思维下对新事物由于缺乏了解或者存在认知误区而产生的本能抵触。信息系统对组织的冲击以及组织对信息系统的抵制往往是不可避免的，组织管理者应当主动采取对策。

首先，开发新系统的最终目的是提高组织的绩效，所以应把系统应用的过程看作一个有计划的组织变革过程。新系统建立的同时也必须明确提出组织变革的方式和内容，除了业务流程的变化外，还要说明每个岗位职责的变化、组织结构的调整和变化、人员之间制约关系的变化、每个人权力及行为上的变化。要对这些变化的时机、方式、后果做出仔细的计划，才能保证变革实施的成功。完整的组织冲击分析应说明新系统将怎样影响到组织的结构、决策以及日常运作。为了使新系统能与它所服务的组织完美地协调、统一成一个整体，组织的冲击分析工作就必须得到加强。

其次，信息系统的开发质量及日后应用效果某种程度上也极大地影响到员工的态度，而这绝不仅仅是软件、硬件供应商的责任，用户的参与、配合及沟通也有至关重要的影响。用户员工与IT技术人员的专业领域之间有着巨大的差异，双方的良好沟通要建立在对对方的工作了解的基础上。因此，对员工要进行信息系统开发及应用方面的学习培训，引导员工积极参与变革的过程，发现问题并充分表达管理需求，而学习和培训的过程又增加了员工的参与程度和对新系统的认知与接纳。

总之，让用户参与系统的设计、实施以及培训，在引入系统前进行必要的组织变革，改善用户与设计者的关系等都是必要的应对措施。通过对组织抵制问题的分析，我们所得到的最大的启示是：系统的设计不能单纯从技术出发，而必须仔细分析组织的现状和新系统所带来的组织变革。

信息技术和信息系统对组织所产生的影响极大地被组织的惯性所拖累，组织变革的过程远比预期的复杂和缓慢，是一个渐进过程。鉴于信息技术作用的局限性，不能指望靠技术来解决那些实质上是人与组织本身的问题。计算机的作用是由使用者的智慧决定的，信息系统的应用是组织和个人行为的写照。

2.2 信息系统与组织结构

组织结构是保证管理目标实现的重要载体，是管理领域的重要问题。它和信息技术相互影响又相互支持。近代由于生产规模和技术的发展，以及信息技术的广泛应用，企业组织结构形式发生了显著的变化。

2.2.1 传统组织结构模式

1. 传统的组织结构类型

自从"科学管理之父"泰勒首创以实行职位分类为基础的企业管理制度之后，建立在职位分类基础上的严密组织结构很快在企业中流行开来。组织结构的层次分明、工作人员的分工明确，大大提高了生产效率。典型的传统组织结构主要有以下几种：

（1）直线职能制组织结构。直线职能制组织（unitary structure）是一种内部一元化领导的组织形式，如图2-3所示。直线职能制组织对职务进行专门化，制定大量规章制度，以职能部门划分工作任务，实行集权式决策，通过命令链进行经营决策。这种结构的优势在于它能够高效地进行标准化活动操作；其不足在于容易走向僵化，导致不同职能部门之间的冲突，并且在控制跨度较窄的情况下，当管理层级过多，也容易导致信息传递的迟缓。

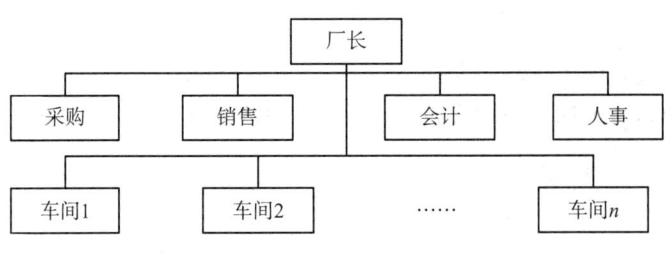

图2-3 直线职能制组织

（2）事业部制组织结构。事业部制组织（divisional structure）是一种分权运作的形式，首创于20世纪20年代的美国通用汽车公司和杜邦公司，是直线职能式组织在更大范围即大公司范围的实现。在总公司领导下设立多个事业部，各事业部有各自独立的产品和市场，实行独立核算，事业部内部在经营管理上则拥有自主性和独立性。这种组织结构形式最突出的特点是"集中决策,分散经营",即总公司集中决策,事业部独立经营。这是在组织领导方式上由集权制向分权制转化的一种改革,其组织结构如图 2-4 所示。

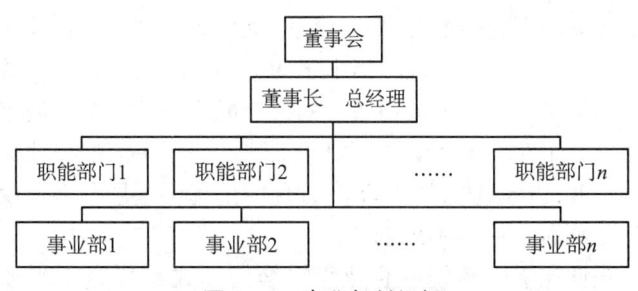

图 2-4 事业部制组织

(3) 矩阵式组织结构。矩阵式组织 (matrix structure) 又称规划目标结构组织,有纵、横两套管理系统:一套是纵向的职能领导系统;另一套是为完成某一任务而组成的横向项目系统。由于组织中职能部门的权力过大和直线组织的分段引起任务的分割,每个功能部门似乎均有人负责,而无人对整个任务或整个任务的过程负责,为了加强任务过程的负责制,许多企业如军事工业、航天业、科研机构等采取了矩阵式组织。在矩阵式组织中,一维是直线职能,另一维是任务,这个任务或为产品,或为项目,其形式如图 2-5 所示。

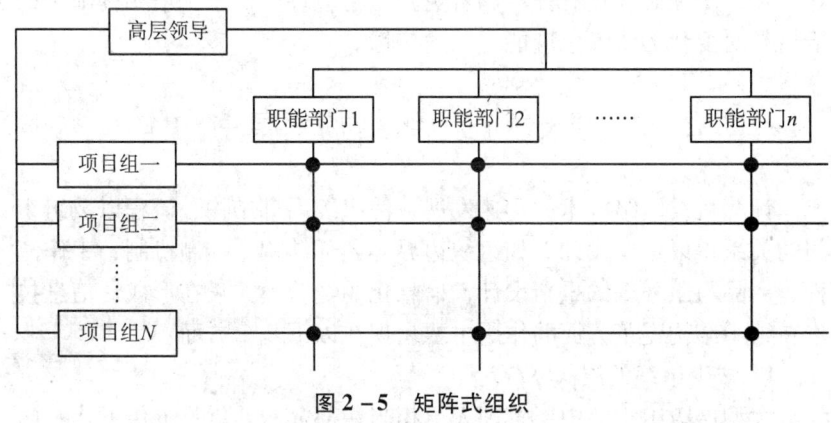

图 2-5 矩阵式组织

2. 传统组织结构模式的问题

企业处于不同的发展阶段、发展规模以及发展环境中往往采用不同的组织结构模式,传统的组织结构模式如直线职能制、事业部制和矩阵式等有一个共同特征:等级式的纵深多层组织结构。等级结构强调专业分工、职责明晰、组织稳定性好,在特定的历史时期对企业的发展壮大起到了积极的作用。但是随着时代的变迁及经济与社会的发展，等级结构的内在问题也日益凸显出来，主要表现在以下几个方面：

（1）纵向来看，等级结构的形成源自管理幅度的限制，在传统的管理模式下，管理幅度有限，当组织规模扩大到一定程度时必须靠增加层次来保证有效的管理。当组织的纵向层次过多，信息的传递就会出现延误与失真，上下级沟通不畅，造成决策的迟缓与偏差，企业的灵活性与适应性大大降低、竞争力下降。高层决策层强调标准化管理和照章办事，难以适应基层千变万化的情况。基层管理者没有决策权，因而"唯命是从"不思变革。

（2）横向来看，传统的企业组织结构模式是按照职能来划分各个部门的，各个部门根据其自身职能的需要来进行信息管理，没有考虑相互之间的信息交流。企业部门与部门之间、员工与员工之间存在着职能关系的壁垒，每一道壁垒就是一堵墙，企业内部信息呈垂直流动，而不能水平流动。这就导致了企业内部各个职能部门之间形成了相互独立的信息孤岛，职能部门间协调的难度增大，信息难以交流和共享。面向职能的组织中，专业化分工带来的效率优势往往被过多、过细的分工所造成的分工之间的边际协调成本所抵消，这些无形的壁垒使组织无法适应市场的快速变化和个性化的消费需求。

传统的组织结构模式，在相对稳定的市场环境中，是效率较高的一种组织形式。但是随着信息化时代的来临，为了适应外界环境的快速变化，企业必须更有弹性和有更强的适应性。而金字塔结构缺少的恰恰是对变化的快速感应能力和适应性。

2.2.2　信息技术在组织结构变革中的作用

计算机与网络技术的迅速发展，使组织内部结构、流程以及组织间的关系得以重新设计。如组织边界、内部结构、控制机制、工作流程、产品与服务等的重新设计，信息化的经营模式正在形成。信息技术在组织结构变革方面的作用主要表现在以下几个方面：

1. 减少组织的层次

大型层级组织的中层管理人员相当一部分职能就是上传下达：向上反映收集到的组织基层的运作信息、向下传达组织高层的意图，而这些职能大部分可用现代信息系统来实现。信息系统可向管理者提供丰富的信息，以使其能监督更多员工和生产过程。另外，信息技术使低层员工可以接收到更广泛的信息，过去由管理人员完成的基础决策可直接由低层工作人员来完成，决策权下移，从而减少了组织的层级。同时，网络与便携技术的应用使得小组的合作不再受到地理位置的限制，这也意味着管理人员的控制范围的扩大，高层管理人员可以管理和控制的范围更大、地域分布更广，中层管理人员的缩减使得组织的扁平化成为可能，从而克服管理机构臃肿的现象。

2. 分布式的工作地点

网络、便携、可视等信息技术使得分布在不同国家、地区的企业员工可以密切合作，传统的完整意义上的组织可能会消失，例如，利用信息系统连接供应商可以取消库存部门；通信技术消除了多种类型工作的距离障碍，业务人员可获得更多的实时信息，通过各种途径与客户进行沟通；小组的远程协作成为现实。例如，Ford汽车公司就采用跨洲协作的方式进行新产品的开发，项目的设计时耗大大缩减。

组织在产品或服务的提供上也不再受物理位置或组织边界的限制，网络化的信息系统使企业很好地协调地理上分布的资源和能力，甚至以虚拟组织的方式利用外部企业的能力。虚拟企业打破了传统的组织边界和物理位置的限制，根据特定产品与服务的需求将相关的资源、能力和信息连接起来，充分利用各个企业的核心能力。例如，一个销售鲜花的虚拟企业，通过免费电话接受客户订单，输入计算机并传送到生产鲜花的农场，农场员工根据订单采摘鲜花并由快递公司将花送到客户手中。

3. 增加组织的弹性

信息技术使得组织以更加灵活的方式运行，增强企业的应变能力和把握市场机会的能力。无论是小型企业还是大型企业都可以借助于信息系统获得更多弹性。小型企业可以利用信息系统如库存跟踪、订单处理等在不需要太多管理人员、文员和生产人员的情况下有效运作；大型企业也可以利用信息系统如"批量定制系统"来获得更多的灵活性与快速响应能力。如Levis的直销店提供一种个性定制的服务，客户只要将自己的尺寸输入计算机，信息传递至工厂，就可在标准产品的生产线完成定制的产品。

4. 组织边界的重新定义

网络化的信息系统使得企业之间可以方便地实现电子数据交换，如库存信息、订单信息的电子传送与共享，这大大减少了企业从外部获取产品或服务的成本；同时借助于信息系统的关联也可改善企业之间的关系，帮助企业更有效地进行供应链管理。这种连接两个或多个企业的信息系统被称为"组织间信息系统"或"跨组织系统"，这类系统的应用实现了组织之间信息流动的自动化，使一个组织的信息或信息处理能力可以改进另一个组织的行为或改进多个组织之间的关系，因而使得组织的边界变得模糊。

2.2.3 组织结构形式的演变

当前管理领域关于组织结构模式的探讨集中反映了信息技术应用与组织设计的互动性。计算机和网络技术的应用需要一个更加动态的、弹性化的组织结构来适配，而组织的发展也需要更迅速快捷的信息交换和共享网络。一些整合的信息系统如 ERP、CRM 等正利用其高度的技术渗透性和网络协作功能，打破企业内各个部门之间的分割和孤立状态，把企业改造成一个面向任务的集成化的管理团队。

如前所述，信息技术的发展与应用从多方面改变了组织结构的传统假设与限制，而且通过对企业行为的理论分析和总结，我们可以看出在信息技术的渗透与影响下，企业组织结构的模式呈现出以下所述的发展趋势。

1. 扁平化趋势

传统意义上的组织从诞生之时就本能地开始了规模扩张之路，这是规模经济性及较高的市场交易成本所导致的必然趋势。随着企业规模的持续扩大，大而全的组织结构使得市场交易费用逐步下降，但组织内部的协调成本却快速膨胀，直至完全抵消了前者的下降。企业效益增长缓慢，发展停滞不前，"大企业病"便显现出来。企业信息化的实施将优化企业的信息过程，大大提高信息收集、处理、传输的能力，中间管理层的减少使企业从"多层金字塔结构"逐渐向"扁平化结构"转化。

2. 小型化趋势

20 世纪 80 年代美国企业界流行起"外包"方式，日本则是"精益生产"，组织开始呈现出小型化的趋势，这一趋势主要是源自企业发现规模大并不一定就经济。社会分工的不同使得企业既存在具备核心竞争力的部分，同时也存在不具备核心竞争力的部分。为了更有效地组织生产，应该把在传统的组织模式下通常由组织内部部门完成但实际上并不"划算"的部分，如制造、包装、仓储、运输、销售等环节剥离出去，通过合同外包等方式交由其他组织来实现所需功能，而组织可以集中精力开展核心业务以增强其核心竞争力。

3. 网络化趋势

组织网络化实质上是由若干相互独立的组织所构成的一个成员不断变动的合作关系网。这种动态变化的立体网络最大的优点在于，让组织把重心放在其具有核心竞争力的领域，以最少的投入获取最大的效益，充分发挥社会分工协作的优势。同时企业不再是"大而全"，也不再追求简单的规模扩张。组织在网络化发展的同时也呈现出小型化和分散化的趋势。

信息网络的应用是企业网络化的技术基础。网状企业的形成与运作，依赖物流、资金流和信息流的畅通。而物流与资金流的运行也得靠信息流来调动，所以信息系统是网状企业的神经系统。

4. 虚拟化趋势

虚拟组织可以认为是网状企业的一种极端形式。由于信息技术、通信技术和网络的高度发达，企业之间的合作关系突破了传统的合作关系，而通信网络，应用信息技术和通信技术进行分散的互利的合作，一旦合作目的达到，合作关系便解除，因此这是一种暂时的、跨越空间的合作形式。IT 的深入应用使企业间的虚拟化成为可能，而且企业间的动态合作需求也促使企业向虚拟化方向发展。

5. 产业联盟

产业联盟是指出于确保合作各方的市场优势，寻求新的规模、标准、机能或定位，应对共同的竞争者或将业务推向新领域等目的，企业间结成的互相协作和资源整合的一种合作模式。联盟成员可以限于某一行业内的企业或是同一产业链各个组成部分的跨行业企业。联盟成员间一般没有资本关联，各企业地位平等，独立运作。

由于企业的联合，产业联盟能在某一领域形成较大的合力和影响力，不但能为成员企业带来新的客户、市场和信息，也有助于企业专注于自身核心业务的开拓。相对于企业并购等模式，产业联盟能以较低的风险实现较大范围的资源调配，避免了兼并收购中可能耗时数月乃至数年的整合过程，从而成为企业优势互补、扩展发展空间、提高产业或行业竞争力、实现超常规发展的重要手段。

6. 基于平台的生态系统

当前在"互联网+"的大背景下，产品和服务的更新周期越来越短，市场以及顾客的需求急剧变化，一个企业已经无法独自应对这种变化，必须与其他企业协作来共同面对市场。因此，企业必须要隶属于某一团体或组织以便更好地完成任务，而这个团体或组织就是广义的"生态系统"。"生态系统"型的组织是基于巨型平台的社会协同系统，其成员和利益相关方存在着内在的关联，且时常发生复杂的动态交互作用，在给彼此提供新价值的基础上，能够最大限度地发挥网络效应。其主要优势在于生态系统成员间的相互关系所形成的网络外溢效益以及生命力旺盛的创业文化。这种产业组织可以粗略地分为区域型和企业型两种，其中区域型的主要有美国的"硅谷"、中国的"中关村"和印度的"班加罗尔"，企业型的既有"阿里巴巴""亚马逊"等电子商务平台，也有苹果的 App Store 等大型信息服务平台。

企业型平台生态系统以技术（如云计算、大数据等）为基础，定义和开发相对稳定的核心产品、动态且异质的互补产品、组合生成的衍生产品，协调和集成经济利益和社会需求各异的各种组织、个体，以产生依赖和创新。基于平台生态系统的组织范式，各方可以进行快速、自主、迭代、敏捷的社会化实验和创新，同时通过平台对产品和服务形成按需的、稳定的提供，从而产生持续的利润和价值。

基于平台的企业生态系统内，组织的运作高度依赖于所谓的"中台"。中台存在的目的就是更好地服务企业面向客户的规模化创新，进而更好地服务用户，使企业真正做到自身能力与用户需求的持续对接。

中台这一概念最早是由阿里巴巴在 2015 年提出的"大中台，小前台"战略中延伸出来的概念，灵感来源于一家芬兰的小公司 Supercell——一家仅有 300 名员工，却接连推出爆款游戏，是全球最会赚钱的明星游戏公司。这家看似很小的公司，设置了一个强大的技术平台，来支持众多的小团队进行游戏研发。这样一来，他们就可以专心创新，不用担心基础却又至关重要的技术支撑问题。

阿里巴巴作为全球交易额最大的"数字经济体"，依托中台打造了横跨电子商务、金融服务、物流、云计算、新零售等多板块的整个阿里巴巴生态。

2.3 信息系统与竞争战略

组织管理的重心历经了由物质资源管理到资金管理再到人才管理的过程，现在正转向信息管理、知识管理，基于信息资源开发利用的竞争战略成为组织竞争的最重要战略。信息技术不再是企业战略的事后投资，它已成为制定企业战略的真正原动力。信息系统不仅仅只是支持企业的运作、决策的一系列技术，信息系统还可以改变企业的竞争模式。

2.3.1 信息系统的战略性

20 世纪 80 年代中期以来，随着信息成为和人、财、物同等重要的战略资源，人们逐渐认识到，信息技术在组织中的应用不仅能降低成本、提高效率和效益，而且还能够改变产品或服务的性质、改变组织参与竞争的方式，更为重要的是还为企业提供了新的参与市场竞争的战略性手段。

信息技术越来越成为企业的战略工具。组织应用信息技术的目标由追求企业某个局部领域的效率和效益的提高，向追求企业整体效率和效益的提高及增强企业竞争力的方向转变。这时战略信息系统（Strategic Information System，SIS）的概念应运而生。

战略信息系统是能够改变组织的目标、过程、产品/服务及组织与外部环境的关系，以帮助组织赢得竞争优势的计算机信息系统。战略信息系统的概念包含两方面的内涵：一个是信息系统；另一个是战略。其中的"信息系统"可以是在组织中任何层次上应用的、任何类型的信息系统，如在第1章中介绍的 TPS、MIS、DSS、EIS 等；而"战略"则强调了信息系统的功能、作用是战略性的：战略信息系统必须影响或支持企业的经营战略，通过改善企业的运行情况为企业带来竞争优势或削弱竞争对手的竞争优势。

企业战略的实施及其目标的实现将越来越多地受制于企业对信息技术的运用能力。利用信息系统取得竞争优势的关键在于是否能够根据信息技术发展和信息环境的变化，及时转变其信息管理模式和战略决策方式，把信息技术和组织的战略联系起来。

为了将信息系统用作竞争武器，必须了解企业的战略机会在哪里。管理者常常面临这样的疑问：信息技术如何影响竞争与竞争优势的来源？迈克尔·波特提出的描述企业和企业环境的两个模型："价值链模型"和"五力竞争模型"将用于帮助我们回答该问题。

2.3.2 价值链模型

1. 价值链的概念

"价值链"是哈佛大学商学院教授迈克尔·波特于1985年提出的概念，波特认为："每一个企业都是在设计、生产、销售、发送和辅助其产品的过程中进行种种活动的集合体。我们称这些活动为'价值活动'，所有这些活动可以用一个价值链来表明。"基本上，企业创造的价值根据客户购买产品或劳务时愿意付出的价格总值来衡量。企业创造的价值超过"价值活动"的成本时，企业就能盈利。企业要比竞争对手更具竞争优势，必须以更低的成本从事这些活动，或以不同的方式导致产品的差异化，卖到更高的价格（更多的价值）。

企业的价值创造是通过一系列活动构成的，这些活动可分为5个主要活动和4个支持活动两类。5个主要活动是内部后勤、外部后勤、生产作业、市场营销和售后服务，4个支持活动是企业基础设施、人力资源管理、技术开发、采购。企业的价值活动不是一些孤立的活动，它们相互依存，是一个创造价值的动态过程。价值链的构成如图 2-6 所示。

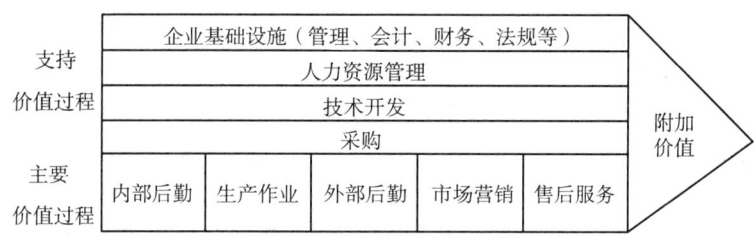

图 2-6 价值链的构成

价值活动之间应该是互相促进和配合的关系。价值链的所有环节都具有单独价值，但是通常这些环节组合起来的价值往往大于它们的单独价值之和，多出来的价值我们称为"附加价值"，如图 2-6 中价值链最右侧所示的部分。可以说，附加价值越大，顾客对企业的产品或服务的消费就越多。这对于组织则意味着一种竞争优势以及更丰厚的利润。

价值链的外延不仅仅局限在一个企业的内部，在特定产业中，企业的价值链深藏在一个更大的活动群中，我们称为"价值系统"。价值系统包括提供原材料给下游企业，从而形成该价值链的供应商价值链（如原料、零部件、采购服务）；还包括将企业的产品经由各级销售渠道送达客户的经销商价值链，然后产品又变成下一阶段价值链的采购元件。

波特的价值链理论向我们揭示了：企业与企业的竞争，不只是某个环节的竞争，而是整个价值链的竞争，而且整个价值链的综合竞争力决定了企业的竞争力。因此，企业的效率或竞争优势来自价值活动的有效组合，来自价值链的优化。

价值链中的每一个环节都应为顾客的产品或服务增加价值。我们的目的就是要找出其中的主要活动和过程，并确定支持这些过程的信息技术和应用系统，即企业信息系统应用所要改造的重点业务环节。这种思考和分析可以帮助人们了解信息系统开发的意义。

2. 价值链分析

企业经营战略要有效地指导实际行动，不仅要指明什么是企业的竞争优势，而且还要指明它们表现在什么地方，并从战略角度将战略优势和企业的日常活动联系起来，通过更有效地进行这些活动以实现企业的战略目标。根据企业从事的生产经营活动分析竞争优势所在是制定竞争战略的有效方法之一，这一方法称为"价值链分析法"。

企业价值链的功能之一，是形成成本或差异化的竞争优势。每项价值活动都包含成本驱动因素，它可以决定形成成本优势的潜在来源。同样，企业的差异化能力反映在每项价值活动满足客户需求的贡献程度。许多企业活动（不仅是有形产品或服务）都会带来差异化，客户需求不仅受企业产品的影响，也受企业提供的其他活动（如后勤或售后服务）表现的影响。

企业的价值链是一个交互依存的活动系统，由联结点衔接。当从事某项活动的效益会影响到其他活动的成本或效益时，联结点就会出现，联结点需要活动之间彼此协调。谨慎地管理联结点，这通常是竞争优势的有力来源。联结点不仅联结企业内部的价值活动，也创造企业的价值链与供应商、销售渠道之间的交互依存关系。企业可以应用联结点创造竞争优势。例如，糖果制造商可说服供应商，将巧克力由固态转为液态运送，如此便可以达成节省制造步骤的效果；沃尔玛和供应商的"及时补货"也有相同的效果。

在寻求竞争优势时，企业通常根据价值活动的范围，形成不同的"竞争范围"。在创造竞争优势上，竞争范围是项重要的工具。小范围的竞争优势，来自价值链可以针对客户个别需求而设定或调整，以尽量满足特定产品、客户或地理区域，如果目标区间有特别的需求，经营范围较大的竞争者将很难做到个别满足，例如目标集中战略；另外，较大的竞争范围容许企业开发价值链的交互关系，服务不同的产业区间、地理区域或相关产业。企业面对全国性或全球性竞争时，运用这套协调价值链的战略，例如，多元化战略，便能产生相对于本地或国内竞争对手的竞争优势。

价值链分析法使企业清楚地知道哪里是它的竞争优势，形成竞争优势的原因是什么。价值链分析法强调价值活动之间相互关系的重要性。价值链模型指出了最适合采用竞争策略的企业活动，也凸显出信息系统最有可能产生战略影响的活动。通过辨识那些能有效地利用信息技术增强其竞争地位的具体关键环节，企业可以更加全面地确定自己的竞争优势和"战略型"信息系统方案的选择——支持获取对企业增值最多的价值活动所需的战略信息。

3. 信息技术对价值链的影响

信息技术出现在价值链的某个点上，这就改变了价值活动的开展方式与活动之间联结点的本质。这些基本的影响说明了为何信息技术具有战略性意义。

价值链中的每一环节都具有物理上的实际部分和信息处理部分。实际部分包括了执行活动所需要的实际任务，而信息处理部分包括了信息的获得、处理和传输。信息技术正是通过改变价值活动的进行方式来影响价值链。每项价值活动都会创造和使用某种信息。价值活动不同，也需要这两种要素的不同组合。譬如，铸造这项活动所用到的实体流程远多于信息流程，保险活动的情况则正好相反。

信息技术不仅影响个别活动的执行方式，也通过新的信息流，加强了企业开发内外部价值活动之间联结点的能力。这项技术也在价值活动之间创造出新的联结点，借此企业可以协调各项作业以更贴近客户和供应商的需要。

每个价值链环节的信息处理部分都可以被信息技术所支持，如表2-1所示。战略制定者可以通过研究目前信息技术所应用的环节及其发展潜力，来判断哪些活动可在信息技术的支持下最大限度地增加企业产品或服务的价值。

表2-1　　　　信息技术在价值链各环节的应用和支持

活动	定义	可用的信息技术	信息技术的作用
内部后勤	物料的入库、存储及出库	库存管理自动化	加快物料的调拨，联机订货，保证安全库存，减小库存成本
生产作业	将物料转换成最终产品	制造执行系统，生产过程控制系统	自动化生产线，提高产品质量，缩短加工周期
外部后勤	与集中、存储和将产品发送给买方有关的各种活动	在线销售系统，调度系统	迅速可靠地配送产品或服务，互联网成为重要的销售渠道
市场营销	广告、促销、销售队伍、渠道建设	客户关系管理，网络营销	收集客户和市场资料，辅助产品与营销方案设计，联机订货
售后服务	安装、维修、培训、零部件供应	技术支持的电子化，服务热线，潜在故障诊断	降低维修费用，提前提供服务，提高客户满意度
企业基础设施	支持整个价值链的会计制度、行政流程	办公自动化，财务系统	组织机构分散化，管理控制，协调组织内部管理
人力资源	招聘、雇用、培训、薪酬	人事管理系统	方便查看员工资料和业绩，利于人事决策
技术开发	改善产品和生产工艺	计算机辅助设计和制造	缩短设计、生产周期和提高设计、生产质量，降低生产成本
采购	物料的供应、研发设备的购买	在线查看供应商存货规划	大范围即时最优价格，供应商管理库存

2.3.3　五力竞争模型

"五力模型"是迈克尔·波特所提出的经典的竞争战略模型（见图2-7），它反映了企业的竞争格局。任何企业想要生存下去并取得最后的成功都必须合理有效地应对五种竞争力量，同时，企业还可以利用三种基本竞争战略来应对它所面临的竞争威胁。

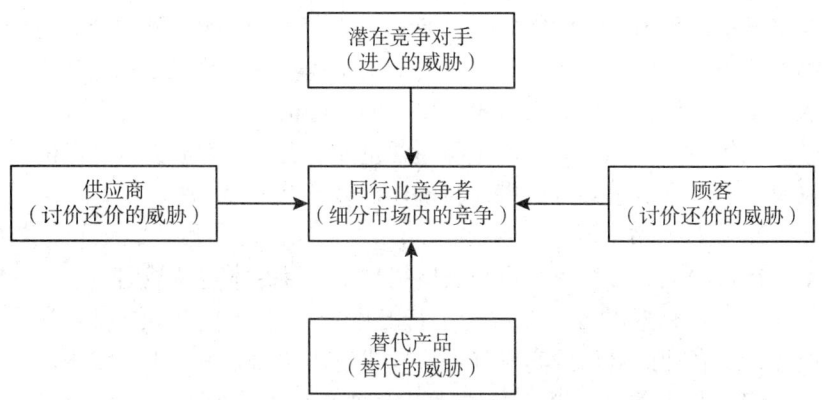

图 2-7 企业应对竞争力量的竞争战略模型

1. 五种竞争力量

（1）同行业竞争者。大部分行业中的企业，其目标都在于使自己获得相对于竞争对手的优势，所以，在运营中就必然会产生冲突与对抗现象，这些冲突与对抗就构成了现有企业之间的竞争。现有企业之间的竞争常常表现在价格、广告、产品介绍、售后服务等方面，其竞争强度与许多因素有关。

（2）新进入者的威胁。新进入者在给行业带来新生产能力、新资源的同时，将希望在已被现有企业瓜分完毕的市场中赢得一席之地，这就有可能会与现有企业发生原材料与市场份额的竞争，最终导致行业中现有企业盈利水平降低，严重的话还有可能危及这些企业的生存。

（3）替代品的威胁。两个处于不同行业中的企业，可能会由于所生产的产品是互为替代品，从而在它们之间产生相互竞争行为，这种源自替代品的竞争会以各种形式影响行业中现有企业的竞争战略。第一，现有企业产品售价以及获利潜力的提高，将由于存在着能被客户方便接受的替代品而受到限制；第二，由于替代品提供者的侵入，使得现有企业必须提高产品质量，或者通过降低成本来降低售价，或者使其产品具有特色，否则其销量与利润增长的目标就有可能受挫；第三，源自替代品生产者的竞争强度，受产品买方转移成本（客户转向竞争对手的产品或服务时所发生的成本）高低的影响。总之，替代品价格越低、质量越好、用户转换成本越低，其所能产生的竞争压力就越强。

（4）客户的议价能力。当购买者可以选择的购买渠道很多时，买方能力较强，反之则弱。客户主要通过其压价与要求提供较高的产品或服务质量的能力，来影响行业中现有企业的盈利能力。

（5）供应商的议价能力。供应商主要通过其提高投入要素价格与降低单位价值质量的能力,来影响行业中现有企业的盈利能力与产品竞争力。供应商力量的强弱主要取决于他们提供给买方的是什么投入要素,当供应商所提供的投入要素的价值构成了买方产品总成本的较大比例、对买方产品生产过程非常重要或者严重影响买方产品的质量时,供应商对于买方的潜在讨价还价力量就大大增强。

2. 三种基本战略

针对以上五种竞争力量,波特提出了三种基本竞争战略:

(1) 降低成本。企业成为本行业中一个低成本产品或服务的供应商,或者帮助自己的客户降低成本或设法增加竞争对手的成本。

(2) 扩大差异。企业设法使自己的产品或服务区别于竞争对手或减少竞争对手的独有优势。

(3) 改变竞争范围。在小范围的目标市场中提供专门的产品或服务以胜过竞争者;或者在较大的竞争范围内开发新的价值链交互关系。

3. 信息技术对竞争格局的影响

现代信息技术如何对企业的竞争格局产生影响呢?迈克尔·波特和维克多·E. 米勒(Victor E. Millar)在《信息如何给你竞争优势》一文中认为:信息技术正以三种方式改变竞争的规则。首先,信息技术的进步正改变产业结构;其次,信息技术是一种重要性日增的杠杆工具,企业能用它来创造竞争优势;最后,信息革命会孕育全新的行业。这三个效应对了解信息技术如何影响特定产业,以及如何制定有效的应对战略非常重要。

在此着重分析第一个方面。根据波特的观点,从竞争的角度看,行业结构是五种竞争力量的具体化,这五种竞争力量共同决定了该行业的盈利情况。五种竞争力量组合中的每种力量都会变化,其变化要么可以增加该行业的吸引力,要么就是减少该行业的吸引力。现代信息技术可以改变这五种竞争力量组合中的任意一种,当然也可以改变整个行业的吸引力。信息技术正在使许多以往已经被认为是相对稳定的行业结构发生动摇,进而为我们带来了变革的需要和变革的机会。

信息技术对五种竞争力量组合的影响可以从以下几个方面表现出来:

(1) 信息技术会增加购买者的讨价能力。购买者可以在互联网上方便地搜寻有关产品的成本信息,对比不同销售者的价格。信息技术对价值链上的买者、卖者的关系以及渠道产生影响,促使企业与上游和下游的企业,以及消费者建立更加紧密的联系。

(2) 信息技术会改变许多行业的界限。由于信息技术会影响企业与供应商、销售渠道与客户之间的联结点,它在供应商与客户间的议价关系上,影响力特别大。跨企业的信息系统越来越普遍,有些情况下,产业的界限已经被打破,也使行业交叉变得容易。

通常，信息技术的应用要求企业在软件方面投入较大的资金。这在一定程度上会阻碍新进入者进入该行业。然而，若某个行业的企业已经具有软件和硬件方面的优势时，就可能使它们快速进入其他信息化门槛较高的行业。

（3）信息技术的应用在一定程度上加速了替代产品或服务的出现。目前，许多企业实现了灵活的计算机辅助设计（CAD）和计算机辅助制造（CAM）。这将会更快、更容易和更便宜地开发、设计和生产出高性能而满足不同生产需要的新产品。生产的规模化不一定就是自动化生产的前提条件，自动化生产也不再导致企业丧失灵活性。例如，美国通用电气公司的生产线上全部用计算机储存设计和生产参数，每条生产线上可以储存和设定至少十种不同的产品型号，根本不需要复杂的人工调解就可以按照市场变化来调整生产程序。

（4）信息技术也会增加已有竞争者之间的对峙力量。例如，订单的自动化处理和自动零售付款机的普遍使用在流通行业代替了人工操作。这虽然减少了人力成本，但却增加了固定成本的投资。企业为了追求更多的销售额来降低平均销售成本，在某种程度上会采取更具有竞争性的销售策略。

迈克尔·波特在《战略与互联网》中指出，在新经济中决定营利性的两个基本因素仍是产业结构与持续竞争优势。产业结构也仍然由在传统经济中起作用的五种竞争力决定，就像竞争优势仍然由运营效率和战略定位决定一样。互联网的出现使企业竞争战略比以前任何时候都更加重要，因而，产业结构分析、价值链分析、战略选择和创造持久的竞争优势仍然是企业战略分析的必要环节。

2.3.4 利用信息技术获得竞争优势

互联网使企业竞争日趋激烈，许多行业的长期利润潜力面临越来越大的压力。以互联网为标志的新经济逐渐融入所谓的传统经济中，企业也只有把信息技术应用融入战略中才能发掘互联网的竞争优势来源。

迈克尔·波特在《战略与互联网》一文中表达了这样的观点：信息技术改变了产业结构和价值链，从而一定程度上改变了竞争优势的来源。信息技术增大了价值链的信息密度，增加了产品的信息内容；改变了产业结构，酝酿着新的业务；日益成为企业营造降低成本、扩大差异和改变竞争范围这些竞争优势的重要因素。信息技术作为一种重要性日增的杠杆工具，企业能用它来创造哪些竞争优势呢？以下是信息技术帮助企业获得的竞争优势的具体示例。

1. 降低成本

信息技术可以使企业在价值链中各部分的成本得到降低。技术在以往对成本的影响主要局限于降低信息重复处理的成本，而现今信息技术对成本所起的作用远远不止在这方面。即使是简单的加工装配业务，也是需要处理大量信息的。因此，信息技术在提高信息的处理效率上所起到的作用显然是涉及整个价值链活动的。企业将信息系统应用于组织内部作业、管理控制、计划和人力资源等业务，可以帮助企业显著降低其内部成本，以低于同行业竞争对手的价格（或更好的质量）提供产品或服务，因而让公司获得竞争优势。

信息技术在降低成本方面能提供以下功能：实现生产的自动化，企业借助于CAD（计算机辅助设计）、CAPP（计算机辅助工艺规划）等信息技术，实现生产自动化，减少员工数量，降低人力成本；缩短生产时间，提高生产效率；使生产达到批量化，实现规模经济；数据记录与管理，有效地利用学习经验曲线；运用虚拟仿真技术对产品的试制、试验，减少实物试验次数，降低试验物耗；采用CAQ（计算机辅助质量管理），真正落实TQC（全面质量管理）思想，减少质量引起的浪费；均衡生产，减少在制品积压；利用先进传输技术、自动控制技术，降低库存，甚至实现零库存等。

例如，小米公司在成立不长的时间内，充分利用信息技术的优势，以较低的成本发展成为国际知名的企业。小米公司将手机研发的重心放在软件研发和产品设计上，硬件研发和生产全部外包，依托网络与外包承接商合作，降低了研发和制造的成本。小米的营销渠道也主要是通过网络，利用饥饿营销、微博营销、网络社区营销和口碑营销等模式，以较低的宣传成本实现了品牌效应的提升。小米手机销售采用网络订购的方式，和传统手机通过实体经销商销售相比，减少了营销成本和各级经销商的加价。小米公司通过互联网模式来开发、营销和销售手机，显著降低了经营成本。

中国电信为某机械厂定制的"5G+工业互联网"平台实现了传统企业向智能化、自动化和数字化的转型，原本机械化、重复性的工作被大量替代，整个生产过程实现智能化。根据企业数据，截至2020年9月，企业生产效率同比提升37%，库存周转天数压缩65%，人工费率下降24%，生产周期压缩18%，准交率提升至95%，公司产能提升30%，生产成本下降18%，员工平均收入增长20%，能耗较2019年降低了8%，公司新增利润约130万元/年。

2. 差别化产品或服务

信息技术在企业差异性战略方面的影响也是非常显著的。差异化的关键因素在于企业与产品在客户价值链中的角色。新的信息技术可以使企业针对客户定制产品，企业可以利用信息系统来创造出独特的新产品或服务，从而实现与竞争者的差异化优势。产品或服务的差异化可以抬高竞争者的进入成本，避免竞争者采用相同的产品或服务来跟进，因而也不必靠低成本和价格来竞争。

信息技术对差异化战略可提供以下功能：借助 CAD 等实现产品设计的柔性化，提高创新度；运用信息技术实现产品的智能化，增加产品功能，满足不同顾客的需要；利用网络实行在线服务，保证顾客全过程满意；利用信息网络技术建立有特色的经销网络等。

制造商和零售商可以利用信息系统为单个客户量身定做特殊规格和需求的产品。例如，红领 RedCollar 是青岛酷特智能股份有限公司拥有的个性化服装定制品牌。在酷特 C2M 产业互联网平台赋能下，红领已发展为全球 C2M 时尚定制品牌，客户需求直达智能工厂，以需求数据驱动生产，把互联网、物联网等信息技术融入到柔性化制造中，实现了以工业化的手段、效率和成本制造个性化的产品。红领以 C2M 为核心，实现了"一人一版，一衣一款，大牌面料全球直采，AI 量体，7 个工作日成衣"，更好地满足消费者主权时代的个性化需求，从而增强了企业的市场竞争力。

上面的例子中，信息技术支持企业创造了按顾客要求订制的产品或服务。第一家提供这类产品或服务的企业可以拉开与竞争对手的差距，赢得先动优势，同时也建立了行业壁垒。

3. 目标集中战略

目标集中战略是主攻某个特定的顾客群、某产品系列的一个细分区段或某一个地区市场。低成本与差异化战略是在全产业范围内实现其目标，目标集中战略是围绕某一特定的目标服务的。但它还是要通过在这一狭窄的战略对象中以更高的效率、更好的效果实现低成本或差异化。因此，信息技术为低成本或差异化战略提供的功能同样适用于目标集中战略。

企业可以通过为特定的目标群体以更好的方式提供产品或服务来创造新的补缺市场。通过差异化目标群体，企业在小范围的目标市场提供比竞争者更优异的专业化产品或服务。

信息系统可以为上述竞争策略提供决策信息。信息系统将大量被人们忽略的信息看作组织的重要"资源"，可以深入"挖掘"出增加利润及市场渗透率的信息。这类信息系统还可更仔细地分析客户的购买模式、独特的消费习惯、偏好与品位等，以使企业将有限的广告与营销资源瞄准精确的目标市场来投放。

借助于人工智能的成果从海量的数据中发现规则与模式，提供给管理者作为决策的依据，甚至根据个性化的偏好建立个人消费数据库以驱动"一对一"的营销。这些分析数据来自广泛的领域，如信用卡交易记录、人口统计数据、超级市场或零售商结账柜台计算机中的购买数据以及网站收集的资料等。

例如，2018年世界杯期间，光大银行信用卡中心基于信息技术进行大数据分析，客户群体定位于有强烈现场参与需求的球迷，联合途牛、遨游网两大旅游综合平台，为广大球迷特别定制"欧洲俄罗斯足球盛宴观赛之旅·六晚七天百变自由行""俄罗斯世界杯九日游"等专享折扣旅游路线。直飞机票、世界杯门票、经典景点门票尽包其中。世界杯期间，到俄罗斯旅游的光大信用卡用户人数增加80%。

据统计，争取新客户比留住老客户的花费高五倍。深入分析客户的购买过程与活动，公司可以发现能产生更多利润的客户，发掘他们的潜在需求，灵活地定价、灵活地提供商品和服务以争取更多的商机。同样，公司也可以利用这些数据找出无利可图的客户。

4. 多元化战略

信息技术对多元化战略的影响表现在：普遍使用信息技术的企业，提高了与其他产业的技术相关性，降低进入的技术壁垒。信息网络的普及，使社会信息共享成为可能，开阔了企业的视野。企业竞争战略信息系统的建立，有助于企业管理与控制能力的加强，为多元化经营提供了有效的管理手段。

信息技术可以改变竞争范围与竞争优势之间的关系，并增加企业协调区域性、全国性和全球性活动的能力，使企业在更广阔的地理范围内活动，以创造竞争优势。较大的竞争范围容许企业开发价值链的交互关系，服务不同的产业区间、地理区域或相关产业。

例如，京东商城运营过程中积累了海量用户数据，借助大数据分析技术，京东开展个人金融业务，并成立京东金融（后改名为京东数科）。金融业务的开展优化了京东数科的风控模型，帮助京东数科赋能近千家金融机构实现数字化转型。京东商城运营中建立的云平台助力京东数科向智慧城市拓展业务，助力雄安新区建设雄安云计算中心和城市信息模型平台、视频平台等，支撑公共安全、智能交通和智能能源，帮助城市管理者进行顶层设计，构建智能城市。借助于数字技术，京东数科实现了业务的多元化，提升了收入和利润。京东集团的多元化战略充分展示了利用信息技术助力企业打破行业界限，快速向产业链上下游延伸，构建竞争优势的策略。

5. 锁定客户与供应商

信息系统能提高客户的转移成本，"套牢"客户，从而帮助企业降低客户的议价能力，对抗外部竞争威胁。"零库存"也是拴住客户的强大工具，它为供应商提供了决定性的竞争优势。同时，也给供应商带来好处，供应商能够连续地观察客户对产品的要求，及时调整生产计划来确保足够的库存量。

另外，锁定供应商、削弱其议价能力的最好办法就是提供替代的供应源，B2B 市场是一种可以聚集大量供应商和买家的网络服务，可供买家选择的供应商非常多，可以起到这一作用。另外一种削弱供应商议价能力的办法是买家尽可能多地获得供应商的销售信息，通过互联网，很多信息都可免费得到，这样，供应商的能力就被有效地削弱了。

例如，淘宝、京东等电子商务网站会通过协同过滤等技术建立一个有关顾客购物习惯的特定档案，当顾客再次登录时，在档案中已经有为其定制的产品，网站会主动向用户推荐其可能感兴趣的商品；并且会实时追踪消费者感兴趣商品的价格和库存变化，并通知顾客。如果选择去别的地方购物，由于顾客所登录的新网站没有关于其过去购买记录的档案，无法享受这种个性化的服务，此时就产生了转换成本，从而打消了顾客"叛离"的念头。

另一个例子是淘宝直播开发的用户画像和智能投放系统，可以方便企业开展直播业务。通过用户画像，企业可以清楚了解进入直播间的消费者是谁，企业主播可以针对用户群体的变化改变自己的直播策略；智能投放系统，即直播推广，可以帮助企业精准找到目标消费者，提高直播间的可见性和获客效率。淘宝直播通过这些工具提高企业直播商务效率的同时，也与企业深度合作，通过流量共享提高企业对于淘宝平台的依赖性。同时，淘宝直播基于全平台大数据分析，不断推出新的直播商务新玩法，向企业反馈成功的直播经验，助力企业提高自身的直播商务效率和效益。企业逐渐离不开淘宝直播平台的工具和流量支持，也离不开平台成功经验的反馈，实现价值共创。

6. 建立战略联盟与信息伙伴

越来越多的公司通过利用面向战略优势的信息系统，与其他公司构成战略联盟，这种情况下的公司合作是借助于资源和信息的共享来实现的。这种联盟经常是信息伙伴关系，两个或多个公司在互利的基础上共享信息，借此联合各自力量而无实际上的合并。

互联网技术的发展与普及，大大缩短了企业间的距离，极大地便利了企业间的信息交流和共享，使双方的信息更加便于沟通，那些有时效性的信息和那些彼此利益相关的信息能通过电子的方式在战略联盟企业间平滑地流动，从而实现有效利用资源，实现双方共赢的紧密合作。

例如，作为中国连锁百强的零售巨头，大润发与供应商保持平等的战略合作伙伴关系，合作共建供应链。建立了基于 Web 的信息互动平台，该平台与大润发的 POS 系统相连，供应商可以实时监控商品库存，顾客需求等，有效提升了整个供应链的运作水平，降低了供应链的整体库存，实现合作共赢。

又如，中国银行与航空公司合作推出了联名信用卡，包括南航明珠中银信用卡、凤凰知音国航中银信用卡等。除具备中国银行提供的众多基本金融服务外，还提供丰富多彩的增值服务，包括超值积分兑换航空里程、专享旅行保险等。

这样的伙伴关系使公司能接触到新的顾客群，合作各方可以共享计算机硬件和软件的投资。有时，传统上是竞争关系的公司也能从这类伙伴关系中获益。

案例：国际巴克斯特医疗保健有限公司的"零库存"和订货系统

国际巴克斯特医疗保健有限公司的"零库存"和订货系统是建立稳定客户关系的一个信息系统。巴克斯特公司系统下的医院不愿意另择供应商是因为该系统给他们带来了方便和低成本。巴克斯特公司供应全美医院所用产品的2/3。巴克斯特公司利用由原美国医院供应公司（American Hosipital Supple Corp.，1985年被巴克斯特公司兼并）开发的信息系统而成为有关医院全线产品的供应商，要做到这一点需要有120 000种以上的库存量。维持海量库存的费用是十分昂贵的。但是，缺少某些种类产品的库存费用也是昂贵的，因为医院会转向竞争者供货。

连接到巴克斯特公司的计算机终端就安装在医院里。医院下达订货单时不需要给销售人员打电话或寄送订单，只需使用医院里的巴克斯特公司的计算机终端，从巴克斯特的全线供货目录中订货，该订货系统生成运单、收款单、发票和库存信息。另外，医院里的终端还为客户提供预计的到货日期。在美国，有多个分销中心的巴克斯特公司经常在收到订单的几小时内，将货物在当天发给客户。

这个系统类似于日本发明的、现在正在被美国汽车工业采用的及时供货（JIT）系统。在及时供货系统中，汽车制造商，如通用汽车公司和克莱斯勒公司，把具体的汽车部件数量和部件发货计划输入公司的管理信息系统中，这些要求被自动地输入某个部件供应商的订单输入系统中，该供应商必须同意按规定的时间供货。因此，汽车公司能降低其库存成本，减少存放部件和原料的场所。

巴克斯特公司甚至迈出了更远的一步。送货人员不再把应放入医院库房的货箱卸在卸货场。他们把医院订购的物品直接送进医院的走廊、护理室、手术室和备品供应柜中。这种方式实际上创造了"零库存"，把巴克斯特公司当作医院的仓库。零库存极大地削减了医院对仓储场地和人员的需要，降低了存储成本和管理成本。

巴克斯特公司通过借助于信息系统为客户提供的"零库存"服务牢牢锁定了它的客户，降低了客户的议价能力和"叛逃"到其他供应商的可能性。巴克斯特公司的目标不仅于此，在建立了稳定的客户关系和渠道之后，公司进一步拓展了经营范围，增加了办公用品、耗材等商品。信息技术帮助巴克斯特公司实现了多种竞争战略。

案例来源：大家论坛，club.TopSage.com。

2.4 信息系统与业务流程重组

随着市场竞争的剧烈化，企业之间技术、资金等实体资源的同质性增强，企业越来越认识到竞争的焦点应该从产品或服务的生产、制造、营销、财务等具体部门的管理上，转移到从整体上考虑企业的运作、激励机制及组织结构等系统性的流程因素上。企业的核心能力与可持续的竞争优势，都将来自企业所独有的、可以提高顾客满意度的组织变革。

2.4.1 业务流程重组的背景

信息系统是组织变化的强大工具，信息系统和信息技术给组织带来的变革也是由表及里、由深及浅逐步体现出来的。对于组织的一项重要内容"业务流程"来说更是如此。所谓业务流程是指为提供某项业务成果而必须完成的一系列时空分离但逻辑相关的任务。

"自动化"是早期信息技术所引起的最常见的业务变革形式，计算机的最早应用就是协助员工提高完成某项具体任务的效率。如航空订票系统、POS系统等，都是初期自动化的例子。自动化的特点是风险较小，但它不能给组织带来本质的变化，只能在某一局部的业务范围内提高工作效率，所以经常会引发新的瓶颈。例如，过去人们去医院门诊看病、取药，最常见的业务流程就是"划价""收费""取药"。每个环节都是人工完成，效率低且易出错。后来医院在药房引入计算机，"划价"的工作由机器来完成，大大改善人工操作的低效易出错的现象，这种局部改善可以看作"自动化"，也是引入计算机带给组织变革的第一个阶段：局部业务活动效率的提高。

"流程合理化"是指将自动化的业务操作进一步精简和改进，消除新的瓶颈，使自动化的效率更高。自动化只是暂时缓解了业务流程的效率问题，并没有对整个业务流程进行合理的规划，没有解决根本的问题，而流程合理化以整体的思想从更广泛的角度对业务操作进行改进。还是上述医院的案例，仅仅在"划价"的业务环节使用计算机虽然提高了效率和准确性，但改善只是局部的，甚至可能出现某个环节效率提高导致相关业务环节无法协调配合而产生拥塞现象。进一步考察发现划价和收费这两个环节完全可以合并进行，并且可以通过联网使药房能跟踪收费单据的信息，及时进行药品的分拣，这些改进可以看作是进一步的"流程合理化"。

2.4.2 业务流程重组的概念

信息技术的推广应用改变了企业原有的信息收集、处理、传输和共享的方式。生产工具决定生产方式,在企业信息化建设过程中,如果仅仅是用计算机替代原来的某些人工作业,模拟实现原有的管理过程,也就是让新的生产工具仍然采用旧的生产方式,这并不能从根本上提高企业的竞争能力。因此,应用信息系统必须进行业务流程重组,按照信息技术的特点对现有流程进行改造并重新设计,确保企业有一个科学、规范的管理基础。这个阶段的工作是不可逾越的,特别是对于我国大多数企业长期处于管理粗放、信息化管理水平普遍较低的状况而言就显得更为必要。

业务流程重组也叫业务流程再造或业务流程再设计,这是组织变革中更有力的一种类型。利用信息技术,组织可以对他们的业务流程进行重新审视,优化并提高这些业务流程的执行速度和服务质量。业务再造活动对工作流程进行的重组,合并了一些工作任务,减少了一些烦琐、重复的桌面工作,甚至取消了某些工作岗位。显然,它比工作流程合理化更具挑战性,它要对工作流程重新进行组织。

业务流程重组(Business Process Reengineering,BPR)的概念最早于1993年由美国学者哈默和钱皮给出。他们给BPR下的定义是:对企业流程进行根本的再思考和彻底的再设计,以求企业关键的性能指标获得显著的提高,如成本、质量、服务和速度等,使得企业能最大限度地适应以"顾客(Customer)、竞争(Competition)、变化(Change)"为特征的现代企业经营环境。

在BPR的定义中,包含三个关键特征:"根本的、彻底的、显著的。"

"根本的":是指突破原有的思维定式,以回归零点的新观念和思考方式,对现有流程与系统进行综合分析与统筹考虑,避免将思维局限于现有的作业流程、系统结构与知识框架中,以取得目标流程设计的最优。

"彻底的":是指抛弃所有的陈规陋习创造全新的业务处理流程,而非对既存的事物进行肤浅的改良、增强或调整。

"显著的":是指企业竞争力增强,企业的管理方式与手段、企业的整体运作效果达到一个质的飞跃,体现高效益与高回报。

因此,企业流程重组的本质就在于根据新技术条件下信息处理的特点,以事物发生的自然过程寻找解决问题的新途径。BPR追求的是一种彻底的重构,而不是追加式的改进。

继续前面医院信息化改革的例子。很多大医院在经过了前述的实践之后，又探索更进一步的基于信息技术的流程变革以改善医疗服务的质量。例如山东省立医院的"一卡通"，集成了病人信息、处方信息和资金信息，在此基础上打通了"挂号""诊断""开处方""收费""取药"等业务流程的原有界限，也改变了这些业务活动的传统进行方式。又如在卡内资金足额的情况下，医生开完处方后即可划取卡内资金完成"收费"的业务活动，病人持打印凭据就可直接取药。另外处方中药品的类型、价格可以即时计算，方便根据病人的经济条件、医保类型等个性化特征进行调整。

流程合理化和业务流程重组都只限于企业某些部分的改变。新的信息技术的应用甚至能从根本上影响整个组织的经营方式，甚至企业的性质，这种更彻底的组织变革称为范式转移（Paradigm Shift）。

例如，自助银行和互联网银行也是一个典型的"范式转移"的例子。银行可以完全放弃对其分支机构中出纳业务的自动化、合理化及业务的再造，转而去考虑可否利用互联网来完成所有的银行业务。在英国，四家网络银行已经总计达到5%的市场占有率。互联网银行的优势在于可以24小时提供服务并且成本较低。微众银行是我国的第一家互联网银行，它的运营成本仅是实体银行的10%，降低成本对互联网银行非常关键，因此可以为客户创造更大的价值。

案例：福特公司的"无发票处理"流程的重组

关于业务流程重组最经典的一个例子就是福特汽车公司的"无发票处理"流程。当福特（Ford）公司借助办公自动化将北美财务部门的员工从500多人减少到400多人时，他们发现马自达（Mazda）公司的财务部只有5个人，办公效率却是福特的5倍，于是他们对现有流程进行分析。

在旧的付款流程中，首先由采购部发送订单给卖方，同时将订单的副本交给财务会计部；等卖方将货运抵福特后，验收部将有关收货的记录转交给财务会计部，同时，卖方也会开出发票，送交财务会计部，如图2-8所示。

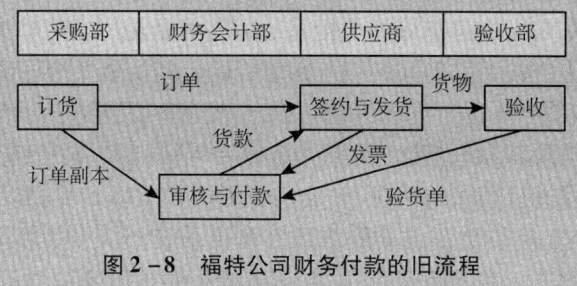

图2-8　福特公司财务付款的旧流程

于是，财务会计部便有三种关于货物的文件——订单、验收单以及发票，只有确认三种单据无误才办理付款。而订货单、收货记录和发票之间不一致的现象极为普遍，核对工作集中在财务部，负责结算付款业务的员工把大量的时间都花在采购部门的订货单、验收部门的收货记录和供应商提供的发票的审核过程上，对各种问题的调查和确认花去了业务人员很多时间，使付款业务的办理效率很低。

对这一业务流程进行彻底性改造的核心是实现"无票据处理"，防止不一致现象的发生。经过重组后的流程如图2-9所示。

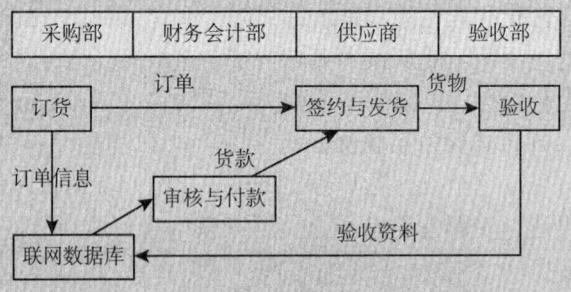

图2-9 福特公司再造后的新流程

在新的流程中，采购部门在发订单给供应商的同时，将订货单输入联机数据库，验收部门收到货物后，查询数据库中的资料，核对无误后办理签收，系统会自动提示财务人员签发付款支票给供应商。

现在，财务会计部的职员不再拿着发票回头核对订单和验收单。在新流程中，根本就不再用发票，简化了整个付款流程。经过业务流程重组，使财务部门在核准付款之前必须审核的项目从14个项目减少到3个项目，从而使福特公司财务部门的员工减少了75%，工作效率却大大提高。

案例来源：www.chinazhiyecenter.org.

2.4.3 BPR 的核心思想

在传统的企业中，一项工作的实施要由许多层次和部门来分别承担其中的一部分，这就必然需要频繁的跨部门的协调。尽管个别活动的效率从专业化分工中得到了提高，但随着企业规模的扩大和产品的日益多样化，各项活动间衔接的困难、跨部门协调的时间和费用的浪费问题越来越突出，为了使被割裂的流程重新得到综合，企业只能依靠层级制作为"黏合剂"。因此，企业要想得到综合的高效率，必须对业务流程进行彻底的整合。

"业务流程"是一组共同为顾客创造价值且又相互关联的活动，一切"重组"工作都是围绕业务流程展开的。BPR的核心思想就是利用先进的制造技术、信息技术以及现代的管理手段、最大限度地实现技术上的功能集成和管理上的职能集成，以首尾相接、完整的整合性过程来取代以往被各部门割裂的、难以管理的支离破碎的过程，建立全新的过程型组织结构。BPR 的核心任务就是组织由"职能型"向"流程型"的转变。业务流程再造打破了原有的职能与部门界限，把原来分散的活动用流程的观点优化后再组织起来，同时按照业务过程的需要来重新划分组织结构，并整合 IT 支持系统，统一对过程进行管理。这些业务过程跨越组织内部的各个职能部门甚至延伸到组织外部的其他组织，如图 2-10 所示。从而实现企业经营在成本、质量、服务和速度等方面的巨大改善。

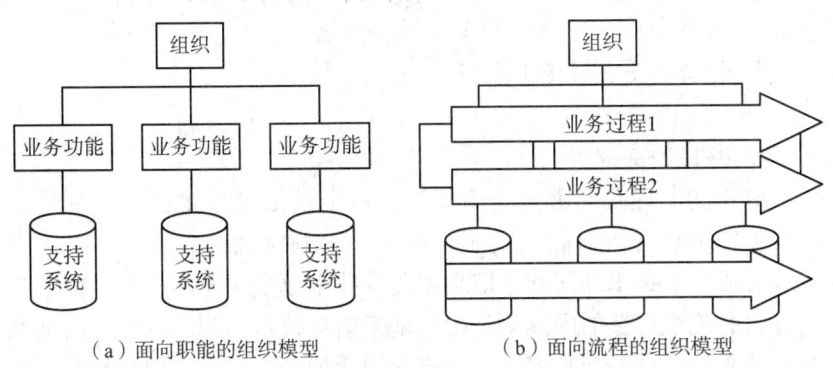

图 2-10 组织由"职能型"向"流程型"的转变

需要注意的是，上述的整合设计不是简单地考虑如何优化企业现有的工作流程，而是运用突破性的思维，抛开原有的规则、假设，探索、开发出新的跨职能工作流程。它不是进行一些修修补补，也不是单纯借助现代化科技手段使原本可能各行其是的工作过程得到自动化，而是一种自上而下的彻底的变革。

虽然 BPR 的功效强大，但作为一个非常有争议的概念，企业实施 BPR 项目却并非易事，失败的例子也屡见不鲜。成功再造的前提是实施者对 BPR 的以下原则有一个深入的认识：

(1) 以顾客为中心的原则。许多国有企业的员工至今还带有"官本位"的观念，凡事以领导或上司满意为准，部门之间存在着相互推诿和扯皮的现象。BPR 强调将顾客满意放在第一位，建立能以最快的速度响应和不断满足顾客个性化和差异化需求的业务流程、组织结构和营运机制。

(2) 重流程而不重职能、组织和部门的原则。以往企业强调的是完整的组织结构和职能部门，而 BPR 强调的是流程为顾客而定，组织结构为流程而定，而不是流程为组织而定，部门职能独立和分割正在逐渐弱化。BPR 打破了以部门为单位的劳动分工体系。

（3）整体最优原则。BPR 强调整体全局最优而不是单个环节或作业任务的最优，是系统论思想在重组企业业务流程过程中的具体体现。它以整体流程的系统优化和全局最优为目标来设计流程中的各项活动，消除部门本位主义和利益分散主义。

（4）集成化原则。在设计和优化业务流程和组织结构时，企业应同时考虑利用最新的 IT 技术来实现信息完整地一次性获取和处理的机制，最大限度地实现信息整合和实时共享。实时动态地对销售、生产、售后服务等信息进行有效的平行整合，使企业分散的资源有机地连接起来，将监控机制融合在业务流程和信息流当中，使过程控制和结果控制结合起来，而不是完全依靠最终结果来实现控制。

2.4.4　BPR 的实施

1. BPR 的基础

BPR 的实现有两个重要的基础：一个是信息技术；另一个是组织变革。BPR 之所以能使企业管理水平得到巨大的提高，就在于充分地发挥信息技术的潜能，即利用信息技术改变企业的业务过程。哈默提出的流程再造的内涵就是指：基于信息技术，为了更好地满足顾客的需要而进行的变革组织工作流程的活动；另一个基础就是变革组织结构，面向流程重组组织结构，达到组织精简，效率提高。没有深入地应用信息技术，没有改变组织的设计，严格地说不能算是实现了 BPR。

除了上述两个重要基础之外，对 BPR 更加重要的是企业领导的魄力、知识和远见。没有企业领导的决心和能力，BPR 是难以成功的。领导的责任在于克服组织的阻力，改变旧的传统和观念。在当今急剧变化的世界中，经验不再是资产，而往往有时成了负担，为改变经验的惯性而进行的培训在日益增加。领导只有给 BPR 造就一个好的环境，BPR 才有可能成功。

2. 再造对象的选择

企业的业务流程再造是一项复杂、庞大、影响面广且深远的大工程，从业务到人员都可能要发生较大的变动，因此，其风险性和困难程度都很大。也就是说，并不是任何企业在任何时候对任何流程都适用 BPR，这就是再造对象的选择问题。企业应首先对自身的情况进行准确的定位，再从适当的切入点开始 BPR 的实施过程。

一般来说，"两头"的企业即濒临破产的和需要大发展的企业较容易推进 BPR。通常有以下几种情况时，企业应该考虑进行 BPR：

（1）企业濒临破产，不改只能倒闭；

（2）企业竞争力下滑，企业需要调整战略和进行重构；

（3）企业领导认识到 BPR 能大大提高企业竞争力，而企业又有扩张需要；

（4）企业正在实施信息系统，系统的建设提出 BPR 的需求；

（5）BPR 的策略在自己相关的企业获得成功，影响本企业。

当企业做出 BPR 的决定后，接下来的问题就是应首先针对哪些业务流程实施再造，以下是常见的选择：

（1）不完整的业务流程；

（2）对全局工作都有影响的核心业务流程；

（3）高附加值的业务流程；

（4）提供客户服务的业务流程；

（5）处于瓶颈位置的业务流程；

（6）跨职能部门的业务流程。

另外，利用"再造成本—顾客重要性"矩阵也可以简单快捷地判断出需要优先再造的流程。该矩阵将业务流程分为四类，如图 2-11 所示。

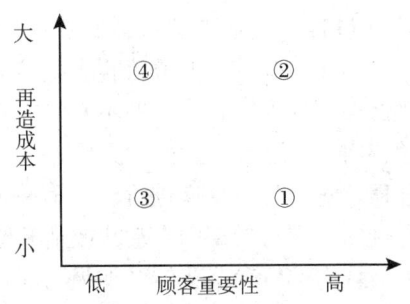

图 2-11 "再造成本—顾客重要性"矩阵

结合各种组织内部的数据和顾客反馈信息来界定各类流程在矩阵上的位置，其中：位于①区的业务流程是再造的优先目标，其实施成本较小，而对顾客的重要性又较大，企业应集中资源保证这类流程的成功再造；位于②区的流程对顾客的重要性较高同时再造成本也较高，一般是融入了企业核心能力的流程，从长远来看，这类业务流程的再造对企业可持续发展意义深远，应结合企业的战略规划有计划地对这类流程进行再造；位于③区的流程对顾客满意度影响不大，但再造成本较低，这类支援性流程可以被作为那些资金充裕的企业的再造候选对象；位于④区的流程对顾客满意度影响不大且再造成本偏高，属于企业应尽早放弃或取消的流程。

3. BPR 的步骤

整个 BPR 项目体系由观念再造、流程再造和组织再造三个层次构成，每个层次内部又有各自的实施步骤和过程，主要的步骤如下：

（1）发现与准备阶段。高层管理人员应在战略的高度重新定义发展目标，明确企业定位；进行初步的企业再造影响分析；选择典型的示范项目。

（2）确定再造的业务过程。确定少数几个可能有较大影响和回报的业务过程作为再造的对象。分析这些业务过程的主管部门及其信息需求，要做哪些改动，部门间应如何配合。

（3）评价已有业务过程的执行效果。对原有工作过程的效果、成本、响应时间、岗位设置、客户满意度等指标进行评测，以期提出明确的业务再造的新目标。

（4）找出利用信息技术的机会。信息系统的设计思路是先弄清业务职能和业务过程的信息需求，然后考虑怎样用信息技术来支持这些需求。原有的业务过程是建立在某些长期存在的假设前提下的，而信息技术的飞速发展可能会推翻这些假设前提。例如，无线通信可让人们不必在固定场所传输信息、共享数据库可让人们在不同地方共享同一信息等。因此，原有的业务过程就可能在新技术的支持下被重新设计成更理想的方式。

（5）建立新业务过程。对业务流程进行细致的分析；设计多种体现简化、整合、自动化原则的新业务流程方案；对各个方案进行成本—效益分析与评价。选择方案，实施并不断地完善该方案。

国内企业选择和实施 BPR 的过程一般不是一次性的变革，而是一个逐渐改进的过程，它分为三个递进阶段：第一阶段：企业以降低成本和扩大规模为目的，进行局部的自动化改造和管理运营活动的优化。第二阶段：焦点从内部管理优化转向加强与消费者及供应商的联系。第三阶段：以信息技术为媒介进行系统化的业务流程再造，形成新的核心竞争力，新的运营单元随之形成。

2.5 数字化转型

最近两年，推动产业界和全社会的"数字化转型"，正成为当前乃至 2030 年全球信息化发展的主线。《中华人民共和国国民经济和社会发展第十四个五年规划和 2035 年远景目标纲要》多次提到数字化，要求通过数字化和数字经济实现高质量发展。那么什么是信息化，什么是数字化，什么是数字化转型？信息化与数字化之间有什么联系和区别？本节给出答案。

2.5.1 数字化与信息化

信息化的概念起源于日本，日本学者梅棹忠夫在上世纪 60 年代提出，随后才被翻译成英文反向传播到西方国家，因此欧美国家使用"信息社会"和"信息化"的概念是 70 年代后期才开始的。国内对信息化比较权威的定义是在 1997 年召开的首届全国信息化工作会议上提出，这次会议将信息化和国家信息化定义为："信息化是指培育、发展以智能化工具为代表的新的生产力并使之造福于社会的历史过程。国家信息化就是在国家统一规划和组织下，在农业、工业、科学技术、国防及社会生活各个方面应用现代信息技术，深入开发广泛利用信息资源，加速实现国家现代化进程。"实现信息化就要构筑和完善 6 个要素（开发利用信息资源，建设国家信息网络，推进信息技术应用，发展信息技术和产业，培育信息化人才，制定和完善信息化政策）的国家信息化体系。

数字化则是在数字技术，特别是云计算、大数据分析、人工智能、以 5G 为代表的新一代网络快速发展以后，基于数字技术而实现的、对社会以及个人层面的全方位的改变。数字化建立在信息化基础之上，但是与信息化又存在着差异，这些差异主要体现在两者的应用范围，对信息的连接、对数据的处理、构建企业系统时的思维方式以及对企业战略的影响等方面。

1. 从应用的范围看

信息化主要是信息技术在企业内部单个部门的应用，以及由此延伸的跨部门的整合与集成，其价值主要体现在效率提升方面。在信息化时代，信息部门被动地配合企业业务，属于企业的成本部门，并不能为企业创造价值。数字化在企业内部应用是基于业务流程的，它打通企业业务流程，破除部门墙、数据墙，降低企业内部的信息"烟囱"和信息"孤岛"，实现跨部门的系统互通、数据互联，全线打通数据融合，为业务赋能，为决策提供精准洞察。在数字化时代，信息部门不再被动地配合企业业务，而是成为创新驱动中心，成为企业的价值创造部门。

2. 从联接的角度看

信息化以单个部门应用为主，并以此向相关部门延伸的方式导致信息化系统在企业内部的连接受到限制，例如企业资源计划系统（ERP）以生产部门为主，客户关系管理系统（CRM）则以营销部门为主，但是在传统信息化时代，二者缺乏链接，两个系统的数据无法整合应用，最终导致信息化系统应用效率低，企业响应环境变化的能力差。数字化情境下，新型的应用系统是建立在数字技术综合、业务环节打通基础之上的，在系统设计之初就考虑不同部门、企业内部和外部之间的链接，例如工业互联网，基于5G、云计算、大数据分析等技术，将企业的设备、人员、物料、系统等全面连接，构建起覆盖全产业链、全价值链的全新制造和服务体系。数字化的高连接的特性有助于提高企业效率、降低企业运行成本、提升客户的黏性，产生去中间化的效果，重构并产生新的商业模式。

3. 从数据的角度看

信息化时代，企业管理信息产生的数据都沉淀在不同的系统里，但是由于系统至今没有联接，数据难以发挥价值。而数字化是对数据的重新认识，是真正把"数据"看作"资产"的技术。特别是大数据技术的发展，数据的价值得到了充分的体现。现在数据已经和劳动、土地、资本、信息等一样成为新的生产要素。数据在经过清理、处理和分析后可以成为企业发展的动力，现在有些企业已经建立了数据驱动的商业模式，并在新的商业竞争中崭露头角。

4. 从思维方式上看

企业信息化所体现的思想就是管理思维，即通过管理工具能够把企业的各个环节管起来。所体现的信息化目标就是：管好、管死、管严格。所以信息化系统设计的思路并没有过多地考虑用户需求，更多关注的是管理的思维。这种在管理思维环境下设计的企业信息系统，缺乏有效服务和提高用户效率的思想，导致的结果是用户效率非常低，很多的用户需求得不到满足。

数字化的核心是以用户为核心，以提高用户的体验为重点。数字化要高度体现如何有效提升各个系统节点用户的效率和体验，同时需要借助数字化转型的技术手段，推动企业经营效率的提升。特别是打通企业与消费者的连接，打通各个关键数字系统的连接，既有效改变企业的运行效率，又能够切实推动企业的经营改变。

5. 从企业战略上看

信息化和数字化都追求与业务战略的匹配，但是其出发点并不相同。信息化战略以效率为中心，通过被动地适应业务战略提升业务战略的效率和降低企业成本，从而提升企业竞争力。数字化战略以客户为中心，不断创造客户价值。当以客户为中心创造价值的时候，企业会构建商业生态，在生态内部形成良性的竞争合作关系。

2.5.2 企业数字化转型

1. 数字化转型内容

数字化转型是指企业应用数字技术彻底改造原有的生产模式、运营模式和商业模式。数字化转型从浅到深可以分为三个层次，分别是信息数字化、业务数字化和数字化转型。信息数字化是指将模拟信息转化成0和1表示的二进制代码，以便计算机可以存储、处理和传输。业务数字化是指利用数字技术改变商业模式，并提供创造收入和价值的新机会。数字化转型的范围更为广阔，涉及客户驱动的战略性业务转型。数字化转型不仅需要实施数字技术，还牵涉各部门的组织变革。数字化转型通常包括三个方面：

数字业务模型。企业以往数十年成功运行的业务模型（商业模型），已经被数字创新所摧毁，不再有效；企业如果不下决心"毁了自己"，在创造一个适应于数字时代的、可变的、数字业务模型时，将不知所措。这种业务模型，一定是数据和技术强化的业务模型。

数字运行模型。就是在数字化的条件下，重新定义企业的运行模型，清晰地描绘业务功能、流程与组织架构之间的关系，人、团队、各组成部门之间如何有效互动，从而实现企业的战略和最终目标。

数字人才与技能。企业首先必须帮助其领导层进入数字时代；企业必须知道如何通过公司文化和激励措施来吸引、留住和开发与数字时代相关的人才与技能；企业必须采用不同的组织架构、工作策略和方法，使机器人与On-Demand的工人有效地合作并整合在业务流程之中。

2. 数字化转型路径

实现企业的数字化转型，涉及企业部门的流程再造，是对企业现有业务的全面变革，会涉及到企业价值创造方式的变革和原有利益的重新分配。因此数字化转型是系统工程，需要企业全面规划，进行重点投入。这其中三个核心投入是：思维模式的投入、IT的投入、业务模式的投入。

（1）重构思维模式。数字化转型是全新的企业发展途径，因此要求企业摆脱信息化时代思维模式的束缚，重构思维模式，从全新的角度理解数字化转型。例如在信息化时代企业的价值主张往往是从产品出发，而数字化转型中企业的价值主张发生了颠覆性变化，要求一切从用户的角度出发，与用户实现价值共创。其他方面例如企业从有界组织转变为构建商业生态，从金字塔式的组织结构向平台型组织转变等都是对原有思维模式的颠覆。因此在进行数字化转型时，首要的也是最重要的是打破信息化时代思维模式的桎梏，构建适应数字化时代的新的思维模式。

（2）重构IT架构。数字化转型时代的IT架构和信息化情景下的IT架构截然不同，因此数字化转型中的重要投入是重构IT架构，实现系统的数字化和智能化。企业IT架构的演进分为三个阶段：电子化、信息化、智能化。

电子化是指将部门内原本线下解决的事务迁移到线上，例如将线下审批迁移到线上，这在一定程度上提升了企业效率，节约了时间成本。但是电子化情景下，存在诸如系统建设无规划、无序，按组织、业务线条随意建设系统，系统重叠等情况，进一步加强了企业不同部门之间的分割，无法满足以客户为中心的数字化战略。

信息化要求利用信息系统打破部门壁垒，在企业内部实现业务全流程信息化，构建集中化、集成化、专业化和规范化的 IT 架构。集中化是指将企业内部各个部门和各个子公司应用系统集中到集团。集成化是指建立面向服务的架构或企业服务总线体系打通系统之间的数据传送。专业化是指按照专业划分系统。规范化则是指制定企业标准。

智能化则是指实现数据驱动的企业运营和战略。利用人工智能、大数据等技术，对企业组织、流程、规则进行重构，通过数据推动企业经营和管理智能化。企业可以通过智能化阶段的 IT 架构来实现业务重塑、创造全新的商业模式、关注生态圈、实现企业平台化。智能化阶段的企业 IT 架构由三个层级构成：前台应用层（如 B2B 协同、内部商城、新零售等应用），中台能力层（如结算、税务、核算、支付等），后台数据层（如数据仓库、数据应用等）。

（3）重塑业务架构。业务架构的重塑是指重新梳理企业的业务流程、价值链构成，将数字技术融入到企业的业务流程和价值创造过程，将以产品为中心的流程转变为以客户为中心的业务流程和业务架构。业务架构重塑可以分为企业内部的生产和管理的重塑以实现"智能制造"和"智能管理"，外部交易（买和卖）的重塑以实现"智能交易"。

企业要实现数字化转型，首先需要让内部的生产和管理走向智能化，即"智能制造"和"智能管理"。"智能制造"就是利用包括物联网技术、边缘计算和云计算等数字技术把生产和服务的过程智能化。通过工业互联，将原材料、生产设备、信息管理进行连接，并与 MES、ERP 等集成实现定制化生产。"智能制造"，可以实现传统行业升级，提高产品质量，满足用户个性化需求。

"智能管理"是指利用数字技术实现企业资源配置和风险管理的规则化。传统模式下，指标和资源不匹配，控制和风险不平衡，效率和期望大打折扣；而在数字技术的参与下，企业的"权、责、利"实现有机匹配、动态平衡，能够激发企业活力。基于互联网模式的"智能管理"为实现目标的驱动力赋能，使资源配置市场化，用 IT 系统控制风险。

其次需要让外部的交易走向智能化，即"智能交易"。通过企业内部应用和设备互联，供应链上下游企业的业务互联，跨供应链和跨行业的产业集群的生态互联实现外联内通，提升交易效率，降低交易成本。

因此，实现数字化转型构建智慧企业需要从三个方面建设。一是通过"智能制造"，实现产品升级。响应《中国制造 2025 战略》，坚持"创新驱动、质量为先、绿色发展、结构优化、人才为本"的基本方针，面向市场，贴近需求，着力提升制造业核心竞争力和品牌塑造能力，助力供给侧产品升级。二是通过"互联网＋平台"降低交易成本，提升管理效率。响应"互联网＋"行动计划，借助互联网＋平台打破信息不对称、提升资源配置效率，促进专业化分工和提升劳动生产率，为供给侧转型升级提供重要助力。三是通过"制度＋规则＋系统"实现内部管理智能化。打造智能管理体系，借助制度化、规则化、系统化的管理手段，突破传统、"断点"的管理模式，提升目标制定、资源配置、风险控制等多维度内容的智能化管理水平，实现"外联内通"。

本 章 小 结

信息系统与组织之间的关系是双向的。组织中有许多因素，包括组织环境、组织战略和目标、组织结构、组织标准作业流程和组织文化等作为媒介和载体，传递着信息系统与组织之间的相互促进与制约的关系。

当前管理领域关于组织结构模式的探讨集中反映了 IT 应用与组织设计的互动性。信息技术的发展与应用从多方面将企业组织结构模式由传统的多级递阶的金字塔式结构向扁平化、网络化、分散化、小型化、虚拟化转变。

伴随着信息技术的飞速发展和社会环境的激烈变化，基于信息资源开发利用的竞争战略成为组织竞争的最新战略。本章从描述企业和企业环境的价值链模型和五力竞争模型两个角度识别信息系统如何为企业带来竞争优势。

本章还讨论了企业业务流程重组理论，BPR 打破了原有的职能与部门界限，把原来分散的活动用流程的观点优化后组织起来，为工作流程的过程管理提供了条件。

数字技术的发展为企业转型带来了新的方向——数字化转型。本章还讨论了数字化转型，分析了信息化与数字化的区别以及数字化转型的路径。

习 题

1. 举例说明信息系统在组织中的角色演化。
2. 如何理解信息系统与组织之间的双向关系？
3. 传统的组织结构模式的突出问题是什么？
4. 信息技术在组织结构模式变革中有哪些作用？

5. 信息化环境下组织结构模式的发展趋势是什么？
6. 中台系统是什么？其可以为企业带来哪些好处？
7. 什么是战略信息系统？其内涵是什么？
8. 价值链分析法在企业信息化过程中的作用是什么？
9. 信息技术对五种竞争力量有什么影响？
10. 试阐述"流程合理化"与"业务流程重组"的区别。
11. 简述 BPR 的两个基础及其在 BPR 过程中的作用。
12. 试举例说明 BPR 的步骤及实施效果。
13. 数字化转型包含哪些内容？如何实现数字化转型？

第3章 管理信息系统的技术基础

　　信息技术基础设施是为企业特定的信息系统应用提供平台的共享技术资源。信息技术基础设施包括整个企业所共享的硬件与软件、数据管理及通信与网络技术。最近十年信息技术创新日新月异，已经发展到"大智移云"时代，即以大数据、智能化/物联网、移动互联网、云计算共同驱动的时代。信息技术与管理信息系统的关系从"工具"变为"平台"，基于数字化、网络化、智能化和平台化的信息系统，使得传统产业不断被重构，新产品、新业态不断涌现。

引导案例

数字新基建推动消费升级和产业升级

　　中国在2019年成为全球最大的单一消费市场，已经超过了美国。未来10年，中国将借助数字化创造的新的文化消费形态引领一次最大的消费革命。中国消费市场的潜力，一个是消费升级，一个是内容下沉。

　　内容的下沉，五六线城市的老百姓像一二线城市的人一样享受同样的文化生活、教育资源，这可以通过数字化来解决。广义上，教育是内容，互联网诊疗也是内容，消费是内容，娱乐也是内容，这些地方都有巨大的空间，都需要通过数字化去化解。

　　下面我们来看看数字新基建如何推动产业升级。

　　1. 阿里巴巴的数字经济体 & 阿里巴巴商业操作系统

　　阿里巴巴目前是一个怎样的领域边界的公司？第一层是云计算；第二层是高德导航；第三层是支付宝，现在已经成为一个生活服务平台；第四层是阿里妈妈，是阿里最重要的数字广告平台；第五层是菜鸟物流等，这些商业基础设施，大家都比较熟悉，大电商、新零售、盒马、本地生活，然后再加上飞猪、阿里旅行，还有大的娱乐版块，包括阿里影业，阿里就是一个横纵融合的生态。

阿里巴巴如何向整个数字经济体输出服务呢？尤其是消费和制造这两个行业。2019年，阿里巴巴发布了一套商业操作系统，就是把云计算、金融服务、物流以及消费者运营这些领域的服务，变成了一套大家可以去用的或者是可以建设的一套完整的解决方案，称之为阿里巴巴商业操作系统。

本质上来看，这套体系比较适合于用户消费者代表的服务业、制造业、零售业，很多品牌企业，包括立白、红蜻蜓、三只松鼠，都在使用阿里巴巴这套体系（见图3-1）。

阿里巴巴商业操作系统

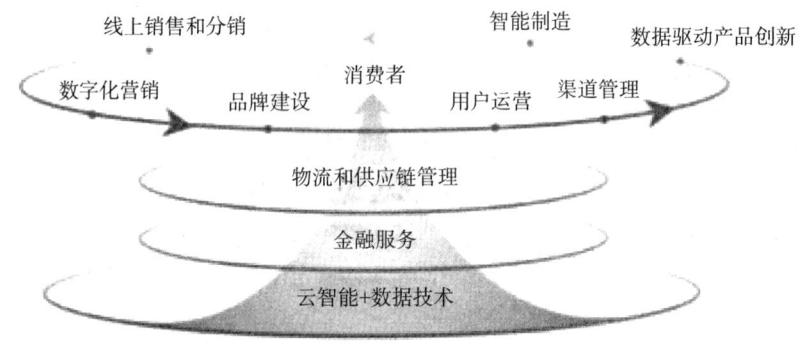

图3-1 阿里巴巴商业操作系统

2. 数智化五部曲模型——推进消费生态全链路数智化转型

刚才提到的操作系统具体拆解到消费类的制造业、服务业或者餐饮行业的时候，阿里巴巴提炼出了五个技术创新因子，称为"五部曲加速器"。

（1）基础设施云化，让企业的系统能够承载像"双11"这样的需求。

（2）触点数字化，就是把智能手机用好，简单来说让每一个消费者都能使用。

（3）业务在线化，能够让管理者随时知道业务的在线情况，有多少门店，现在是什么状态，业务运营状况，等等。

（4）运营的数据化，支持运营数据化的是数据中台。

（5）决策智能化，就是一部手机管企业。用一部手机把企业效能、效率、消费者的取向包括市场的预判都能够去解决。

"五部曲加速器"可以赋能11个商业要素，包括品牌、制造、物流、零售等。

3. 数字新基建的生态架构

长远来看，工业企业面临的挑战是如何构建一个逆向思考的数据驱动的新价值网络？对于任何一个产业互联网的人来说，要面临的游戏规则和挑战比消费互联网更加复杂，这不仅包含了文化，甚至也包括了社会观，因此，需要构建数字新基建的生态架构。

数字新基建的生态架构底层有基础设施的运用，包括云计算、大数据、人工智能。第二层必然要建立一些面向产业的中台体系，包括制造业的中台、零售业的中台。再上层会形成新价值网络。菜鸟就是一个典型的例子，菜鸟即使一辆货车都没有，但它是全国80%快递经手的一个数字物流平台，它经营的这个平台本质上就是一个数字驱动的价值网络，通过平台将订单派发给"四通一达"，这是一个新价值网络典型的代表。

未来任何一个行业都有可能采纳这种思考方式，比如说菜鸟最开始诞生的时候，大家都很奇怪说这个公司是开环的吗？自己又没有货车，连一般的仓库都没有，只有少数的骨干仓，通过数据平台形成了一个网络，但是它有先天的优势，一个是有上游电商的号召力，另一个是有数据化的能力，从而形成一个新的价值网络（见图3-2）。

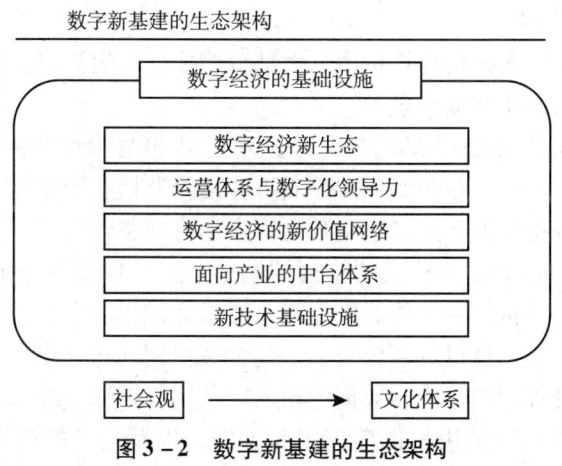

图3-2 数字新基建的生态架构

数字化新基建正在高速推动消费升级和产业升级，以数字化为依托，技术将会拓展我们生而为人的边界。

案例来源：阿里研究院刘松，https：//mp.weixin.qq.com/s/MyxZx0FXXDNtk-KYC8-XOw。

案例讨论：

（1）分析阿里巴巴商业操作系统的组成，以及它是如何推进消费生态全链路数智化转型的？

（2）阿里数字新基建的生态架构底层的技术基础设施有哪些？

（3）根据本章内容，试回答什么是中台？

3.1 计算机硬件技术

3.1.1 计算机硬件结构

硬件系统是计算机系统的物理装置，即由电子线路、元器件和机械部件等构成的具体装置，是看得见、摸得着的实体。

1946年美籍匈牙利人冯·诺依曼提出了存储程序原理，奠定了计算机的基本结构和工作原理的技术基础。存储程序原理的主要思想是：将程序和数据存放到计算机内部的存储器中，计算机在程序的控制下一步一步进行处理，直到得出结果。按此原理设计的计算机称为存储程序计算机，或称为冯·诺依曼结构计算机。今天我们所使用的计算机，不管机型大小，都属于冯·诺依曼结构计算机。

冯·诺依曼结构计算机由五大部分构成，即运算器、控制器、存储器、输入设备和输出设备。

（1）运算器是计算机中进行算术运算和逻辑运算的主要部件，是计算机的主体。在控制器的控制下，运算器接收待运算的数据，完成程序指令指定的基于二进制数的算术运算或逻辑运算。

（2）控制器是计算机的指挥控制中心。控制器从存储器中逐条取出指令、分析指令，然后根据指令要求完成相应操作，产生一系列控制命令，使计算机各部分自动、连续并协调动作，成为一个有机的整体，实现程序的输入、数据的输入以及运算并输出结果。

（3）存储器是用来保存程序和数据，以及运算的中间结果和最后结果的记忆装置。计算机的存储系统分为内部存储器和外部存储器。内存中存放将要执行的指令和运算数据，容量较小，但存取速度快。外存容量大、成本低、存取速度慢，用于存放需要长期保存的程序和数据。当存放在外存中的程序和数据需要处理时，必须先将它们读到内存中，才能进行处理。

（4）输入设备是用来完成输入功能的部件，即向计算机送入程序、数据以及各种信息的设备。常用的输入设备有键盘、鼠标、扫描仪、磁盘驱动器和触摸屏等。

（5）输出设备是用来将计算机工作的中间结果及处理后的结果进行表现的设备。常用的输出设备有显示器、打印机、绘图仪和磁盘驱动器等。

3.1.2 硬件平台发展趋势

半个多世纪以来，计算机处理能力、存储芯片、存储设备、通信和网络软硬件、软件设计等方面有了巨大发展，使得计算机的计算能力指数上升，而成本却呈指数下降。硬件平台的发展趋势一直遵循摩尔定律。

摩尔定律是由英特尔（Intel）创始人之一戈登·摩尔（Gordon Moore）提出来的。1965 年，摩尔在《电子学》杂志上发表了一篇文章，指出自从 1959 年微处理器芯片诞生以来，当价格不变时，集成电路上可容纳的晶体管数目，约每隔 18 个月便会增加一倍，性能也将提升一倍。在 2002 年，摩尔把摩尔定律修订为每 2 年翻一番。

摩尔定律提出来后，被人们从不同的角度加以解读：（1）微处理器的处理能力每 18 个月翻一番；（2）计算机的计算能力每 18 个月翻一番；（3）计算成本每 18 个月下降一半。

摩尔定律是简单评估半导体技术进展的经验法则，其意义在于就长期而言，半导体制造技术是以直线的方式向前推展，这使得半导体产品能持续降低成本，提高性能，增加功能。

微处理器中集成的晶体管数量呈指数上升，计算能力也随之呈指数上升，但单位计算成本却呈指数下降，芯片制造商正在不断使得晶体管的尺寸越来越小。今天晶体管的大小甚至已不能和头发相比，它更接近于最小的有机体细菌。

尽管运算成本大幅减少，但是 IT 基础设施占企业预算的比例却在上升。主要原因是运算服务和软件价格的上升，运算和通信成本的上升。例如，员工所使用的应用程序，需要更高性能和更昂贵的硬件，像便携电脑、移动设备等。

1. 新兴的移动数字平台

随着网络运算能力的不断提高，新型的移动运算平台已经兴起。移动通信设备，例如以 Android 和 iPhone 为代表的智能手机已经具有很多便携式电脑的性能，包括数据传输、浏览网页、收发邮件、传送信息、数据显示以及与公司内部进行数据交换。新的移动平台还包括小型的、低成本的网络笔记本（Netbook），可以无线通信和网络接入，并具有文字处理和电子书功能。越来越多的业务运算从 PC 和台式电脑转移至这些移动设备，管理者越来越多地使用这些设备与员工进行协作和通信。

2. 云计算

云计算（Cloud Computing），是一种基于互联网的计算方式，通过这种方式，共享的软硬件资源和信息可以按需求提供给用户。云计算描述了一种基于互联网的新的 IT 服务增加、使用和交付模式，通常涉及通过互联网来提供动态易扩展而且虚拟化的资源。

关于云计算我们在 3.5 节具体展开讨论。

3. 自主计算

计算机系统变得越来越复杂，拥有几百万行代码的操作系统、企业软件和数据库软件，还有几千台网络设备组成的庞大系统，如何管理这些系统的问题呈现出来。

企业在信息技术方面预算的 1/3 到一半都花在了预防或恢复系统灾难上。大约 40% 的系统灾难是由于操作人员的错误导致的。这并不是因为能力不够或者缺乏训练，而是因为今天的计算机系统过于复杂，操作人员又经常需要在很短的时间里作出决定。

IBM 将自主计算（Autonomic Computing）定义为"能够保证电子商务基础结构服务水平的自我管理（Self Managing）技术"。其最终目的在于使信息系统能够自动地对自身进行管理，并维持其可靠性。自主计算的核心是自我监控、自我配置、自我优化和自我恢复。自我监控，即系统能够知道系统内部每个元素当前的状态、容量以及它所连接的设备等信息；自我配置，即系统配置能够自动完成，并能根据需要自动调整；自我优化，即系统能够自动调度资源，以达到系统运行的目标；自我恢复，即系统能够自动从常规和意外的灾难中恢复。

例如，一台 PC 能够知道自己被电脑病毒感染，并且不会盲目地让病毒入侵，反而会识别和查杀病毒，或者将工作转移至其他处理器，在病毒毁坏文件之前关闭自己。防病毒软件和防火墙软件可以识别 PC 上的病毒，消除病毒并且提示操作人员。这些程序在有必要升级时，可以和病毒防护服务器自动连接，如 McAfee。

目前，电子商务的基础结构日趋复杂，同时存在多个服务器、中间件、应用软件、存储设备、网络，要想管理所有这些要素，并确保整体的可靠性，就必须具有自我管理功能，自主计算将是电子商务之后的焦点所在。

4. 虚拟化技术

随着公司配置成百上千的服务器，它们花费在用来运转和冷却系统的电费几乎和它们在硬件投入上的花费一样多。2000～2008 年，数据中心在能源上的花费翻了一倍还要多。美国国家环境保护局统计，在 2011 年，数据中心消耗全美超过 2% 的电量，缩减数据中心的电力消耗已经是一项挑战。企业为了控制硬件增加和能源消耗，使用虚拟化缩减处理程序所需要的电脑数量。虚拟化能提供一套运算资源（如运算能力和数据存储空间）以便访问不受物理配置和地理位置的限制。服务器虚拟化使公司在一台设备上运行多个操作系统。大多数服务器在运行时只发挥 10%～15% 性能，虚拟化可以将服务器的性能发挥到70%或者更高。更高的运行效率使处理相同的工作所需要的电脑数量缩减（见图3-3）。

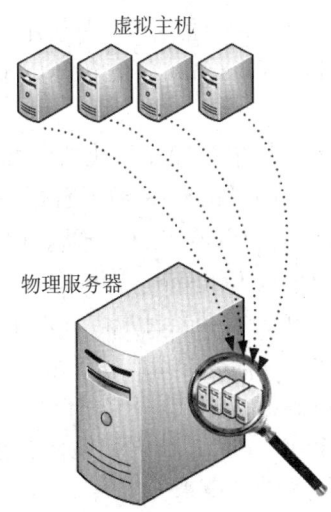

图3-3 虚拟化技术将各种资源虚拟出多台主机

虚拟化技术可以扩大硬件的容量，简化软件的重新配置过程。CPU的虚拟化技术可以用单CPU模拟多CPU并行，允许一个平台同时运行多个操作系统，并且应用程序都可以在相互独立的空间内运行而互不影响，从而显著提高计算机的工作效率。

服务器虚拟化软件在操作系统和硬件之间运行，将服务器分类，包括服务器的数量和标识、处理器和操作系统。VMware是在Windows和Linux上的服务器虚拟化软件。微软提供自己的虚拟服务器并在最新的Windows服务器上集成虚拟化功能。

除了缩减硬件和能源花销外，虚拟化可以使企业在新程序所运行的服务器上同样运行遗留程序，并且虚拟化可以推动硬件集中化管理。

案例：德州连锁医院数据中心的虚拟化

美国德州连锁医院Christus Health分布在美国西南部和墨西哥，以前管理着8个数据中心超过2 000台服务器，其中70%在圣安东尼奥数据中心。在这个数据中心的97%的系统运行时只使用不到20%的处理能力和仅仅29%的记忆体。机构利用虚拟化（Virtualization）将824台服务器整合到83台刀片服务器上，节省了180万美元，包括所节约的能源开销。

案例来源：劳顿著，薛华成编译：《管理信息系统》（第11版），机械工业出版社2011年版。

5. 容器技术

虚拟化技术是一种服务器资源共享方式，它可以在按需构建操作系统实例的过程中为系统管理员提供极大的灵活性。由于 Hypervisor 虚拟化技术仍然存在一些性能和资源使用效率方面的问题，因此出现了一种称为容器（Container）的新型虚拟化技术来帮助解决这些问题。

容器技术是指有效地将单个操作系统的资源划分到孤立的组中，以便更好地在孤立的组之间平衡有冲突的资源使用需求的技术。

在 2015 年，由 Google、Docker、CoreOS、IBM、微软、红帽等厂商联合发起的 OCI（Open Container Initiative）组织成立了，并于 2016 年 4 月推出了第一个开放容器标准。标准主要包括 Runtime 运行时标准和 Image 镜像标准。标准的推出，为成长中的市场带来了稳定性，让企业能放心采用容器技术，用户在打包、部署应用程序后，可以自由选择不同的容器 Runtime；同时，镜像打包、建立、认证、部署、命名也都能按照统一的规范来做。

容器技术的诞生主要解决了 PAAS 层的技术实现，目前主流容器技术的主要应用场景有：

（1）容器化传统应用。容器不仅能提高现有应用的安全性和可移植性，还能节约成本。

每个企业的环境中都有一套较旧的应用来服务于客户或自动执行业务流程。即使是大规模的单体应用，通过容器隔离增强安全性以及可移植性特点，也能从 Docker 中获益，从而降低成本。一旦容器化之后，这些应用可以扩展额外的服务或者转变到微服务架构之上。

（2）持续集成和持续部署（CI/CD）通过 Docker 加速应用管道自动化和应用部署，交付速度提高至少 13 倍。

现代化开发流程快速、持续且具备自动执行能力，最终目标是开发出更加可靠的软件。通过持续集成（CI）和持续部署（CD），每次开发人员签入代码并顺利测试之后，IT 团队都能集成新代码。作为开发运维方法的基础，CI/CD 创造了一种实时反馈回路机制，持续地传输小型迭代更改，从而加速更改，提高质量。CI 环境通常是完全自动化的，通过 Git 推送命令触发测试，测试成功时自动构建新镜像，然后推送到 Docker 镜像库。通过后续的自动化和脚本，可以将新镜像的容器部署到预演环境，从而进行进一步测试。

（3）微服务加速应用架构现代化进程。

应用架构正在从采用瀑布模型开发法的单体代码库转变为独立开发和部署的松耦合服务。成千上万个这样的服务相互连接就形成了应用。Docker 允许开发人员选择最适合于每种服务的工具或技术栈，隔离服务以消除任何潜在的冲突。这些容器可以独立于应用的其他服务组件，轻松地共享、部署、更新和瞬间扩展。Docker 的端到端安全功能让团队能够构建和运行最低权限的微服务模型，服务所需的资源（其他应用、涉密信息、计算资源等）会适时被创建并被访问。

（4）IT 基础设施优化充分利用基础设施，节省资金。

Docker 和容器有助于优化 IT 基础设施的利用率和成本。优化不仅仅是指削减成本，还能确保在适当的时间有效地使用适当的资源。容器是一种轻量级的打包和隔离应用工作负载的方法，所以 Docker 允许在同一物理或虚拟服务器上毫不冲突地运行多项工作负载。企业可以整合数据中心，将并购而来的 IT 资源进行整合，从而获得向云端的可迁移性，同时减少操作系统和服务器的维护工作。

3.2 计算机软件技术

计算机软件系统帮助用户使用计算机硬件，以完成数据的输入、处理、输出及存储等活动。我们通常将软件系统分为系统软件和应用软件两大类。

系统软件是负责管理计算机系统中各种独立的硬件，使得它们可以协调工作。系统软件使得计算机使用者和其他软件将计算机当作一个整体而不需要顾及底层每个硬件是如何工作的，其目的是让使用者能够方便地利用电脑设备执行应用程序。系统软件可分为三大部分：操作系统、语言编译系统和数据库管理系统。

应用软件是直接面向最终用户的具体软件，以操作系统为基础，用程序设计语言编写，或用数据库管理系统构造，用于满足用户的各种具体要求。管理信息系统软件是一种典型的应用软件。应用软件主要可分为两大类：通用软件和专用软件。

通用软件通常是为解决某一类问题而设计的，而这类问题是很多人都要遇到和解决的。例如，文字处理、表格处理、电子演示等。较常见的有：文字处理软件如 WPS、Word 等；辅助设计软件如 AutoCAD；实时控制软件；教育与娱乐软件；等等。

专用软件，是具有特殊功能和需求的软件。如某个用户希望有一个程序能自动控制车床，同时也能将各种事务性工作集成在一起统一管理。因为它对于一般用户是太特殊了，所以只能组织人力专门开发。当然开发出来的这种软件也只能专用于完成某一特定任务。

3.2.1 操作系统平台

操作系统（Operating System，OS）是管理、控制和监督计算机软、硬件资源协调运行的程序系统，由一系列具有不同控制和管理功能的程序组成，它是直接运行在计算机硬件上的、最基本的系统软件，是系统软件的核心。

操作系统的主要功能是资源管理、程序控制和人机交互等。计算机系统的资源可分为设备资源和信息资源两大类。设备资源指的是组成计算机的硬件设备，如中央处理器、主存储器、磁盘存储器、打印机、磁带存储器、显示器、键盘输入设备和鼠标等。信息资源指的是存放于计算机内的各种数据，如文件、程序库、知识库、系统软件和应用软件等。

操作系统位于底层硬件与用户之间，是两者沟通的桥梁。用户可以通过操作系统的用户界面，输入命令。操作系统则对命令进行解释，驱动硬件设备，实现用户要求。以现代观点而言，一个标准个人电脑的 OS 应该提供以下功能：进程管理（Processing Management）、内存管理（Memory Management）、文件系统（File System）、网络通信（Networking）、安全机制（Security）、用户界面（User Interface）、驱动程序（Device Drivers）。

操作系统的种类繁多，依其功能和特性分为批处理操作系统、分时操作系统和实时操作系统等；依据同时管理用户数的多少分为单用户操作系统和多用户操作系统；按应用领域划分主要有三种：桌面操作系统、服务器操作系统和嵌入式操作系统。

1. 桌面操作系统

桌面操作系统主要用于个人计算机上。个人计算机市场从硬件架构上来说主要分为两大阵营，PC 机与 Mac 机，从软件上主要可分为两大类，分别为类 Unix 操作系统和 Windows 操作系统：

Unix 和类 Unix 操作系统：Mac OS X、Linux 发行版；

微软公司 Windows 操作系统：Windows 98、Windows XP、Windows 7、Windows 10 等。

2. 服务器操作系统

服务器操作系统一般指的是安装在大型计算机上的操作系统，如 Web 服务器、应用服务器和数据库服务器等。服务器操作系统主要集中在三大类：

Unix 系列：SUNSolaris、IBM-AIX、HP-UX、FreeBSD、OS X Server 等；

Linux 系列：Red Hat Linux、CentOS、Debian、Ubuntu Server 等；

Windows 系列：Windows NT Server、Windows Server 2003、Windows Server 2008、Windows Server 2019 等。

3. 嵌入式操作系统

嵌入式操作系统是应用在嵌入式系统的操作系统。嵌入式系统广泛应用在生活的各个方面，涵盖范围从便携设备到大型固定设施，如数码相机、手机、平板电脑、家用电器、医疗设备、交通灯、航空电子设备和工厂控制设备等，越来越多嵌入式系统安装有实时操作系统。

在嵌入式领域常用的操作系统有嵌入式 Linux、Windows Embedded、VxWorks 等，以及广泛使用在智能手机或平板电脑等消费电子产品的操作系统，如 Android、iOS、Symbian、Windows Phone 和 BlackBerry OS 等。

在客户机方面，大约95%的个人计算机和45%的手持设备使用的是微软的 Windows 操作系统（如 Windows 10 或者 Windows Mobile）。而在服务器方面，Windows 占据了70%的市场，另外30%的公司服务器采用 Unix 或 Linux 操作系统。微软的 Windows Server 2008 以上版本能够提供企业级的操作系统和网络服务，使得 Windows 架构的信息技术基础设施得到推广。

Unix 和 Linux 之所以成为企业系统中主流的服务器操作系统，主要是因为它们的可扩展性、可靠性，以及与大型主机操作系统相比低廉的价格。Unix 和 Linux 还可以在多种不同的处理器上运行。Unix 操作系统的主要供应商是 IBM、惠普和甲骨文公司。

3.2.2 企业应用软件

企业应用软件是指在系统软件之外为满足企业应用需求而提供的软件，是根据企业管理的理论和经验的具体化、逻辑化，是行为的落地，因此企业应用软件设计开发的过程，就是研究这个行业中最先进的管理模式和流程甚至更多被多数企业证明了行之有效的管理规律，这些管理经验已经内含在管理软件的思想、流程、报表内容、统计分析项目、管理层级、信息决策中了。

在建设企业信息化的过程中，管理者会根据企业的发展需要为企业引进相应的软件。目前，常用的软件有财务软件、OA 办公自动化软件、ERP 企业资源计划系统、客户关系管理软件、人力资源管理软件、电子商务系统、决策支持系统、供应链管理系统等软件。

最大的企业应用软件供应商是德国的 SAP 公司，也是目前世界最大的 ERP 供应商，44 万客户遍布 180 个国家，客户覆盖 92%的《福布斯》全球企业 2 000 强。第二位的是美国甲骨文（Oracle）公司，2004 年 12 月，甲骨文收购了仁科，提供用于连接企业现有各种应用的软件，实现企业内系统的全面集成。微软公司正试图进入低端市场，为那些还没有使用企业应用软件的中小型企业提供服务。

用友软件是国内最大企业管理软件供应商，其他还有金蝶软件、神州数码、浪潮通用软件等。

一般来讲，大型企业早已使用企业应用软件并且与软件供应商建立了长期的合作关系。一旦企业和一家供应商合作，更换供应商就变得困难并且成本很高，故而几乎不可能更换。

3.2.3 软件平台的发展趋势

现代软件平台主要有如下四个发展趋势：开源软件、Web 服务和面向服务的架构、混搭（Mashups）、软件即服务。

1. 开源软件

开源软件（Open Source Software，OSS）是一种源代码可以任意获取的计算机软件，这种软件的版权持有人在软件协议的规定之下保留一部分权利并允许用户学习、修改、增进提高这款软件的质量。开源软件常被公开和合作地开发。初始源代码的获得也应该是免费的，并且可以在用户中传播而不需要额外的许可。虽然目前绝大多数的开放源代码软件都基于 Linux 或 Unix 操作系统，但严格来说，开放源代码软件并不受任何操作系统和硬件技术的限制。

流行的开源软件包括 Linux 操作系统、ApacheHTTP Web Server 服务器软件、Mozilla Firefox 网络浏览器和 Open Office 桌面软件包。主要的硬件和软件供应商，包括 IBM、惠普、戴尔、甲骨文和 SAP，现在都提供与 Linux 相兼容的产品。

最出名的开放源代码软件应该是 Linux 操作系统。Linux 可以在大型主机、服务器和客户机等各种硬件平台上运行。它在本地局域网、网络服务器和高性能运算工作中扮演着重要角色，并且占据了服务器操作系统市场 20% 的份额。IBM、惠普、英特尔、戴尔和太阳微系统都将 Linux 作为它们企业业务的核心部分。

开放源代码软件，特别是 Linux 和基于 Linux 的应用软件的快速发展，给企业软件平台带来了深远的影响：更低的成本、更好的可靠性和适应性、更高的集成度。

2. Web 服务和面向服务的架构

Web 服务（Web Service）是指一组松散连接的软件，通过标准的 Web 通信标准和通信语言相互通信。Web 服务并不局限于某一种特定操作系统或某种特定编程语言，因此，不同的应用软件可以通过使用 Web 服务来实现相互之间的通信。它们可以用来在两个不同的机构间架设基于开放标准的连接系统应用程序，也可以用来创造连接公司内不同系统的应用程序。Web 服务不局限于一种操作系统或者一种编程语言。不同的应用程序可以通过一种标准化途径免去用户编程而相互通信。

Web 服务的技术基础是可扩展标记语言（Extensible Markup Language，XML）。XML 是由万维网联盟（World Wide Web Consortium）在 1996 年制定的，比目前网页上普遍使用的超文本标记语言（HTML）功能更强大也更灵活。HTML 只能描述怎样将文字、图像、视频和音频显示在网页上，却不能描述如何将数据显示在网页上。而 XML 则可以进行演示、通信和数据储存。

通过给选定的文档中的元素作标记，XML 使计算机可以自动地操纵和解释数据，并且在无人介入的条件下处理数据。网络浏览器和计算机程序，例如订单处理或者企业资源规划软件，可以根据程序设定处理和显示数据。

Web 服务通过一组标准的 Web 协议，使用 XML 在不同的应用之间通信。简单对象访问协议（Simple Object Access Protocol，SOAP）是一组构建消息的规则，它允许在不同应用之间传递数据和指令。Web 服务描述语言（Web Services Description Language，WDSL）是一种描述 Web 服务所执行的任务以及 Web 服务所接收的指令和数据的架构。统一描述、发现和集成（Universal Description，Discovery and Integration，UDDI）通过构建一个类似于电话黄页一样的 Web 服务列表，使得企业可以方便地找到所需的 Web 服务。通过这些协议，软件应用程序可以自由地连接其他程序而不需要客户编程，形成一个统一的标准。所有用来构建企业软件系统的 Web 服务组成了面向服务的架构。面向服务的架构（Service-Oriented Architecture，SOA）把包含在各种企业应用中的分散的功能组织为可相互操作的、基于标准的服务，执行这些任务序列即是完成一项业务工作，而这些服务可以再被迅速组合和重用，形成其他的业务工作。

实际上几乎所有软件供应商都提供了通过 Web 服务构建和集成各种软件应用的工具和技术平台。IBM 将 Web 服务工具加入它们的 WebSphare 电子商务软件平台，微软也将 Web 服务工具加入它们的 Microsoft.Net 平台。

> ## 案例：美国 Dollar 汽车租赁公司的 Web 服务
>
> 美国 Dollar 汽车租赁公司通过 Web 服务把自己的在线预订系统与美国西南航空公司的网站连接起来。虽然两家公司的系统使用了不同的技术平台，但顾客可以在西南航空的网站（SouthwestAir.com）上订航班的同时，也在 Dollar 汽车租赁公司预约租车，而不需要另外访问 Dollar 汽车租赁公司的网站。Dollar 汽车租赁公司使用了 Microsoft.Net 的 Web 服务技术，而没有费力地将 Dollar 汽车租赁公司的预订系统和西南航空的预订系统实现共享。西南航空的订单转变为 Web 服务协议，之后再转变成 Dollar 汽车租赁的计算机可以识别的格式。
>
> 其他汽车租赁公司也曾经将它们的信息系统和航空公司的网站相连，但是没有 Web 服务的支持，这些连接需要一次次的建立。Web 服务为 Dollar 汽车租赁公司的电脑与其他公司的信息系统间的对话提供了一个标准途径，而无须为每一个公司都建立一个特殊的连接。Dollar 汽车租赁公司现在将 Web 服务扩展到旅行社和大型旅游预订系统，还建立了可以使用移动电话和 PDA 无线接入的网站，与其他合作伙伴的信息系统相连或者是支持新的无线设备都不需要编写新的软件代码。
>
> 案例来源：劳顿著，薛华成编译：《管理信息系统》（第 11 版），机械工业出版社 2011 年版。

3. 混搭

过去，微软的 Word 软件和 Adobe 的 Illustrator 软件盒装出售并限制在一台电脑上运行。现在越来越多的软件以及可以互换并自由组合的应用程序组件可以从互联网上下载。个人用户或者公司用户通过混合和匹配这些软件组件创造属于自己的应用程序并且将最终软件和其他人分享，这些软件应用程序叫作混搭（Mashup）。这样，由不同的组件组成的应用程序的价值要比这些单独的组件的价值要高得多。当用户个性化自己的微博或者在博客中加入一些视频或者幻灯片，就是在使用混搭。

新的网络技术能够将两个或多个在线应用程序整合，创造出一个新的、比原有的资源能够创造出更多用户价值的混合产品。例如，将地图和卫星图片软件与本地信息的整合，ChicagoCrime.org 将 Google 地图和芝加哥犯罪数据整合。用户可以通过地域、警力或者犯罪类型搜索，结果会以不同颜色标注在 Google 地图上。Google、雅虎和微软现在都提供一些工具允许其他应用程序通过一些简单的程序将信息导入它们的地图和卫星图片中。

4. 软件即服务

软件即服务（SaaS）是随着互联网技术的发展和应用软件的成熟，在21世纪开始兴起的一种完全创新的软件应用模式。它是一种通过Internet提供软件的模式，服务提供商将应用软件统一部署在自己的服务器上，客户可以根据自己实际需求，通过互联网向厂商订购所需的应用软件服务，按订购的服务多少和时间长短向厂商支付费用，并通过互联网获得厂商提供的服务。用户不用再购买软件，而改用向提供商租用基于Web的软件，来管理企业经营活动，且无须对软件进行维护，服务提供商会全权管理和维护软件。有些软件厂商在向客户提供互联网应用的同时，也提供软件的离线操作和本地数据存储，让用户随时随地都可以使用其订购的软件和服务。对于许多小型企业来说，SaaS是采用先进技术的最好途径，它消除了企业购买、构建和维护基础设施和应用程序的成本。

在这种模式下，客户不再像传统模式那样花费大量投资用于硬件、软件、人员，而只需要支出一定的租赁服务费用，通过互联网便可以享受到相应的硬件、软件和维护服务，享有软件使用权和不断升级；公司上项目不用再像传统模式一样需要大量的时间用于部署系统，多数经过简单的配置就可以使用。这是网络应用最具效益的营运模式。

企业需要仔细考虑用SaaS服务模式的成本和收益，衡量所有人员、机构和科技因素，包括与现有系统整合的能力和所提供的服务对企业的贡献。有时，租用软件的费用比购买和维护的费用还要高。然而企业可以更多地关注核心产业而不用担心技术问题。

案例：Salesforce.com：软件即服务成为主流

Salesforce.com，由甲骨文公司的前经理Marc Benioff于1999年创立，目前拥有43 000个公司客户，超过100万名的使用者，年营业额达到7.48亿美元。与购买软件之后在本地计算机安装不同，公司以"软件即服务"的方式，通过互联网提供CRM的解决方法，它变革性的商业模式和巨大的成功使其撼动了整个软件产业。

Salesforce.com的成功归功于它的按需分配的软件模式。这种模式避免了大量的初期投资和之后公司计算机系统漫长的完善过程。简化版的软件订购价格为9美元，使用者为小型零售商或者市场团队，更高的面向大型企业的版本，每月使用价格为65美元。

> Salesforce.com 从定制到启用需要 0~3 个月的时间，其间不需要用户购买硬件，不需要维护，没有操作系统、不需要雇用特定的维护人员，没有授权费用和维护费用。系统可以通过标准的网络浏览器进入，Salesforce.com 公司在幕后不断升级其系统。其中有一些工具可以使用户定制软件的功能以满足特定商业活动的需要。Salesforce.com 的解决方案相比其他大型企业的软件供应商有更好的扩展性，因为更加节约成本而且不需要针对硬件以及软件复杂的管理。
>
> Benioff 相信所有的这些优点终将使最终的软件，或者说未来软件走向这种"软件即服务"的模式，成为典范。
>
> 案例来源：劳顿著，薛华成编译：《管理信息系统》（第 11 版），机械工业出版社 2011 年版。

5. 微服务架构

微服务架构（Microservice Architecture）是一种架构概念，通过将功能分解到各个离散的服务中以实现对解决方案的解耦，并提供更加灵活的服务支持。可以将其看作在架构层次而非获取服务的类上应用 SOLID 原则。

微服务架构的主要作用是降低系统的耦合性，譬如把一个大型的单个应用程序和服务拆分为数个甚至数十个支持的微服务，它可扩展单个组件而不是整个的应用程序堆栈，从而满足服务等级协议。

微服务架构围绕业务领域组件来创建应用，这些应用可独立地进行开发、管理和迭代。在分散的组件中使用云架构和平台式部署、管理和服务功能，使产品交付变得更加简单。微服务架构的本质是用一些功能比较明确、业务比较精练的服务去解决更大、更实际的问题。

SOA 和微服务的区别：

SOA 主要是为了企业各个系统更加容易地融合在一起。SOA 的实现是基于 ESB（Enterprise Service Bus）。它可以把一个服务路由到另一个服务上，也可以集中化管理业务逻辑、规则和验证等。它还有一个重要功能是消息队列和事件驱动的消息传递，比如把 JMS 服务转化成 SOAP 协议。各服务间可能有复杂的依赖关系。

微服务通常从耦合度最低的模块或对扩展性要求最高的模块开始，把它们一个一个剥离出来敏捷地重写，然后单独部署。它通常不依赖其他服务。

SOA 是面向服务的，通常通过服务分层来提供不同的业务服务。微服务通常是直接面对用户的，每个微服务通常直接为用户提供某个功能。

SOA 架构在设计开始时会先自上而下定义好接口和服务。模块系统间业务逻辑、数据、流程、Schema 等必须遵守这些结构并服从管理。微服务则敏捷得多，只要用户用得到，就先把这个服务挖出来。然后针对性地快速确认业务需求，快速开发迭代。

6. DevOps

DevOps（Development 和 Operations 的组合词）是一组过程、方法与系统的统称，用于促进开发（应用程序/软件工程）、技术运营和质量保障（QA）部门之间的沟通、协作与整合。它是一种重视"软件开发人员（Dev）"和"IT 运维技术人员（Ops）"之间沟通合作的文化、运动或惯例。透过自动化"软件交付"和"架构变更"的流程，来使得构建、测试、发布软件能够更加地快捷、频繁和可靠。它的出现是由于软件行业日益清晰地认识到：为了按时交付软件产品和服务，开发和运维工作必须紧密合作。

微服务都离不开 DevOps 和 Docker。微服务架构是核心，DevOps 和 Docker 是工具，是手段。

3.3 数据管理技术

3.3.1 传统数据管理技术

计算机与人类相比的最大优势是能够迅速准确地处理大量的数据，所以，从第一台电子计算机诞生之日起，数据处理就是它的基本功能和关键技术。数据处理的中心问题是数据管理。数据管理技术是指对数据进行分类、组织、编码、存储、检索和维护的技术。随着计算机技术的发展，特别是在计算机软件、硬件与网络技术发展的前提下，人们对数据处理的要求不断提高，在此情况下，数据管理技术也不断改进。

企业管理活动离不开数据，数据是管理活动的基础与核心，是联系管理活动的纽带，数据管理也是管理信息系统的核心，是提高企业经济效益的重要保证。

数据管理技术的发展是和计算机技术及其应用的发展联系在一起的，在应用需求的推动下，在计算机硬件、软件发展的基础上，经历了由低级到高级的发展过程。这一过程大致可分如下四个阶段：人工管理阶段、文件系统阶段、数据库阶段和高级数据库阶段。

1. 人工管理阶段

20 世纪 50 年代中期以前，计算机主要用于科学计算。当时计算机的外存只有磁带、卡片、纸带，没有磁盘等直接存储设备，存储量非常小。在软件方面，还没有操作系统、文件管理系统以及管理数据的软件，数据的组织和管理基本上是手工的、分散的。由于应用程序管理数据，数据不具有独立性，是输入程序的组成部分，同时提供给计算机运算使用；用户在编制程序的同时，还必须考虑数据的逻辑定义和组织，以及数据在计算机存储设备内的物理存储方式、存储地址、存取方法及输入/输出格式等，加重了程序员的负担；要修改数据必须修改程序，如果要对 100 组数据进行同样的运算，就要给计算机输入 100 个独立的程序，因此数据无法独立存在。综上所述，在人工管理阶段，数据作为程序的组成部分不能独立存在，不能长期保存在计算机中；数据大量冗余，而且不能共享，无专门的软件对数据进行管理。

这一阶段，计算机还没有在数据管理中发挥应有的作用，程序与数据之间的关系如图 3-4 所示。

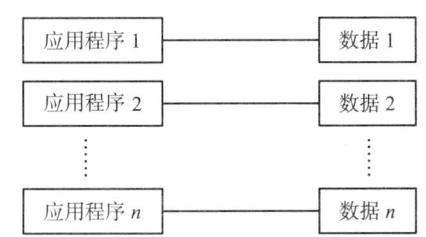

图 3-4 人工管理阶段程序与数据间的关系

2. 文件系统阶段

20 世纪 50 年代后期至 60 年代中期，这时硬件方面有了磁带、磁盘、磁鼓等较大容量的直接存储设备，软件方面出现了操作系统，操作系统中已经有了专门的数据管理软件，一般称为文件系统，计算机的应用范围也由科学计算领域扩展到数据处理领域。文件系统作为外部程序和数据文件的接口，使得程序可以通过文件名来访问文件。程序与数据之间的关系如图 3-5 所示。在处理方式上，由于有了直接存取设备，也有了索引文件、链接存取文件、直接存取文件等，使得数据处理既可以采用顺序批处理，也可以采用实时处理方式。联机实时处理是指在需要的时候随时从存储设备中查询、修改或更新，数据的存取以记录为基本单位。

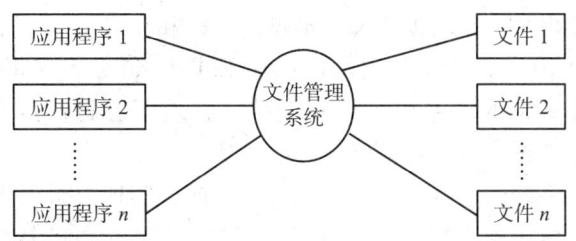

图 3-5　文件系统阶段程序与数据间的关系

这一阶段的特点是：数据可以以操作系统的文件形式长期保存在计算机中反复进行查询、修改和删除等处理操作。由于有了操作系统，并能利用文件系统进行专门的数据管理，使得程序员可以集中精力在算法设计上，而不必过多地考虑细节。例如，要保存数据时，只需给出保存指令，而不必所有的程序员都还要精心设计一套程序，控制计算机物理实现数据保存；在读取数据时，只要给出文件名，而不必知道文件的具体的存放地址。文件的逻辑结构和物理存储结构由系统进行转换，程序与数据有了一定的独立性。数据的改变不一定要引起程序的改变，例如，保存的文件中有 100 条记录，使用某一个查询程序。当文件中有 1 000 条记录时，仍然使用保留的这一个查询程序。

虽然这一阶段较人工管理阶段有了很大的进步，但是文件系统是一个不具有弹性的结构性差的数据集合，数据虽然可以共享，但数据面向应用，文件之间彼此孤立，存在着冗余度大、存储空间浪费、程序与数据的依赖性强、文件不易扩充等缺点，不能反映现实世界事物之间的内在联系。当不同的应用程序所需的数据有部分相同时，仍须建立各自的独立数据文件，而不能共享相同的数据。因此，数据冗余大，空间浪费严重；并且相同的数据重复存放，各自管理，当相同部分的数据需要修改时比较麻烦，容易造成数据的不一致。

3. 数据库阶段

20 世纪 60 年代后期至 70 年代中期，计算机在管理中的应用更加广泛，数据量急剧增长，对数据共享的要求越来越迫切。同时，大容量和快速存取的磁盘已经出现，联机实时处理业务增多；软件价格在系统中的比重日益上升，硬件价格大幅下降，编制和维护应用软件所需成本相对增加。在这种情况下，为了解决多用户、多应用共享数据的需求，使数据为尽可能多的应用程序服务，数据库技术便应运而生。数据库技术产生的主要标志为以下三个事件：

（1）1969 年，IBM 公司研制开发了基于层次结构的数据库管理系统 IMS（Information Management System）。

（2）美国数据系统语言研究会的数据库任务组（Data Base Tast Group，DBTG）于 20 世纪 60 年代末到 70 年代初提出了基于网状结构的 DBTG 报告，是数据库网状模型的基础和代表。

（3）1970年，IBM公司的研究员 E. F. Codd 发表了题为"大型共享数据库数据的关系模型"的论文，提出了数据库的关系模型，奠定了关系数据库的理论基础。

数据库系统的目标是解决数据冗余问题，实现数据独立性，实现数据共享并解决由于数据共享而带来的数据完整性、安全性及并发控制等一系列问题，它的出现使信息系统从以加工数据的程序为中心转向围绕共享的数据库为中心的新阶段，这样既便于数据的集中管理，又有利于应用程序的研制和维护，提高了数据的利用率和一致性，从而能更好地为决策服务。为实现这一目标，数据库的运行必须有一个软件系统来控制，这个系统软件称为数据库管理系统（Database Management System，DBMS）。数据库管理系统将程序员进一步解脱出来，不需要再考虑数据库中的数据是不是因为改动而造成不一致，也不用担心由于应用功能的扩充，而导致程序重写，数据结构重新变动；数据管理中数据的定义、操作及控制均由数据库管理系统来完成。在数据库系统阶段，应用程序和数据的对应关系如图3-6所示。其主要特点是：采用一定的数据模型来组织数据；数据不再面向应用，而是面向系统；程序独立于数据；数据的冗余少；减少了数据的不一致性；提供了数据的完整性、数据的安全性、数据的并发控制和数据的可恢复性功能。

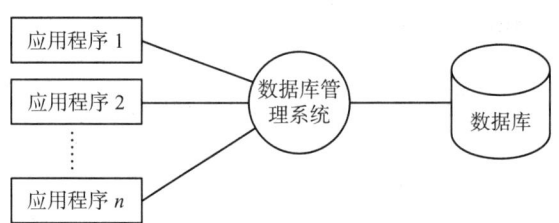

图 3-6　数据库系统阶段程序与数据间的关系

4. 高级数据库技术阶段

从20世纪70年代后期开始，计算机广泛地与其他学科技术相互结合和相互渗透，在数据库领域中产生了许多新型数据库，其中有些已经成熟并进入实用阶段。下面对具有代表性的分布式数据库、面向对象的数据库和 Web 数据库作一个简单介绍。

（1）分布式数据库。分布式数据库是数据库技术和计算机网络技术相互渗透和有机结合的产物，由一组数据组成，这些数据物理上分布在计算机网络的不同结点上，既能完成本地的局部应用，又参与涉及多个场地的全局应用，即这些分布的数据逻辑上属于同一个整体。分布式数据库强调了数据与处理的分布性、各场地的自治性和数据的粗逻辑整体性。分布性是指数据不是存储在一台计算机的存储设备中，从而和集中式数据库相区别；自治性是各场地相互独立，完成本地应用，并无主次之分；逻辑整体性是指在逻辑上与集中式数据库相同，数据是一个整体，而不是分散在计算机网络不同结点上的各自逻辑独立的数据库（或文件系统）。

  分布式数据库的特点主要有：①多数处理就地完成；②各地的计算机由数据通信网络相联系；③克服了中心数据库的弱点，降低了数据传输代价；④提高了系统的可靠性，局部系统发生故障，其他部分还可继续工作；⑤各个数据库的位置是透明的，方便系统的扩充；⑥为了协调整个系统的事务活动，事务管理的性能花费高。

  （2）面向对象数据库。20世纪60年代末期，在程序设计语言领域中引入了面向对象的概念。通过面向对象的程序设计来解决程序中的重要问题，将面向对象的概念引入数据库领域，产生了面向对象数据库系统。

  面向对象数据库是一种能够满足复杂数据结构和海量存储的新型数据库。面向对象技术最重要的进展是数据和数据操作的方法作为对象，由面向对象数据库管理系统来统一管理，任何被开发的应用都成为对象目标库的一部分，由开发者和用户所共享。共享缩小了数据库和应用程序间的差距，降低了应用程序的开发费用，同时也减少了系统出现问题的可能性。同时，面向对象技术中所用的方法，能精确处理现实世界中复杂的目标对象，例如图像、声音、文本、文件等，都可以定义为抽象的数据类型，而且在系统运行时可对它们的内容进行检查。在面向对象技术中，属性的继承性使得在对象中共享数据和操作成为可能，使对象之间的通信成为数据和程序间交换信息的标准。面向对象数据库技术已经可以处理复杂的企业范围内变化的事务对象。

  （3）Web数据库。Web数据库是近年来发展很快的一种数据库技术，它是基于Web模式的DBMS的一种信息服务。它以Web这种浏览器/服务器模式为平台，将客户端融入Web浏览器；它能充分发挥DBMS高效的数据存储和管理能力，为Internet用户提供了更为方便、内容丰富的服务。可以采用防火墙、用户身份认证、授权控制、审计和备份与故障恢复等安全管理技术来处理用户对数据的访问。

  基于Web的数据库应用具有以下几大优点：①能够在多平台、多操作系统上应用；②它能提供高性能的管理应用，实现了基于WWW标准接口的网络数据库的开发；③能够通过网络实现数据库的远程存取和动态交互；④使得管理更方便，而且提高了二次开发的简捷性，使操作简单、维护方便；⑤基于WWW标准开放式接口的数据库的扩展更加方便；⑥提供通用的图形用户接口界面。

3.3.2 数据库技术

以上介绍了数据管理技术的发展以及各个阶段的特征，其中，数据库技术是数据管理技术发展的高级阶段，而且数据库是目前企业信息系统组织数据、管理数据的最常用技术。在数据库系统中，数据被集中进行管理，用户需要数据可以从数据库中提取。

数据库，顾名思义，就是存放数据的仓库。具体地说，数据库是长期存储在计算机内的、有组织的、可以共享的数据集合。数据库中的数据按一定的数据模型组织在一起，具有较小的冗余度、较高的数据独立性和可扩展性，并能够为各种用户共享。

1. 数据库的特点

概括地讲，相对于文件管理方式，数据库具有以下特点：

（1）实现数据共享。数据库从整体的观点来看待和描述数据，数据不再面向某一具体应用，而是面向整个系统。数据共享意味着多个用户可同时存取数据库中的数据，也可以用各种方式通过接口使用数据库，并提供数据共享。

（2）减少数据冗余。同文件系统相比，由于数据库实现了数据共享，从而避免了用户各自建立应用文件，减少了数据冗余，节约存储空间，缩短存取时间，避免数据之间的不相容和不一致。这样用户对数据库的应用可以很灵活，可以根据不同的应用，存取相应的数据库的子集。当应用需求改变或增加时，只要重新选择数据子集或者加上一部分数据，便可以满足更多更新的要求，保证了系统的易扩充性。

（3）数据的独立性高。数据的独立性既包括数据库中数据库的逻辑结构和应用程序相互独立，也包括数据物理结构的变化不影响数据的逻辑结构，即数据与程序之间的物理独立性和逻辑独立性。

数据库提供数据的存储结构与逻辑结构之间的映像或转换功能，使得当数据的物理存储结构改变时，数据的逻辑结构可以不变，从而程序也不需要发生改变。这就是数据与程序的物理独立性。即程序面向逻辑数据结构，不去考虑物理的数据存放形式。数据库可以保证数据的物理改变不引起逻辑结构的改变。

数据库还提供了数据的总体逻辑结构与某类应用所涉及的局部逻辑结构之间的映像或转换功能。当总体的逻辑结构改变时，局部逻辑结构可以通过这种映像的转换保持不变，从而程序也不需要发生改变。这就是数据与程序的逻辑独立性。

（4）数据实现集中管理。在文件系统管理方式中，数据处于一种分散的状态，不同的用户或同一用户在不同处理中其文件之间毫无关系。利用数据库可对数据进行集中管理，并通过数据模型表示各种数据的组织以及数据间的联系。

（5）具有统一的数据控制功能，以确保数据的安全性和可靠性。主要包括：①安全性控制：以防止数据丢失、错误更新和越权使用；②完整性控制：保证数据的正确性、有效性和相容性；③并发控制：使在同一时间周期内，允许对数据实现多路存取，又能防止用户之间的不正常交互作用；④故障的发现和恢复：由数据库管理系统提供一套方法，可及时发现故障和修复故障，从而防止数据被破坏。

2. 数据库管理系统 DBMS

从以上叙述可以看出，数据库只是一个存放相关数据的物理集合，它的建立、使用和维护都需要数据库管理系统的统一管理和控制。数据库管理系统的主要功能如下。

（1）数据定义功能。DBMS 提供数据定义语言（Data Definition Language，DDL），通过它用户可以方便地对数据库的结构进行定义。

（2）数据库的操纵功能。DBMS 提供数据操纵语言（Data Manipulation Language，DML），实现对数据库数据的基本操作：检索、插入、修改和删除。

（3）数据库运行管理功能。DBMS 提供数据控制功能，即是数据的安全性、完整性和并发控制等对数据库运行进行有效的控制和管理，以确保数据正确有效。

（4）数据库的建立和维护功能。包括数据库初始数据的装入，数据库的转储、恢复、重组织，系统性能监视、分析等功能。

3. 数据库系统的组成

数据库系统一般由数据库、硬件、软件（DBMS 及其相关开发工具和应用系统）、人员（数据库管理员和用户）构成。

（1）硬件平台及数据库。硬件是数据库赖以存在的物理平台，数据库系统的硬件部分包括 CPU、存储器和其他外部设备等。随着需要存储的数据量的加大，以及 DBMS 自身规模的扩大，数据库系统要求具有足够大的内存、大容量的直接存取设备和较高的通道传输能力。

（2）软件。数据库系统的软件部分主要包括 DBMS、支持 DBMS 运行的操作系统、便于开发应用程序的且具有与数据库接口的高级语言及其编译系统、以 DBMS 为核心的应用开发工具以及为特定应用环境开发的数据库应用系统。

数据库管理系统（DBMS）是为数据库的建立、使用和维护而配置的软件，是数据库系统的核心部分。它建立在操作系统的基础上，对数据库进行统一的管理和控制。用户使用的各种数据库命令以及应用程序的执行，都要通过数据库管理系统。数据库管理系统还承担着数据库的维护工作，按照数据库管理员 DBA 所规定的要求，保证数据库的安全性和完整性。

（3）人员。开发、管理和使用数据库系统的人员主要是数据库管理员、系统分析员、应用程序员和用户。

数据库管理员（Data Base Administrator，DBA）负责全面管理和控制数据库系统，包括设计与定义数据库的结构、监督与控制数据库系统的使用和运行、改进和重组数据库系统、调优数据库系统的性能、备份与恢复数据库等。

系统分析员负责应用系统的需求分析与规范说明，需要从总体上了解、设计整个系统，因此他们必须与用户及数据库管理员一起确定系统的软硬件配置并参与数据库的概念结构设计。

应用程序员负责设计和编写应用系统的程序模块，他们必须关心硬件特性及存储设备的物理细节，实现数据组织与存取的各种功能，实现逻辑结构到物理结构的映射等。

用户：这里的用户是指终端用户（End User），用户通过应用系统的用户界面如表单、表格等使用数据库来完成其业务活动。

4. 数据库技术的发展趋势

随着表示结构化信息的数据库与数据仓库技术迅速发展，除了目前广泛应用的关系型数据库管理系统（如 Sybase、Oracle 等），近年来还出现了一些新的发展方向，如面向对象的数据库、多维数据库、主动数据库、多媒体数据库等。数据库技术还与其他多学科技术的有机组合，形成面向专门应用领域的数据库技术，如数据挖掘、数据库中的知识发现（Knowledge Discovery in Database，KDD）、智能代理、智能信息检索技术等。

3.3.3 数据仓库

20 世纪 80 年代以来，随着决策支持系统应用的日趋广泛，人们发现其应用的结果与原来的期望相去较远。许多决策支持系统实际上只是一个查询或报表系统，不能给决策人员提供充分有效的决策信息。同时，在决策支持系统发展过程中也一直存在着很多问题。长期以来，虽然数据库技术逐步成熟，但决策支持系统一直未能从中得到大量可靠数据进行决策分析。从企业发展的角度来看，在不同历史阶段企业内部各部门建立了各自的信息处理系统，这些系统之间相互隔离、结构各异。企业的决策者很难得到企业全局的决策信息。

数据仓库（Data Warehouse，DW）技术产生于 20 世纪 90 年代初，其目标是进行决策支持。数据仓库的产生是多方面因素综合作用的结果,数据库技术和分布式处理技术的发展、企业对信息的需求和决策支持系统的不足促使数据仓库的产生。

1. 数据仓库的概念

20世纪90年代以来,计算机技术,尤其是数据库技术和分布处理技术的发展为决策支持系统提供了新的技术平台;激烈的市场竞争促进了高层决策者对决策支持系统的实际需求。在这种情况下,信息处理开始以支持决策为目标,从事务性数据库中提取数据,将其整理、转换为新的存储格式。这种支持决策的数据存储被称为数据仓库。

数据仓库是一个面向主题的、集成的、随时间而变化的、不容易丢失的数据集合,支持管理部门的决策过程。数据仓库是信息的逻辑集合,这些信息来自许多不同的业务数据库,并用于创建商务智能,以便支持企业的分析活动和决策任务(见图3-7)。

(1)数据仓库是面向主题的。数据仓库的创建、使用都是围绕着主题实现的。如顾客、供应商、产品等。关注决策者的数据建模与分析,而不是集中于组织机构的日常操作和事务处理。例如,"优质客户分析"需要采集的数据有:销售部门的"采购信息(数量、品种)"、财务部门的"客户信用"、从企业的销售代理商或市场调查公司那里所获取的"客户购买竞争对手产品的信息"等。这些数据有的业务处理系统中已有数据存在,有的需要从企业外部获得,而且需要围绕"优质客户"这一主题重新进行数据的组织,不适合决策分析要求的数据可能需要抛弃。

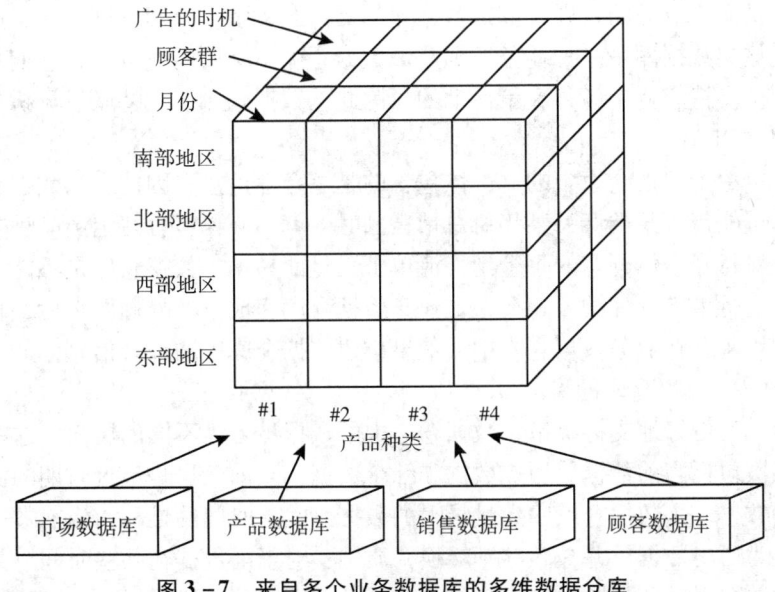

图3-7 来自多个业务数据库的多维数据仓库

（2）数据仓库具有集成性。数据仓库在从业务处理系统那里获取数据时，并不能将源数据库中的数据直接加载到数据仓库中，而是要根据决策分析的要求，进行一系列的数据预处理，将分散于各处、多个异构数据的源数据进行抽取、筛选、清理、综合等工作。确保命名约定、编码结构、属性度量等的一致性，使数据仓库的数据具有集成性。

（3）数据仓库具有多维性。在关系型数据模型中，信息是用一系列二维表来表示的，而在数据仓库中却不是这样。大多数数据仓库具有多维性，即它们包含若干层的行和列。正因为如此，大多数数据仓库实际上是多维数据库。数据仓库中的层根据不同的维度来表达信息，这种多维度的信息图表被称为超立体结构。

在图3-7中，我们可以看到一个表达产品信息的超立体结构，它用产品种类和区域（行和列）、月份（第一层）、顾客群（第二层）、广告的时机（第三层）来表示产品信息。利用这个超立体结构，就可以很容易地了解到"在无线电广播广告播出之后，随即发生的产品种类1在西部地区的A客户群中的销售额占总销售额的百分之多少？"这类信息完全可以通过商务的智能查询来得到。

在较大型的超立体结构中的任一特定部分的立方体都包含有取自各业务数据库的综合信息。例如，最前面一层的顶部左侧的立方体就包含了南部地区、某月、产品种类1的相关信息。因此，这些信息可能包括总销售额、平均销售额、销售数量、某些方面的分销摘要等。当然，它所包含的内容一定真正符合人们的需要。

（4）数据仓库支持决策而非事务处理。在企业中，大多数数据库是面向业务的，即大多数数据库都支持联机事务处理（OLTP），因此这类数据库是一种业务数据库。数据仓库不是面向业务的，它们是用来支持企业中各种决策活动的。因此，数据仓库仅支持联机分析处理（OLAP）。

由于数据仓库中的立方体包含的是综合性信息，因此，当数据仓库可能包含某类产品某年份总销售额时，就不必再包含特定产品种类针对每个个体顾客的每笔销售清单了。显而易见，数据仓库是不能用于进行事务处理的。相反，在业务数据仓库完成事务处理要求后，再利用包含在业务数据仓库中的信息构建数据仓库中的综合信息。

2. 数据仓库的形成

为更好地支持决策，数据仓库中的数据被分为不同的层次，这些层次包括当前数据、历史数据和综合数据，当前数据是最近时期的测量数据，是数据仓库中数量最大的数据。随着时间的推移，当前数据成为历史数据，并被转存到转换介质中；对当前数据在某些时间、某些数据属性和某些内容上的综合提取形成综合数据，因而比较概括、精炼，是数据仓库中的准决策数据。而数据如果要进入数据仓库必须经过一个复杂的过程，其整个形成过程如图3-8所示。

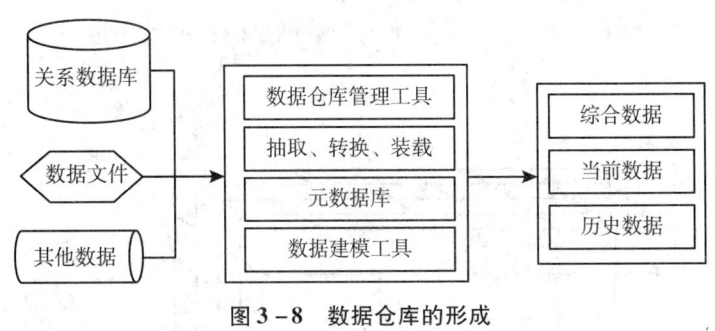

图3-8 数据仓库的形成

数据仓库中的数据来源于多个数据源，可以是企业的业务数据、历史数据、办公数据、Web数据、各种文档之类的外部数据以及数据源元数据等，建立数据仓库时，首先需要确定数据仓库的信息需求，然后进行数据建模，确定从源数据到数据仓库的数据抽取（Extract）、清理和转换（Transform）过程，划分维数以及确定数据仓库的物理存储结构，将清理后的数据加载（Load）到数据仓库中，也称为数据仓库的ETL过程。元数据是数据仓库的核心，又称为数据的数据，它描述了对数据源的说明，包含数据来源、数据源名称、数据源的定义、数据源的创建时间等对数据进行管理的必要信息。主要负责对数据仓库中的数据抽取、清理、加载、更新与刷新等操作进行管理，为数据仓库提供新的数据源，以便能正确地利用数据仓库进行决策分析和知识挖掘。对数据仓库中数据的管理工作包括对数据的安全、归档、备份、维护、恢复等工作，这些工作需通过数据仓库管理系统（DWMS）来完成。

3. 数据仓库的组织

数据仓库不同于数据库。数据仓库存储的数据模型为多维数据模型。"维"是人们观察世界的角度。在数据仓库中，维是同类数据的集合，是组织数据的变量，也是重要的决策因素。例如，企业常常关心产品销售数据随时间的推移而变化的情况，这是从时间的角度来观察产品的销售，所以时间就是一个维；企业也常常关心本企业的产品在不同地区的销售分布情况，这是从地理分布的角度来观察产品的销售，所以地理分布也是一个维；数据仓库中比较常用的维主要有时间维、客户维、产品维、地区维等。

多个相关因素（维）组成的数据空间形成了数据仓库的多维数据模型。多维数据模型提供了测量值的组织结构，并向用户提供了不同层次的数据分析角度，即多维数据视图。在多维数据模型中，可以对一维或多维进行集合运算。一般来说，多维数据模型总包括一个时间维，它对决策中的趋势分析具有重要的意义。

图 3-9 所示是一个多维数据模型的示例。它由城市、产品和时间构成多维数据空间，其中小格内的数据是商品的销售量。

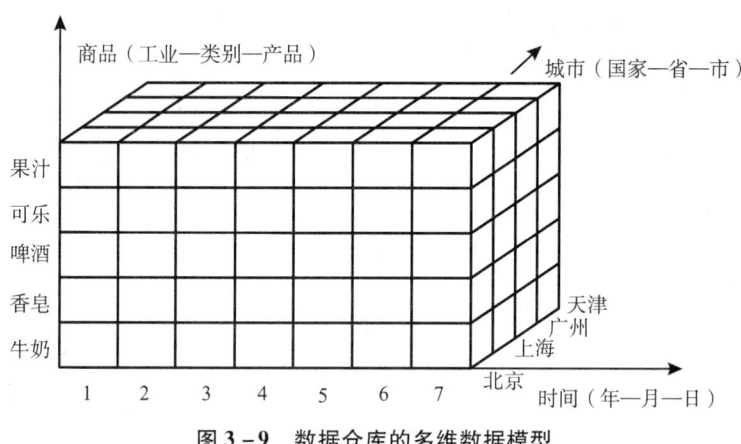

图 3-9　数据仓库的多维数据模型

对于逻辑上的多维数据模型，可以使用不同的存储机制和表示模式来实现多维数据模型。目前，使用的多维数据模型主要有星型模型和雪花模型。

（1）星型模型。大多数数据仓库都采用星型模型来表示多维数据模型。星型模型通过使用一个包含主题的"事实表"和多个非正规化描述事实的"维表"来支持各种决策查询，如图 3-10 所示。

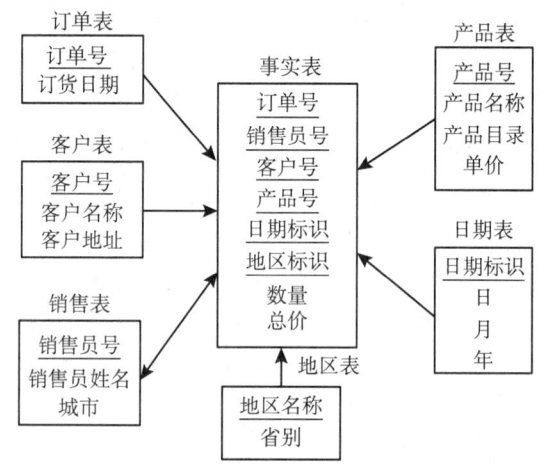

图 3-10　星型模型

星型模型的核心是"事实表"，围绕"事实表"的是"维表"。

其中的"事实表"和"维表"都是关系表,"事实表"中存放大量关于企业的事实数据,通常都很大,且非规范化程度很高;"维表"中存放描述性数据,是围绕"事实表"建立的较小的表。"事实表"包含数据仓库中的测量数据和指向与测量数据相关的其他"维表"的外键指针,每个外键指针指向一个"维表"。"维表"记录每一维的主键和相关因素的属性,每个"维表"对应多维模型中的一维。通过"事实表"将各种不同的"维表"链接起来,各个"维表"都链接到中央"事实表",它们形成了概念模型的多维层次联系。

在数据仓库模型中执行查询的分析过程,需要花大量的时间在相关各表中寻找数据。而星型模型使数据仓库的复杂查询可以直接通过各维的操作完成。

(2)雪花模型。雪花模型是对星型模型的扩展。它通过对星型模型维表进一步细化,使原有的一些维表被扩展为更小的事实表,形成由一些局部星型模型所组成的多层次结构。维表细化的目的是通过减少数据存储量和联合较少的维表来改善查询性能。

在雪花模型中能够定义多重"父类"维来描述某些特殊的维表。例如,在时间维上增加月维和年维,如图3-11所示,通过查看与时间有关的父类维,能够定义特殊的时间统计信息,如销售月统计、销售年统计等。

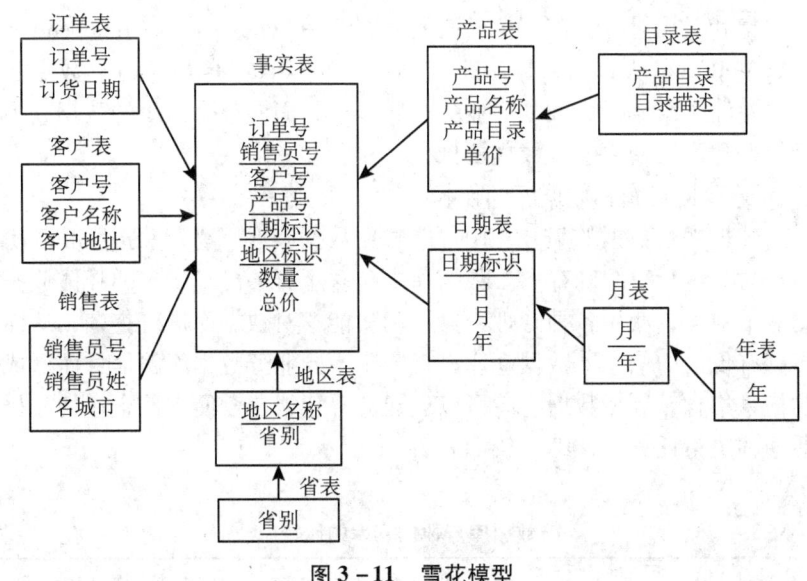

图3-11 雪花模型

4. 数据集市

通常数据仓库被视为涉及整个组织范围,包括记录组织发展轨迹所有信息的综合,然而有些问题的决策仅需要存取数据仓库中的部分信息，并不需要全部内容。在这种情况下，企业可能就要建立一个或多个数据集市。数据集市（data marts）是一种更小、更集中的分布式数据仓库，如图 3 – 12 所示。

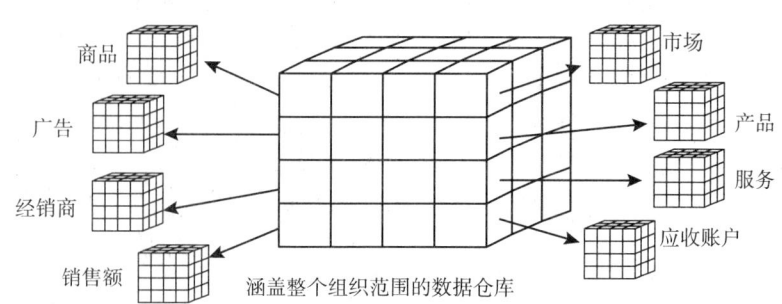

图 3 – 12　数据集市是数据仓库的子集

数据集市面向特定应用，主要针对具体的、部门级的应用，它是数据仓库的一个子集，可作为单独的数据库，存储已汇总的或特定的数据，供特殊用户使用，例如，公司可以开发营销与销售数据集市，用来处理客户信息。所以数据集市中仅仅聚集了部分数据仓库中的信息。而且数据集市仍然支持查询和报表工具、多维分析工具和统计工具的使用。一旦企业员工接受训练能灵活地运用一种或所有的数据挖掘工具，他们就可以将这一技能用于整个组织范围的数据仓库或小型数据集市之中。数据集市有两种：独立的数据集市（Independent Data Mart）和从属的数据集市（Dependent Data Mart）。由于数据集市只专注于某一领域或某一业务，所以，与面向整个组织的数据仓库相比，建设周期更短，成本更低。

5. 数据仓库和数据库的比较

数据库是数据的集合，用户能够用数据表示事物，并按照其逻辑结构对其进行组织和存取。数据库中包含了有关已经发生的具体业务的详细数据，使用各种管理工具，用户能够对数据库进行查询，从而得到有价值的信息。数据仓库是汇集了不同业务数据库的信息而形成的信息集合，利用数据仓库可以创建商务智能，以便支持企业的分析活动和决策任务，详细比较如表 3 – 1 所示。

表 3 – 1　　　　　　　　数据库与数据仓库的比较

对比内容	数据库	数据仓库
数据内容	当前值	历史的、存档的、归纳计算的数据
数据结构	适于事务处理	适于复杂查询

续表

对比内容	数据库	数据仓库
访问频率	高，经常移动	中、低，不常移动
访问类型	读取、更新、删除	读取
使用方法	可预知的，反复性的	随机的，启发式的应用
响应时间	要求操作有效率且快速响应	对效率及快速响应不特别要求
用户数	大量	相对较少数
服务对象	提供作业阶层数据处理服务	提供管理阶层信息服务

3.3.4 联机分析处理

1. 联机分析处理 OLAP

（1）OLAP 和 OLTP。数据仓库建立以后，需要根据需求对其进行复杂数据处理。当今的数据处理大致可以分成两大类：联机事务处理（On-Line Transaction Processing，OLTP）和联机分析处理（On-Line Analytical Processing，OLAP）。

OLTP 是指利用计算机网络，将分布于不同地理位置的业务处理计算机设备或网络与业务管理中心网络连接，以便于在任何一个网络节点上都可以进行统一、实时的业务处理，主要包括信息的收集、处理，并利用收集到的信息和经过处理而得到的信息来更新已存在的信息。OLTP 是传统的关系型数据库的主要应用，主要是基本的、日常的事务处理，如银行交易。

但随着用户对数据分析要求的增加，OLTP 已不能完全满足用户的需求。关系数据库虽然具有一定的数据视图选取、比较和综合的能力，但受到数据分析能力的制约，例如，SQL 等数据库查询语言对大型数据库的简单查询，不能满足决策者提出的信息需求，用户的决策分析需要对关系数据库进行大量计算才能得出结果。为了解决这些问题，产生了针对特定问题的联机数据访问和数据分析技术。1993 年关系数据库之父 E. F. Codd 将这种技术命名为"联机分析处理（OLAP）"，并提出了多维数据库和多维分析的概念。

OLAP 是在传统的 OLTP 的基础上发展起来的一种数据分析技术，又称多维分析或共享多维信息的快速分析，是数据仓库系统的主要应用，OLAP 对从原始数据中转化出来的、能够真正为用户所理解的，并真实反映企业特性的信息进行快速、一致、交互的存取，从而使分析人员、管理人员或执行人员以多维的形式从多方面和多角度来观察组织的状态、了解组织的变化，进而获得对数据的更深入的了解，进一步来支持决策。表 3-2 列出了 OLTP 与 OLAP

之间的比较，图 3-13 描述了 OLTP 和 OLAP 之间的关系以及不同的应用领域。

表 3-2　　　　　　　　　　OLTP 和 OLAP 的比较

	OLTP	OLAP
用户	操作人员，低层管理人员	决策人员，高级管理人员
功能	日常操作处理	分析决策
DB 设计	面向应用	面向主题
数据	当前的、最新的、细节的、二维的、分离的	历史的、聚集的、多维的、集成的、统一的
存取	读/写数十条记录	读上百万条记录
工作单位	简单的事务	复杂的查询
用户数	上千个	上百个
DB 大小	100MB - GB	100GB - TB

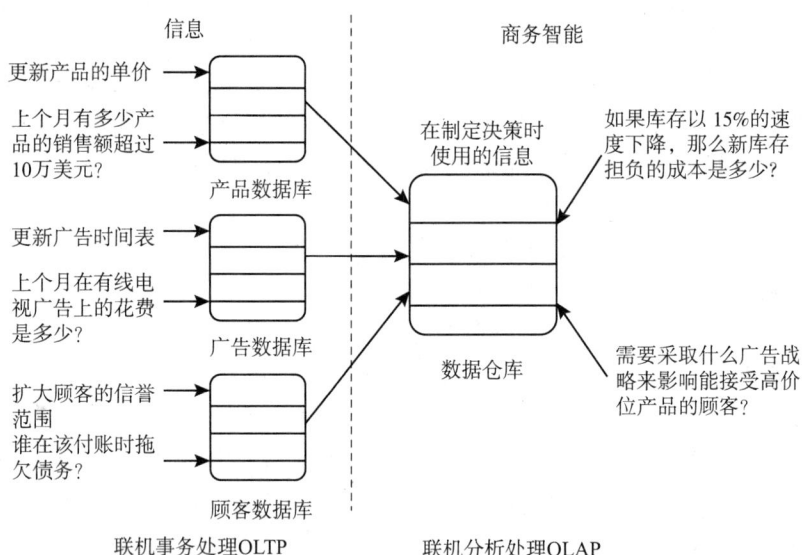

图 3-13　OLTP 和 OLAP 的关系以及不同的应用领域

假设某公司向东部、西部和中部三个地区销售四种产品，分别是螺帽、螺栓、垫圈和螺丝钉。如果你需要了解上个季度垫圈的销售量，通过搜索销售数据库，很容易就能找到答案，但是如果需要知道每个区域销售了多少垫圈，并且需要比较实际销售量和目标销售量时，就需要使用联机分析处理 OLAP。OLAP 支持多维数据分析，用户可通过多种角度观测统一数据，信息的每个方面——产品、价格、成本、销售区域或时间段等都表示一个不同的维，因此，管理人员可以利用多维数据分析工具，分析出7月东部垫圈的销售量，并与上个月甚至去年同期的销售量进行对比，也可以和预期销售目标进行对比，即使数据存放在非常大型的数据库中，通过OLAP也可以在很短的时间内，在线获得这些问题的答案。

（2）OLAP的一些基本概念。OLAP是针对特定问题的联机数据访问和分析。通过对信息的很多种可能的观察形式进行快速、稳定一致和交互性的存取，允许管理决策人员对数据进行深入观察。为了对OLAP技术有更深的了解，下面先介绍OLAP中常用的一些基本概念。

①维。维是人们分析决策问题的特定角度或出发点。例如，企业常常关心产品销售数据随着时间推移而产生的变化情况，这时是从时间角度来观察产品的销售，所以时间是一个维（时间维）。企业也时常关心自己的产品在不同地区的销售分布情况，这时是从地理分布的角度来观察产品的销售，所以地理分布也是一个维（地理维）。其他还有如产品维、顾客维等。

②维的层次。人们分析决策问题的某个特定角度（即某个维）还可以存在细节程度不同的多个描述方面，我们称这个描述方面为维的层次。一个维往往具有多个层次，例如描述时间维，可以从日、月、季、年等不同层次来描述，那么日、月、季、年等就是时间维的层次；同样，城市、地区、国家等构成了地理维的层次。

③维成员。维成员是维的一个取值。如果一个维是多层次的，那么该维的维成员就是不同维层次取值的组合。例如，我们考虑时间维具有日、月、年这三个层次，分别在日、月、年上各取一个值组合起来，就得到了时间维的一个维成员，即"某年某月某日"。有时候，维取值不一定包含所有的维层次，例如"某年某月""某月某日""某年"等都是时间维的维成员。

④多维数组。一个多维数组可以表示为：（维1，…，维n，变量）。例如，若日用品销售量数据是按时间、地区和销售渠道组织起来的三维立方体，加上变量销售额，就组成了一个多维数组（地区，时间，销售渠道，销售额），如果我们在此基础上再扩展一个产品维，就得到了一个四维的结构，其多维数组为（产品，地区，时间，销售渠道，销售额）。

⑤数据单元（单元格）。多维数组的取值成为一个数据单元。当多维数组的各个维都选中一个维成员，这些维成员的组合就唯一确定了一个变量的值。那么数据单元就可以表示为（维1维成员，维2维成员，…，维n维成员，变量的值）。例如，我们在产品、地区、时间和销售渠道上各取维成员"肥皂""北京""2008年12

月"和"批发",就唯一确定了变量"销售额"的一个值(假设为100 000),则该数据单元可表示为(肥皂,北京,2008年12月,批发,100 000)。

(3) OLAP的基本分析操作。OLAP分析是指对以多维形式组织起来的数据采取切片、切块、旋转、下钻/上探等各种分析动作,以求剖析数据,使用户能从多个维度、多个侧面了解数据仓库中的数据所蕴含的信息,从而深入地挖掘隐藏在数据背后的商业模式。

①切片。在多维分析过程中,如果在某一维度上选定一个取值(设为"维成员 Vi"),则多维数据就从 n 维下降成了 $n-1$ 维,我们称多维数组的子集(维1,维2,…,维成员 Vi,…,维 n,变量)为多维数组在维度 i 上的切片。

图3-14所示是一个按产品维、地区维和时间维组织起来的产品销售数据,用多维数组表示为(地区,时间,产品,销售额)。如果在地区维上选定一个维成员(设为"上海"),就得到了在地区维上的一个切片;在产品维上选定一个维成员(设为"电视机"),就得到了在产品维上的一个切片。显然,这样切片的数目取决于每个维上维成员的个数。

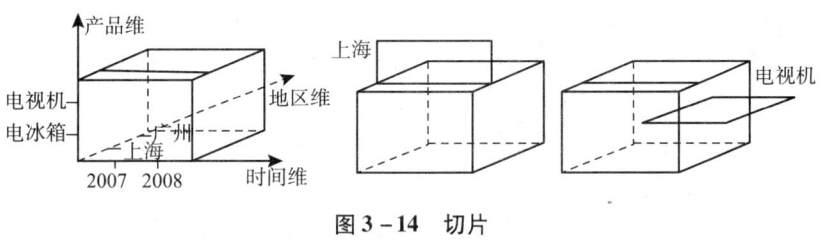

图3-14 切片

②切块。切块就是将完整的数据立方体切取一部分数据而得到的新的立方体。选定多维数组(维1,维2,…,维 n,变量)中的三个维:维 i、维 j 和维 r,在这三个维上取某一区间或任意的维成员,而将其余的维取定一个维成员,则得到的就是多维数组在维 i、维 j 和维 r 上的一个三维子集,我们称这个三维子集为多维数组在维 i、维 j 和维 r 上的一个切块,表示为:(维 i,维 j,维 r,变量)。

例如,我们选定多维数组(地区,时间,产品,销售渠道,销售额)中的地区维、时间维与产品维,在另外的销售渠道维,选取一个维成员(如"批发")就得到了多维数组(地区,时间,产品,销售渠道,销售额)在地区、时间和产品三个维上的一个切块(地区,时间,销售额)。这个切块表示各地区、各产品在各个年度的批发销售情况。

③旋转。旋转即改变维度的位置关系,使用户更加直观地观察数

据集中不同维之间的关系。例如,旋转可能包含交换行和列,或是把某一个行维移到列维中去,或是把页面显示中的一个维和页面外的维进行交换(令其成为新的行或列中的一个),如图3-15所示。

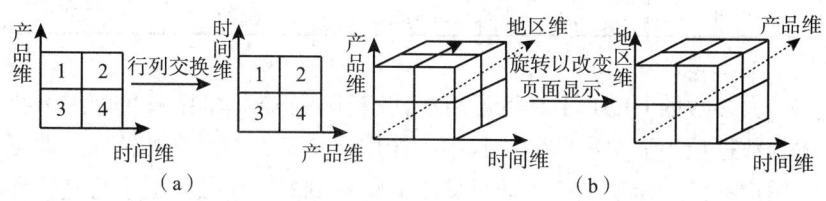

图 3-15 旋转

图 3-15(a)是把一个横向为时间、纵向为产品的报表旋转成为横向为产品、纵向为时间的报表。图 3-15(b)是把一个横向为时间、纵向为产品的报表,变成一个横向仍为时间,而纵向旋转为地区的报表。

④下钻/上探。下钻(Drill Down):从汇总数据深入细节数据进行观察或增加新维。例如,用户分析"各地区、城市的销售情况"时,可以对某一个城市、某一年度的销售额,可以继续细分为各个季度的销售额。通过下钻的功能,使用户对数据能更深入了解,更容易发现问题,作出正确的决策。

上探(Roll Up):是在某一维上将低层次的细节数据概括到高层次的汇总数据,或者减少维数;是自动生成汇总行的分析方法。通过向导的方式,用户可以定义分析因素的汇总行,如对于各地区各年度的销售情况,可以生成地区与年度的合计行,也可以生成地区或者年度的合计行。

例如,2017 年某种产品在各地区的销售收入如表 3-3 所示。

表 3-3　　　　　　　　2017 年某产品销售数据

地区	销售额(万元)
上海	900
南京	700
广州	800

用户如果进一步分析"各城市的销售情况"时,可以对这一年度的销售额细分为各个季度的销售额,可在时间维上进行下钻操作,获得其下层各季度销售数据,如表 3-4 所示。

表 3-4　　　　　　　　　2017 年各季度某产品销售数据

地区	第 1 季度	第 2 季度	第 3 季度	第 4 季度
上海	200	200	350	150
南京	250	150	150	150
广州	200	150	180	270

大多数的 OLAP 工具可让用户钻探至一个数据集中有更好细节描述的数据层，而更完整的工具则可让用户交叉钻探。交叉钻探，即可让用户在同一层次从一个数据集横向地移到另一个数据集进行查看和分析。

OLAP 的数据来源于数据仓库。通过 OLAP 服务器，将这些数据抽取和转换为多维数据结构，以反映用户所能理解的企业的真实的维。通过 OLAP 工具对数据从多个角度、多个侧面进行快速、一致和交互的存取，从而使分析人员、经理和行政主管对数据进行深入的分析和观察。

2. 数据挖掘

（1）数据挖掘的概念。数据挖掘（Data Mining，DM）是以探索为导向，从大量数据中抽取有意义的、隐含的、以前未知的并有潜在使用价值的知识的过程，所提取的知识表示为概念、规则、规律和模式等形式。数据挖掘是一个多学科交叉性学科，它涉及统计学、机器学习、数据库、模式识别、可视化以及高性能计算等多个学科。利用数据挖掘技术可以分析各种类型的数据，原始数据可以是结构化的，如关系数据库中的数据；也可以是半结构化的，如文本、图形和图像数据；甚至是分布在网络上的异构数据。发现知识的方法可以是数学的，也可以是非数学的；可以是演绎的，也可以是归纳的。

从商业应用的角度来看，数据挖掘可以描述成按企业既定业务目标，深入数据内部，对大量的企业数据进行抽取、转化、分析和模式化处理，从中揭示隐藏的、未知的或验证已知的商业规律及数据之间的关系，自动发现那些符合市场、客户行为的模式。

传统的数据分析工具的分析重点在于向管理人员提供过去已经发生什么、描述过去的事实。例如，上个月的销售成本是多少。而挖掘工具则在于预测未来的情况，解释过去所发生事实的原因。例如，下个月的市场需求情况怎么样，或者某些客户为什么会转向竞争对手等。现在，数据挖掘系统已经成为现代企业创造销售业绩的战略系统。以美国运通公司为例，从 1991 年起就建立了一个可以记录 5 000 亿笔记录的数据库，每年至少收集超过 3 500 亿笔消费账单数据。美国运通公司利用关系营销的概念，识别、建立、维护和巩固企业与顾客及其他利益相关者的关系，通过提供顾客在相同商店内持续购买的特殊消费折扣，使得签约商店与发卡公司可以互享其利。

（2）数据挖掘的过程。数据挖掘过程一般包括数据准备、数据挖掘以及结果评价三个阶段，如图3－16所示，这些阶段在具体实施中可能需要重复多次。

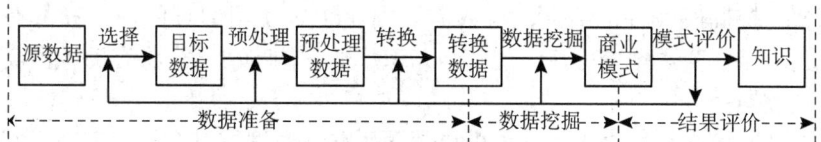

图3－16 数据挖掘的过程

①数据准备。数据准备可以包含三个子步骤：数据选择、数据预处理和数据转换。数据选择的目的是确定需要分析的数据集合，即目标数据，是根据用户的需要从原始数据中抽取的一组数据；数据预处理一般包括消除噪声、除去虚假的离群数据、推导计算缺值数据、消除重复记录、完成数据类型转换等；数据转换的主要目的是消减数据维数或降维，即从初始特征中找出真正有用的特征，以减少数据挖掘时要考虑的特征或变量个数。

②数据挖掘。数据挖掘阶段首先要确定挖掘的任务或目的，如数据分类、聚类、关联规则发现等。确定了挖掘任务后，就要决定使用什么样的挖掘算法。选择了挖掘算法后，就可以实施数据挖掘操作，获取有用的模式。

③结果评价。数据挖掘阶段发现出来的模式，经过评估，可能存在冗余或无关的模式，这时需要将其剔除；也有可能模式不满足用户要求，这时则需要退回到发现过程的前面阶段，如重新选取数据、采用新的数据变换方法、设定新的参数值，甚至换一种挖掘算法等；也有可能要对发现的模式进行可视化，或者把结果转换为用户易懂的另一种表示。

（3）数据挖掘系统的组成。

①数据库、数据仓库或其他信息库。它表示数据挖掘对象由一个（或组）数据库、数据仓库、数据表单或其他信息数据库组成。通常需要使用数据清洗和数据集成操作，对这些数据对象进行初步的处理。

②数据库或数据仓库服务器。这类服务器负责根据用户的数据挖掘请求，读取相关的数据。

③知识库。存放数据挖掘所需要的领域知识，这些知识将用于指导数据挖掘的搜索过程，或者用于帮助对挖掘结果的评估。挖掘算法中所使用的用户定义的阈值就是最简单的领域知识。

④数据挖掘引擎。这是数据挖掘系统的最基本部件，它通常包含一组挖掘功能模块，以便完成定性归纳、关联分析、分类归纳、进化计算和偏差分析等挖掘功能。

⑤模式评估模块。该模块可根据趣味标准（Interesting Measure），协助数据挖掘模块聚焦挖掘更有意义的模式知识。当然该模块能否与数据挖掘模块有机结合，与数据挖掘模块所使用的具体挖掘算法有关。显然若数据挖掘算法能够与知识评估方法有机结合将有助于提高其数据挖掘的效率。

⑥可视化用户界面。该模块帮助用户与数据挖掘系统本身进行沟通交流。一方面用户通过该模块将自己的挖掘要求或任务提交给挖掘系统，以及提供挖掘搜索所需要的相关知识；另一方面系统通过该模块向用户展示或解释数据挖掘的结果或中间结果；此外该模块也可以帮助用户浏览数据对象内容与数据定义模式、评估所挖掘出的模式知识，以及以多种形式展示挖掘出的模式知识。

（4）数据挖掘的分析方法。数据挖掘涉及的学科领域和方法很多，有人工智能、数据统计、可视化、并行计算等。数据挖掘有多种分析方法，根据挖掘任务可分为分类、聚类、关联规则、序列分析、偏差分析、数据可视化等。

①分类。分类是数据挖掘中应用的最多的决策支持技术。分类旨在生成一个分类函数或分类模型，该模型能把数据库中的数据项映射到给定的某一类别。既可以用此模型分析已有的数据，也可以用它来预测未来的数据。

②聚类。数据库中的数据可以从不同的认识角度，划分为一系列有意义的子集，即类。在同一类别中，个体之间的距离较小，而不同类别上的个体之间的距离偏大。聚类增强了人们对客观现实的认识，即通过聚类来建立宏观概念。聚类和分类的区别是聚类不依赖于预先定义好的类，不需要训练集。

③关联规则。关联规则是寻找数据库中值的相关性，主要是寻找在同一个事件中出现的不同项的相关性，例如在一次购买活动中所买不同商品的相关性。

④序列分析。序列模式分析同样也是试图找出数据之间的联系。但它的侧重点在于分析数据之间前后（因果）关系，因此对数据往往要求引入时间属性。序列模式分析非常适于寻找事物的发展趋势或重复性模式。

⑤偏差分析。偏差分析是用来发现与正常情况不同的异常和变化，并进一步分析这种变化是否是有意的诈骗行为，还是正常的变化。如果是异常行为，则提示预防措施；如果是正常的变化，那么就需要更新数据库记录。

⑥数据可视化。数据可视化严格地讲不是一个单独的数据挖掘任务，它被用来支持其他挖掘任务。可视化是采用图形、图表等易于理解的方式表达数据挖掘结果。

(5) 数据挖掘与 OLAP、数据仓库的关系。

①数据挖掘与 OLAP。数据挖掘和 OLAP 都是数据分析工具，OLAP 系统可以提供数据仓库中数据的一般描述，Gartner Group 等组织把 OLAP 视为数据挖掘的一部分。但是它们处理的问题不同，数据分析的深度也不同。

数据挖掘是一种挖掘性质的数据分析，它能够自动发现隐藏在大量数据中的模式等有价值的知识，并且可以利用这些知识进行有效的预测分析。OLAP 是一种验证性的数据分析，用户提出某个问题或假设，OLAP 从上到下、由浅到深地展现问题相关的详细信息，供用户判断提出的假设是否合理。图 3-17 从数据、信息和知识的角度形象地描述出 OLAP 和数据挖掘的逻辑关系。

OLAP 是用来分析过去的数据，数据挖掘是用来预测未来的事情。例如，OLAP 能够回答"过去 3 年里哪些人是我们最好的前 100 名客户？"而数据挖掘将能够回答"前 100 个具有最好的利润潜力的客户将是谁？" OLAP 帮助用户分析和了解过去，数据挖掘帮助用户预测未来。

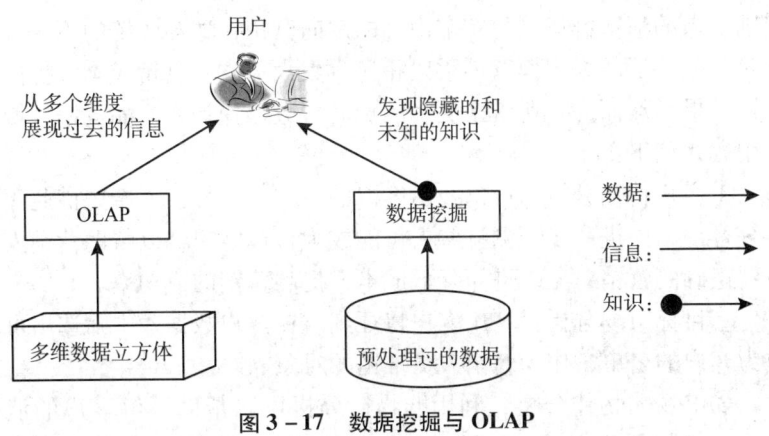

图 3-17　数据挖掘与 OLAP

数据挖掘和 OLAP 有着本质的区别，但是二者有时又是互补的：数据挖掘能够发现 OLAP 不能发现的更为复杂和细致的问题，而 OLAP 能够迅速地告诉用户过去和现在是怎样的，从而能够有利于用户更好地理解数据，加快知识发现的过程，并能够验证数据挖掘的结果是否合理。

②数据挖掘与数据仓库。对数据挖掘来说，数据仓库是一个容易

得到的有价值的数据源,数据挖掘工具所抽取的数据来自数据仓库。数据挖掘非常适合于数据仓库环境,清洁、完整的数据仓库是数据挖掘的基础,没有数据仓库就不能进行数据挖掘的操作。

把数据挖掘建立在数据仓库之上,一方面,能够提高数据仓库系统的决策支持能力;另一方面,由于数据仓库完成了数据的清洗、抽取、转换和装载,数据挖掘面对的是经过初步处理的数据,更加有利于数据挖掘功能的发挥。

此外,在数据挖掘过程中,如果将数据挖掘与数据仓库进行有效的连接,将增加数据挖掘的联机挖掘功能。用户在数据挖掘的过程中,可以利用数据仓库中的OLAP与各种数据挖掘工具连接,使用户可以为数据挖掘选择合适的数据挖掘工具,能够在数据挖掘过程中灵活地组织挖掘工具以增强数据挖掘能力,同时还为用户灵活地改变数据挖掘的模式与任务提供便利。

(6)数据挖掘的主要应用领域。在整个科学界,数据挖掘的应用程度还不算太高,但是在商业领域的应用比较普遍。例如,在企业市场营销过程中,数据挖掘是以市场营销学的市场细分原理为基础,其基本假定是"消费者过去的行为是其今后消费倾向的最好说明"。

通过收集、加工和处理涉及消费者消费行为的大量信息,确定特定消费群体或个体的兴趣、消费习惯、消费倾向和消费需求,进而推断出相应消费群体或个体下一步的消费行为,然后以此为基础,对所识别出来的消费群体进行特定内容的定向营销,这与传统的不区分消费者对象特征的大规模营销手段相比,大大节省了营销成本,提高了营销效果,从而为企业带来更多的利润。数据挖掘在产品营销领域的应用方式如下:

①客户特征分析:可以找出客户的一些共同特性,希望借此深入了解客户,并进一步预测哪些人可能成为目标客户,以帮助营销人员找到正确的营销对象,进而降低成本,提高营销的成功率。

②目标市场分析:利用客户特征到潜在客户数据库中筛选出可能成为客户的名单,作为营销人员推销的对象。

③市场购物篮分析:利用购物篮分析可以帮助了解客户的消费行为,譬如哪些产品客户最容易一起购买;或是客户在买了某一样产品之后,在多久之内会买另一样产品等,并进一步决定店里货物要如何摆设,如何有效地决定产品组合、产品推荐、进货量或库存量等。

④提高客户忠诚度:针对客户的不同特征,预测客户的需求,为其提供个性化的服务,从而提高客户的满意度及忠诚度。

3.4 网络技术

信息系统建设中一个重要组成部分是数据的通信和传输,这涉及网络系统总体架构、网络基础平台技术设计方案。首先介绍计算机网络的基本概念,然后阐述计算机网络的基本结构、互联网、基于网络的信息系统架构以及网络技术的发展趋势的有关知识。

3.4.1 计算机网络的概念

通信技术是信息技术的一个重要组成部分。数据通信是 20 世纪 50 年代后期随着电子计算机的广泛应用而发展起来的。计算机网络是计算机技术与通信技术紧密结合的产物。最简单的网络由两台或多台计算机连接而成。

计算机网络的形成与发展经历了四个阶段:具有通信功能的单机系统阶段,这一阶段形成了计算机网络的雏形;具有通信功能的多机系统阶段,这一阶段以面向终端的计算机通信网络为象征;以资源共享为目标的计算机——计算机网络阶段;Internet 与高速网络发展阶段。

大型企业的网络基础设施由一系列相互连接的以及与企业网络连接的局域网组成。多个服务器支持企业的网站、内部网和外部网的运行。有些服务器与其他大型计算机相连,支持后台系统的运作。

从图 3-18 看出,大型企业网络基础设施包括从日常电话服务到企业数据网络、网络服务、无线网络和无线移动电话在内的广泛技术。当今企业遇到的最大问题是如何把这些互不相同的通信网络和通道进行有机整合,形成一个信息可以在各个部门和各个系统之间自由流动的网络。

3.4.2 计算机网络的基本结构

1. 计算机网络的组成与结构

计算机网络要完成数据处理与数据传输两个任务,从结构上可分为两个部分:资源子网和通信子网,如图 3-19 所示。

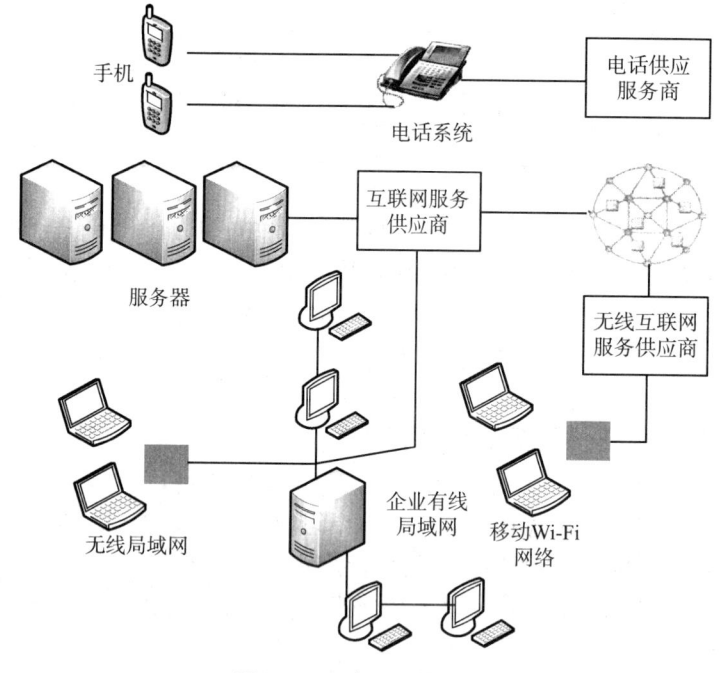

图 3-18 企业网络架构

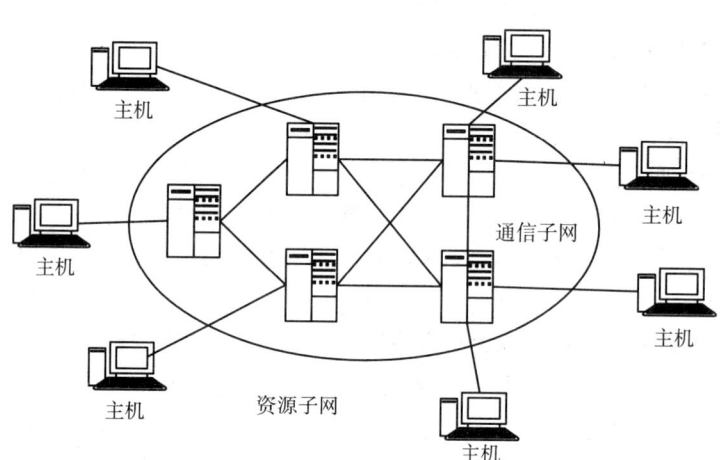

图 3-19 计算机网络的组成

资源子网：资源子网由主计算机系统、终端、终端控制器连接的外设、各种资源组成，其中主计算机为本地用户访问外部其他主计算机设备、共享资源提供服务，同时为网中其他用户共享本地资源服务；终端是用户访问网络的界面，它通过主机联入网中，也可以直接同通信控制处理机相连接。

通信子网：通信子网由网络通信处理机、通信线路与其他通信设备组成，完成数据的传输、转发等功能。其中通信处理机（Communication Control Processor，CCP）又称前端处理机或节点处理机，是一个专用计算机，一般由小型机或微型机配置通信控制硬件和软件组成。通信控制处理的主要功能是网络接口、存储/转发和网络控制；通信线路为通信控制机之间、通信控制处理机与主计算机之间提供通信信道。

2. 计算机网络的拓扑结构

计算机网络的拓扑结构表示网络中的结点与通信线路之间的几何关系，反映网络中各实体间的结构关系。拓扑设计是建设计算机网络的第一步，也是实现各种网络协议的基础，它对网络性能、系统可靠性与通信费用有很大的影响。网络拓扑结构主要有四种类型：星形、环形、树形、总线型，如图 3-20 所示。

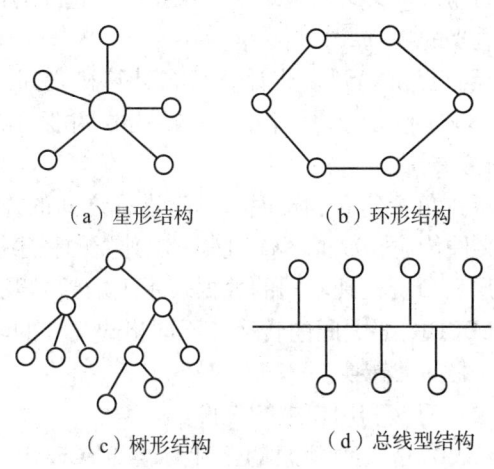

（a）星形结构　　　（b）环形结构

（c）树形结构　　　（d）总线型结构

图 3-20　网络拓扑结构

树形结构：树形拓扑可以看成星形拓扑的扩展。在树形拓扑结构中，结点按照层次进行连接。信息交换主要在上下两结点之间进行，相邻及同层结点之间一般不进行数据交换。树形拓扑网络适用于信息系统中汇集信息的要求。

总线型结构：在总线型拓扑结构中，任何瞬间只有一个结点可以发送信息。如果有两台机器同时需要发送信息，则需要某种仲裁机制来解决可能引起的冲突。现在许多网络皆采用这种总线型网络拓扑结构。

3. 网络协议

协议（Protocol）是两台计算机之间进行通信必须遵循的一组规则，网络不同的拓扑结构以及不同的机种（如大型机、小型机和微机）有不同的协议。网关（Gateway）常被用于解决不同协议的网络间的通信，如果两个网络使用的协议相同则以桥接器（Bridge）相连。国际标准化组织 ISO（International Standard Organization）已经定义了一组通信协议，称为"开放式系统互联模型 OSI（Open System Interconnection Model）"，某些大型公司自己的标准协议，如美国 IBM 公司的 SNA 协议（System Network Architecture），还有事实上已经形成的被大家认可的协议，如 TCP/IP 协议。国际化标准组织 ISO 于 20 世纪 70 年代提出的七层概念性网络模型 OSI 是一个希望各厂在生产网络产品时应该遵循的协议，但至今还是一个理想的模型。

（1）物理层：通过用于通信的物理介质传送和接收原始的位流。

（2）数据链路层：将位流以帧为单位分割打包，向网络层提供正确无误的信息包的发送和接收服务。

（3）网络层：负责提供连接和路由选择，包括处理输出报文分组的地址，解码输入报文组的地址以及维持路由选择的信息，以便对负载变化作出适当的响应。

（4）传输层：提供端到端或计算机与计算机之间的通信，从对话层接收数据，将它们处理之后传送到网络层，并保证在另一端能正确地接收所有的数据块。

（5）对话层：负责建立、管理、拆除进程之间的连接，"进程"是指如邮件、文件传输、数据库查询等一次独立的程序执行。

（6）表示层：负责处理不同的数据表示上的差异及其相互转换，如 ASCII 码与 EBCDIC 码之间的转换，不同格式文件的转换，不兼容终端的数据格式之间的转换。

（7）应用层：直接和用户进行交换。

OSI 可以被认为是一种理想的工业标准，TCP/IP（Transmission Control Protocol and Internet Protocol）是事实上的标准，Novell 公司的 Novell IPX 是供应商的标准。Internet 互联网使用 TCP/IP 协议，其中 TCP 是传输层控制协议，IP 是网间协议，提供网络层网间连接和路由服务。

3.4.3 局域网与广域网

计算机网络的分类方法很多，通常按计算机网络覆盖的范围和传输距离将其分为两类：局域网和广域网。

局域网 LAN（Local Area Network）：在一个有限的范围内（一栋大楼或一个学校），将各种计算机、终端和外围设备互联而形成的网络。局域网是计算机网络中发展最快的一个分支，经过 20 世纪 60 年代的技术准备、70 年代的技术开发和 80 年代的商品化阶段，现在已经在企事业单位中发挥重要的作用，目前正朝着多平台、多协议、异构机方向发展，数据传输速率和带宽不断提高。

广域网 WAN（Wide Area Network）：它覆盖几十千米到几千千米的范围，可达到一个国家、地区，或几个州的国际远程网。我国民航、银行、铁路等部门覆盖全省、全国的计算机网络就是广域网。

案例：山东中烟新办公楼网络

山东中烟新办公楼网络采取单核心、万兆骨干、千兆桌面的设计，内网整体采用核心、接入两层结构。核心网络采取双机热备，通过服务器交换机连接公司服务器群，通过接入层交换机连接桌面终端。与各卷烟厂通过路由器、防火墙专线连接，专线为双线冗余。总体网络结构设计如图3-21所示。

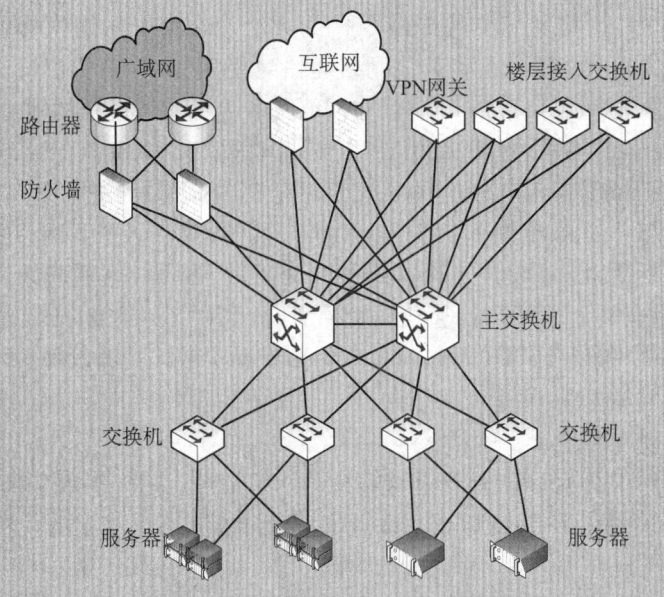

图3-21 山东中烟新办公楼网络拓扑

山东中烟新办公楼的网络系统采用模块化设计方法，网络功能模块设计是目前在大型网络系统建设中普遍采用的一种网络结构，在这种网络拓扑结构下，核心层、接入层各司其职，核心层负责高速数据转发、安全访问控制、QOS控制；接入层负责工作站和服务器的接入。

山东中烟新办公楼的网络核心采用2台大型DCB交换机，通过vPC技术实现跨交换机的端口捆绑，可以支持40G/100G以太网。提高冗余能力和链路互连带宽的同时，大大简化网络维护。

配置8台服务器，形成一个虚拟的服务器接入层，提供256个1/10G自适应的服务器接入电口。

> 楼层接入交换机：48 端口配置 20 台，24 端口配置 13 台；每台接入交换机配置 2 个万兆上行端口和 2 个万兆多模块分别连接 2 台核心交换机，通过跨机箱链路捆绑技术提供 40G 双向转发能力。
> 案例来源：《思科网络系统解决方案助力国家烟草专卖局打造全新网络》，http://info.it.hc360.com，思科网络解决方案。

3.4.4 互联网

Internet 是局域网、广域网互联形成的网络。Internet，中文正式译名为因特网，又叫作国际互联网。一旦用户连接到它的任何一个节点上，就意味着计算机已经联入 Internet 网上。

TCP 协议和 IP 协议，合称 TCP/IP 协议。这两个协议定义了一种在网络间传送报文（文件或命令）的方法。在每个网络内部各自使用自己的通信协议，在和其他网络通信时使用 TCP/IP 协议。Internet 的飞速发展确立了 TCP/IP 协议在网络互联方面不可动摇的地位。

Internet 的第一次快速发展源于美国国家科学基金会（National Science Foundation，NSF）的介入，即建立 NSFNET。进入 20 世纪 90 年代初期，Internet 事实上已成为一个"网际网"：各个子网分别负责自己的架设和运作费用，而这些子网又通过 NSFNet 互联起来。NSFNet 连接全美上千万台计算机，拥有几千万用户，是 Internet 最主要的成员网。随着计算机网络在全球的拓展和扩散，美洲以外的网络也逐渐接入 NSFNet 主干或其子网。

1. 基本概念

（1）IP 地址。IP 地址是计算机的网络地址，用一串数字来表示。在 Internet 中，IP 地址用于唯一指定某台计算机在网络上的位置（全世界唯一）。

IPv4 是用"."隔开的四个十进制整数（对应 32 位二进制），每个数字取值为 0~255，如 202.116.128.1 等。

基本 IP 地址分为 A、B、C 三类，如图 3-22 所示。

0	网络地址（7 位）	主机地址（24 位）

A 类地址：地址从 1.0.0.0 ~ 127.255.255.255

10	网络地址（14 位）	主机地址（16 位）

B 类地址：地址从 128.0.0.0 ~ 191.255.255.255

110	网络地址（21 位）	主机地址（8 位）

C 类地址：地址从 192.0.0.0 ~ 223.255.255.255

图 3-22 基本 IPv4 地址分配

IPv6 是为了解决 IPv4 中的 IP 地址不够用提出来的，用 128 位二进制来描述，足够为地球上每一台设备提供一个独立的 IP 地址；其范围为：0000∶0000∶0000∶0000∶0000∶0000∶0000∶0000 至 ffff∶ffff∶ffff∶ffff∶ffff∶ffff∶ffff。

（2）域名。域名是另一种网络地址表示形式，用字符表示。目的是方便用户记忆和使用（数字表示的 IP 地址不便记忆）。例如，清华大学的域名是：www.tsinghua.edu.cn。

域名采用层次结构，而且与 Internet 的结构相对应。一个域名一般有 3~5 个子段，中间用"."隔开，每个子段有各自的意义。例如，清华大学的电子邮件服务器：

目前，互联网上的域名体系中共有三类顶级域名：类别顶级域名、地理顶级域名、新顶级域名。

第一类是类别顶级域名，共有 7 个，也就是现在通常说的国际域名。

.com（用于商业公司）；.net（用于网络服务）；.org（用于组织协会等）；.gov（用于政府部门）；.edu（用于教育机构）；.mil（用于军事领域）；.int（用于国际组织）。

第二类是地理顶级域名，共有 243 个国家和地区的代码，如 .CN 代表中国，.UK 代表英国。在顶级域名下还可设二级三级域名，如北京的某机构可以选择如 *.bj.cn 的域名。

第三类顶级域名，也就是所谓的"新顶级域名"，包含 7 类：biz, info, name, pro, aero, coop, museum。如 aero 需是航空业公司注册，museum 需是博物馆注册，coop 需是集体企业（非投资人控制，无须利润最大化）注册。

（3）URL 与 HTTP。统一资源定位符（URL, Uniform Resource Locator）就是用来确定各种信息资源位置的方法。一个完整的 URL 包括访问方式、主机名、路径名和文件名。

URL 示例：

http://www.sdufe.edu.cn/newgdut/123.htm

ftp://www.163.com/abc/index.html

其中，"http："表示访问方式，称为超文本传输协议，"//："表示其后跟着的是 Internet 上站点的域名，接下来可能是用户名/密码、文件的路径和文件名等；示例中的 URL 表明的信息是，当前用户正在使用超文本传输协议来读取 www.sdie.edu.cn 服务器上 newgdut 目录下的 123.htm 网页文件。

2. Internet 的基本应用

Internet 提供了丰富的信息资源和应用服务。它不仅可以传送文字、声音、图像等信息，而且远在千里之外的人们通过因特网可以进行实现点播、即时对话、在线交谈等。因特网上的信息包罗万象，上至政治、经济、科技、军事，下至平民百姓喜闻乐见的消息等，人们可以非常方便地浏览、查询、下载、复制和使用这些信息。

Internet 最大的特点就是资源共享。在 Internet 上，以服务器为中心，把众多的计算机、专用服务器、大型机、小型机的资源集结在一起，从而形成遍布世界各地的数据信息资源，用户可以通过电话线、光纤等通信线路与 Internet 连接，查询和获取网上的各类信息、下载各种资料等。

Internet 提供了许多服务，以及通信和使用网上资源的工具，常用的有电子邮件（E-mail）、WWW（全球信息网）、文件传输（FTP/TFTP）、远程登录（Telnet）、电子公告板（BBS）、新闻组（News）、讨论组（Usenet）、博客（Blog）、网络日志等应用系统。

（1）电子邮件（Electronic Mail）。电子邮件是一种用电子手段提供信息交换的通信方式，是 Internet 应用最广的服务。通过网络的电子邮件系统，用户可以用非常低廉的价格，以非常快速的方式，与世界上任何一个角落的网络用户联系，这些电子邮件可以是文字、图像、声音等各种方式。

Internet 上的个人用户通过申请获得 ISP 主机的一个电子信箱，由 ISP 主机负责电子邮件的接收。一旦有用户的电子邮件到来，ISP 主机就将邮件移到用户的电子信箱内，并通知用户有新邮件。因此，当发送一条电子邮件给另一个客户时，电子邮件首先从用户计算机通过 Internet 发送到 ISP 主机，再转发到收件人的 ISP 主机，最后到收件人的个人计算机。ISP 主机起着"邮局"的作用，管理着众多用户的电子信箱。每个用户的电子信箱地址实际上就是用户所申请的账号名。每个用户的电子邮件信箱都要占用 ISP 主机一定容量的硬盘空间。

（2）文件传输（FTP/TFTP）。FTP（File Transfer Protocol）是 TCP/IP 协议组中的协议之一，用来在计算机之间传输文件。它允许用户从远程计算机中获取文件，或将本地计算机中的文件传到远程计算机。通常，在进行文件传输时，远程计算机会要求用户输入有效的账号和口令，检验无误后才允许操作。但是，许多公司为了公开发布信息（如宣传自己的产品），在网上设置"匿名 FTP"服务器，允许任何用户通过 Internet 下载该服务器中的公用文件。

（3）WWW 全球信息网（World Wide Web）。全球信息网或万维网由全世界各种信息（文本、图片、声音和动画）组成，现在已成为网络用户广泛使用的信息查询服务工具。

网页浏览器是实现 Web 信息查询服务的工具，当在浏览器中给出网页确切的 URL 就可以访问该网页。当不知道确切网站地址时，就可以用搜索引擎来搜索。

所谓搜索引擎，就是一种能够帮助我们找到含有我们所需要的信息或者服务的网站的网络工具。最常见的是目录搜索引擎和纯搜索引擎。

目录搜索引擎将网站地址组织起来构成一个按类别分类的列表，所有的目录搜索引擎都是分级的。Yahoo 就是一个很受欢迎的著名目录搜索引擎。

纯搜索引擎应用软件代理技术在因特网上搜索含有关键字的网址然后把它们编成索引。纯引擎通过我们的提问关键字来找到答案。Google 是人们使用最多的搜索引擎，Google 通过爬行程序在因特网上进行搜索，并应用其拥有的 1 万台计算机即时更新 80 亿页网页的索引。Google 的软件根据用户搜索的关键字在网页中的重要性、网页访问量以及指向该网页的链接数量对网页进行排序。

今天的搜索引擎不仅仅是搜索工具，还成为重要的销售工具。例如，在 Google 进行搜索时，会列出两列结果：赞助商链接和非赞助商搜索结果。赞助商链接通常出现在搜索结果网页的上方。企业可以通过付费，使自己的网站出现在赞助商链接中，从而更容易被用户发现。这种方法被称为基于搜索的广告。

搜索引擎对企业的信息管理也至关重要。根据统计，企业数据每年以 200% 的速度增长，其中 80% 以上的数据以文件、邮件、图片等非结构化数据存放在企业内计算机系统中的各个角落。这些数据总量远远超过了互联网信息的总量。企业内的信息整合、管理和应用越来越成为困扰企业信息化的难题。企业搜索引擎是建立非结构化信息（海量、异构、复杂和个性化）与主流关系型数据库无缝集成的核心，是新一代管理信息系统的关键。

3. Intranet 与 Extranet

Intranet，又称为企业内联网，是在局域网内部采用 Internet 技术，使用 TCP/IP 协议构建的信息网络，为用户提供信息服务。

Extranet，即扩展的 Intranet，通过 Internet 将多个不同地理位置的 Intranet 联系起来，它使用的基本技术仍然是 Internet 技术。Extranet 是为实现进一步的信息交流、资源共享与合作经营，提高企业的经营和管理水平而组建的，有多个关联合作伙伴的外联网络。由于 Extranet 中的各个 Intranet 相对独立，每个合作伙伴都有一部分内部信息是完全保密的，而每个企业又都有一部分信息是可以提供给合作伙伴的，这些在企业之间的共享信息又不完全对外界公开。因此，Extranet 是介于 Internet 和 Intranet 的一种网络。

Intranet 是采用 Internet 技术和标准的私有网络，而 Extranet 则是采用 Internet 技术，并将 Intranet 的范围延伸到多个企业的内联网，甚至客户的企业的外联网络。Extranet 把企业内部已存在的网络扩展到企业之外，使得可以完成一些合作性的商业应用，如企业和其客户及供应商之间的电子商务、供应链管理等。企业与合作伙伴间使用 Extranet，做到信息共享，共同发展。

3.4.5　基于网络的信息系统架构

利用计算机网络把分布在不同地点的计算机硬件、软件、数据等信息资源联系在一起，服务于一个共同的目标而实现相互通信和资源共享，就形成了信息系统的分布式结构，具有分布式结构的系统称为分布式系统。

1. 客户机/服务器（C/S）模式与浏览器/服务器（B/S）模式

20 世纪 90 年代以来，随着现代信息技术的迅速发展和社会信息化的推进，计算机网络技术在信息系统中得到日益广泛的应用，基于计算机网络技术的分布式系统在信息处理上出现了不同的计算模式，如客户机/服务器（Client/Server，C/S）模式、基于 Web 的浏览器/服务器（Browser/Server，B/S）计算模式。

（1）C/S 模式。基于 C/S 模式的体系结构将完整的应用程序分为前端（客户端）和后端（服务器端），分别部署到客户机和服务器，并协同工作。服务器主要是运行客户机不能完成或费时的工作，如大型数据库的管理，而客户机可以通过预先指定的语言向服务器提出请求，网络通信系统将请求的内容传到服务器，服务器根据请求完成预定的操作，然后把结果送回客户，如图 3-23 所示。

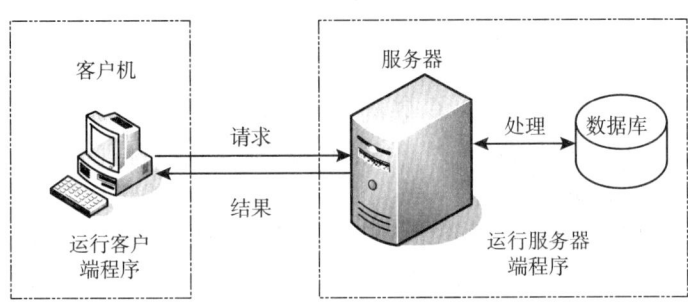

图 3-23　C/S 模式的处理过程

C/S 模式的优点是：交互性强，功能开发具有针对性，客户操作界面设计个性化，具有直观、简单、方便的特点，可以满足客户个性化的操作要求；存取模式更安全，由于 C/S 是点对点的结构模式，安全性可以得到较好的保证；通信量小，因为客户机只把请求的内容传给服务器，服务器也只是返回最终结果，系统中没有必要传输整个数据文件的内容，从而减轻了网络负担；负荷均衡，客户端与服务器都有相应的应用程序，提高了效率。

C/S 模式的缺点是：开发成本高，C/S 结构对客户端软硬件要求较高，尤其是软件的不断升级，对硬件要求不断提高，增加了整个系统的维护成本，客户端越来越臃肿；移植困难，基于不同平台和不同软件开发工具开发的应用程序之间兼容性差；用户界面风格不一，使用需要专门培训，不利于推广；维护复杂，升级困难。

（2）B/S 模式。由于 Internet 技术的快速发展，为解决 C/S 模式中的许多缺点出现了 B/S 模式。基于 B/S 模式的三层逻辑体系结构将表示层、应用层、数据层分布到不同的单元。表示层由浏览器和动态 Web 页面构成，接收和处理用户的请求，并通过 HTTP 协议提交给应用层的 Web 服务器处理。Web 服务器具有通用网关接口（CGI），接收用户请求后，首先要执行 CGI 程序，以与数据库服务器建立连接，进行数据处理，然后由数据曾将处理结果返回 Web 服务器，再由 Web 服务器传至客户端。数据层对应于数据库服务器，数据库服务器实现对数据库的管理和库中数据的访问与增、删、改，如图 3-24 所示。

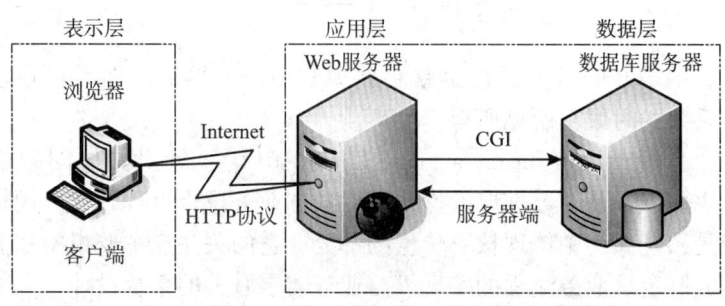

图 3-24　B/S 模式的处理过程

对于 B/S 模式，具有以下优点：客户端只需安装通用的浏览器，可以节省客户机的硬盘空间与内存，部署简便；业务扩展、系统升级简单方便，只需升级服务器端；特别适用于网上信息发布，对前端的用户数目没有限制；用户数可以任意扩充，不需要再追加投资，从长远看，会大大节省成本。

B/S 模式的缺点：功能弱化，难以实现传统模式下特殊的功能要求；个性化特点明显降低，无法实现具有个性化的设计要求；页面动态刷新，响应速度明显降低。

B/S 模式和 C/S 模式各有优缺点，可以互补。在传统的 C/S 模式下已经积累和开发了大量的管理和应用程序，应该也必须充分利用这些已有的管理和应用程序。从当前的技术水平看，B/S 模式的应用，特别适用于系统中用户交互量不大的场合。对于需要大量频繁、高速交互的应用系统，采用这种模式并不是好的选择。因此提出了采用 C/S 模式与 B/S 模式相结合的混合体系结构的开发模式，可以吸收两者的优点，保留 B/S 模式分布性、开发维护简单性的特点，同时融入了传统 C/S 模式的特殊功能要求和个性化设计要求，既能满足不同操作系统和软件平台的需求，支持管理员异地操作和远程维护，又能充分利用传统的 C/S 模式下已经积累和开发了的管理和应用程序，大大降低成本，是比较科学、先进的解决方案。

2. 三层架构

三层架构（3 - tier Architecture）是将整个业务应用划分为表现层（UIL）、业务逻辑层（BLL）、数据访问层（DAL）。区分层次是为了"高内聚，低耦合"的思想（见图 3 - 25）。

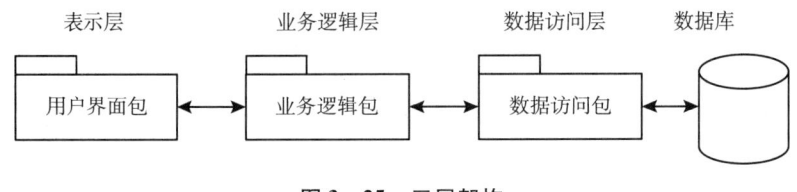

图 3 - 25 三层架构

表示层（UIL）：通俗讲就是展现给用户的界面，即用户在使用一个系统的时候其所见所得。

业务逻辑层（Business Logic Layer，BLL）：针对具体问题的操作，也可以说是对数据层的操作，对数据业务逻辑处理。业务逻辑层无疑是系统架构中体现核心价值的部分。它的关注点主要集中在业务规则的制定、业务流程的实现等与业务需求有关的系统设计，也就是说它与系统所应对的领域（Domain）逻辑有关，很多时候，也将业务逻辑层称为领域层。

业务逻辑层在体系架构中的位置很关键，它处于数据访问层与表示层中间，起到了数据交换中承上启下的作用。由于层是一种弱耦合结构，层与层之间的依赖是向下的，底层对于上层而言是"无知"的，改变上层的设计对于其调用的底层而言没有任何影响。如果在分层设计时，遵循了面向接口设计的思想，那么这种向下的依赖也应该是一种弱依赖关系。因而在不改变接口定义的前提下，理想的分层式架构，应该是一个支持可抽取、可替换的"抽屉"式架构。正因为如此，业务逻辑层的设计对于一个支持可扩展的架构尤为关键，因为它扮演了两个不同的角色。对于数据访问层而言，它是调用者；对于表示层而言，它却是被调用者。依赖与被依赖的关系都纠结在业务逻辑层上，如何实现依赖关系的解耦，则是除了实现业务逻辑之外留给设计师的任务。

数据访问层（DAL）：该层所做事务直接操作数据库，针对数据的增添、删除、修改、查找等。其功能主要是负责数据库的访问，可以访问数据库系统、二进制文件、文本文档或是 XML 文档。

三层架构的优点：开发人员可以只关注整个结构中的其中某一层；可以很容易地用新的实现来替换原有层次的实现；可以降低层与层之间的依赖，有利于标准化；利于各层逻辑的复用。结构更加的明确，在后期维护的时候，极大地降低了维护成本和维护时间。

三层架构的缺点：降低了系统的性能，这是不言而喻的。如果不采用分层式结构，很多业务可以直接造访数据库，以此获取相应的数据，如今却必须通过中间层来完成，有时会导致级联的修改。这种修改尤其体现在自上而下的方向。如果在表示层中需要增加一个功能，为保证其设计符合分层式结构，可能需要在相应的业务逻辑层和数据访问层中都增加相应的代码，在一定程度上增加了开发成本。

3.4.6 网络技术的发展趋势

1. 下一代网络：IPv6

IPv6（Internet Protocol Version 6）是 IETF（互联网工程任务组，Internet Engineering Task Force）设计的用于替代现行版本 IP 协议（IPv4）的下一代 IP 协议。

IPv4 技术的最大问题是网络地址资源有限，从理论上讲，编址 1 600 万个网络、40 亿台主机。但采用 A、B、C 三类编址方式后，可用的网络地址和主机地址的数目大打折扣，以至于 IP 地址已于 2011 年 2 月 3 日分配完毕。地址不足，严重地制约了中国及其他国家互联网的应用和发展。

一方面是地址资源数量的限制；另一方面是随着电子技术及网络技术的发展，计算机网络将进入人们的日常生活，可能身边的每一样东西都需要连入全球因特网。在这样的环境下，IPv6 应运而生。单从数量级上来说，IPv6 所拥有的地址容量是 IPv4 的约 8×10^{28} 倍，达到 2^{128}（算上全零的）个。这不但解决了网络地址资源数量的问题，同时也为除电脑外的设备连入互联网在数量限制上扫清了障碍。

2. Web 2.0 及其应用

Web 2.0 是信息技术发展引发网络革命所带来的面向未来、以人为本的创新 2.0 模式在互联网领域的典型体现，是由专业人员织网到所有用户参与织网的创新民主化进程的生动注释。Web 2.0 是一个多人参与、可读可写的互联网平台，它的优势在于各种工具的应用，包含了我们经常使用到的服务，如博客、播客、维基、P2P 下载、社区、分享服务等。

Web 2.0 时代，数据是下一个"Intel Inside"。现在每一个重要的互联网应用程序都由一个专门的数据库驱动：Google 的网络爬虫，Yahoo! 的目录（和网络爬虫），Amazon 的产品数据库，eBay 的产品数据库和销售商，等等。

3. Web 3.0：未来的网络

Web 3.0 一词包含多层含义，用来概括互联网发展过程中某一阶段可能出现的各种不同的方向和特征，包括将互联网本身转化为一个泛型数据库；跨浏览器、超浏览器的内容投递和请求机制；语义网；地理映射网；运用 3D 技术搭建的网站甚至虚拟世界或网络公国等。

从互联网发展来看，Web 1.0 是简单的内容获取与查询；Web 2.0 是公众可参与互联网并进行相关的内容制造；Web 3.0 是网站内的信息可以直接和其他网站相关信息进行交互，能够通过第三方信息平台同时对多家网站的信息进行整合使用；用户在互联网上拥有自己的数据且能在不同网站使用；完全基于 Web，用浏览器即可实现复杂系统才能实现的系统功能。

迈向 Web 3.0 的第一步是"数据网络"这一概念的体现，结构化数据集以可重复利用、可远程查询的格式公布于网络上。数据网络让数据契合和应用程序互用性更上新台阶，使数据像网页一样容易访问和链接。

Web 3.0 区别于 Web 2.0 中最重要也是最被看好的一点就是语义网络，甚至被人们认为会持续研究至下一个网络时代，直至出现类似人类的方式思辨网络。它主要包括智能网络（智能主体）和智能应用（智能个体）。实现语义网络，即实现了初级的智能网络，它包括了垂直搜索、机器学习、自主代理和智能个体等一系列变化。语义网和人工智能是 Web 3.0 的两大基石。有了语义元数据，Web 3.0 将增强数据之间的连接。

从经济模式来看，Web 3.0 是在 Web 2.0 的基础上发展起来的能够更好地体现网络参与者的劳动价值，并且能够实现价值均衡分配的一种互联网方式。Web 3.0 将带来透明、可信的互联网经济模式。

3.5 物联网与云计算

最近十年信息技术创新日新月异,已经发展到"大智移云"时代,即以大数据、人工智能、移动互联网、云计算共同驱动的时代。

物联网以"万物互联"为终极目标,把传感器、控制器、机器、人员和物等通过新的方式连在一起,形成人与物、物与物相连,实现信息化和远程管理控制。

云计算彻底颠覆了人类社会获取 IT 资源的方式,大大减少了企业部署 IT 系统的成本,有效降低了企业的信息化门槛。

大数据技术为企业提供了海量数据的存储和计算能力,帮助企业从大量数据中挖掘得到有价值的信息,服务于企业的生产决策。

大数据与云计算、物联网、人工智能之间,存在着千丝万缕的联系。为了更好地理解四者之间的紧密关系,下面将首先介绍物联网和云计算的概念,然后在下一节分析大数据和人工智能的联系与区别。

3.5.1 物联网

物联网(Internet of Things,IOT)是新一代信息技术的重要组成部分,它通过射频识别(RFID)、红外感应器、全球定位系统、激光扫描器、气体感应器等信息传感设备,按约定的协议,把任何物品与互联网连接起来,进行信息交换和通信,以实现智能化识别、定位、跟踪、监控和管理。

1. 物联网的基础:无线网络革命

无线网络的发展可以说是互联网的一大革命性进程,无线网络脱离了"线"的束缚,人们可以随时随地享受到互联网的便利。

目前,存在众多的无线网络技术,如小范围通信覆盖的 WLAN、ZigBee、蓝牙等,大范围覆盖的 2G、3G、4G、5G 移动通信系统和卫星通信、空基平台通信等,中等覆盖范围的 WiMAX、WMAN 和移动自组织网络等。

第五代移动通信技术(5G 或 5G 技术)是最新一代蜂窝移动通信技术,也是继 4G(LTE-A、WiMAX)、3G(UMTS、LTE)和 2G(GSM)系统之后的延伸。5G 网络的目标是高速率、低延迟、低能耗、低成本、大容量,支持大规模组网和大规模设备连接,可更好支撑物联网应用。目前,我国 5G 技术已达到国际领先地位,正处于应用的初级阶段。

2. 物联网的基本概念

物联网即"万物相连的互联网",是在互联网基础上的延伸和扩展,将各种信息传感设备与互联网结合,实现在任何时间、任何地点,人、机、物的互联互通。物联网的基本模型如图 3-26 所示。

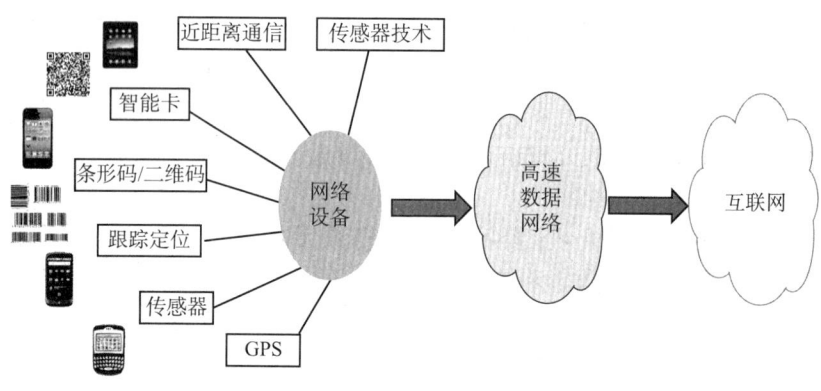

图 3-26 物联网基本模型

物联网有两层含义:第一,物联网的基础仍然是互联网,是在互联网基础上的延伸和扩展;第二,其客户端延伸和扩展到了任何物品,而不仅仅是计算机智能设备。

物联网的关键技术包括射频识别技术、传感网、M2M(Machine-to-Machine/Man)系统框架和云计算。

3. 无线革命:RFID

无线通信使企业与客户、供应商及员工间保持更紧密的联系,为组织工作提供了更灵活的安排方法。无线技术同样产生了很多新产品、新服务和新的销售渠道。移动技术为企业提高效率,创建多种工作方式。用户可以使用手机、掌上电脑和智能手机这样的无线设备或者个人计算机来接入企业网络。这其中电子标签起到了重要的作用。

电子标签,即无线射频识别(Radio Frequency Identification,IFRD)技术,是一种通信技术,可通过无线电信号识别特定目标并读写相关数据,且无须识别系统与特定目标之间建立机械或光学接触。常用的有低频(125K~134.2K)、高频(13.56Mhz)、超高频,无源等技术。RFID 读写器也分移动式的和固定式的,目前 RFID 技术应用非常广泛。例如将标签附着在一辆正在生产中的汽车上,工厂便可以追踪此车在生产线上的进度。射频识别的身份识别卡可以使员工得以进入容许进入的工作场所,汽车上的射频应答器也可以用来征收收费路段与停车场的费用。

存货管理和供应管理中，电子标签能获得、管理更多仓库中货物的信息。如果一批货物装船，RFID 能跟踪装船中每个集装箱、每批甚至每个单位的货物。这项技术帮助像沃尔玛这样的公司实际查询到仓库或货架上的库存而提高进货、存货效率。

4. 物联网的主要应用场景

物联网的应用领域涉及方方面面。在工业、农业、环境、交通、物流、安保等基础设施领域的应用，可有效地推动这些方面的智能化发展，使得有限的资源更加合理地使用分配，从而提高行业效率、效益；在家居、医疗健康、教育、金融与服务业、旅游业等与生活息息相关的领域的应用，从服务范围、服务方式到服务的质量等方面都有了极大的改进，大大地提高了人们的生活质量；在涉及国防军事领域方面，虽然还处在研究探索阶段，但物联网应用带来的影响也不可小觑，大到卫星、导弹、飞机、潜艇等装备系统，小到单兵作战装备，物联网技术的嵌入有效提升了军事智能化、信息化、精准化，极大地提升了军事战斗力，是未来军事变革的关键。

小案例：共享单车背后的物联网技术

共享单车已经成了中国"新四大发明"之一，被输往了世界上很多城市。共享单车的实现并不复杂，其实质就是一个典型的"物联网"应用。应用的一边是车（物）、另一边是用户（人），通过云端的控制来向用户提供单车租赁服务。

共享单车 2017 年爆发式增长，源于核心部件智能车锁的创新。智能车锁由控制、通信、感知、执行、供电等几大类模块组成。主要的功能模块如下：

- 控制芯片（单片机）：智能锁系统的控制中枢，整体负责通信、车锁控制和状态信息收集。
- 移动通信芯片（Modem）：内置电信运营商的 SIM 卡，负责与云端应用后台进行通信。
- 蓝牙通信模块：主要是用于连接用户手机并实现解锁，也与电子围栏的应用实现有关。
- GPS 通信模块：物理定位功能。
- 车锁的传感器：感知车锁的开、关状态，并将车锁状态信息向控制芯片上报。
- 车锁的执行器：控制芯片通过执行器对车锁进行开、关操作。
- 蜂鸣器：用于异常状态的发声报警。
- 电源模块：电池、充电模块（芯片）、充电装置（太阳能电池板；电机和测速传感器等）。

共享单车应用，就是通过"单车—云端—用户手机"之间的信息传递来完成的，其中最关键的是解闭智能锁的过程，如图 3-27 所示。

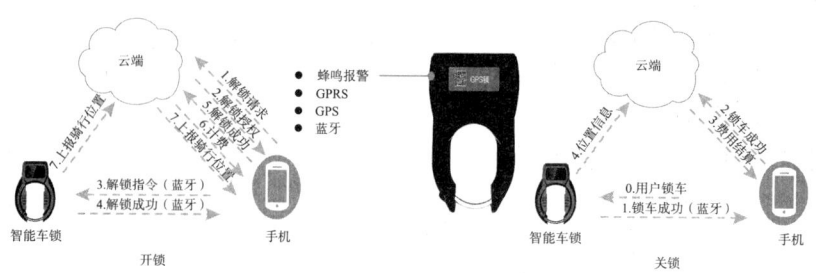

图 3-27 共享单车开锁和关锁的流程

和共享单车一样，更多的共享产品也在相似的技术、服务环境中酝酿和推广。在新的智能产品运营中、在新的商业合作中，系统和系统间、物与物间的关联增加了，交互的数据流变宽了，相互之间服务的自动化程度和智能化程度都提高了，社会对信息价值的进一步萃取使得一个更加（连接）广泛、（感知）敏锐、（计算）聪慧的世界正在渐渐地构成，而这个世界就是"物联网"。

3.5.2 云计算

1. 云计算的基本概念

云计算是指基于互联网的超级计算模式，即把存储于个人电脑、移动电话和其他设备上的大量信息和处理器资源集中在一起，协同工作，以可扩展的信息技术能力向外部客户作为服务来提供的一种计算方式。

美国国家标准与技术研究院（NIST）关于云计算的定义：云计算是一种便利的、按需分配的计算资源（如网络、服务器、存储、应用、以及服务等）获取模式，即用户通过网络从远程的、共享的、可配置的资源池中快速获取和释放计算资源。在这种模式中，用户所需付出的管理成本降到最低，与云服务提供商之间的交互也降到最低。

如图 3-28 所示，云计算犹如水、电，成为社会的基础设施、公共服务。"云"中的资源在使用者看来是可以无限扩展的，并且可以随时获取。这种特性经常被比喻为像水、电一样使用硬件资源，按需购买和使用。

从技术背景上看，云计算是并行计算（Parallel Computing）、分布式计算（Distributed Computing）和网格计算（Grid Computing）的

发展，或者说，是这些计算科学概念的商业实现。云计算也是虚拟化（Virtualization）、效用计算（Utility Computing）、将基础设施作为服务 IaaS（Infrastructure as a Service）、将平台作为服务 PaaS（Platform as a Service）、将软件作为服务 SaaS（Software as a Service）等概念混合演进并跃升的结果。

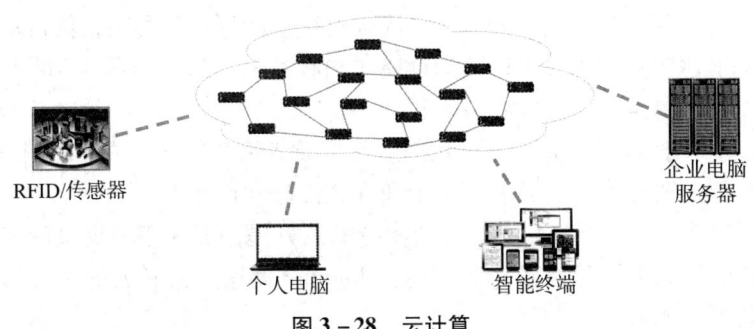

图 3-28　云计算

从研究现状上看，云计算具有以下特点：

• 超大规模。云具有相当规模，谷歌云计算已经拥有 100 多万台服务器，亚马逊、IBM、微软、雅虎等公司的云，均拥有几十万台服务器。云能赋予用户前所未有的计算能力。

• 虚拟化。云计算支持用户在任意位置，使用各种终端获取服务。所请求的资源来自云，而不是固定的有形的实体。应用，在云中某处运行，但实际上，用户无须了解应用运行的具体位置，只需要一台笔记本或 PDA，就可以通过网络服务，来获取各种能力超强的服务。

• 高可靠性。云使用了数据多副本容错、计算节点同构可互换等措施，来保障服务的高可靠性，使用云计算比使用本地计算机更加可靠。

• 通用性。云计算不针对特定的应用，在云的支撑下，可以构造出千变万化的应用，同一片云，可以同时支撑不同的应用运行。

• 高可扩展性。云的规模，可以动态伸缩，满足应用和用户规模增长的需要。

• 按需服务。云是一个庞大的资源池，用户按需购买，像自来水、电、煤气那样计费。

• 极其廉价。云的特殊容错措施，使得能采用极其廉价的节点来构成云；云的自动化管理，使数据中心管理成本大幅降低；云的公用性和通用性，使资源的利用率大幅提升；云设施，可以建在电力资源丰富的地区，从而大幅降低能源成本。

正是因为云计算具有上述 7 个特征，用户只需连上互联网，就可以源源不断地使用计算机资源,实现了"网络就是计算机"甚至"云就是计算机"的构想。综上所述,云计算是分布式计算、互联网技术、大规模资源管理技术的融合与发展,其研究和应用是一个系统工程,涵盖了数据中心管理、资源虚拟化、海量数据处理、计算机安全等重要问题。

2. 云计算的分类

云计算作为发展中的概念,尚未有统一的标准分类。根据目前业界基本达成的共识,可以从运营模式和服务模式两个不同维度将其分成以下主要类别。

(1) 按运营模式分类。从部署类型或者说从"云"的归属来看,云计算主要分为公有云、私有云和混合云三种形态。

公有云(Public Cloud),通常指第三方提供商为用户提供的能够使用的云服务,公有云一般可通过 Internet 使用,公有云的核心属性是共享资源服务。

私有云(Private Cloud),是为一个客户单独使用而构建的,因而提供对数据、安全性和服务质量的最有效控制。该公司拥有基础设施,并可以控制在此基础设施上部署应用程序的方式。私有云可部署在企业数据中心内,也可以将它们部署在一个安全的主机托管场所,私有云的核心属性是专有资源。

混合云(Hybrid Cloud),融合了公有云和私有云,是近年来云计算的主要模式和发展方向。私有云主要是面向企业用户,出于安全考虑,企业更愿意将数据存放在私有云中,但是同时又希望可以获得公有云的计算资源,在这种情况下混合云被越来越多地采用,它将公有云和私有云进行混合和匹配,以获得最佳的效果,这种个性化的解决方案,达到了既省钱又安全的目的。

(2) 按服务模式分类。从云计算的服务模式看,主要分为基础设施即服务(IaaS)、平台即服务(PaaS)和软件即服务(SaaS),分别为客户提供构建云计算的基础设施、云计算操作系统、云计算环境下的软件和应用服务。

IaaS:基础设施即服务(Infrastructure as a Service),把计算基础(服务器、网络技术、存储和数据中心空间)作为一项服务提供给客户。它也包括提供操作系统和虚拟化技术来管理资源。消费者通过 Internet 可以从完善的计算机基础设施获得服务。

PaaS:平台即服务(Platform as a Service),实际上是指将软件研发的平台作为一种服务,供应商提供超过基础设施的服务,一个作为软件开发和运行环境的整套解决方案,即以 SaaS 的模式提交给用户。因此,PaaS 也是 SaaS 模式的一种应用。但是,PaaS 的出现可以加快 SaaS 的发展,尤其是加快 SaaS 应用的开发速度。

SaaS：软件即服务（Software as a Service），是一种交付模式，其中应用作为一项服务托管，通过 Internet 提供给用户；帮助客户更好地管理它们的 IT 项目和服务、确保它们 IT 应用的质量和性能，监控它们的在线业务。

3. 云计算主要平台

目前 Google、微软、IBM、Amazon、阿里巴巴、华为等 IT 巨头都提供商业化的云平台。

Amazon Web Services 是亚马逊公司旗下云计算服务平台，为全世界范围内的客户提供云解决方案。其主要优势之一是能够以根据业务发展来扩展的较低可变成本来替代前期资本基础设施费用。亚马逊网络服务所提供的服务包括亚马逊弹性计算网云（Amazon EC2）、亚马逊简单储存服务（Amazon S3）、亚马逊简单数据库（Amazon SimpleDB）、亚马逊简单队列服务（Amazon Simple Queue Service）以及 Amazon CloudFront 等。

Windows Azure 是微软基于云计算的操作系统，名为"Microsoft Azure"。Azure Services Platform 是微软"软件和服务"技术的名称。Windows Azure 的主要目标是为开发者提供一个平台，帮助开发可运行在云服务器、数据中心、Web 和 PC 上的应用程序。云计算的开发者能使用微软全球数据中心的储存、计算能力和网络基础服务。Azure 服务平台包括了以下主要组件：Windows Azure；Microsoft SQL 数据库服务；Microsoft.Net 服务；用于分享、储存和同步文件的 Live 服务；针对商业的 Microsoft SharePoint 和 Microsoft Dynamics CRM 服务。Azure 是一种灵活和支持互操作的平台，它可以被用来创建云中运行的应用或者通过基于云的特性来加强现有应用。它开放式的架构给开发者提供了 Web 应用、互联设备的应用、个人电脑、服务器或者提供最优在线复杂解决方案的选择。Windows Azure 以云技术为核心，提供了软件+服务的计算方法，它是 Azure 服务平台的基础。Azure 能够将处于云端的开发者个人能力，同微软全球数据中心网络托管的服务，比如存储、计算和网络基础设施服务，紧密结合起来。

阿里云创立于 2009 年，是全球领先的云计算及人工智能科技公司，致力于以在线公共服务的方式，提供安全、可靠的计算和数据处理能力，让计算和人工智能成为普惠科技。阿里云服务着制造、金融、政务、交通、医疗、电信、能源等众多领域企业，包括中国联通、12306、中石化、中石油、飞利浦、华大基因等大型企业客户，以及微博、知乎、锤子科技等明星互联网公司。在天猫"双 11"全球狂欢节、12306 春运购票等极富挑战的应用场景中，阿里云保持着良好的运行纪录。阿里云在全球各地部署高效节能的绿色数据中心，利用清洁计算为万物互联的新世界提供源源不断的能源动力，开放的区域包括中国（华北、华东、华南、香港）、新加坡、美国（美东、美西）、欧洲、中东、澳大利亚、日本。

3.6 大数据与人工智能

在移动计算、物联网、云计算、大数据等一系列新兴技术的支撑下，网络生活、社交媒体、协同创造、虚拟服务等新型应用模式持续拓展着人类创造和利用信息的范围与形式。这些新技术的涌现，使得全球的数据量呈现前所未有的爆发式增长趋势。数据量增长的同时，数据的复杂性也随之增加了，其多样性、价值密度低、实时性的特征日益显著。

在大数据时代，数据已经渗透到了每一个行业和领域，成为各行各业管理和技术应用的基础。因此，越来越多的企业开始让数据说话，从依靠经验主义的传统管理和决策向基于数据分析的管理和决策过渡，一个数字化管理水平较高的企业，一定是具备数字化生存、数据运营和深度商务分析的核心能力。

3.6.1 大数据与大数据技术

1. 大数据

大数据是指不能集中存储、难以在可接受时间内分析处理，而数据整体呈现高价值的海量复杂数据集。

数据时刻在被记录，"数据面包屑"随时随地在产生，历史记录、生活片段、行动轨迹、活动记录、交易、事务、交流……从某种角度讲，大数据是伴随着互联网应用而沉淀下来的，犹如人走路留下了脚印一样。

大数据是一种规模大到在获取、存储、管理、分析方面大大超出了传统数据库软件工具能力范围的数据集合。例如，政府的数据，国家税务总局每月收集数据4TB，已有结构化数据260TB；服务企业数据，工商银行已积累4.5PB；医疗数据，一个CT检查，产生几十GB数据；网站数据，百度每天60亿次搜索，产生800TB等。

体量大（Volume）、多样化（Variety）、增长速度快（Velocity）、价值密度低（Value）是大数据的显著特征，或者说，只有具备这些特点的数据，才是大数据。

2. 大数据技术

大数据技术，是指伴随着大数据的采集、存储、分析和应用而出现的相关技术，是一系列使用非传统的工具来对大量的结构化、半结构化和非结构化数据进行处理，从而获得分析和预测结果的一系列数据处理和分析技术。

讨论大数据技术时，需要首先了解大数据的基本处理流程，主要包括数据采集、存储、分析和结果呈现等环节。数据无处不在，网站、政务系统、零售系统、办公系统、自动化生产系统、监控摄像头、传感器等，每时每刻都在不断产生数据。这些分散在各处的数据，需要采用相应的设备或软件进行采集。采集到的数据通常无法直接用于后续的数据分析，因为对于来源众多、类型多样的数据而言，数据缺失和语义模糊等问题是不可避免的，所以必须采取相应措施有效解决这些问题，这就需要一个被称为"数据预处理"的过程，把数据变成一个可用的状态。数据经过预处理以后，会被存放到文件系统或数据库系统中进行存储与管理，然后采用数据挖掘工具对数据进行处理分析，最后采用可视化工具为用户呈现结果。在整个数据处理过程中，还必须注意隐私保护和数据安全问题。因此，从数据分析全流程的角度，大数据技术主要包括数据采集与预处理、数据存储和管理、数据处理与分析、数据可视化、数据安全和隐私保护等几个层面的内容，具体如表3-5所示。

表3-5　　　　　　　大数据技术的不同层面及其功能

技术层面	功能
数据采集与预处理	利用ETL工具将分布的、异构数据源中的数据，如关系数据、平面数据文件等，抽取到临时中间层后进行清洗、转换、集成，最后加载到数据仓库或数据集市中，成为联机分析处理、数据挖掘的基础；利用日志采集工具（如Flume、Kafka等）把实时采集的数据作为流计算系统的输入，进行实时处理分析；利用网页爬虫程序到互联网网站中爬取数据
数据存储和管理	利用分布式文件系统、数据仓库、关系数据库、NoSQL数据库、云数据库等，实现对结构化、半结构化和非结构化海量数据的存储和管理
数据处理与分析	利用分布式并行编程模型和计算框架，结合机器学习和数据挖掘算法，实现对海量数据的处理和分析
数据可视化	对分析结果进行可视化呈现，帮助人们更好地理解数据、分析数据
数据安全和隐私保护	在从大数据中挖掘潜在的巨大商业价值和学术价值的同时，构建隐私数据保护体系和数据安全体系，有效保护个人隐私和数据安全

3.6.2 商务智能、商务分析与大数据分析

1. 商务智能

数据挖掘（Data Mining），是通过分析每个数据从大量数据中寻找其规律的技术。早期数据挖掘被认为就是数据库中的知识发现（Knowledge Discovery in Database，KDD）、知识挖掘、知识提取、数据/模式分析、数据融合等。在 2012 年大数据尚未被广泛关注之前，人工智能领域主要使用知识发现，而数据库领域和工业界主要使用数据挖掘。

商务智能（Business Intelligence，BI），起源于传统的数据库及其结构化数据的分析与应用，指收集、存储、分析商业数据的基础设施，包括数据库、数据仓库、数据集市等。商务智能是新的理论、方法、技术发展的产物，是信息科学、管理学、决策科学等学科的交叉领域。商务智能是通过数据挖掘技术从海量数据中发现潜在、新颖和有用的知识，旨在支持组织的管理和决策。商务智能的应用既可以建立在组织中的全面信息化实施框架基础之上，也可以仅针对具体业务问题在局部业务单元和环节上展开。典型的 BI 应用构架如图 3-29 所示。

商务智能的预测和判断实际上是在对大量历史数据和当前信息进行深入分析的基础之上得到的。商务智能的实现是一个循序渐进的过程，总的来说，需要一次解决有什么、为什么和会怎样三个层面问题，这也分别对应着数据描述、数据分析和决策支持三个过程。

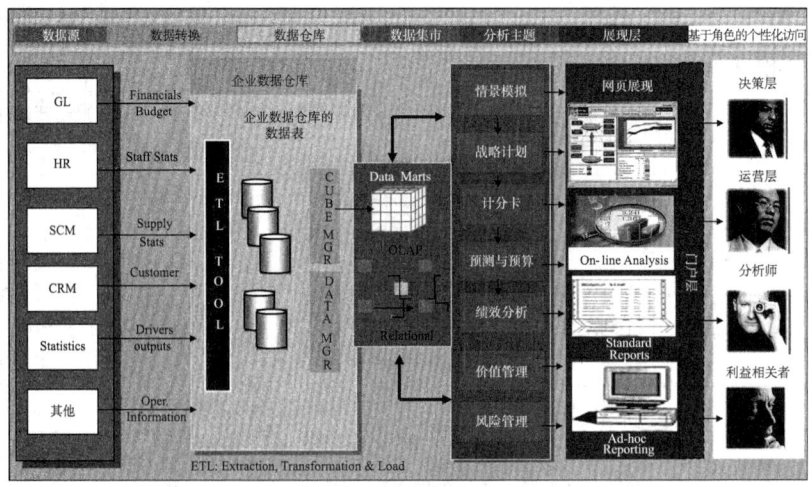

图 3-29 典型的 BI 应用构架

2. 商务分析

商务分析（Business Analytics，BA），通过一系列的科学流程，将数据转变为认知的信息，从而做出更好的决策。常被称为"数据驱动的决策"或"基于事实的决策"。

商务分析技术分为三大类：描述性分析、预测性分析、指导性分析。

（1）描述性分析（Descriptive Analytics）用于描述已经发生过的事情的一系列数量分析方法。常用算法：数据报表、数据查询、描述性统计、数据可视化（包括数据仪表盘）、部分数据挖掘技术、基本的 what – if 电子表格分析等。机器学习算法：决策树、关联规则等。主要应用包括购物篮分析、模式发现、聚类分析等。

（2）预测性分析（Predictive Analytics）根据历史数据建构模型，然后对未来的情况进行预报，或者搞清楚各种因素（变量）之间的相互作用关系。常用算法：线性回归分析、时间序列分析、部分数据挖掘技术、模拟分析等。机器学习算法：分类、回归模型、神经网络、支持向量机等。

（3）指导性分析（Prescriptive Analytics），用于最优方案的分析。常用方法：模拟分析、优化方法等。机器学习算法：各种方法。

商务分析的许多应用并不涉及大数据，大数据问题只是商务分析的一个从属议题。例如，某连锁零售店的销售预测，用到的数据包括门店数据，即各门店销售业务数据、各门店促销行动数据、各门店的经营面积；外部数据，即周边小区个数，房产均价，平均户数，地铁线路数，公交线路数，酒店、药店、购物中心、菜场个数，周边竞争药店情况，门店周边人流及画像数据、人流数，年龄分布，消费等级，房产均价等。

3. 大数据分析

大数据分析（Data Analytics），一般是指对来自多源异构的数据开展数据处理（采集、规范、清洗、融合）、数据建模（根据业务场景）、应用展示等。分析类别包括关联、回归、分类、聚类、预测、诊断等。

大数据分析被广泛应用于在线交易、智慧城市、医疗健康、金融交易等方方面面。

4. 商务智能与商务分析、大数据分析的关系

商务智能系统中的数据主要是企业内部的业务数据，可以是结构化数据，也可以是非结构化数据。商务智能系统中的分析技术主要是数据挖掘和在线分析处理（OLAP）、查询/报表、数据仓库等。通常可以认为："将很多数理统计算法或模型写成计算机程序并能够用于大规模数据分析就变成了数据挖掘技术。"

商务分析（Business Analytics），Analytics 是指分析学，它实际上是一套分析方法，涵盖了数据怎么得来，怎么分析数据，怎么使用数据的整个过程。数据分析的工具和技术，涉及 OLAP、统计学、模型、数据挖掘、机器学习等。

大数据分析，是应用大数据技术对海量多源异构数据的分析处理。

商务智能与商务分析、大数据分析的关系如图 3-30 所示。

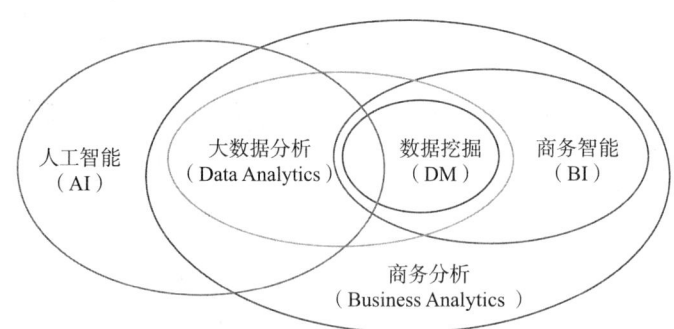

图 3-30　商务智能与商务分析、大数据分析的关系

3.6.3　人工智能与机器学习

1. 人工智能

人工智能（Artificial Intelligence，AI）就其本质而言，是对人的思维的信息过程的模拟。智能（Intelligence）是指个体对客观事物进行合理分析、判断及有目的地行动和有效地处理周围环境事宜的综合能力。1950 年计算机科学和密码学的先驱阿兰·麦席森·图灵在他的论文《计算机器与智能》中给出了著名的图灵测试（The Turing Test），图灵指出："如果机器在某些现实的条件下，能够非常好地模仿人回答问题，以至于提问者在相当长时间里误认它不是机器，那么机器就可以被认为是能够思维的。"进行多次测试后，如果有超过 30% 的测试者不能确定出被测试者是人还是机器，那么这台机器就通过了测试，并被认为其具有人类智能。

经过 70 年的发展，人工智能的内涵已经大大扩展，成为一门交叉学科，涉及的学科包括哲学、认知科学、数学、神经生理学、心理学、计算机科学、信息论、控制论等。从学科意义上可以认为：人工智能是研究、开发用于模拟、延伸和扩展人的智能的理论、方法、技术及应用系统的一门新的技术科学。

2. 人工智能 AI 的发展历史

形成期（1956～1980 年），AI 诞生于一次历史性的聚会，1956 年夏季在达特茅斯大学（Dartmouth）举办的会议上讨论如何使计算机变得更"聪明",或者说使计算机具有智能,会议提议正式采用了"Artificial Intelligence"这一术语。

早期各类研究有纽厄尔、肖（J. Shaw）和西蒙等的心理学小组研制了称为逻辑理论机（LT）的数学定理证明程序。IBM 工程小组塞缪尔在 IBM704 计算机上研制成功了具有自学习、自组织和自适应能力的西洋跳棋程序。MIT 小组麦卡西建立了行动规划咨询系统、研制了人工智能语言 LISP。但这一阶段人工智能的各种应用未能如愿（1970~1980 年）。在博弈方面，塞缪尔的下棋程序在与世界冠军对弈时，5 局败了 4 局。在机器翻译方面，发现并不那么简单，甚至会闹出笑话。例如，把"心有余而力不足"的英语句子翻译成俄语，再翻译回来时竟变成了"酒是好的，肉变质了"。在神经生理学方面，研究发现人脑有 10^{11}~10^{12} 个以上的神经元，在现有技术条件下用机器从结构上模拟人脑是根本不可能的。在其他方面，人工智能也遇到了不少问题。在英国，剑桥大学的詹姆教授指责"人工智能研究不是骗局，也是庸人自扰"。这一时期人工智能研究陷入困境、落入低谷。

应用发展期（1980~2010 年），是以知识为中心的研究。专家系统实现了人工智能从理论研究走向实际应用，从一般思维规律探讨走向专门知识运用的重大突破，是 AI 发展史上的一次重要转折。这一时期，费根鲍姆研制的 MYCIN 专家系统，可协助内科医生诊断细菌感染疾病，并提供最佳处方。在技术上，MYCIN 解决了知识表示、不精确推理、搜索策略、人机联系、知识获取及专家系统基本结构等一系列重大技术问题。斯坦福大学的杜达（R. D. Duda）等研制的地质勘探专家系统 PROSPECTOR 可帮助地质学家评估某一地区的矿物储量。这一时期，与专家系统同时发展的还有计算机视觉和机器人、自然语言理解与机器翻译等。与此同时，人工智能的发展也出现了新的问题：专家系统本身所存在的应用领域狭窄、缺乏常识性知识、知识获取困难、推理方法单一、没有分布式功能、不能访问现存数据库等问题被逐渐暴露出来。

智能科学技术的兴起（从 2010 年至今），主要特征包括以下几个方面：由对人工智能的单一研究走向融自然智能、人工智能、集成智能为一体的协同研究；由人工智能学科的独立研究走向重视与脑科学、认知科学等学科的交叉研究；由多个不同学派的独立研究走向多学派的综合研究，由对个体、集中智能的研究走向对群体、分布智能的研究。人工智能从 2013 年起迎来了第三次高潮，2016 年是全球的"人工智能革命年"。各种预言指出，人工智能的未来很可能把 90% 甚至更高的人类的工作全部代替。

3. 人工智能的应用

人工智能理论和技术日益成熟，应用领域也不断扩大。人工智能的应用包括机器视觉、指纹识别、人脸识别、视网膜识别、虹膜识别、掌纹识别、专家系统、自动规划、智能搜索、定理证明、博弈、自动程序设计、智能控制、机器人学、语言和图像理解、遗传编程等。目前人工智能技术被广泛地应用在工作和生活中。

4. 机器学习

机器学习是人工智能领域的一部分，并且和知识发现与数据挖掘有所交集。机器学习（Machine Learning，ML），从广义上来说，是一种能够赋予机器学习的能力，以便完成那些依靠直接编程无法完成的功能的方法。从实践的意义上来说，是一种通过利用数据训练出模型，然后使用模型预测的一种方法。

机器学习的工作方式：

（1）选择数据：将数据分成三组，训练数据、验证数据和测试数据。

（2）构建模型：使用训练数据来构建使用相关特征的模型。

（3）验证模型：使用验证数据输入模型。

（4）测试模型：使用测试数据检查被验证的模型的表现。

（5）使用模型：使用完全训练好的模型在新数据上做预测。

（6）调优模型：使用更多数据、不同的特征或调整过的参数来提升算法的性能表现。

机器学习是当前人工智能的核心，是使计算机具有智能的根本途径，其应用遍及人工智能的各个领域。

图3-31描述了一个典型的机器学习过程。业务场景是一个西瓜在不交易、不打开的情况下，就知道它是好的还是不好的。如果客户能准确判断，就可以用同样的价钱买到更好的西瓜；而如果瓜商能准确判断，有了一套标准之后，就可以更好地管理货品。在不破坏西瓜的前提下，这时候能用到的数据是西瓜的色泽、西瓜的根蒂、敲击西瓜的声音是浊响还是清脆等，把大量打标的数据分成训练集和测试集，选用决策树或者支持向量机，用训练集训练模型，用测试集对模型进行检验，构建预测模型。新数据样本进来，就能判断好坏。

机器学习中利用数据训练出模型和使用模型预测都与人工神经网络有关。人工神经网络（Artificial Neural Network，ANN）是指由简单计算单元组成的广泛并行互联的网络，能够模拟生物神经系统的结构和功能进行计算和推理。组成神经网络的单个神经元的结构简单，功能有限，但是，由大量神经元构成的网络系统可以实现强大的功能。神经元网络三要素：①神经元的计算特性；②网络的拓扑结构；③连接权值的学习规则。

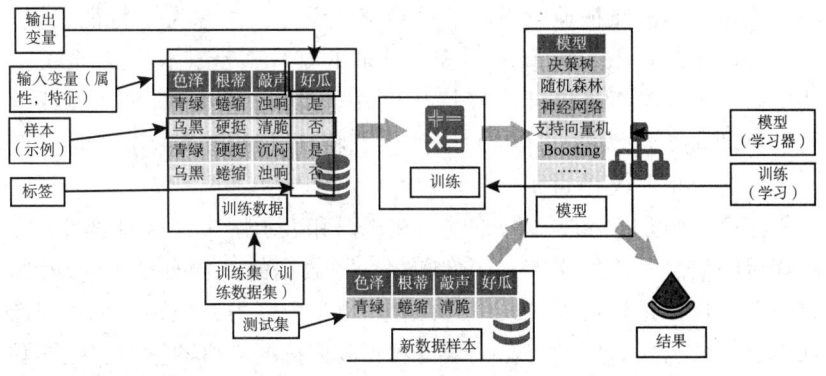

图 3-31 典型的机器学习过程

机器学习分为监督学习、无监督学习和强化学习。

(1) 监督学习 (Supervised Learning): 训练集的数据已经打好了标签。有监督学习算法包括分类算法, 最近邻、朴素贝叶斯、决策树、分类器、神经网络、支持向量机等。

(2) 无监督学习 (Unsupervised Learning): 训练集的数据只有特征向量, 没有标签。无监督学习算法包括模式设别, 关联规则, 聚类等。聚类 (Cluster) 就是根据给定特征, 将样本分为若干组。每组称为一个"簇"。这些自动形成的"簇"可能对应一些潜在的概念划分, 但我们事先并不知道。

(3) 强化学习 (Reinfocement learning): 学习一个最优策略 (Policy), 可以让本体 (Agent) 在特定环境 (Environment) 中, 根据当前的状态 (State), 做出行动 (Action), 从而获得最大回报 (Reward)。是一种标记延迟的监督学习。Alpha Go 就是典型的强化学习算法。

5. 深度学习

深度学习的概念源于人工神经网络的研究, 含多个隐藏层的多层感知器就是一种深度学习结构。

深度学习是一类模式分析方法的统称, 就具体研究内容而言, 主要涉及三类方法:

(1) 基于卷积运算的神经网络系统, 即卷积神经网络 (CNN)。

(2) 基于多层神经元的自编码神经网络, 包括自编码 (Auto Encoder) 以及近年来受到广泛关注的稀疏编码两类 (Sparse Coding)。

(3) 以多层自编码神经网络的方式进行预训练, 进而结合鉴别信息进一步优化神经网络权值的深度置信网络 (DBN)。

通过多层处理, 逐渐将初始的"低层"特征表示转化为"高层"特征表示后, 用"简单模型"即可完成复杂的分类等学习任务。由此可将深度学习理解为进行"特征学习"(Feature Learning) 或"表示学习"(Representation Learning)。以往在机器学习用于现实任务时，描述样本的特征通常需由人类专家来设计，这称为"特征工程"（Feature Engineering）。众所周知，特征的好坏对泛化性能有至关重要的影响，人类专家设计出好特征也并非易事；特征学习（表征学习）则通过机器学习技术自身来产生好特征，这使机器学习向"全自动数据分析"又前进了一步。

深度学习是学习样本数据的内在规律和表示层次，这些学习过程中获得的信息对诸如文字，图像和声音等数据的解释有很大的帮助。它的最终目标是让机器像人一样具有分析学习能力，识别文字、图像和声音等数据。深度学习在搜索技术、数据挖掘、机器学习、机器翻译、自然语言处理、多媒体学习、语音、推荐和个性化技术，以及其他相关领域都取得了很多成果。深度学习使机器模仿视听和思考等人类的活动，在语音和图像识别方面取得的效果，远远超过先前相关技术，使得人工智能相关技术取得了很大进步。

人工智能、机器学习和深度学习之间的关系如图 3-32 所示。

经过 70 多年的发展，目前人工智能技术已进入一个崭新的阶段，在特定领域不断逼近甚至超越人类的能力，替代人工完成复杂任务。如果将人工智能比作一台机器，数据则是机器运行必需的燃料。

近年来，随着数字经济快速发展，数据存储和计算成本不断降低，人工智能已在智能推荐、语音识别和机器视觉等领域得以商用，从而拉开了第四次工业革命的序幕。未来 5~10 年，人工智能与海量工业数据结合将开启工业互联网主导的智能生产时代。人类将从工业文明全面进入数字时代。正如资本替代土地一样，数据正在逐步取代资本成为主要生产要素，从根本上解决资本过度集中的问题。

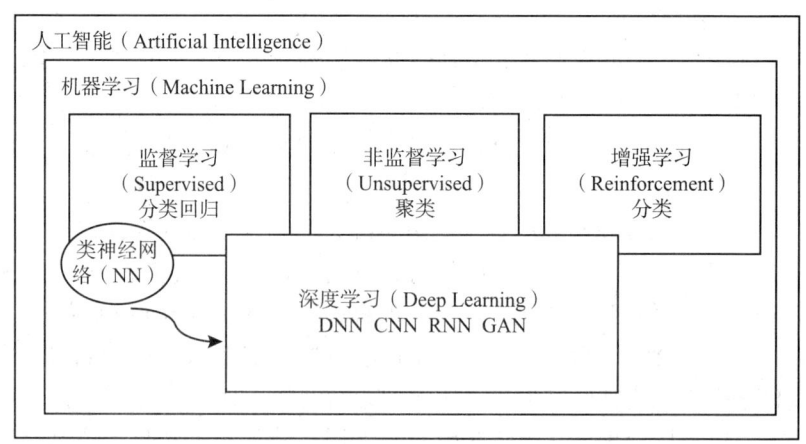

图 3-32　人工智能、机器学习和深度学习之间的关系

如果说过去 70 年是计算机和软件时代，那么未来 30 年就是计算

和数据的时代。大数据依然是信息系统的输入,大数据嵌入信息系统中来支持管理与决策。未来任何商业活动均离不开大数据分析和人工智能。

综合案例:SAP 分析云,构建真正敏捷的分析决策平台

DT 时代,数据分析已成为驱动企业运营与决策的必须之选。然而,单一、零碎的传统工具越来越难以适应日益复杂的分析场景。不难想象,万人企业,每一项决策,每一个计划执行情况实时分析,将是怎样的挑战?敏捷时代,我们需要怎样的数据分析服务?

一、SAP 分析云:超越 BI

SAC(SAP Analytics Cloud)是一款云应用(见图 3-33),它将商务智能(BI)、计划、预测集于单一的 SaaS 解决方案之中,一站式实现了数据的探索、发现、预测、决策以及行动,为企业的 CXO、各类分析师以及内外部信息使用者,提供一致的分析体验,帮助用户轻松将分析转化为洞察与行动力,从而克服整个企业面临的单点解决方案和数据孤岛挑战。

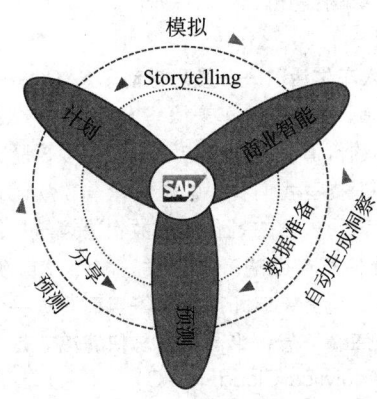

图 3-33 SAP 分析云

如果说传统的数据分析产品是汽车的后视镜(面向过去),那么 SAC 则将其升级为了飞机驾驶舱(面向未来)。

作为目前世界上唯一完整的商务分析 SaaS 解决方案,SAP 数据分析云建立在 SAP HANA Cloud 平台之上,能连接储存于云端或本地的数据,并集商业智能、计划、预测分析和机器学习于一身,可为企业提供全链式的分析服务,让用户拥有一体化的分析体验,享受无缝化的商务分析过程。

SAC 是新一代数据分析云,它集所有分析功能于单一产品,为企业提供全链式分析服务,真正做到了"单一产品、所有服务、所有用户"。SAC 将分析注入企业的每一个业务流程之中,让企业的运营更加智能和高效。正是因为整合了 BI、计划和预测分析等功能,SAC 能够与企业业务紧密结合,并贯穿到整个的业务运营之中。

SAP 是全球企业级应用市场的领导者,被称为"世界 500 强背后的管理大师"。创立 45 年以来,SAP 不断发展和创新,服务了全球超过 30 万家企业,创建了全行业业务模板与业务线知识模板，这些模板覆盖了销售、市场、财务、人力、运营等诸多领域。SAP 在企业级服务市场的深厚积淀，为 SAC 提供了巨大的优势。同时，SAC 支持 AI、机器学习、IoT 和大数据等新技术的应用。

数据分析非常注重模型和方法论，是难度非常高的应用，而要将 BI、计划和预测打通，需要对企业的业务和需求有非常深刻的理解。

SAP 涉足分析云服务具有得天独厚的优势。SAP HANA 是市场上流行的内存计算平台，为大数据分析提供了强有力的支撑。同时，SAP 一直在管理软件市场处于领导地位，熟悉各个行业客户的需求，这对 SAC 的成熟与落地，起了非常大的帮助作用。

影响系统性能的两个重要指标，一是数据量，二是处理能力。从 GB 到 TB，今天我们要处理的数据量，已经增长了几个数量级。同时，用户对数据处理的实时性也提出了更高要求。这一切，都要求我们有更强大的处理能力来做支撑，以保证系统的高性能。

SAC 提供了一种混合解决方案，客户可以将他们的内部系统实时连接到云，以避免数据复制。同时，借助数据的预处理技术，可以最大限度地减少数据在网络间的移动。同时，依托 SAP HANA 平台业界领先的纯内存计算技术，SAC 的处理能力得到了指数级的提升。可以说，SAC 同时具备了数据存储的弹性和出色的计算能力。

二、"乐享科技，人车生活"——爱玛电动车 SAC 解决方案

自 1999 年诞生伊始，爱玛电动车秉承"人无我有，人有我精"的卓越产研和以客户满意度为核心的价值体系，在电动车行业取得骄人成绩，成为名副其实的行业领导者。作为消费者我们看到的是爱玛一款款让人惊艳的产品和弥漫的时尚理念，但这一切背后依靠的是企业无数次决策与执行。作为一家盈收近百亿元的企业，爱玛既拥有自己的产品研发、设计、市场、销售和客服团队，又有门店、代理商等线下销售渠道和如京东等电商营销平台，庞大的体量让管理层每个决策都将牵连海量信息，平衡稳健与快速高效是个难题。爱玛选择与 SAP 合作，部署 SAP Analytics Cloud（SAC），为企业请来一名"数字化云军师"出谋划策，从而实现稳健而不失高效的决策。作为云环境设计的一体化解决方案，SAP Analytics Cloud 可以完成发现、分析、计划、预测和协作等工作。帮助企业获取所有数据，并将分析功能直接嵌入业务流程，从而将即时洞察转化为快速行动。

基于 SAP Analytics Cloud 构建的数字董事会，能够利用企业核心业务数据及其他应用中的业务线数据，为企业提供单一的真实数据源，高管能够从直观可视的界面、仪表盘获得基于情境的实时信息，浏览各式各样的视图和不同级别的数据，并整合关键指标深入挖掘数据，执行即席分析，从而提升会议效率，加快决策进度。例如相关销售指标展示，企业高管可以清楚地了解整体销售达成率随时间的变化情况，以及销售额与时间、地区的关联，同时也可以看到对经销商的分析与排名。对于生产制造企业来说，供应链即生命线，爱玛也不例外。在生产制造流程的决策上，通过 SAC 供应链线路图，爱玛可以在地图上分析产品和组件的运输线路，也可以在每一个具体的目的地点进行钻取查看该区域的细节，另外系统会自动生成一个预测值标示之后的采购费用趋势。同样，高效的库存管理是供应链产销协同的重要保证，针对不同的产品类型的预测变化趋势,结合库存成本类型的分摊,协助管理者合理安排。

客户满意度是爱玛的核心价值,因此对用户进行分组和画像是企业关注的重点,利用 SAC 对电动车用户的购买行为进行分析,探究客户购买习惯,并用记分卡来显示,可以看出客户的需求和期待越发多元化。爱玛可以围绕客户需求,提高客户满意度并提供更多选择。

爱玛的目标并不是简单的生产销售,爱玛希望能够打造爱玛电动车生态圈,为客户提供更好服务的同时也能让企业拥有源源不断的发展动力。而其中的关键核心便是基于 SAC 的"爱玛车联网平台"。这个平台可以供爱玛、企业客户、个人客户多方使用。通过平台,爱玛可以直观了解自己销售出去的产品活跃情况,从而获得更多用户数据,为产品改良优化提供支持,同时还能第一时间了解到客户使用产品遭遇的问题信息,即时的售后服务确保客户满意度。对于企业客户来说,"爱玛车联网平台"为他们提供一个实时监控所有车辆运行情况平台,可以更好地规划与运营业务。个人用户通过车联网平台则可以实时了解爱车情况、设定安全停车范围等,让电动车使用更便利,同时也大大提升了安全性。

在 SAP Analytics Cloud 帮助下,爱玛能够实现可靠、安全的自助式分析,并在云端轻松获取一致、准确的洞察,运用自然语言揭示关键影响因素,并支持假设场景和模拟从而实现更快更稳健的决策,为未来做好准备,扩大业务增长!

案例来源:思爱普中国,https://www.sap.cn/documents/2020/02/98226807-857d-0010-87a3-c30de2ffd8ff.html。

案例讨论:

1. 讨论 SAP 数据分析云的架构组成。

2. SAC 解决方案在哪些方面给爱玛电动车的运营带来了巨大的提高?

3. 你还了解哪些商务分析、商务智能软件,SAC 与它们相比最大的优势是什么?

本 章 小 结

本章主要介绍了管理信息系统的技术基础,包括计算机系统、数据管理技术及数据通信与网络技术等。最近十年信息技术创新日新月异,已经发展到"大智移云"时代,即以大数据、智能化/物联网、移动互联网、云计算共同驱动的时代。信息技术与管理信息系统的关系从"工具"变为"平台",基于数字化、网络化、智能化和平台化的信息系统,使得传统产业不断被重构,新产品、新业态不断涌现。

信息技术基础设施是为企业特定的信息系统应用提供平台的共享技术资源。信息技术基础设施包括整个企业所共享的硬件、软件和服务。主要的信息技术基础设施组件包括计算机硬件平台、操作系统平台、企业软件平台、网络和通信平台、数据库管理软件、互联网平台、咨询和系统集成服务。

计算机系统包括硬件系统和软件系统。硬件系统包括主机和外围设备;软件包括系统软件和应用软件两大部分。管理信息系统就是一种典型的应用软件。了解计算机系统硬件系统和软件系统发展的各个阶段并描述技术因素对于信息技术基础设施发展的推动。信息技术基础设施的发展源自一系列相关技术发展的推动。计算机处理能力、存储芯片、存储设备、通信和网络软硬件、软件设计等方面的巨大发展，使得计算机的计算能力指数上升，而成本指数却下降。

展望现代计算机硬件平台的发展趋势，移动数字计算平台、网格计算、云计算、按需计算等技术的发展，展示了网络计算的广阔应用前景。虚拟化将计算资源整合，使其不受物理配置和地域限制。服务器虚拟化使公司可以在同一部计算机上同时运行多个操作系统。多核处理器使能耗下降并提高工作效率。

展望现代软件平台的发展趋势，软件平台发展的趋势包括 Linux 的不断发展、开放源代码软件、企业集成软件以及软件外包。网络服务可以基于任何应用程序或操作系统运行。

Docker 和容器有助于优化 IT 基础设施的利用率和成本。优化不仅仅是指削减成本，还能确保在适当的时间有效地使用适当的资源。容器是一种轻量级的打包和隔离应用工作负载的方法，所以 Docker 允许在同一物理或虚拟服务器上毫不冲突地运行多项工作负载。企业可以整合数据中心，将并购而来的 IT 资源进行整合，从而获得向云端的可迁移性，同时减少操作系统和服务器的维护工作。

传统数据管理技术经历了人工管理、文件系统、数据库系统三个发展阶段。数据库是目前企业信息系统组织数据、管理数据的最常用技术，数据库的建立、使用和维护都需要数据库管理系统（DBMS）的统一管理和控制，数据库系统一般由数据库、硬件、软件（DBMS 及其相关开发工具和应用系统）、人员（数据库管理员和用户）构成。

信息系统建设中一个重要组成部分是数据的通信和传输。根据信息系统的硬件、软件、数据等信息资源在空间的分布情况，系统的结构又可分为集中式和分布式，分布式系统又有 C/S 模式、B/S 模式。目前，管理信息系统的应用，正随着信息技术与网络技术的发展，逐渐步入开放式、全球化、以信息为中心的全球信息服务模式之中，Intranet/Extranet 已成为当前机构和企业计算机网络的新热点。展望网络技术的发展趋势——IPv6、Web 2.0、Web 3.0、RFID 与物联网为管理信息系统带来新的机遇和挑战。

物联网以"万物互联"为终极目标，把传感器、控制器、机器、人员和物等通过新的方式连在一起，形成人与物、物与物相连，实现信息化和远程管理控制。云计算彻底颠覆了人类社会获取 IT 资源的方式，大大减少了企业部署 IT 系统的成本，有效降低了企业的信息化门槛。大数据技术为企业提供了海量数据的存储和计算能力，帮助企业从大量数据中挖掘得到有价值的信息，服务于企业的生产决策。

商务智能通常被理解为将企业中现有的数据转化为知识，帮助企业做出明智的业务经营决策的工具。为了将数据转化为知识，需要利用数据仓库、联机分析处理（OLAP）工具和数据挖掘、人工智能等技术。商务智能、数据挖掘和大数据分析有助于实现数据驱动的决策目标。

近些年，人工智能的发展热潮一浪高过一浪，人工智能作为21世纪科技发展的最新成就和智能革命，深刻揭示了科技发展为人类社会带来的巨大影响。在移动计算、物联网、云计算、大数据、人工智能等一系列新兴技术的支撑下，网络生活、社交媒体、协同创造、虚拟服务等新型应用模式持续拓展着人类创造和利用信息的范围与形式。在大数据时代，数据已经渗透到了每一个行业和领域，成为各行各业管理和技术应用的基础。因此，越来越多的企业开始让数据说话，从依靠经验主义的传统管理和决策向基于数据分析的管理和决策过渡，一个数字化管理水平较高的企业，一定是具备数字化生存、数据运营和深度商务分析的核心能力。

习 题

1. 分别从技术角度和服务角度定义信息系统基础设施。信息技术基础设施由哪些服务组成？
2. 从组成结构的角度，计算机系统的组成部分有哪些？试分别论述之。
3. 什么是摩尔定律？什么是大规模数据存储定律？它们对信息技术基础设施的发展有何影响？
4. 简述现代计算机硬件平台的发展趋势。
5. 描述移动平台、网格计算和云计算。
6. 简述现代软件平台发展趋势。
7. 定义和描述下列概念：Web服务器、应用服务器、多层客户机/服务器架构。
8. 什么是开放源代码软件？什么是Linux？它们能给企业带来什么好处？
9. 什么是Java和Ajax？为什么它们在今天显得非常重要？
10. 按需计算和自主计算、虚拟化和多核处理器能给企业带来什么好处？
11. 数据管理技术经历了哪些发展阶段，各有什么特点？
12. 说明一下数据库、数据库管理系统和数据库系统的概念。
13. 什么是数据仓库？数据仓库是怎样组织数据的？数据仓库和数据库的区别是什么？
14. 什么是OLAP？OLAP和OLTP的区别是什么？OLAP中有哪些基本操作？

15. 什么是数据挖掘？数据挖掘的过程中包括哪几个阶段？数据挖掘包括哪些主要的类型？
16. 试述数据挖掘与 OLAP、数据仓库之间的关系？
17. 什么是商务智能？举例说明商务智能的典型应用。
18. 简述计算机网络的组成与结构。
19. 网络计算模式有哪几种？各有什么优缺点？
20. 举例说明 Web 2.0 的典型应用。
21. 什么是 Intranet、Extranet？举例说明其应用。
22. 企业应用集成软件和 Web 服务的区别是什么？XML 在 Web 服务中起到什么作用？
23. 评估服务器操作系统。三四名同学组成一个小组，每组同学可以比较 Linux 与 Unix 操作系统，也可以比较 Linux 与最新的 Windows 服务器操作系统。从性能和价格两个方面进行比较。
24. 什么是物联网？举例说明物联网的应用。
25. 云计算的优缺点？什么样的企业最有可能受益于使用云计算？为什么？
26. 举例说明大数据技术的不同层面及其功能。
27. 简述商务智能与商务分析、大数据分析的区别与联系。
28. 举例说明人工智能的应用。

第2篇
応用篇

【本篇主要内容】

　　第 4 章　企业资源计划（ERP）
　　第 5 章　客户关系管理（CRM）
　　第 6 章　供应链管理（SCM）
　　第 7 章　电子商务
　　第 8 章　知识管理与新型商务智能

【本篇教学目标】

　　使学生了解信息系统在现代组织中的典型应用，包括企业资源计划（ERP）、客户关系管理系统、电子商务、供应链管理系统、知识管理与决策支持，掌握信息系统协助组织运作的基本知识。

第4章
企业资源计划（ERP）

企业生产经营活动的最终目的是获取利润，为了实现此目的，就必须合理地组织和有效地利用设备、人员、物料等制造资源，以最低的成本、最短的制造周期、最高的质量生产出满足客户需求的产品。因此，应用现代信息技术和先进的管理思想与方法对企业管理进行根本的改革就显得尤为重要。企业资源计划（Enterprise Resource Planning，ERP）为企业提供了集成化的解决方案，它将企业所拥有的人力、资金、设备、信息、生产技术、管理思想等各项资源统筹平衡考虑，最大限度地利用现有资源，实现最大利益，获取竞争优势。

引导案例

某化工集团 ERP 应用分析

某化工集团股份有限公司是原省属军工企业，1994 年改制。公司现有资产总额 2.1 亿元，员工 800 余人，是国内民爆器材的重点骨干企业，省同行业龙头企业。公司推行重科技、重管理、重人才"三重"发展战略，创建了省级企业技术中心和博士后产业基地，被确定为省高新技术企业，2004 年又被省科技厅确定为"十五"制造业信息化示范企业。

公司主要生产工业炸药、精细化工、纸塑包装三大系列产品。另外，与国外公司合资组建了热陶瓷有限公司，主要生产销售高性能陶瓷纤维及其制品。公司销售网络健全，覆盖全国 20 多个省（市、自治区），产品远销苏丹、尼日利亚等国，深受国内外用户好评。

实施 ERP 之前，公司除了财务部门使用了财务软件外，其余部门如采购、库存、生产、质检等均使用手工管理。20 世纪 90 年代初，公司共有 2 台电脑，有 3 名计算机人员，企业的计算机应用属于采用自动化替代手工处理，用计算机模拟人工的单项应用的阶段。2000 年后，公司的技术、生产、计划、管理部门开始逐步投入少量

PC，根据各部门的需求应付日趋增长的业务工作。这些应用虽然对生产制造与管理起到了一定的作用，但矛盾与问题也频频出现。

由于缺乏统一规划，系统之间网络不通，数据格式不同，部门间不能互用，造成数据冗余且无法共享，千变万化的市场信息不能及时传递到相关部门，粗放的管理与细化管理的需求极不相适，以至于公司领导难以指导与控制各部门的业务管理，进而严重影响公司领导的经营决策。

生产的管理与计划的制订也成为企业进一步发展壮大的瓶颈。某产品 2003 年的产量为 3 吨，而 2 年以后同期产量增长到 15 吨。而且，民爆行业产品定制化程度非常高，即使是看上去相同的两个型号也会存在很大的不同，如使用范围、爆破系数等。因此生产要完全根据订单设定具体参数，先把订单分解成各种规格的原材料或者半成品，然后再合并相同规格的物料，最后根据订单选出相应的物料进行生产。整个制造过程非常复杂，稍有差错就可能造成缺料、规格不匹配或生产过量而造成浪费。如果在生产过程中计划发生了变更，就很有可能带来一系列延迟和混乱。同样，在仓储、质检等方面，由于手工操作，物料不统一，笔误的现象也屡屡发生，致使重复工作多、周期长、客户满意度低。

在问题面前，企业高层审时度势，决定借鉴国内外先进的管理思想，对企业资源进行统一管理。计算机小组由技术编制调整为管理编制，成立信息中心，于 2003 年正式开始了对信息化道路的探索，并牵手浪潮 ERP。

企业选择了浪潮 ERP – PS 生产制造系统，该系统是面向制造业的全面 ERP 解决方案。主要功能包括账务处理、报表管理、辅助管理、现金流量表、工资管理、固定资产、采购管理、销售管理、库存管理、存货核算、财务分析、全面预算、领导查询、质量管理、人事管理、生产计划、生产数据、车间管理、合并报表、设备管理、集团预算、综合管理等。

在 ERP 系统运行过程中，根据系统的具体要求，对企业的物料进行了统一编码和统一命名，对供应商和经销商进行了统一编码和分类，由此解决了企业长期物料不清的状态，解决了对供应商和经销商管理不规范、仓库物料管理粗放、分类不清的状态。通过 ERP 系统实现了企业与分支机构之间的实时、动态的信息交换，使企业内部销售、生产、采购、财务等生产经营信息得到及时传递，在信息集成的基础上实现企业产、供、销、人、财、物的功能集成化管理。统一协调与供应商及客户的业务，快速处理企业范围内的生产、采购和调拨，使企业的物流、资金流和信息流达到高度的统一，使企业逐步走向敏捷、互动的高级形态。促使企业在管理思想、管理模式、业务流程、组织结构、质量管理、规章制度、科学决策、信息化建设和企业竞争力等方面进一步得到规范和提高。

ERP 系统启用之后，费用的监控通过归口部门管理，使得在传统财务中难以查询的情况一目了然，起到了很强的约束和控制作用。解决了历年来销售、供应、财务对账难的问题，清晰、明确地反映出销售应收账、供应应付账与财务账的一致性（系统提供自动对账功能），消除了账款差异。目前，财务管理系统是从各子系统直接输入原始单据，由系统根据原始单据的类型和经营业务事项自动编制会计凭证、自动登记各相关账户。实现了一张入库单、一张发票一次录入，车间、仓库、全公司各业务部门会计、统计的总账，明细账和业务台账由计算机一次完成。保证了会计数据的真实、完整，使会计基础工作得到了很大的优化。系统具有的灵活查询功能，为预测和分析带来了很大的方便和高效率，同时也为企业管理者提供了有价值的第一手资料。

ERP 系统在市场规划、价格策略、服务、销售、预测、客户信息等方面进行信息集成和管理集成，实现了市场营销与后方生产、采购、库存、财务等管理集成，实现了客户需求与企业内部物流管理和制造计划同步，改变了前方与后方脱节、不一致的状况。

在 ERP 系统运行过程中，通过库存管理子系统可以充分了解仓库产成品存储状态，据此调整生产计划，加强积压产品的销售，使生产占用和库存占用的资金大幅下降，同时加快了销售货款的回收速度，缩短了资金周转期，提高了物流速度。

由于生产计划管理子系统的应用，建立了企业内部及供应商和经销商等各方的基础数据，使企业的销售计划、生产计划和采购计划的准确性大大提高。原来编制计划费时费力，生产计划管理子系统的应用使大量的计划编制任务在很短的时间内就可完成，并且能够灵活变更，产品的交货期大大缩短，现在公司的部分产品可做到上午生产，下午即可发货。

浪潮 ERP 系统的成功上线不仅解决了企业管理上存在的诸多问题，而且帮助企业提升了管理水平和经济效益，达到了预期的效果。

加强企业物料管理是 ERP 系统取得效益的主要方面。根据系统显示，库存和在制品减少 20%～30%，资金占用减少 25%。同时由于库存量减少，库存管理费用也相应降低。

劳动生产率的提高使管理人员费用降低 24.7%，月度费用由 2003 年的 885.8 万元降至 2005 年的 667 万元。同时由于生产和配料过程紧凑，减少了混乱和重复工作，平均提高劳动生产率在 15% 左右。

生产过程中实现按产品消耗定额限额发料，有效减少了原材料浪费，降低生产成本 10%。以炸药为例，生产成本由 2003 年的 3 505 元/吨降至 2005 年的 3 140 元/吨。

案例来源：浪潮集团通用软件有限公司。

4.1 ERP的产生与历程

4.1.1 ERP的产生背景

在20世纪80年代后期，社会开始发生革命性的变化，即从工业化社会进入信息化社会，企业所处的时代背景与竞争环境发生了很大的变化。主要表现在：企业要不断创新才能生存，企业生产过程的调整应适应市场需求的迅速变动，竞争的全球化，等等。

我们以制造业为例，了解企业管理中可能出现的一些问题：生产企业认为数量不够的设备，却经常被闲置，认为面积不够的存放地，却堆放了长期不用的物料；企业销售人员高效地完成产品销售，但生产部门却无法如期交货；采购部门未能及时供应生产所需原料，但仓库却囤积了许多不用的材料，仓库库位饱和，资金周转缓慢；车间计算所需物料时间过长，物料订货周期被迫延长；财务部门不信赖仓库部门数据，不以它为依据计算制造成本，等等。以上这些现象的出现，暴露出企业生产管理中存在的弊端，是一些企业所面临的严峻问题。因此，企业必须改进管理方法与手段，促使企业的产、供、销、财、需各环节高效同步运行，实现数据共享，缩短从客户订单到完工交货的周期，迅速将客户的需求同分销、制造甚至供应商沟通，提高客户满意度。

ERP就是基于以上不断变化的管理需求并借助于信息技术，有效地组织、计划和控制企业所有资源的企业管理信息系统。它高效地解决了企业中存在的上述问题，体现了各类企业迈向知识经济时代、顺应管理革命的发展趋势，是企业在信息时代生存和发展的重要基础。

ERP首先由制造业开始启用，到目前已在金融业、商业、采掘业（石油、矿产）、服务业等行业普及推广。企业成功实施ERP后，会给企业带来哪些好处？多数企业认为，最为显著的是直接经济效益的提高，其次是管理的标准化、规范化，然后是行业竞争力的提高。另外，它还对企业形象改善、管理思维转变、员工积极性的激励方面都有所帮助。

据美国生产与库存控制学会（APICS）统计，使用一个ERP系统，平均可为企业带来如下经济效益：

(1) 库存下降30%~50%。这是人们说得最多的效益，因为它可使一般用户的库存投资减少 1.4~1.5 倍，库存周转率提高 50%。

（2）延期交货减少 80%。当库存减少并稳定的时候，用户服务的水平提高了，使用 ERP 系统的企业准时交货率平均提高 55%，误期率平均降低 35%，这就使销售部门的信誉大大提高。

（3）采购提前期缩短 50%。采购人员有了及时准确的生产计划信息，就能集中精力进行价值分析，货源选择，研究谈判策略，了解生产问题，缩短了采购时间和节省了采购费用。

（4）停工待料减少 60%。由于零件需求的透明度提高，计划也做了改进，能够做到及时与准确，零件也能以更合理的速度准时到达，因此，生产线上的停工待料现象将会大大减少。

（5）制造成本降低 12%。由于库存费用下降，劳动力的节约，采购费用节省等一系列人、财、物的效应，必然会引起生产成本的降低。

（6）管理水平提高，管理人员减少 10%，生产能力提高 10%~15%。

一般地，企业应用 ERP 是从战略、流程、人才和技术等多个方面，提高企业竞争优势、适应不断变化的市场发展需求。对于企业领导者来说希望看到成本下降、市场扩大、利润提高；对于企业管理者来说希望优化企业管理流程、加强经营控制、规范管理；对于信息主管来说希望消除信息孤岛、提高信息集成度。企业能否成功应用 ERP 的一个重要环节就是根据企业具体实际制定相应的 ERP 目标，并以此为依据考核和评定 ERP 的应用效果。

4.1.2 ERP 的发展历程

作为一种先进的管理思想和方法，ERP 的发展过程大体经历了四个阶段：基本 MRP、闭环 MRP、MRP Ⅱ 以及 ERP 等。虽然各阶段系统的名字和内容各有不同，但从信息集成的角度分析，其核心思想在于信息集成的范围不断扩大。

1. 基本 MRP

20 世纪 60 年代，制造业的焦点是库存控制，即必须保存足够的库存以满足客户的需求。在传统的生产管理中，企业为了及时生产出产品，往往采用监视库存的方法，一旦库存降低，就重新订货以保证不间断地生产。这种生产的顺利进行是以大量库存作为前提和基础的，因此导致库存资金积压、生产成本上升。

为了减少库存、降低成本，获取更多利润，企业必须合理组织和有效利用原材料、零部件等物料。人们逐步意识到物料需求是企业生产活动中的关键环节，希望物料能在需要时及时补充，而不是过早地堆积在库房。1965 年，美国 IBM 公司奥列基（Orlicky）博士针对制造业物料需求随机性大的特点，提出物料需求计划（Material Requirement Planning，MRP），即根据产品的需求与结构，确定原材料和零部件的需求量和订货时间，制订生产计划，并在满足生产的前提下，有效降低库存，提高资金利用率。而计算机技术的进一步发展，为该方案的实施提供了有力的支持，利用计算机对物料进行辅助管理，可准确计算物料需求的时间与数量，实现准时生产、降低库存，体现按需定产的宗旨。

MRP 的基本原理是，在已知主生产计划（Master Production Schedule，MPS）的条件下，根据产品结构以及库存等信息由计算机编制出各个时间段各种物料的生产及采购计划。即主生产计划、物料清单（Bill of Material，BOM）和库存信息构成 MRP 的三个主要输入项，生产作业计划与采购计划是两个主要输出项。MRP 的处理过程就是读取 MPS 数据、分解 BOM、计算物料毛需求、净需求和下达作业计划。其逻辑流程如图 4-1 所示。

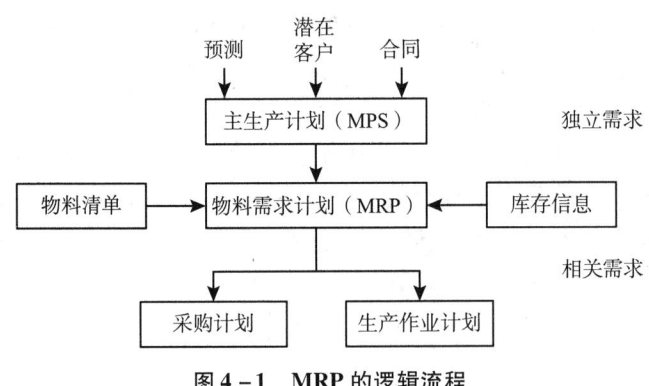

图 4-1　MRP 的逻辑流程

主生产计划是描述企业生产什么，生产多少，什么时段完成的生产计划。它是物料需求计划的直接来源，是联系市场销售与生产制造的中间环节，是指导企业生产管理部门展开生产活动的权威性文件。例如，某铅笔厂在 2010 年 12 月 31 日前，生产 100 万支自动铅笔。这个计划描述了生产对象（自动铅笔）、生产数量（100 万支）和生产时段（2010 年 12 月 31 日前），这是 MPS 的主要内容。

企业中所涉及的所有产品、零部件、原材料、中间件等在逻辑上均视为物料，生产需要的各种物料又分为独立需求和相关需求。其中，独立需求是指其需求量和需求时间由企业外部的需求（客户订购的产品、样品、售后服务备件品）决定的那部分物料需求；而相关需求是指根据物料之间的结构组成关系，由独立需求的物料产生的需求（半成品、零部件、原材料等）。

库存信息是 MRP 的重要数据，主要用于说明企业所有产品、零部件、在制品、原材料等的存在状态，包括总需求量、预计到货量、现有数、净需求量和计划订货量等相关数据。

生产作业计划是对每一项加工件的建议计划，包括开始生产日期、完成日期、生产数量、生产进度，采购计划是对每一项采购件的建议计划，包括开始订购日期、到货日期、采购数量（采购安排）。

由此可见，MRP 系统主要回答了制造业生产管理中的四个问题：

（1）"生产什么"的问题——MPS。

（2）"需要什么"或"用什么生产"的问题——BOM。

（3）"已有什么"的问题——库存信息。

（4）"需要多少，何时需要"的问题——生产作业计划/采购计划。

MRP 是以物料为中心组织生产的管理模式，是生产管理领域的一次重大变革。这种模式的运作，建立在两个假设前提下：一是假设生产计划可行，即认为有足够的生产设备和人力来保证生产计划的完成；二是假设采购计划可行，即认为有足够的供货能力和运输能力来保证完成物料的采购。而实际上，在生产过程中可能会出现资金短缺、设备损坏、人员不足等问题，导致生产计划无法顺利完成，或者有些物料由于市场紧俏、供货不足、运输中断等问题，导致采购计划无法按时、按量进行。也就是说，MRP 只说明了需求的优先顺序，没有考虑生产企业现有的生产能力和采购的相关条件约束，也没有对各过程的可行性进行研究和处理。同时，MRP 缺乏根据计划实施情况的反馈信息对计划进行调整和控制的功能。为解决以上问题，基本 MRP 逐步发展为闭环 MRP。

2. 闭环 MRP

20 世纪 70 年代，MRP 经过发展形成闭环 MRP。闭环 MRP（Closed-loop MRP）在基本 MRP 基础上，引进能力需求计划，使计划与资源、能力相结合，构成自上而下又自下而上的闭环信息传递和运作系统。它包含两层含义：一是将能力需求计划与生产作业计划及采购计划一起纳入 MRP，在计划的产生过程中融入能力需求分析，使下达的物料需求计划成为可行性计划。二是对执行过程中可能出现的物料问题（如设计更改、废品、外购件未能按时到货）和能力问题（如定额不准、设备故障、人员缺勤）致使计划无法实现时，要及时将情况上传到计划层，形成自下而上的信息反馈，从而构成一个闭环系统。闭环 MRP 原理图，如图 4-2 所示。

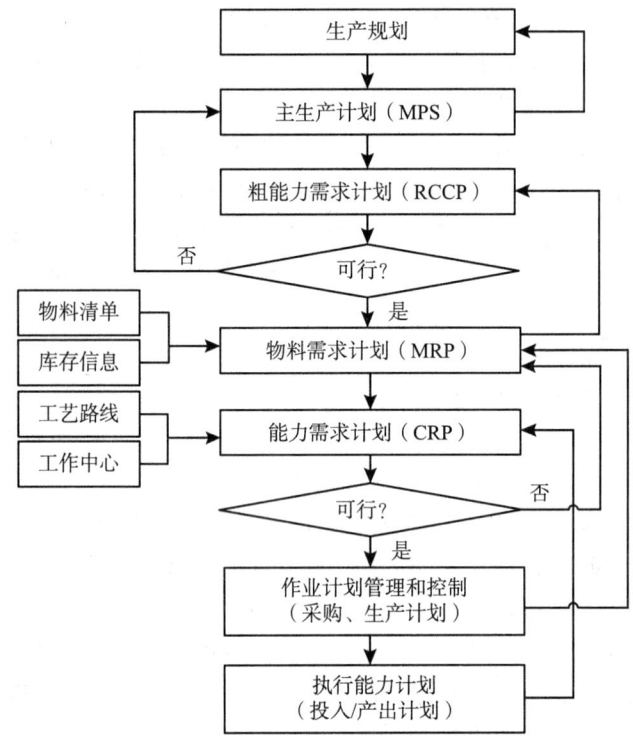

图 4-2 闭环 MRP 原理

MPS 源于企业的生产规划，通过粗能力计划（Rough Cut Capacity Planning, RCCP）的产能负荷分析确定 MPS 的可行性，若可行则 MPS 作为下一阶段制定 MRP 的依据，否则需要进行调整。在可行的 MPS 在 BOM 和库存信息的支持下完成 MRP 的制定。此时，MRP 应与能力需求计划（Capacity Requirements Planning, CRP）进行平衡，检验 MRP 的现有生产环境是否可行，若可行则依据 MRP 安排采购与生产作业，若不可行则按生产环境的变化调整 MRP 并再与 CRP 平衡。同时，在作业执行过程中及时将作业计划与实际作业的差异反映到 MRP 中，实现对今后 MRP 执行的平衡和调整，以便 CRP 在变化的生产环境中总可以顺利地保证 MRP 的可行性。

由此可见，闭环 MRP 的控制过程包括以下几个环节：

（1）生产能力控制以物料需求计划为基础，根据计划的物料需求量和生产基本信息，计算设备与人力的需求量、各种设备的负荷量，以便判断生产能力是否足够。若发现能力不足，则进行设备负荷调节和人力补充，若能力无法平衡，则调整产品的生产作业计划。

（2）生产活动控制以调整好的物料需求计划为基础，利用计算机的模拟技术，按照作业优先级的原则，自动地编制各设备或工作中心的作业顺序和作业完成日期。

（3）采购和物料控制以物料需求计划和库存管理策略为基础，编制物料采购计划，并检查该采购计划是否可以实现。

通过上述几个环节，就形成计划—执行—反馈—修改—执行的闭环系统，成为一个完整的生产计划与控制系统。闭环MRP解决了物料的计划与控制问题，实现了物料信息的集成，使生产活动的各过程得到统一。但是，在企业管理中，生产管理只是其中一个方面，它所涉及的是物流，而与物流密切相关的还有资金流，这在许多企业中是由财会人员另行管理的，这就造成了数据的重复输入与存储，甚至造成数据的不一致。要实现资金流和物流的统一管理，用货币形式说明企业"物料计划"带来的效益，将营销、财务与生产管理相结合，闭环MRP就发展成为MRPⅡ。

3. MRPⅡ

20世纪70年代末至80年代初，闭环MRP进一步发展并逐步形成制造资源计划（Manufacture Resources Planning，MRPⅡ）。MRPⅡ以MRP为核心，将MRP的信息共享范围进一步扩大，使生产、销售、采购与财务信息紧密结合在一起，组成了一个全面的生产管理集成系统。因物料需求计划与制造资源计划的英文缩写相同，为了区别，将制造资源计划简记为MRPⅡ。MRPⅡ处理流程如图4-3所示。

以MRP为核心生成作业计划与采购计划，实现对产品的生产和控制，并在此过程中将所有的活动与财务系统相结合，把库存信息、物料清单等用于成本核算，由采购及供应商信息建立应付账，并可进行采购预算，由销售及客户信息产生应收账，应收账与应付账汇总到总账，再由总账产生各种报表，使生产与财务活动协调、统一，这就构成了MRPⅡ系统。

MRPⅡ的基本思想是把企业作为一个有机整体，从整体最优的角度出发，通过运用科学方法对企业各种制造资源和产、供、销、财各个环节进行有效的计划、组织和控制，使它们得以协调发展，并充分地发挥作用，从而提高企业的整体效率和效益。实现物流同资金流的信息集成是MRPⅡ区别于MRP的一个重要标志。

MRPⅡ是一种计划主导型的生产管理方法。它以计算机为手段，高效率地处理复杂的计划问题。由于事先进行了周密的计划安排，使得复杂的生产活动，特别是机械制造业的多品种、中小批量的生产有了合理的组织与科学的秩序。MRPⅡ中的一些基本思想和计划方法完善与发展了生产管理的方法与技术，这是生产管理方法的重大创新。

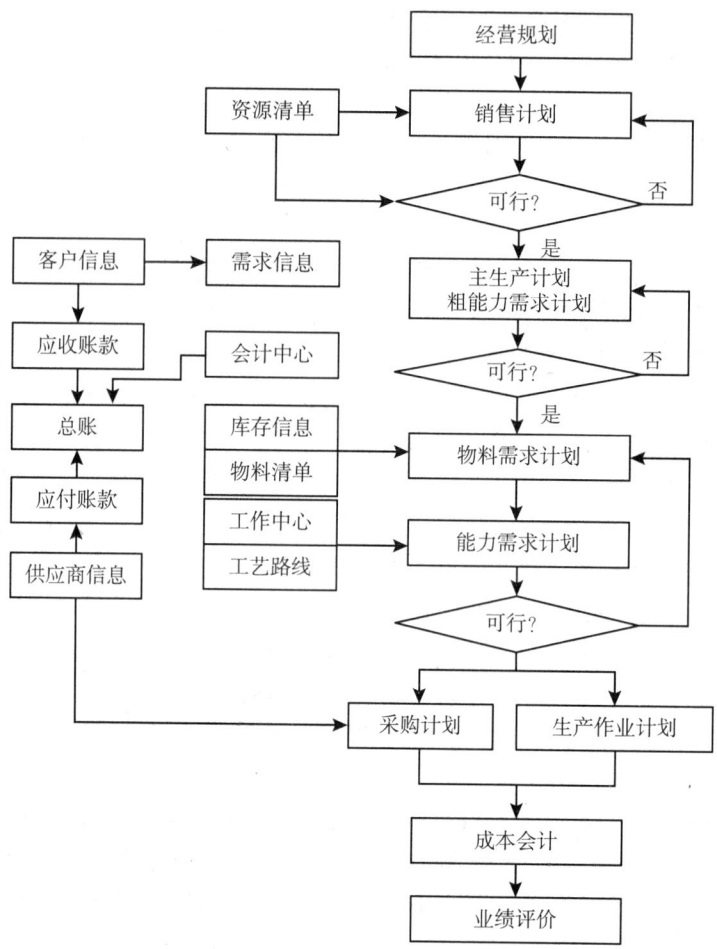

图 4-3 MRP Ⅱ 处理流程

然而，20 世纪 80 年代以来，企业的生存环境发生了重要变化。在市场形势复杂多变、产品更新换代周期缩短的情况下，MRP Ⅱ 对需求与能力的变更，特别是计划期内的变动适应性差，需要较大的库存量来适应需求与能力的波动，其集中式的管理模式也难以适应使用者对系统方便、灵活的要求和企业改革发展的需要。在买方市场形势下，竞争的加剧和用户对产品多样性和交货期日趋苛刻的要求，单靠"计划推动"式的管理难以适应，大量企业并未从 MRP Ⅱ 获得预期的效益。另外，MRP Ⅱ 的资源概念始终局限于企业内部，面对竞争日益加剧的国际市场，MRP Ⅱ 系统已不能满足企业多元化（多行业）、跨地区、多供应和销售渠道的全球化经营管理模式的要求。企业应将信息管理的范畴扩大到企业的所有资源，而不单单是对企业的制造资源的集成管理。因此，主要面向企业内部制造资源全面计划管理的 MRP Ⅱ，逐步发展成为有效利用和管理企业整体资源的企业资源计划（ERP）。

4.2　ERP 的概念与功能

4.2.1　ERP 的基本概念

20 世纪 90 年代以来，MRP Ⅱ 进一步发展完善，形成企业资源计划（Enterprise Resource Planning，ERP）。ERP 是 1990 年由美国著名的 IT 咨询公司 Gartner Group 最早提出的一种管理理念。

一般认为，ERP 是由 MRP Ⅱ 发展而来的，建立在信息技术基础上，利用现代企业的先进管理思想，全面集成企业的所有资源（支持企业业务运作和战略运作的事物，即人、财、物），并为企业提供计划、控制、决策和经营业绩评估的全方位和系统化的管理平台。

因此，我们可以从管理思想、软件产品、管理系统三个层次认识 ERP：

（1）ERP 是由 Gartner Group 提出的一整套企业管理系统体系标准，其实质是在 MRP Ⅱ 基础上进一步发展而成的面向企业信息资源集成的先进的管理思想，如准时制生产（JIT）、最优化生产（Optimized Production Timetable，OPT）、敏捷制造（Agile Manufacturing，AM）和全面质量管理（TQM）。

（2）ERP 是综合应用了客户机/服务器体系、关系数据库结构、面向对象技术、图形用户界面、第四代语言、网络通信等信息技术成果，以 ERP 管理思想为灵魂的软件产品。

（3）ERP 是整合了企业管理理念、业务流程、基础数据、人力物力、计算机硬件和软件于一体的企业资源管理系统。

ERP 的概念层次如图 4-4 所示。

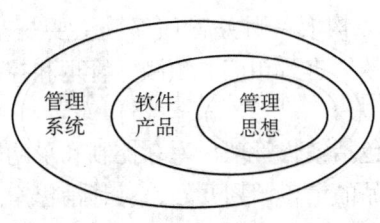

图 4-4　ERP 概念层次

通过概念层次可以看出，从管理角度、信息角度和企业角度对 ERP 的内涵与外延有不同的界定。对企业来说，ERP 中的企业资源是指支持企业业务运作和战略运作的一切事物,包括人、物、设备、能源、市场、资金、技术等。因此,我们可以认为,ERP 就是一个有效地组织、计划和实施企业所有资源管理的系统,它依靠信息技术以保证企业信息的集成性、实时性和统一性。

4.2.2 ERP 的主要功能模块

企业是一个复杂的运营实体,针对具体企业的管理思想、方式和方法也千差万别,用于企业管理的 ERP 系统也具有复杂的功能,并随企业的不同而具有不同的功能。

一般地,ERP 的主要功能包括生产控制(计划/制造)、财务管理(会计核算/财务管理)、物流管理(分销/采购/库存管理)和人力资源管理四大模块,基本功能如下:

1. 生产控制管理模块

该模块是 ERP 系统的核心,是一个综合性的计划系统。它将企业的整个生产过程有机地结合在一起,使各个分散的生产流程自动连接,连贯执行,有效降低了库存,提高工作效率。

生产控制管理是一个以计划为导向的先进生产管理方法。企业首先确定一个总生产计划,再经过系统逐步分解,进行物料需求、能力需求、车间控制等计划的确定,并将它们下达到各部门执行,即生产部门以此计划生产,采购部门按此计划采购等。

2. 财务管理模块

企业的经营管理中,财务管理是极其重要的一个环节。ERP 的财务模块与系统中的其他模块有相应的接口,能够相互集成,可将由生产活动、采购活动获取的信息自动计入财务模块生成总账、会计报表,替代了手工输入凭证等烦琐的过程,提高了工作效率及输入数据的准确率。一般 ERP 的财务模块分为会计核算与财务管理两大部分,其中会计核算部分主要是记录、核算、反映和分析资金在企业经济活动中的变动过程及其结果,它由总账、应收账、应付账、现金、固定资产、多币制等部分构成;财务管理部分主要是基于会计核算的数据,再加以分析,从而进行相应的预测、管理和控制活动。

3. 物流管理模块

物流管理模块包括销售管理、库存控制和采购管理三部分。

销售管理从产品的销售计划开始,对其销售产品、销售地区、销售客户等信息进行管理和统计,并可对销售数量、金额、利润、绩效、客户服务做出全面的分析。主要功能包括销售计划管理、销售订单管理、销售合同管理、销售客户管理以及销售统计和分析等。

库存控制用来控制存储物料的数量,保证稳定的物流,支持正常的生产，但又最小限度地占用资本。它是一种相关的、动态的、真实的库存控制系统，能够结合、满足相关部门的需求，随时间变化动态地调整库存，精确地反映库存现状。这一系统主要包括建立库存并决定订货采购、物料及产品验收入库、收发物料的日常业务处理等。

采购管理确定合理的订货量和优秀的供应商以及保持最佳的安全储备。它能够随时提供订购、验收的信息，跟踪和催促对外购或委外加工的物料，保证货物及时到达。还可建立供应商的档案，用最新的成本信息来调整库存的成本。具体功能有供应商信息查询、催货、采购与委外加工统计、价格分析等。

4. 人力资源管理模块

现代企业中的人力资源日益受到企业的关注，被企业视为资源之本。人力资源管理作为一个独立模块加入 ERP 系统中，与 ERP 中的财务、生产控制组成一个高效的、具有高度集成的企业资源系统。人力资源管理模块功能主要包括人力资源规划的辅助决策、招聘管理、工资核算、工时管理以及差旅核算等。

4.2.3 ERP 体现的管理思想

ERP 有效实现了对企业资源的管理，其管理思想主要体现在以下三个方面：

1. 体现对信息集成管理的思想

为了提高在市场中的竞争优势，一方面，企业通过对销售、生产、采购、物流各环节以及人力资源、生产设备、资金等内部资源的有效控制和集成，实现企业内部资源的优化和配置；另一方面，企业还必须把经营过程中的有关各方，如供应商、制造商、分销商、客户等信息集成起来，有效安排企业的产、供、销活动，满足企业利用内外部资源快速、高效进行生产经营的需求。

2. 体现精益生产和敏捷制造的思想

ERP 系统支持对混合型生产方式的管理，其管理思想表现在两个方面：一是"精益生产（Lean Production，LP）"，即企业按大批量生产方式组织生产时，把客户、销售代理商、供应商、协作单位纳入生产体系，企业同销售代理、客户和供应商的关系，已不再是简单的业务往来关系，而是利益共享的合作伙伴关系。通过减少和消除一切不产生价值的活动（即浪费），缩短对客户的反应周期，快速实现价值增值，促使企业管理体系的运行更加顺畅。二是"敏捷制造（Agile Manufacturing，AM）"，即当市场发生变化，出现特定的市场和产品需求时，企业的基本合作伙伴不一定能满足新产品开发、生产的要求，这时，企业会组织一个由特定的供应商和销售渠道组成的

"虚拟工厂"，把供应和协作单位看成是企业的一个组成部分，运用"同步工程（Simultaneous Engineering，SE，即对整个产品开发过程实施同步、一体化设计）"组织生产，用最短的时间将新产品打入市场，时刻保持产品的高质量、多样化和灵活性。

3. 体现事先计划与事中控制的思想

ERP 系统中的计划体系主要包括主生产计划、物料需求计划、能力计划、采购计划、销售执行计划、利润计划、财务预算和人力资源计划等，而且这些计划功能与价值控制功能已完全集成。另外，ERP 通过定义与事务处理相关的会计核算科目与核算方式，在事务处理发生的同时自动生成会计核算分录，保证了资金流与物流的同步记录和数据的一致性，改变了由于时空分离而导致的资金信息滞后于物料信息的状况，便于实现事中控制和实时做出决策。

ERP 所包含的管理思想是非常广泛和深刻的。ERP 不仅面向信息集成体现精益生产、敏捷制造、同步工程的管理思想，而且必然要结合全面质量管理（TQM）以保证质量和客户满意度，结合准时制生产（JIT）以消除一切无效劳动与浪费、降低库存和缩短交货期，它还要结合约束理论（Theory of Constraint）定义瓶颈环节、消除制约因素以扩大企业的有效产出。

4.2.4　MRP、MRP II 与 ERP 的联系

1. ERP 是 MRP II 的扩展

与 MRP II 相比，ERP 实现的功能更强，管理的资源更多，支持混合式生产，从企业全局角度进行经营与生产，是制造企业的综合集成经营系统。ERP 在 MRP II 的基础上扩展了管理范围，将企业内部划分成几个相互协同作业的支持子系统，如财务、市场营销、生产制造、质量控制、设备管理、产品数据管理、维护管理等。它将系统的管理核心从"在正确的时间制造和销售正确的产品"转移到"在最佳的时间和地点，获得企业的最大增值"。基于管理核心的转移，其管理范围和领域也从制造业扩展到了其他行业和企业，加强了功能和业务的集成，特别是商务智能的引入使得以往简单的事务处理系统变成了真正智能化的管理控制系统。

2. MRP 是 ERP 的核心功能

制造业的主要特点是需要从供应方买来原材料，经过加工或装配制造出产品并销售给需求方。任何制造业的经营生产活动都是围绕产品这个核心展开的，制造业的信息系统也不例外。MRP 就是从产品的结构即物料清单出发，实现了物料信息的集成——从原材料到制造件再到产品，将企业的"产、供、销"信息集成起来。MRP 是一种

保证既不出现物料短缺又不积压库存的计划方法，解决了制造业所关心的缺件与超储的矛盾，所以 ERP 把 MRP 作为其生产计划与控制模块，MRP 是 ERP 系统不可缺少的核心功能。

3. MRPⅡ 是 ERP 的重要组成

MRP 解决了企业物料供需信息集成，而 MRPⅡ 则运用管理会计的概念用货币形式说明了执行企业"物料计划"所带来的效益，实现了物料信息与资金信息的集成。MRPⅡ 把传统的账务处理同发生账务的事务结合起来，例如，将体现债务债权关系的应付账、应收账同采购业务和销售业务集成起来，同供应商或客户的业绩或信誉集成起来，同销售和生产计划集成起来等，按照物料位置、数量或价值变化定义事务处理，使与生产相关的财务信息直接由生产活动生成。

总之，ERP 是一个高度集成的信息系统，它必然体现物流信息同资金流信息的集成。传统的 MRPⅡ 系统主要包括的制造、供销和财务三大部分依然是 ERP 系统不可跨越的重要组成。MRPⅡ 的信息集成内容既然已经包括在 ERP 系统之中，就没有必要再突出 MRPⅡ。形象地说，MRPⅡ 已经"融化"在 ERP 之中，而不是"不再存在"。从 MRP 到 MRPⅡ 再到 ERP 是制造业管理信息集成的不断扩展和深化，每一次进展都是一次质的飞跃，同时又是一脉相承的。随着信息技术和现代管理思想的发展，ERP 的内容还将不断扩展。图 4-5 从管理范围和功能上显示 ERP、MRPⅡ 和 MRP 三者的联系。

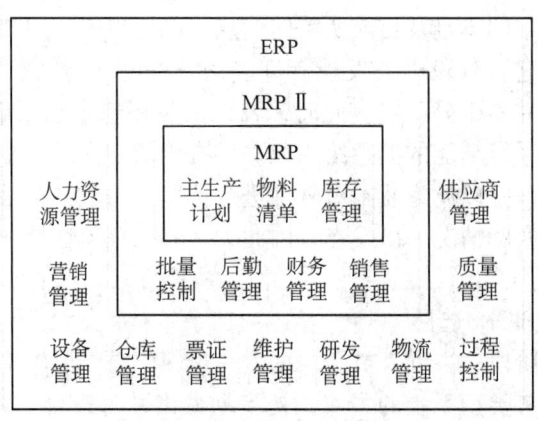

图 4-5　ERP 与 MRPⅡ、MRP 之间的联系

4.3　ERP 系统的实施

目前各类型的 ERP 软件在市场中层出不穷，究竟哪一种软件功

能更强且更适应用户需求也越来越为用户所关注。系统参数设置越灵活，软件性能越强，越能满足用户的需求，但同时也加大了系统实施的难度。众所周知，成功的软件实施需要软件系统知识和企业管理思想紧密结合，而这一点往往又是软件商或用户中任何一方难以单独完成的，因为软件的生产者会更注重其产品性能的完善，而不能非常完整、系统地掌握用户的需求信息；而作为用户，一般并不能十分了解各系统的功能以及它们之间的差别，因此很难正确选择适合本企业的系统。在这种情况下，既熟悉软件功能，又熟悉企业状况的咨询机构应运而生。这种较为独立客观的咨询机构能够站在用户的角度，并凭借自身对各种系统的熟悉与了解，在实施过程中与软件商密切合作，发挥出系统的最大功效。

4.3.1　ERP 实施方法和流程

KPMG（毕马威华振会计师事务所）的 IT 咨询有多年系统实施的经验，并在实践中形成一套较为成熟的实施方法。此方法以用户为中心，以用户的需求为出发点，将实施的各阶段文档化，从而在很大程度上能够确保实施成功。

1. 需求分析

需求分析是指在充分了解客户情况，包括客户生产/财务及管理流程后，咨询人员与客户一起讨论对系统的具体要求方案，主要针对其现行体制中的不足及目前所需的信息，制定出一套用户对系统的需求方案。在这一阶段中会发现有许多用户并不十分了解其自身的需求，至少是并不十分明确。此时，咨询人员还应主动了解客户情况，结合对各类系统功能的熟悉给用户提供有价值的提示，帮助客户明确自身的需求，并以此为蓝本对软件进行选择。需求分析是完全以客户的需要以及实际情况为出发点，因此为客户合理地选择系统提供了基本保障。

2. 系统演示/选择

在这一阶段，咨询人员会根据上一步骤中总结出的用户的具体需求，结合对各类型系统的了解，初步划分出几个适合于客户的系统，逐一安排进行系统演示。演示可以使客户产生对系统的感性认识，而作为咨询顾问则会协助客户将这种认识上升为对系统理性上的评价，并根据已制定好的参照标准，即用户的需求来评判出究竟是哪一种软件最适合于用户。

3. 系统询价/购买

一旦选定了合适的系统，咨询人员会帮助客户参与询价和购买工作，这其中包括为用户制订采购计划。许多中型到大型软件包都是由各个可以独立工作的功能模块组成。有经验的 IT 顾问会帮助客户从实际情况出发，挑选当前需要的模块，剔除不需要的部分，进行有效的功能组合。例如：有些企业的固定资产很少，就可以从系统中去除可选的固定资产管理模块；相反的，如果需要，可以从第三方专门购买功能强大的固定资产管理模块，集成在主模块中，进行专门管理。这样做的好处显而易见，既可以节约资金，又可以适应日新月异的信息技术市场，随着企业的发展，选择功能更加完善、价格更为合理的软件产品。

4. 安装系统/调试/网络建立

从这一步骤开始，咨询人员的角色已经从协助客户管理层作出软件选择的决策转变为负责安装实施整套管理信息系统。

第一步是建立网络。网络的建立通常是由企业自身的 MIS 人员完成。咨询人员则着重于检测该网络环境是否支持用户所选的系统，网络结构是否达到优化，是否可以使系统稳定、高效地运行。

第二步是系统的安装。系统安装的复杂程度因系统本身的复杂性而异。一些小型财务软件的安装只需要十几分钟，而大型系统，如 SAP、Oracle 等，其安装需要事先周密计划，各单位统一安装、协调进行。首先整个过程包括在系统实施前必须规划网络结构，根据业务量确定各个子网规模；其次是设置网络操作环境及通信协议；再次再安装各类数据库服务器、应用服务器及备份服务器；最后是系统客户端软件的安装……在此全过程中均会涉及硬件/网络、软件/数据库等各方面的匹配。此时掌握企业信息和系统需求的咨询人员的地位更显得尤为重要了，因为只有对各个环节进行统筹安排，才可以成功地完成这种复杂的系统安装，否则任何一个环节的疏漏都会导致整个项目的失败。

5. 参数设置

各类中型、大型软件都预留有各项参数，客户可以根据自身的特点来进行设置，即通常所指的用户化。用户化是系统实施中最为复杂和关键的一步。参数设置是否正确，直接关系到软件功能的实现及系统运行的平稳。通常参数的设置需要客户和咨询顾问双方共同讨论，因为只有将企业的特点与软件的功能紧密结合才能使软件功能得到最大限度的发挥。举例而言，在制造型企业的系统实施过程中，咨询顾问要根据产品工艺特点设计物料清单的格式、成本控制中心，这时工艺流程、人力资源以及产品的准备时间、生产时间、包装时间都成为必须考虑的要素。当所有类似的参数得以明确定义后，方可进行系统设置，完成用户化过程。此外，如果客户选择的是中小型软件，那么在参数设置过程中，用户会更清楚地认识到一些这类系统无法实现的功能，如一些特定报表的输出。咨询人员会根据这些需求的重要程度协助客户决定是否在系统以外做相应的设置，如利用各类报表书写器来设计系统内无法完成的各种报表，并做好与系统内数据库的接口。

6. 用户培训

当系统安装、调试完成，参数设置校验无误后，咨询人员将安排所有最终用户（End – User）的培训，培训将根据用户在系统中的权限定义及责任范围分批分组进行。

培训不应仅针对系统的操作者，还应注重培训用户自己的系统维护人员。软件的复杂以及管理的要求，往往使每个最终用户只了解与自己权责相关的功能，这要求所有的用户必须按照事先制定的操作规程，相互协调、相互合作。操作过程中一个节点的失败，都可能导致整个系统的瘫痪。也正因为如此，客户应至少让两名工作人员参与整个系统实施的全过程，包括用户培训，以便对整个系统的运作有全面的了解。这样还可以在用户与咨询人员之间搭起一座桥梁，并且用户自己也有起到内部协调及系统维护作用的人员，最终将会提高系统的运行效率。

7. 试运行/支持维护

系统实施完毕，需要有几个月的试运行，这是一个发现问题和解决问题的反复过程。咨询人员也将在此过程中对系统的设置进一步考核，同时对用户进行进一步的培训。在这一过程中，以客户为中心，以客户的需求为出发点，是成功实施系统的最基本、也是最重要的保证。

4.3.2 ERP 系统的实施风险

从 1991 年起，中国企业开始引进 MRP Ⅱ/ERP 系统，对企业管理进行改造。在所有的 ERP 系统实施项目中，一般只有 10% ~ 20% 能按期、按照预算成功实施，实现系统集成；有 30% ~ 40% 系统没有实现系统集成或只实现部分集成；约 50% 的实施项目失败。

ERP 系统实施成功率不高有多种原因，企业需要对从 ERP 系统选型开始到系统上线的实施全过程中存在的种种主要风险有系统性的认识，从而建立起一整套行之有效的项目和风险管理机制，提高 ERP 系统的实施成功率，最终达到增强企业管理水平。企业实施 ERP 系统时，企业风险模型可以归纳为以下软件风险、实施风险和转变风险三个方面。

1. 软件风险

软件风险主要包括软件本身存在的功能风险和企业选择软件时产生的选择风险。由于 ERP 系统的纷繁复杂，ERP 软件本身可能存在各种功能不足或潜在的软件缺陷，称为"软件功能风险"。针对目前中国市场上的 ERP 软件，主要存在的软件功能风险有：软件功能与企业需求的满足程度，系统的集成性，软件的成熟性和稳定性，以及国外 ERP 软件对中文界面和数据的支持程度等。

国外的 ERP 软件在一些发达国家已经经历了一个较长的开发和使用阶段，因而在软件功能对企业需求的满足程度、系统的集成性、软件的成熟性和稳定性上表现比较理想；而国内的 ERP 软件一般都是从财务核算软件开发提高而来，在符合中国会计制度上占有一定的优势。

2. 实施风险

实施风险是企业在实施 ERP 系统的过程中可能遇到的各种风险，主要包括实施队伍的组织、项目时间和进度的控制，实施成本的控制，以及实施质量的控制和实施结果的评价。

（1）实施队伍的组织。实施队伍和实施人员对于 ERP 系统的成功实施至关重要。由具有丰富 ERP 系统项目实施和企业流程管理经验的咨询人员和企业内部的管理人员、业务人员以及技术人员一起组成项目实施小组，共同进行项目实施工作，可以提高 ERP 系统实施的成功率，缩短实施周期，减少实施风险。

有的企业将 ERP 系统实施完全外包给软件供应商或系统集成商，或者相反地，完全由企业内部的技术人员单独进行项目实施，这些做法都将增加系统实施的风险。没有企业内部人员的参与，软件供应商或系统集成商无法对企业的业务和流程有深刻的了解，从而难以按照企业的实际需要进行 ERP 系统实施；反之，企业内部的技术人员缺乏对软件的深入了解和项目实施的经验，在协调企业内部各部门机构的工作时存在种种不便，对推动和控制整个项目的进展存在困难。

由企业内部人员和外部咨询顾问共同组成项目实施小组的另一目的是将软件系统的知识和项目实施的经验传授给企业的用户，使企业通过一个项目的实施，经历"知悉—接受—拥有"的过程，最终实现企业自身持续改善的目的。如果企业内部的实施人员经常变动、不能专职稳定地参与项目的实施工作，把实施项目视为外来咨询人员的责任而不是企业自己的工作，将直接影响到咨询人员对企业用户进行知识和经验的传授，从而造成系统上线、咨询顾问离开、企业用户不会维护使用的尴尬局面。

在实施项目的组织中另一个突出的问题是：由于 ERP 系统的复杂性，在实施过程中涉及的部门很多，许多实施工作需要各部门的协作才能完成，因而，如何协调部门之间的工作、统筹安排跨部门的实施人员、避免出现扯皮现象是一个亟须解决的问题。

（2）项目时间和进度控制。ERP 系统实施通常需要 3～6 个月，甚至 1 年时间。在这一漫长过程中，进行项目管理、控制项目进度、确保整个实施过程能够按照预计的时间表进行，对项目的成败至关重要。许多 ERP 实施项目从一开始就没有制订明确的、可行的实施计划，在实施过程中不能按时实现里程碑性的目标，造成项目最终半途而废或系统上线严重延误。

在许多 ERP 系统的实施中，软件供应商或系统集成商往往按照服务天数提供服务并收取费用，如果在实施过程中出现种种预料之外或不可控制的情况，由于双方既定的服务天数已到，服务者或者停止服务或者增加费用，给用户带来损失或额外支出。这种按照服务天数提供服务并收取费用的方式容易造成实施成果与费用脱钩的现象。

（3）实施成本控制。ERP 系统的实施成本通常包括硬件费用、软件使用许可费用和软件培训费用、实施咨询费用及维护费用等。根据国外 ERP 系统实施的成熟经验，一般实施咨询费用是软件使用许可费用的 1.5~2 倍。国外企业已经普遍意识到咨询顾问在 ERP 系统实施过程中不可替代的作用，但国内不少实施 ERP 系统的企业尚未认识到这一点，从而在系统实施过程中遇到种种困难，甚至最终不能成功实施。

在实施过程中，如何合理分配实施费用，结合项目进度和时间安排，将实施成本控制在计划之内，是每一家实施 ERP 系统的企业需要认真对待的问题。不少企业由于不能按照项目时间进度计划开展实施，造成时间的延误和实施成本上升，即使最终系统上线，也不能符合时间和预算的要求，客观上造成实施的不成功。

3. 转变风险

（1）管理观念的转变。ERP 系统的实施是一个管理项目，而非仅仅是一个 IT 项目。不少企业高层管理人员尚未认识到这一点：在选择系统时仅由技术主管负责，缺少业务部门用户的参与；在实施系统时仅由技术部门负责，缺少管理人员和业务人员的积极参与；项目经理由技术部门的领导担任，高级管理人员，尤其是企业的一把手未能亲自关心负责系统实施。由此种种现象，需要企业管理人员转变认识加以改善。

管理观念的转变还体现在 ERP 系统实施过程对企业原有的管理思想的调整上。ERP 系统带来的不仅仅是一套软件，更重要的是带来了整套先进的管理思想。只有深刻理解、全面消化吸收了新的管理思想，并结合企业实际情况加以运用，才能充分发挥 ERP 系统带来的效益。因此，在实施过程中企业管理人员和业务人员转变管理思想是一个必不可少的痛苦过程，顺利转变管理思想，在某种意义上而言是 ERP 系统成功实施最关键的因素。

（2）组织架构的调整。为适应 ERP 系统带来的改变，企业必须在组织架构和部门职责上作相应的调整。因此，实施 ERP 系统往往需要同时进行企业流程重组和改善的工作。在流程改组中，会涉及部门职能的重新划分、岗位职责的调整、业务流程的改变、权力利益的重新分配等复杂因素，如果企业不能妥当地处理这些问题，将会给企业带来不稳定因素。

（3）业绩考评体系的转变。由于企业组织架构和业务流程的调整，企业必须对业绩考评体系进行相应的调整，以适应新的岗位职责和业务要求。能否顺利地将原有的业绩考评体系转变到适应新系统的业绩考评体系，是对企业的一个考验。

企业实施 ERP 系统是效益与风险并存。只有正确认识风险，控制风险，进而降低风险，才能成功实施 ERP 系统，充分享受 ERP 系统给企业带来的巨大效益。

4.3.3 ERP 应用成功的标志

ERP 应用是否成功在大的方面可以从以下四个方面加以衡量：

1. 系统运行集成化

这是 ERP 应用成功在技术解决方案方面最基本的表现。ERP 系统是对企业物流、资金流、信息流进行一体化管理的软件系统，其应用跨越多个部门甚至多个企业，为了达到预期设定的应用目标，最基本的要求是系统能够运行起来，实现集成化应用，建立企业决策完善的数据体系和信息共享机制。

一般来说，ERP 系统仅在财务部门应用只能实现财务管理规范化、改善应收账款和资金管理；仅在销售部门应用只能加强和改善营销管理；仅在库存管理部门应用只能帮助掌握存货信息；在生产部门应用只能辅助制订生产计划和物料需求计划。只有集成一体化运行起来才有可能达到：

- 降低库存，提高资金利用率和控制经营风险；
- 控制产品生产成本，缩短产品生产周期；
- 提高产品质量和合格率；
- 减少财务坏账、呆账金额等。

这些目标能否真正达到还要取决于对企业业务流程重组的实施效果。

2. 业务流程合理化

这是 ERP 应用成功在改善管理效率方面的表现。ERP 应用成功的前提是必须对企业实施业务流程重组，因此，ERP 应用成功也即意味着企业业务处理流程趋于合理化，并实现了 ERP 应用以下几个最终目标：

- 企业竞争力得到了大幅度提升；

- 企业面对市场的响应速度大大加快；
- 客户满意度显著改善。

3. 绩效监控动态化

ERP 的应用将为企业提供丰富的管理信息，如何用好这些信息并在企业管理和决策过程中真正起到作用是衡量 ERP 应用成功的另一个标志。在 ERP 系统完全投入实际运行后，企业应根据管理需要，利用 ERP 系统提供的信息资源设计出一套动态监控管理绩效变化的报表体系，以期即时反馈和纠正管理中存在的问题。这项工作一般是在 ERP 系统实施完成后由管理咨询公司的专业咨询顾问帮助企业设计完成。企业未能利用 ERP 系统提供的信息资源建立起自己的绩效监控系统，将意味着 ERP 系统应用没有完全成功。

4. 管理改善持续化

随着 ERP 系统的应用和企业业务流程的合理化，企业管理水平将会明显提高。为了衡量企业管理水平的改善程度，可以依据管理咨询公司提供的企业管理评价指标体系对企业管理水平进行综合评价。评价过程本身并不是目的，为企业建立一个今后可以不断进行自我评价和管理不断改善的机制才是真正目的。这也是 ERP 应用成功的一个经常不被人们重视的标志。

4.4 ERP 的发展

4.4.1 ERP 与其他管理信息系统的整合

伴随经济全球化进程的不断加快和计算机网络技术的不断发展，信息系统在企业中的应用也在不断变革。ERP 逐步与客户关系管理系统（Customer Relationship Management，CRM）和供应链管理系统（Supply Chain Management，SCM）整合，有效实现企业与供应商和客户信息的自动交互，提高整个采购环节和客户关系管理的效率。此外，ERP 还可以与第三方的 B2B 网站全面链接，实现网上订货，及时提供产品，优化服务，减少中间成本，提高企业的市场竞争力。因此，ERP 在许多领域同其他的管理思想相互结合，便产生了许多的发展方向。

1. ERP 系统与 SCM、CRM 系统的融合

在电子商务环境下，ERP、SCM 和 CRM 是企业信息系统的重要组成部分。为了使企业的业务处理流程更加连贯，增强企业对市场的

响应能力和市场竞争力，如何成功地把这些系统有效地集成在一起并高效率地运行是目前亟须解决的突出问题。

当前ERP系统的应用还主要是企业内部处理过程的集成，如财务、人力资源、订单管理以及制造和分销等，而很少涉及对企业外部的供应商和客户的管理；SCM对供应链上的有关信息进行管理，而很少涉及企业内部的经营活动；CRM是以客户需求为中心来组织推动整个企业的经营，其主要功能是记录客户与企业的交往和交易，并将有可能改变客户购买行为的信息加以整理和分析，同时进行商业情报分析，了解竞争对手、市场和行业动态。因此，需要在ERP系统的基础上融入SCM、CRM的功能，做到一个企业内外部信息的集成。

在电子商务的大环境中，企业的客户可能分散在全球各地。传统的ERP系统着眼于企业后台的管理，如准确核算并控制产品成本、快速高效地生产出产品等。而由于ERP系统缺少直接面对客户的系统功能，无法了解哪种产品更受欢迎、哪些服务最有待改进这一类的问题。通过CRM系统，收集客户信息，并加以分析和利用，对客户的情况都了如指掌，CRM系统与ERP的融合是现代管理信息系统的发展趋势。一般来讲，客户关系管理系统包含销售、市场及服务三类模块。其中，销售模块有很多功能，从最初的需求生成，到自主销售，到最后的销售人员佣金管理都涵盖其中。销售人员只要有一台手提式电脑，就可以随时得到生产、库存和订单处理的情况，可以随时随地与任何客户进行业务活动；而市场模块则偏重于对市场计划和市场战略的策划与管理，让企业心中有数；服务模块涉及服务的方方面面，例如服务合同管理和电话呼叫中心的管理等，确保企业提供优质服务。CRM系统与ERP系统的充分融合，才能将前端的销售、市场和服务等部门的信息及时传达到后台的财务、生产、采购和仓储等部门；CRM系统也同样需要从ERP系统中获得订单信息、产品技术支持等信息。

同样，在全球化的今天，企业的供应商也是分散在全球各地，通过SCM系统结成一体的采购体系，统一来建立供应商的相关数据库，例如荷兰的Scala商业管理软件是在当前具有先进管理思想的ERP的基础上又吸收了供需链管理的敏捷制造技术，适用于面向客户的管理模式和企业动态联盟企业，实现了生产、物流（采购、销售、仓库）、财务三大部门的物流、资金流的统一。Scala商业管理软件实际上就是一个高度集成的管理信息系统，实现了企业横向业务过程中"物流—信息流—资金流"的集成。企业各部门的业务无须通过手工或"接口"传递数据、指令、报表等信息，其供需链通过"采购—制造—分销"各环节的资源无间断地集成和"办公自动化—业务事务处理—决策支持"的集成已将这一切轻松完成。

2. ERP 与 EC 的有机集成

将电子商务（EC）、交易管理（TM）和客户关系管理（CRM）集成到 ERP 之中，集成后的 ERP 系统不再局限于单个企业实体，而把重点转向以客户为中心，基于供应链进行管理。所以 ERP 的内涵发生了深刻的变化，传统 ERP 中的资源 R（Resource）被代表企业与供应商和客户之间的关系 R（Relationship）所取代。传统 ERP 中的计划 P（Planning）被管理 M（Management）所取代，ERP 将会发展为企业关系管理（Enterprise Relation Management，ERM）。ERM 系统的结构如图 4－6 所示。

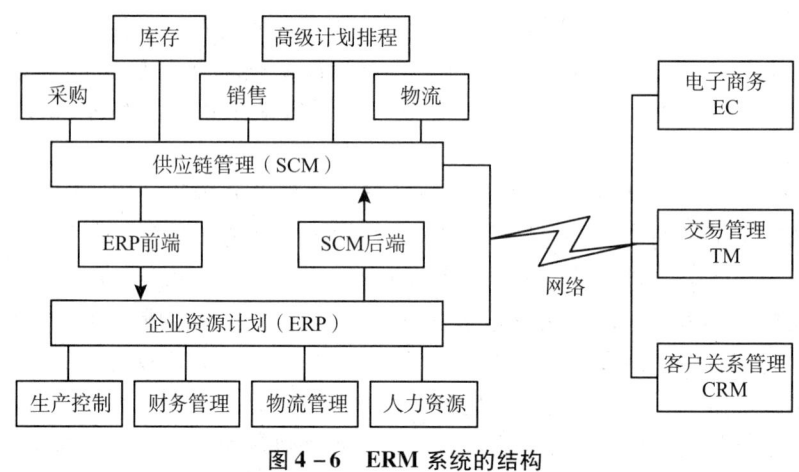

图 4－6　ERM 系统的结构

4.4.2　Internet 技术发展下 ERP 的网络化、面向对象及事件驱动

Internet 的技术特性在与 ERP、SCM、CRM 等新型业务模式相结合以后，充分显示出了它不可替代的优势。Internet 应用不仅可以改善供应链中各部分间的沟通，提高供应链效率，更重要的是 Internet 将会改变供应链的结构，对现有的销售及服务体系进行重组，ERP 底层的技术支撑体系由传统的客户/服务器模式向以网络为中心的计算技术体系发展。

基于 Internet 的计算环境和 Java 技术平台促使了新一代 ERP 的产生，即网上的企业资源计划（iERP）。从长远看，Internet 与 ERP 结合的深度将从眼下在网上管理业务数据，发展到将来直接开办网上业务。从最近几年 SAP 推出的 MySap.com 和 Oracle 推出的 Oracle 11i 都可以看出各大 ERP 供应商正在朝这个方向发展。iERP 的开发基于 B/S 结构，它由客户端、Web 服务器、数据库服务器和应用服务器组成。其中，客户端仅安装浏览器，应用程序安装在应用服务器上，Web服务器负责向外发布信息，数据库服务器负责对数据的存取。由于iERP的业务逻辑均集中在服务器上，对不同服务器的适应能力可以解决ERP对平台的依赖性，实现平台的多元化。面向Internet计算环境还可以将维护工作集中在服务器一端，有效地降低系统的维护费。

Gartner Group（美国企业信息化咨询公司，ERP概念的发起者和推动者）对此的评论是"1997年的网络计算模式像1991年的客户/服务器模式掀起的革命一样，并将更有力地席卷整个市场……"。同样地，其他各知名评论机构对此均作出热烈的响应，AMR Research（美国企业信息化咨询公司，2009年被Gartner Group收购）提出了"网络业务对象——NBO（Network Business Object）"，Hurwitz提出了"Hyper–Tier"的概念等。所有这一切都预示着以网络为中心的计算技术体系取代传统的客户/服务器体系的时代已经到来，而ERP领域的著名提供商J. D. Edwards公司提出的可配置网络计算技术体系CNC（Configurable Network Computing）则是这一概念在ERP领域的典型代表，它有如下特点：

(1) 以网络为中心的计算模式：传统的客户/服务器体系中的设备资源一旦安装好后，其担负的角色便固定下来，服务器只能作服务器用，客户机只能作客户机用。由于这种限制，其中的某一关键环节如数据库服务器一旦出现问题，则会导致整个体系的瘫痪。而采用CNC技术，整个网络上的资源在ERP系统安装后仍可灵活配置，各种设备的角色可以互换，大大提高了整个体系的可靠性，同时任务可按负荷大小进行重新分配，动态分布，增加了各设备的利用率，提高了系统的运行效率，也使系统面对外界变化的适应性大大增强。

(2) 业务应用同技术体系分离：由于CNC技术采用了中间件技术（Middleware）并提供集成的开发工具（Toolset），用户或系统分析员不需要了解底层的数据库、操作系统以及网络协议等烦琐的细节。利用开发工具提供的可视化设计等功能，在无须编写源代码的情况下就可生成新的应用功能，并且这一新的功能可在多种平台上运行。这样业务人员面对不断变化的业务环境，能迅速地将新的业务模式注入ERP系统中，真正做到业务环境与信息系统同步运作。

(3) 伴随企业共同成长：由于可配置网络计算技术（CNC）具备动态的数据与逻辑的分布配置功能，企业可根据业务发展的不同阶段，应用从主机为中心（Host–Centric）到瘦客户机（Thin–Client）配置的不同运作模式，或多种运作模式的并存。同时可在原有的基础上集成最新的技术，如Internet等，做到真正的N–Tier运作模式，因此它可伴随企业共同成长。

（4）面向对象技术和事件驱动编程的应用：为了适应业务环境不断变化而对应用系统提出的高效、可靠的要求，例如：J. D. Edwards 公司率先采用了事件驱动的对象技术。这一技术包括两部分内容：事件驱动的编程（Event Rule Programming）与基于对象的业务规则（Object-based Business Rules）。

（5）事件驱动的编程：相对于传统的过程化编程（Procedural Programming），事件驱动编程方法将应用系统的控制权掌握于用户手中，而不是让用户跟着预先定好的应用模式走。因此它将给用户带来如下优势：①用户可根据实际业务情况决定处理过程而不是被限制于系统预先设置的过程；②系统更加易学易用，并且有较高的处理效率；③一旦实际业务情况有所变动，系统有足够的柔性以适应新的变化。

4.4.3　云计算和 SaaS 环境下的 ERP 产品服务化

随着互联网技术的发展和应用软件的成熟，IT 系统的运行环境已然发生重大的变化，SaaS 和云计算技术的应用就是其中的重要演化方向之一。

SaaS（Software as a Service）指的是软件即服务，是一种软件运营服务模式，它是一种通过 Internet 提供软件的模式，厂商将应用软件统一部署在自己的服务器上，客户可以根据自己的实际需求，通过互联网向厂商订购所需的应用软件服务，按订购的服务多少和时间长短向厂商支付费用，并通过互联网获得厂商提供的服务。用户不用再购买软件，而改为向提供商租用基于 Web 的软件，来管理企业经营活动，且无须对软件进行维护，服务提供商会全权管理和维护软件。有些软件厂商在向客户提供互联网应用的同时，也提供软件的离线操作和本地数据存储，让用户随时随地都可以使用其订购的软件和服务。对于许多小型企业来说，SaaS 是采用先进技术的最好途径，它消除了企业购买、构建和维护基础设施和应用程序的需要。

云计算将改变 ERP 的创建思路，使 ERP 真正满足企业不断变化的需要。因为云计算 ERP 采用以"应用"为中心的软件设计思想，在"云"里提供了大量的"应用"功能，企业根据自己的需要设计组织形式，把不同的"应用"功能连接起来，形成 ERP 系统，像电网能为客户提供价格低廉、按需购买、安全可靠的供电服务那样，为客户提供使用 ERP 的软件服务。让客户通过网络即可获得 ERP 服务，客户不用安装硬件服务器、不用安装软件、不用建立数据中心机房、不用设置专职的 IT 维护队伍，不用支付升级费用，企业或个人只需要一台个人电脑和互联网连接这样的基础设施即可使用专业的 ERP

软件。

  伴随 ERP 市场出现普及化趋势,越来越多的企业应用 ERP 进行企业管理。对此 ERP 厂商通过硬件与软件相结合的方式积极推进云技术的 ERP 产品。通过按需插件的方式为客户节约成本,提高产品的运行效率,满足客户个性化的需求。例如,SAP 开发了基于云计算的管理软件系统(SAP Business ByDesign、SAP HR、SAP Cloud for Customer、SAP Cloud for Travel);Oracle 收购了两家 SaaS 云计算创业公司:HR 解决方案提供商 Taleo 和 CRM 解决方案提供商 RightNow。国内用友软件与 IBM 合作,对旗下的伟库 CRM 等 SaaS 系统与 IBM Cloudburst 做集成开发,2012 年与 EMC 合作加强存储备份。

4.4.4　无线互联技术下的移动化

  在互联网时代,PC 是 ERP 的执行终端,ERP 助推企业实现了内部流程优化、管理变革及跨地域的经营;而在移动商务时代,手机将取代 PC 成为移动商务时代的重要执行终端,手机被视为企业经营管理的神经末梢。当前随着 4G、5G 网络的普及,以及平板电脑、智能手机等智能移动终端的普及,移动办公已经成为商务人士的重要部分,只要有手机在手,就能有效管理和查询整个 ERP 系统,管理决策者可以随时随地了解和查询企业财务状况,接收各项指标发出的报警,在第一时间做出决策;销售人员、财务人员、生产线的工作人员等可以随时随地快速、实时上报情况,为异地管理带来了极大方便。

  移动 ERP 应用已成为 IT 厂商、移动运营商和用户等各方面都普遍关心的热点,将二维条码、RFID 等技术与移动 ERP 相结合,由此催生出更丰富、更有效的应用模式。用友公司将移动商务视为其两大核心战略业务之一,专门成立了"用友移动商务科技有限公司",2005 年,用友软件推出了第一款移动应用产品 UFmobile,以短信的方式将 ERP 管理从电脑逐渐向手机及其他移动中端进行跨越性延伸、2007 年正式推出 M - ERP 平台;2009 年金蝶推出"金蝶 3G 移动 ERP",以金蝶管理软件全线产品——金蝶 EAS、金蝶 K/3、金蝶 KIS 系统为数据源,用户可以将智能手机作为应用客户端,利用 3G 无线网络实现移动管理。SAP、微软等软件厂商也先后推出基于移动商务的应用套件。

4.4.5　面向服务(SOA)架构下 ERP 产品的模块化

  传统 ERP 系统各业务模块之间是非松耦合的关系,某块业务功能升级将引发整个 ERP 产品的升级，对业务和信息部门都带来很大的压力。某一业务模块的调整将对整个企业的信息处理工作带来影响，如因为升级需要频繁地停机安装和备份甚至带来相关模块操作界面和流程的改变。

面向服务架构（Service Oriented Architecture，SOA）是一种随着 ERP 系统从 C/S 模式向 B/S 模式的转变中新兴的架构思想，它以服务（Service）的方式改造底层架构，将原先错综复杂的业务逻辑按流程分割成相对独立的业务组件，再以服务的方式向外暴露，以便 ERP 的各个子系统、模块之间相互调用，这种松散耦合的调用，能够使系统的耦合度、复杂度大大降低，复用性、系统的柔性、开发及调试效率大大提高。SOA 面对的是一个个独立的服务，服务之间可以通过标准接口来相互调用，这样企业在重复功能上就可以直接通过接口调用，而不必重新开发；如果企业的业务发生变化，只需要修改相对应的服务即可，降低了修改的难度与复杂度，保证了企业的 ERP 系统的动态变化。

ERP 产品利用 SOA 技术将 ERP 系统按照不同的功能分成很细的一些模块，用户可以自由选择，并随时追加。打个比方，如果某一个公司很少需要采购原材料，也没有应付账的问题，那它也许只买一个财务系统中的应收账模块和一个总账模块就可以了。这种 ERP 系统的功能没有前一种那么全，但留给用户更大的空间。它们往往提供灵活的应用程序接口，实施商可以根据不同用户的要求进行二次开发，为每一个用户提供量身定做的解决方案。而且，当用户的经营环境和业务模式改变时，ERP 系统本身也可以轻松地被加以改装，适应新的要求。这种灵活的模块化的系统正逐渐取代那种庞大的系统。以世界上最大的两家 ERP 厂商来说，Oracle 是模块化的倡导者，并率先实现所有模块可独立安装，并带有开放的应用程序接口；SAP 则是最佳业务实践的鼻祖，SAP 庞大的系统功能细致而强劲，但也容易让人望而生畏，所以 SAP 现在也将 R/3 部分功能模块化，以适应这种趋势。

4.4.6 大数据环境下 ERP 的商业智能化

随着云时代的来临，公司创造了大量非结构化和半结构化数据，大数据（Big Data）也吸引了越来越多的关注。大数据的特点有四个层面：第一，数据体量巨大。从 TB 级别，跃升到 PB 级别；第二，数据类型繁多。如网络日志、视频、图片、地理位置信息等。第三，价值密度低，商业价值高。以视频为例，连续不间断监控过程中，可能有用的数据仅仅有一两秒。第四，处理速度快。这些特点也是和传统的数据库管理有着本质的不同。

传统的 ERP 系统面向企业业务处理，实现了企业信息的记录、查询，以及汇总数据的电算化过程，然而管理决策不仅需要收集、整理和汇总散布在企业各个角落的数据形成信息，更重要的是对信息的分析和研究可以形成知识，利用信息系统辅助决策。现代 ERP 的管理范围更广泛、呈现行业化的趋势的同时，激烈的市场竞争迫使企业必须快速、准确地作出决策，面对这一情况，ERP 正朝向具备商业智能（Business Intelligence）的信息系统方向发展，以便使决策者在更短时间内得到有效的信息，即时回应市场的变化。要达成即时商业智能的目标，信息系统必须跨组织整合最新资料，计算关键绩效指标。这些即时绩效指标可与企业计划目标比较，差距过大时，管理者需要采取适当对策。让企业的最高管理者轻易获取第一手即时信息，快速解决棘手的商业问题，这就是商业智能系统的根本目的。

实施智能化需要有正确的数据，并将这些面向作业的数据转化为面向分析的数据，然后从这些面向分析的数据中提取、分析和发掘其蕴含的规律。相应地，ERP 系统提供了数据仓库、在线分析 OLAP 及数据挖掘三项技术来完成提取、分析和发掘这三项工作。实现商业智能对 ERP 产品的技术有较高的要求。现代 ERP 系统必须具备这样的体系结构和技术，能够把分散在各个部门、各个分公司、各个工厂的数据都汇集到一起，利用 OLAP 和数据仓库的技术加以处理。

以 Oracle 的商业智能系统为例，它是构建在经典的基于目标/事实/例外的管理理论之上。依据每个企业的具体情况，系统可以预先设置好 27 个 KPI（关键业务指标，如销售额、存货周转率等），并可实时考察企业的现状与理想的 KPI 的差距有多大。当例外发生时，还可通过电子邮件通知相关人员。但是，对企业领导者来讲，最关键的还不是知道什么时候发生了什么，他最关心的应该是为什么和怎么办。一批订单的交货期被耽搁了，是生产能力太小了还是供货商的原材料有问题？这时候就应该往下进行数据挖掘，找出真正的原因。找到了原因，还要解决问题。要想在客户没有撤销订单之前交货，把部分部件委外生产可行吗？由一家供货改为三家原材料供应商可行吗？对成本和利润的影响如何？这时还需要商业智能系统的建模分析功能给出直观的回答。

所以，现在各 ERP 厂商都在改善自己的产品，为管理者提供智能的信息分析。从近年来全球各大 ERP 厂商的并购案可以清晰地看出未来 ERP 商业智能化发展的趋势。例如，甲骨文（Oracle）2007 年收购企业绩效管理软件厂商 Hyperion（海波龙）、管理软件巨头

SAP 2007 年收购法国商务智能软件开发商博奥杰（Business Objects）、IBM 就在 2007 年收购了商务智能和绩效管理软件厂商（Cognos，2009），收购 SPSS 强化商务智能。国内 ERP 软件用友 2009 年收购 BI 厂商广州尚南科技，整合为 BQ 商业智能平台。

4.4.7 企业中台架构中的 ERP

企业信息系统从需求方面和功能方面可分为前台、中台和后台。前台是由各个应用组成的前端系统平台。前端系统直接触达用户，通过前台，企业与最终用户直接进行信息交互。例如，企业搭建的电子商务网站、门户网站、手机 App、微信公众号等都属于前台。如图 4-7 所示，前台是各类 ESM、Apps 和 iSaaS 的深度融合与参与系统。

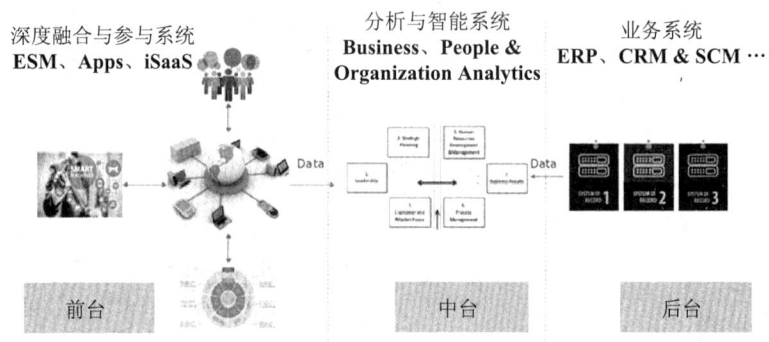

图 4-7 数字化时代企业系统架构

后台是由各个业务管理系统组成的后端平台。每个后台业务系统管理了企业的一块业务，如财务系统、产品系统、客户管理系统、仓库物流管理系统等。基础设施、存储和计算平台作为企业的核心计算资源，也属于后台的一部分。如图 4-7 所示，后台是 ERP、CRM 和 SCM 等企业信息系统。

中台，其实是为前台而生的平台，它存在的唯一目的就是更好地服务前台规模化创新，进而更好地服务用户，使企业真正做到自身能力与用户需求的持续对接。有下面三个特征：

• 敏捷　业务需求变化快，变更以天甚至更短的频率计算，一个单体大型应用，庞大的开发团队对单一应用的变更变得越来越困难。将大应用变为多个小的应用组合，才能适应外部的快速变化，实现业务的敏捷。

• 解耦　随着业务的发展，业务系统之间的交互通常会变得越来越复杂。一个功能的修改可能会影响很多方面。只有将需要大量交互的功能独立，从应用中拆解出来，这样可以使得应用之间耦合度大幅下降。

- 复用　一些公共的能力通过复用，大大提高了开发效率，避免了重复建设。同时使得数据和流程可以集中得以管理和优化。

中台通常可以分为三个层面：业务层面、数据层面和技术底层。

业务中台——业务服务将业务的公共需求组合成服务，如电商公司、客户、商品、物流、支付就是公共需要，汽车制造商、用户、车辆、订单、交付都是公共需求。将这些公共业务组合成统一的业务服务，供各个业务单元使用。

数据中台——数据服务数据时代，业务中越来越依赖于数据，包含数据的收集、数据处理、数据算法和分析、报表以及数据的治理。在图4-7中，各类分析与智能系统位于中台。

技术中台——基础服务通常是底层的服务，面向技术。这些底层技术包括安全认证、权限管理、流程引擎、门户、消息、通知等。这些组件通常与业务关联度不大，属于每个应用都需要使用的功能。

基于敏捷、解耦和复用，ERP系统中的公共需求被组合成统一的业务服务，放入业务中台，供各个业务单元使用。

综合案例：SAP 云战略：从 ERP 走向全面开放的商务网络平台

从最早的 ERP 软件起家，SAP 已经成为全球最大的商务网络平台。如今，全球有近 300 万家企业在 SAP 软件平台上进行着超过 1 万亿美元的交易，上千家公司生长于 SAP Hybris Commerce 电子商务平台之上，超过 76% 的全球交易流经 SAP 系统，这意味着 22 万亿美元的交易金额。

自 2010 年以来向云转型的 SAP，已经与之前相比发生了根本性的变化。在过去的 7 年间，SAP 投资超过 500 亿美元向云转型。现在，SAP 已经形成了完整的基于云的数字化企业应用套件；在创新基础平台方面，SAP 在大数据、分析、物联网、区块链、机器学习、云计算、移动计算等基础技术领域有了完整布局；SAP HANA 内存计算是实时企业计算平台。

SAP 拥抱开源和开放技术，为的是让企业以自己喜欢的方式使用 SAP 技术。诸如 SAP Leonardo 等 SAP 技术，既可以选择部署在 SAP Cloud Platform 上，也可部署在 AWS、微软 Azure、Google 云等公有云环境中，在中国市场还可部署在阿里云上。

一、完整云产品布局

作为全球最大的企业级平台之一，SAP 的产品设计有一个总体思路，那就是要帮助企业 CEO 们战胜商业运营的复杂性，企业需要以最高效和可持续的方式运营，这就是"RUN SIMPLE（大道至简）"。

具体来说，企业管理者们需要管理好五大业务运营支柱：客户、员工、资产/供应链、供应商和总部职能，而且还需要以集成和实时的方式管理好这五大运营支柱。这也是为什么 SAP 的云业务应用套件横跨了 25 个行业的重要原因，也是为什么推出 SAP Leonardo 数字创新系统，从而把 System of Record（记录系统）转变为 System of Intelligence（智能系统）。

从 2010 年开始，SAP 按照云计算时代的技术架构，以平台、应用、界面三者分离的方式，更加灵活地重构整个企业的软件生态。其中，SAP 云 SaaS 业务应用套件支持 SAP HANA 内存计算和实时分析平台，交互界面则支持 SAP Fiori 移动平台，从而带来数字化时代的用户体验。图 4-8 被称为 SAP 数据化转型平台。

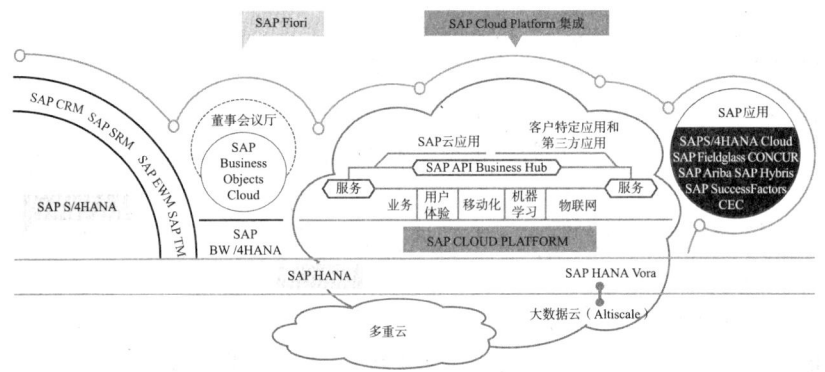

图 4-8 SAP 数字化转型平台

SAP 的 SaaS 业务应用套件包括五大集成解决方案领域：ERP 核心包括 SAP S/4HANA、面向中小企业的 SAP Business ByDesign（中小企业 ERP 云）和面向小企业的 SAP BusinessOne，CRM 云 SAP Hybris，HR 云 SAP SuccessFactors，供应商协同与费用管理云 SAP Ariba 以及差旅费用云 Concur。

在 PaaS 层面，SAP 还推出了开放的 SAP Cloud Platform，提供独特的内存数据库和应用服务，包括 SAP HANA 云数据库服务、用户体验服务、物联网和机器学习服务、大数据服务及集成服务等。借助该平台，企业能够快速轻松地构建、扩展和集成现代化的移动应用。而作为唯一构建在 SAP HANA 平台上的云平台，它提供企业各类实时应用开发所需的资源和服务。

SAP 除了过去几年已经在中国市场部署 HR 云 SuccessFactors 之外，还陆续引入了采购云 SAP Ariba、CRM 云 SAP Hybris Cloud for Customer、中小企业 ERP 云 SAP Business ByDesign 以及 PaaS 平台 SAP Cloud Platform 云平台。2017 年初，SAP 与阿里云合作启动中国本土数据中心，表明 SAP 把中国市场放在了战略地位上。

SAP 推出了 SAP Leonardo 数字创新系统，主要是把机器学习应用到相关的 SAP 企业业务应用软件里，比如可以利用机器学习来提高整个客服工单的流转匹配以及知识问答效率等。其中的 SAP CoPilot 利用自然语言交互为所有 SAP 应用和 Slack 等其他软件提供统一的人机接口，而 SAP 也在为人力资源、采购、服务与支持等应用软件开发聊天机器人技术。

二、SAP 云

"去年财富 500 强公司中有半数都处于亏损状态，这是一场经济、社会和环境的海啸。"SAP 全球 CEO 孟鼎铭（Bill McDermott）认为，除了向数字化转型外，企业的生产力正处于前所未有的低谷，因为商业运营复杂性正在"吃掉"生产力。仅仅相比于短短几年前，今天企业就有超过 10 倍的产品与服务需要管理，更不用提数字化新业务了。

SAP 云平台一方面帮助企业以最佳实践方式运作，从而最大程度减少和降低业务运营复杂度；另一方面为企业提供创新平台，以赢得数字化时代的新市场竞争。而最为关键的是，SAP 云平台把这两部分连接起来形成一个正向循环，这就是 SAP 的数字化核心。SAP 云的优势：

首先，SAP 通过收购，不但获得了众多的世界级单项最佳应用，而且拥有了 1 250 万名云计算用户，在超过 25 个行业实现无缝商务交易，每年完成超过 6 000 亿美元的采购交易，构造了全球最大的商业网络；

其次，则是透过这一商业网络，SAP 实现了由外到内，从采购、差旅、人事、客户，到 ERP 和商务智能的这样一整套完整的云计算方案。这在业界来说，是一套非常完整的云解决方案；

第三，SAP 特别注重每个系统在处理数据时的实时性，以及在系统之间的数据集成性。SAP 云平台上的数据可以通过 SAP HANA 平台都能进行实时处理与分析；

第四，SAP 除了提供上述六个 SaaS 应用之外，还专门为客户提供了一个 PaaS 的平台产品，即 SAP Cloud Platform. SAP CP 为这些创新提供了一个开发的平台和工具，并将前面提到的 6 个云产品连接起来，帮助企业的开发者方便地打造出更加灵活和个性化的应用。

三、数字为核：SAP 云解决方案

在 SAP 的数字化核心中，包括了基于 SAP HANA 的 25 个行业集成解决方案，为企业实现了端到端的实时运行流程。SAP 还把多年累积的业界最佳实践以微服务的方式嵌入 SaaS 云业务应用中，让企业通过云就可以直接获得全球企业最佳实践的总结与精华。

在用户体验方面，Bill McDermott 表示 SAP 是唯一可以通过数字核心连接企业前端与后端的数字化平台，从而可以为企业大规模交付个性化的用户体验。对企业来说，客户体验已经成为数字化时代的决胜之道。

而在员工管理方面，最新变化就是大量出现的基于项目制的兼职员工，SAP 是唯一提供完整员工管理视图的云平台。而 SAP SuccessFactors 的全球化设计与本地支持也很重要，提供了 41 种语言和 79 个国家的完全本地化的人力资本解决方案。在不同的国家，SAP 都有产品经理负责跟踪当地 HR 法律法规的变化以确保 HR 流程的合规性。

在供应链与费用管理方面，SAP 更是率先致力于把业务流程从企业内部拓展到外部，SAP 的全球化商务网络优势能够让企业享受到巨大的经济规模效应，甚至完全改变业务协同的方式。作为规模最大、全球化程度最高的 B2B 业务网络，SAP Ariba 网络上承载着 250 万个交易伙伴。

SAP Cloud Platform 是一个灵活的云应用和集成解决方案，能够支持企业扩展数字化核心应用，包括 SAP S/4HANA、SAP SuccessFactors、SAP Ariba、

SAP Fieldglass、Concur 以及其他 SAP 应用。此外,借助 SAP 和 600 多家合作伙伴基于 SAP Cloud Platform 构建的千余款企业应用,SAP 客户和合作伙伴可以充分利用云技术和商业网络获得巨大收益。

在数据分析方面,SAP Analytics Cloud 分析云解决方案基于 SAP HANA 大数据分析云平台,将商务智能、计划、预测集于统一的 SaaS 解决方案,一站式实现数据的探索、发现、预测、决策以及行动,为企业各类用户提供一致的分析体验。而 SAP Digital Boardroom 数字董事会能够为企业领导者提供可靠的统一企业视图,实时提供情境信息、即席报告和假设分析,业务指标视图既能了解全局又能向下深度钻取企业的边缘信息。

在 SAP 看来,如何与企业一起走向数字化未来实现云转型?首先,SAP 通过集成和简化 IT 并向云迁移,帮助企业优化已有业务流程,并把节约下来的费用用于支持创新。其次,SAP 丰富而全面的云产品线可以提供扩展价值,帮助企业降低费用、提高员工积极性、基于 SAP 数字董事会等优化决策流程。最后,SAP 可以把数据科学家和 SAP Leonardo 数字创新系统带入战略业务场景,与企业一起联合创新。

当然,最重要的是作为流经全球上万亿美元交易的平台,以及作为最大的全球商业网络平台,一个开放的 SAP 正在成为新一代企业级商务网络云平台。

案例来源:思爱普中国,https://www.sap.cn/documents。

案例讨论:
1. SAP 的 SaaS 业务应用套件包括哪五大领域的集成解决方案?
2. 讨论 SAP Cloud Platform 的主要功能和作用。
3. SAP 如何帮助企业实现云转型、走向数字化未来?

本 章 小 结

企业资源计划(ERP)的发展过程大体经历了四个阶段:基本 MRP 阶段、闭环 MRP 阶段、MRP Ⅱ 阶段以及 ERP 形成阶段。其中,基本 MRP 是以物料为中心组织生产的管理模式;闭环 MRP 在计划的产生过程中融入能力需求分析,对执行过程中可能出现的物料问题反馈到计划层构成"计划—执行—反馈—修改—执行"的闭环系统;MRP Ⅱ 将所有的活动与财务系统相结合,使生产、销售、采购与财务信息紧密结合在一起,组成了一个全面的生产管理集成系统;ERP 是为了满足企业多元化(多行业)、跨地区、多供应和销售渠道的全球化经营管理模式的要求,集成的先进的管理思想,如准时制生产(JIT)、最优化生产(Optimized Production Timetable,OPT)、敏捷制造(Agile Manufacturing,AM)和全面质量管理(TQM),面向企业信息资源,是建立在信息技术基础上,以系统化的管理思想,针对物资资源管理(物流)、人力资源管理(人流)、财务资源管理(财流)、信息资源管理(信息流)集成一体化的企业管理软件。功能包括除了 MRP Ⅱ(制造、供销、财务)外,还包括多组织管理、质量控制、研发管理、设备与维修管理、仓储管理、物流管理、办公自动化、市场信息管理、法规与标准、项目管理、金融投资管理等,将企业信息管理的范畴扩大到企业的所有资源。

未来,ERP 在 Internet 的技术的支持下,逐步与 CRM 和 SCM 整合,有效实现企业与供应商和客户信息的自动交互,提高整个采购环节和客户关系管理的效率;在 SaaS、云计算技术和面向服务架构(Service Oriented Architecture,SOA)等技术的支持下,提高系统复用性、柔性,提供随需自助服务、随时随地用任何网络设备访问、多人共享资源池、快速重新部署灵活度、可被监控与量测的管理服务;在大数据环境下,结合商业智能(Business Intelligence)技术,跨组织整合最新资料,计算关键绩效指标,提取、分析和发掘其蕴含的规律,让企业管理者轻易获取信息,快速解决商业问题。

习 题

1. 简述 ERP 的发展历程。
2. 简述 MRP、MRPⅡ 与 ERP 的联系。
3. 什么是 BOM,简述 BOM 在 ERP 中的主要作用。
4. 怎样理解 ERP 不仅仅是软件系统,更重要的是一种管理思想?
5. 简述 ERP 系统的实施流程和实施风险。
6. 简述 ERP 应用成功的四大标志。

第5章
客户关系管理（CRM）

客户关系管理是一种旨在改善企业与客户之间关系的新型管理机制。企业通过对大量客户数据进行分析，掌握客户特点，有针对性地开展营销活动，提高顾客黏性，使企业实现持续稳定收益。在这个过程中需要利用数据仓库、数据挖掘、知识发现等各种技术，实现这一过程的信息系统我们称之为客户关系管理系统。

引导案例

数字消费时代如何洞悉消费者

据麦肯锡发布的《2019年中国数字消费者趋势报告》，中国电子商务市场规模已居全球首位，达1.5万亿美元，数字消费者达8.55亿人次，是全球零售商竞相抢占的最大目标市场之一。然而网上零售交易额增速放缓，电商平台日趋饱和，获客和留客成本持续攀高。同时，中国数字消费者日益成熟，面向消费者的企业将不得不应对越来越多元的需求，CRM成为品牌商抓住该增长机遇的关键。

CRM的重要性因为数字化时代的到来而大大提升，同时企业CRM的成熟度和业务重点还取决于其所在细分行业。不同行业因其CRM运用成熟度存有差异与侧重。其中，汽车行业的CRM重点应在前端的新客获取和中端的销售线索跟进转化上，而服饰、奢侈品行业则应更关注后端的老客维系和重复购买上，母婴等行业则需通过CRM对端到端都发力。此外，不同行业在CRM运营价值链不同环节的能力建设也呈现出不同程度的基于自建或外包。那么，如何通过CRM实现市场超越呢？

1. 建立端到端完整链路的CRM业务思维与模式

在传统业务模式中，CRM仅仅被当作老客经营和客情维护的业务支持工具，然而随着数字化技术的不断发展，品牌与消费者之间直接沟通触达的渠道越来越多元化，"以消费者为中心"已从单纯的品牌服务理念，转变为业务开展的重要方式。相比于过去聚焦于老客经营和管理的模式，CRM 的覆盖面大幅向前（潜客）和向后（口碑经营，也是支持新客获取）延伸，大大加强了其运营前端的新客种草、长草、拔草以及优化新一轮的新客获取。

从消费者全生命周期的角度，完整的 CRM 业务链路闭环包括潜客培育种草、新客获取、购买转化、长线经营和口碑管理。高效的 CRM 应能够从潜客发掘入手，力求每个消费者资产能向兴趣客、购买客、价值客、口碑客过渡，每个环节经营的目的不同，运营着力点也不同。只有这样的链路思维与模式才能让企业最大化 CRM 的价值，实现数字化时代的精细化运营。

目前，美妆、母婴等行业的领先品牌已率先实现了这套全链路的精细化管理。通过搭建 CRM 一体化管理平台，通过对客户全域行为数据的统一分析和管理，智慧指导会员营销和内容传播，极大提升了潜客转化率和会员复购率，并借助自动化营销平台、数字化导购平台、微信会员中心等会员管理工具，实现了精细化、自动化的老客维护。

2. 借力数字化和外部资源，构建 CRM 全渠道体系

在零售模式日益多元、快速更迭的"新零售"背景下，消费者能够更好地享受方便快捷、追求品质生活及个性化定制的购物及服务体验。在这一趋势下，品牌方不应单单局限于自身当前的优势渠道，在 CRM/会员管理上应建立全渠道体系，借助数字化技术及平台设施，充分借力外部资源，逐渐打破渠道、供应链、平台、地域的边界，全渠道捕捉潜在客户、经营老客户。

线上充分借力电商平台的链路赋能，整合其他数据资源建立 DMP（数据管理平台）模式，最大化线上 CRM 管理的流量范畴。品牌通过建立自己的 DMP 体系，把自有的第一方数据、通过广告投放收集的第二方数据和第三方的消费者数据进行整合，纳入统一的自有数据平台。在这一模式下，CRM 在线上的经营价值将通过以下方式得以实现——对会员数据进行标准化和细分，将会员数据分析结果结合 DMP 中所涵盖的第二方、第三方数据形成营销方案，将营销方案应用于两大电商平台及其他线上平台和移动端的潜在消费者触达并提升转化率、忠诚度。

线下变"等客入店"为"精准引客"，同样也要建立线下先行营销活动创造流量、再精准引流门店、强力做新客转化的模式。如：以移动应用程序基于位置的优化，帮助消费者找到附近的商店位置，并借力第三方平台，实现基于位置的电子优惠券发放、体验活动邀约等服务。与此同时，数字化的导购平台可帮助门店导购更精细化地服务消费者，规范新客资源的管理，沉淀顾客的多维信息，逐步建立顾客画像。系统将自动生成相应的人群标签，从而为不同的客群推送合适

的、定制化的信息,并逐步完成线上预约、试用体验、离店关怀等一系列贴心服务,实现到店前和离店后的精准触达。

打通线上线下的 CRM 链路透明度与相互转化,用最贴近消费者的触达方式对其进行销售转化与长线经营。对于 CRM 会员经营,O2O 有着更加具体的含义:一方面,品牌商积极布局技术手段,实现线上线下的消费者数字化,在为会员提供便利服务的同时,充分获取线上线下一体化的会员行为数据;另一方面,品牌方实现会员体系的线上线下打通,实现会员系统、会员数据、会员权益、营销资源的 O2O 全面联动。在全渠道模式下的数字化导购平台无疑也将导购高效的服务方式拓展至品牌的所有会员的全渠道业务。

3. 围绕 CRM 业务建立整合的市场营销体系

传统的市场营销主要关注品牌露出,通过曝光量、点击率来评估投放效果,由品牌部主导整体的规划和投放。而以 CRM 为核心业务模式的领先企业需要围绕消费者/会员业务搭建一个整合的市场营销体系,以改变过往资源分散、投放效率低的做法:投放前,需要基于对企业沉淀的会员数据进行深度分析,提供对拉新人群特征与策略的洞察;在投放时,综合考虑与目标人群特征和品牌主题最优匹配的线上投放平台和投放形式,还涉及对媒介资源分布、投放潜在成本和预期拉新效益等的考量;投放后,对于目标人群匹配的促销买赠资源则需要考量企业的行销规划和行销资源。投放的最终效果往往以关注/注册或转化购买客户数据为衡量依据。

这一整合的营销体系首先需要构建精细化营销链路,更需要有效协同营销组织中的 CRM 团队、品牌、媒介、电商、社交运营等组织资源。企业各营销职能的通力协作实现的全域布局和精准引流,整合了分散的资源,建立了完整的链路,实现了整体营销效果的飞跃。

除了跨职能的协作流程,数据管理透明与绩效机制创新也必不可少。全渠道运营的本质是将购买和消费渠道的选择权交还给了消费者,改变了以往接触渠道和转化渠道一成不变的绑定关系。但这要以消费者数据的可获得及高度透明的数据管理为前提,同时适配有效的激励机制,确保整合营销各链路的绩效可衡量和协同,包括线上线下销售绩效协同。

站在数字化的今天,企业要让 CRM 创造价值,需要多重要素和能力的有机结合。CRM 能力提升是一项系统性工程,对于企业的传统思维及运营方式都提出了很大的挑战。通过提升 CRM 能力,敏捷适应快速变化的消费者需求、竞争态势和业务环境已经成为企业的核心竞争力。

案例来源:泰一数据搜狐号,https://www.sohu.com/a/408099264_99987923? spm = smpc.author.fd - d.20.16005171543426ZEA1r9。

5.1 什么是客户关系管理

20世纪90年代，客户关系管理（CRM）的概念得到了广泛关注，在应用领域出现了众多的建立在客户关系管理理论上的管理信息系统。CRM系统是一类特殊的管理信息系统，旨在通过对客户信息的有效管理，帮助企业改善客户体验，发现市场机会等。

5.1.1 客户关系管理的产生背景

如果说在20世纪90年代企业的核心竞争力在于企业的技术创新能力，那么在当今这个技术飞速发展，产品更新换代频率几乎可以用天来计算的时代，企业想单纯依靠产品来占领市场、赢得竞争已经变得越来越困难。企业想要获得和保持竞争优势除了保持技术上的领先之外，很重要的一点是如何获得和保持客户资源。在这种情况下客户成为企业生存和发展的重要资源，"客户是上帝"这句话也就不只再停留在企业宣传口号中，它已经成为企业管理运营的一个重要方面。

基于ERP的管理思想侧重于企业内部资源的集成与管理，可以提高企业内部业务流程的自动化程度，但缺少直接面对客户的系统功能，难以体现以客户为中心的理念。在日益发展的网络经济环境下，客户信息和需求变化多端，客户选择摆脱了传统地理关系的限制，对服务的要求更高，对质量、个性化和价值的要求更挑剔。因此，客户的满意度和忠诚度成为企业赢得市场的重要因素，建立和维持客户关系成为企业取得竞争优势的重要基础。正是在以上背景下客户关系管理（Customer Relationship Management，CRM）应运而生，而基于客户关系管理思想的信息管理CRM系统也在越来越多的企业中得到应用。

一般认为，CRM的产生有三方面因素：一是需求的拉动。随着市场经济的深入发展和企业间竞争的日益激烈，越来越多的企业要求提高销售、营销和服务的业务自动化和科学化，实现对面向客户活动的全面管理，这是CRM产生的需求基础。二是管理理念的更新。随着市场经济观念的不断深入和信息化时代的到来，企业的经营思路从以产品为中心转向以客户为中心；管理战略从市场占有率转向客户占有率；经营成果的标志从投资回报率转向客户保持率；信息管理由分散到集成，由局域网到互联网。这些转变均从管理的角度说明企业实施 CRM 的必要性。三是技术的推动。信息技术的飞速发展为 CRM 的实现创造了条件，提供了工具。企业可通过多种渠道全面、快速、准确地获取和共享客户信息，并进一步提高对客户信息收集、整理、加工和利用的质量。

5.1.2　客户关系管理的发展历史

客户关系管理得到广泛的应用是从 20 世纪 90 年代末开始，但以客户为中心的理念却早在国外兴起。当时很多企业寄希望于通过改进技术、压缩生产周期、应用内部资源管理来提高增长率和利润率，但事实上效果并不明显。企业经营者将目光转而投向客户资源的充分利用。最早发展客户关系管理的是美国，1980 年初出现了"接触管理（Contact Management）"，即专门收集客户与公司联系的所有信息，1985 年，巴巴拉·本德·杰克逊提出关系营销的概念，使人们对市场营销理论的研究迈上了一个新的台阶。

进入 20 世纪 90 年代，伴随产品或服务的高度同质化，产品或服务的差异越来越小，通过产品差别细分市场来创造企业竞争力已变得越来越困难。依照传统的营销 4P（产品 Product、价格 Price、渠道 Place、促销 Promotion）理念，企业发现在产品质量、供货及时等方面已没有多少潜力可挖。于是，美国营销学者提出 4C（客户 Consumer、成本 Cost、便利性 Convenience、沟通 Communications）理念，主张以客户为中心，研究客户需求。因此，企业开始从强调降低经营成本的供应方发展策略转向与客户联系更紧密、从客户关系方面寻找机会的需求方发展策略，客户关系管理逐渐为人们所重视。

伴随着理论的发展，这一时期出现了大量与之相适应的信息系统。1990 年前后，许多美国企业为了满足日益激烈的市场竞争需要，开始开发销售自动化系统（Sales Force Automation，SFA），随后又着力发展客户服务系统（Customer Service System，CSS）。1996 年后一些公司开始把 SFA 和 CSS 两个系统合并起来，再加上营销策划、现场服务，并加入计算机电话集成技术（CTI）形成融销售和服务于一体的呼叫中心（Call Center），这样就逐步形成了一个较为完整的客户关系管理系统。

Gartner Group 于 1999 年正式提出客户关系管理（Customer Relationship Management，CRM）的概念，促进了客户关系管理的进一步发展。在美国，20 世纪 90 年代末，CRM 的思想及其系统已经深入很多公司的管理运营的各个环节，特别是银行、保险等行业的大型企业。而对于中小型企业而言，仅仅对于客户关系管理的应用有一般性的了解。

随后，伴随着 Internet 技术和计算机技术的迅猛发展，CRM 的应用得到飞速的提升。Web 站点，在线客户自助服务系统等方法的采用使得 CRM 解决方案的可操作性和可执行性大大提高，CRM 真正进入了飞速发展的时期。

中国企业也从最初的了解、尝试甚至是怀疑，发展到现在的积极开发应用 CRM 系统。特别是随着我国最近这些年来经济格局的变化，企业在感受新机遇的同时也感到了竞争的压力。在这种机遇与竞争的双重压力下，很多颇具发展眼光的企业选中了能提高营业额、扩展新商机的 CRM 系统。对客户关系管理系统的认识，在国内已有较长一段时间，它所遵从的"一对一个性化服务"的企业管理理念，逐渐被国内众多的企业所熟悉和接受。在竞争激烈的信息化时代，客户关系管理系统提出的"帮助提高产品和服务营收、扩大市场占有率以及提高客户忠诚度"等功能，使得很多企业引入 CRM 系统，应用于企业管理，提高企业客户关系管理水平。与国外企业 CRM 的建设和应用相比，国内 CRM 建设起步晚，在传统 CRM 领域不占优势，但在移动互联网时代，国内 CRM 企业无论从产品结构、功能来看，还是从系统应用来看，都有了长足的发展，有些产品已经具备国际水平。

进入 21 世纪以来，云计算的全球化使得传统 CRM 软件已逐渐被 Web CRM（又称为"在线 CRM""托管型 CRM"和"按需 CRM"）代替。随着 SaaS 在线应用的普及，基于 SaaS 的 CRM 逐渐被企业接受，越来越多的客户倾向于采用 Web 来管理 CRM 等业务应用程序。相比传统的 CRM 系统，SaaS 模式的 CRM 能为各类企业提供更为简单的用户界面、更易使用的功能以及更为便宜的总拥有成本，而这些恰恰是广大中小企业所需要的。

2012 年以来，移动互联网迅猛发展，随时、随地办公成为刚需，伴随着 4G 移动网络的部署，CRM 已经进入了移动时代。移动 CRM 是一个融 4G 移动技术、智能移动终端、VPN、身份认证、地理信息系统（GIS）、Webservice、商业智能等技术于一体的移动客户关系管理产品。未来 5G 技术的广泛应用，必将促使移动 CRM 有更大的发展。

5.1.3 客户关系管理的定义

1. 相关概念

在阐述 CRM 的定义之前，本书首先对客户关系管理的几个名词加以说明。

（1）客户（Customer）指的是进行交易的个人或者实体组织，包括现有客户，也包括过去的历史客户和未来可能发生的潜在客户。

（2）关系（Relationship）指的是交易过程中以及交易前后，交易双方或多方之间的相互作用，包括行为和感觉两方面。客户关系是一个周期过程，有一定时间跨度，是在不断发展变化的。

（3）管理（Management）在 CRM 中除了管理的原始含义之外，更加重要的是其所包含的"维护，经营"的意思，所以在 CRM 中管理指的是对客户关系的维护和经营，以期使企业获利。

2. CRM 的概念

而对于 CRM 的整体定义，目前还没有一个统一的表述。不同的研究机构从不同的角度对 CRM 进行了描述，具有代表性的有以下几种：

（1）Gartner Group 认为，客户关系管理就是为企业提供全方位的管理视角，赋予企业更完善的客户交流能力，最大化客户的收益率。

（2）CRMGuru.com（全球最大 CRM 社团）认为，客户关系管理是一项商业策略，透过选择和管理客户达至最大的长期价值，CRM 需要用以客户为中心的商业哲学和文化来支持有效的营销、销售和服务流程。

（3）IBM 认为，客户关系管理包括企业识别、挑选、获取、发展和保持客户的整个商业过程。IBM 把客户关系管理分为三类：关系管理、流程管理和接入管理。

综上所述，CRM 可概括为：借助先进的信息技术和管理思想，整合客户信息资源，并在企业内部实现客户信息和资源的共享，为客户提供更经济、快捷、周到的产品或服务，提高客户价值、满意度、盈利能力以及客户的忠诚度，保持和吸引更多的客户，最终实现企业利润的最大化。

3. 从三个方面理解 CRM

从管理理念上看，CRM 是按照"以客户为中心"的发展战略开展包括判断、选择、争取、发展和保持客户所实施的全部商业过程，是一种将客户资源转化为企业收益的管理方法，是一种新颖的管理机制和先进的管理思想。它加强了企业与客户间的联系，使企业在营销、销售、服务与支持各个方面形成协调的关系。

从技术层面上看，CRM 是基于信息技术，有效整合企业资源、流程，建立面向客户业务和流程的信息系统。它通过前端以客户为中心的工作流和后端客户信息的智能整合，为提升客户价值提供了一个信息支撑平台。

从客户层面上看，CRM 以客户关系为重点，使企业低成本、高效率地满足客户的需求，并与客户建立基于学习型关系的一对一营销模式，最大限度地提高客户的满意度及忠诚度。

5.2 CRM 的核心概念

从上面给出的 CRM 定义可以看出客户资源是 CRM 管理的核心，而如何提高客户的满意度和忠诚度，延长客户生命周期，获得最大客户终生价值，以提高企业盈利是 CRM 的理论基础。本节将重点介绍客户满意度、客户忠诚度、客户生命周期以及客户终生价值等基础理论概念。

5.2.1 客户满意度与客户忠诚度

客户满意度（Customer Satisfaction，CS）是描述静态客户关系的一个概念，指的是客户对企业或组织的服务或产品的满意程度。客户满意度是客户的一种主观感受，很大程度上取决于客户的体验，良好的客户体验来自很多方面，一杯香浓的咖啡，一句贴心的问候都可以使客户获得愉悦的消费体验。影响客户满意度的因素很多，如何测评客户满意度是客户满意研究中首先需要解决的问题。美国密歇根大学商学院的国家质量研究中心和美国质量协会在 1989 年提出的客户满意度指数（Customer Satisfaction Index，CSI）是目前研究的基础，在此基础上很多的研究机构提出了适合不同环境、不同行业的客户满意度指数。

在密歇根大学所提出的基础 CSI 中包含六个影响变量。

(1) 期望质量：客户在没有购买产品或服务前对产品或服务质量的期望。

(2) 质量认知：客户在购买产品或服务后，对产品或服务质量的认知。

(3) 价值认知：客户在购买产品或服务后，对产品价值的认知。

(4) 客户满意程度：客户对产品或服务的满意度。

(5) 客户抱怨：客户对产品或服务所表示的不满。

(6) 客户忠诚度：客户重复购买产品或服务的可能性。

这六个影响因素相互作用，构成了客户满意度指数模型，如图 5-1 所示。

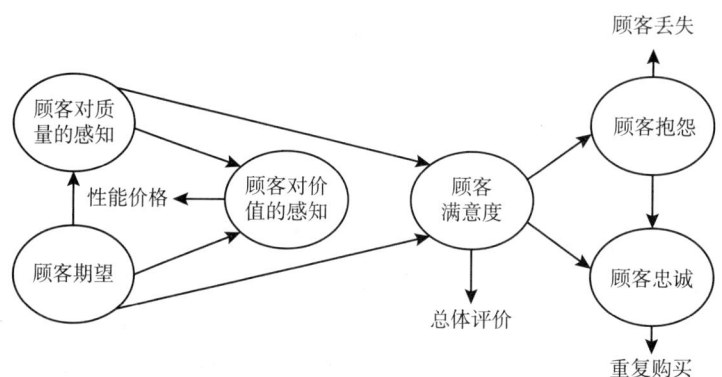

图 5-1 客户满意度指数模型

从图 5-1 可以看出客户的满意度主要来自客户对产品或服务的期望与产品实绩之间的差距，而客户满意度的高低则会引发顾客忠诚或客户抱怨。不同的顾客感受则会直接影响客户的后续购买意愿。

可以这样说，在客户满意度指数模型中期望质量、质量认知、价值认知是三个前提变量，而客户满意度、客户抱怨、客户忠诚度则是三个结果变量，前提影响和决定结果。企业要想获得较高的客户满意度和忠诚度，需要缩小期望质量和质量认知的差距，或是质量认知超越期望质量。

一个忠诚客户需要满足的条件是不管环境或市场的变化，持续重复购买特定企业的产品或服务。随着经济的飞速发展以及经济全球化和电子商务的发展，客户在购买服务或商品时有了更多的选择，这也就使得企业面临越来越大的竞争挑战。如何获得和保持客户资源成为每个企业的重要工作，而在这种环境下，忠诚顾客无疑对企业的意义非凡。忠诚顾客不需要企业花费大量的维护成本，其大量重复的购买行为又能为企业带来巨额利润，因而是每个企业最希望获得的顾客。客户忠诚可分为以下几种类型。

（1）垄断忠诚：指客户别无选择，只能购买特定的产品或服务，通常在企业存在垄断经营的情况下客户会出现这种忠诚。客户的特征是低依恋、高重复的购买。

（2）惰性忠诚：指客户由于惰性而不愿意去寻找其他的产品或服务供应商。客户的特征是低依恋、高重复的购买。

（3）价格忠诚：指客户忠诚于提供最低价格的企业。客户的特征是对价格敏感，低依恋、低重复的购买。

（4）激励忠诚：当企业有奖励活动的时候，客户会来购买；当活动结束，就会转向提供其他奖励或有更多奖励的公司。客户的特征是低依恋、高重复的购买。

（5）超值忠诚：指客户对企业高依恋、高重复的购买。

在这五类的客户忠诚中超值忠诚客户对企业最有价值。此类顾客不但自己能够长时间重复购买商品,购买过程中消费金额逐年增加,还会为企业主动进行口头宣传,提高企业美誉度。超值忠诚客户是企业利润的重要来源。

5.2.2 客户生命周期与客户终生价值

客户生命周期指的是客户从成为企业的潜在客户到客户完全不再购买企业产品或服务的全过程,包括四个阶段,分别是考察期、发展期、成熟期和衰退期。在考察期客户通过各种渠道了解企业和产品,以决定是否购买。当客户进行购买活动后即进入发展期,在这个时期客户购买数量快速增加。当客户购买的数量和频率相对稳定后就进入了成熟期,此时客户与企业之间形成了比较稳定的合作关系,企业的销售量较高,而营销成本较低,这个时期是企业获利最高的时期。当客户的购买数量或购买频率出现下降时,即进入了衰退期,在这个阶段,由于种种原因,企业产品对客户的吸引力下降,客户的购买出现迅速的下降,直到客户不再购买企业产品或服务,客户的生命周期结束。图 5-2 说明了客户生命周期中客户购买量的变化。

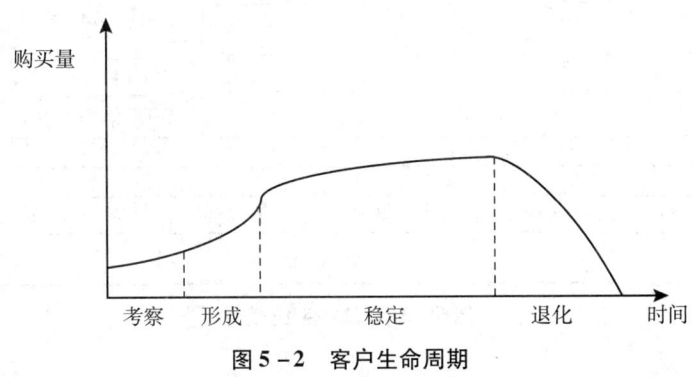

图 5-2 客户生命周期

客户关系管理的目标就是通过各种管理手段尽量延长客户成熟期的时间,以使企业获得较高利润。在此过程中客户维系策略发挥了至关重要的作用,客户维系策略的核心思想在于,采取各种手段以维持现有客户,而不是一味开发新客户。研究发现企业发展一名新客户的成本是维持一名老客户的五倍,因此对企业而言,如何保持现有客户是决定一个企业成功与否的重要依据。客户维系策略主要从客户的转换成本、情感联系、奖励机制等几个方面加强与客户的关系,以达到提高客户保持率的目标。而客户的终生价值指的是客户在其生命周期的全过程中为企业带来的净利润的总和。

5.3 客户关系管理系统构成

客户关系管理系统是以客户关系管理思想为基础建立起来的一类管理信息系统，其结构与一般的管理信息系统有很多相似之处，都是由数据库为支持的大型信息处理系统。但由于 CRM 系统是基于客户信息的有效利用而建立起来的，所以其结构有其特殊性。

一般而言，CRM 的功能可以归纳为三个层次：对销售、营销和客户服务三部分业务流程的信息化（操作层又叫作功能层）；与客户进行沟通所需手段（如电话、传真、网络、E-mail 等）的集成和自动化（接触层）；对支持企业战略战术决策所积累信息的处理和智能化（分析层）。CRM 系统模型如图 5-3 所示。

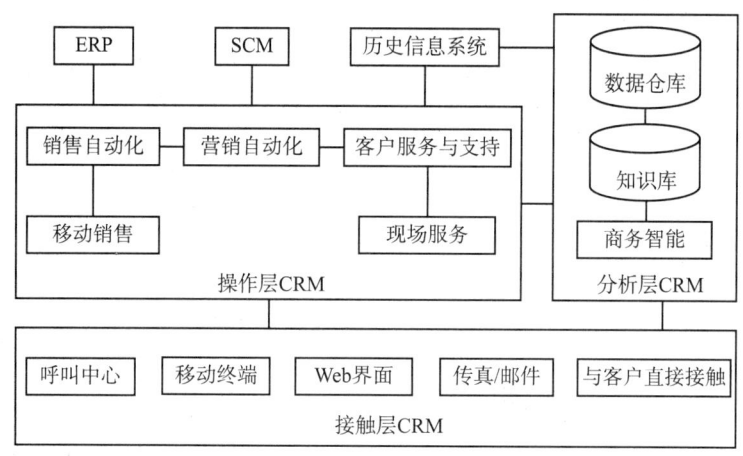

图 5-3 CRM 系统模型

5.3.1 接触层

接触层完成与客户的交互，提供多样的客户交互途径，有效收集客户信息，完成客户反馈，并可完成对客户的各种信息发布。接触层包括呼叫中心、依托移动终端的电话或 App 服务、互联网 Web 界面、传真与邮件以及传统的与客户的面对面直接交流等。

呼叫中心是 CRM 的重要功能之一，是企业与客户交流的窗口。它通过将销售与服务集成为一个单独的应用，使业务代表向客户提供实时的销售和服务支持，能够动态地推荐产品或服务，或遵循自动化的流程解决服务咨询，进而向客户提供其他的产品或服务。主要功能包括：呼入/呼出电话处理，互联网回呼，呼叫中心运行管理，电话转移，路由选择，报表统计分析，管理分析工具，通过传真、电话、电子邮件、打印机等自动进行资料发送等。

5.3.2 操作层

操作层完成企业核心业务，包括营销、销售和服务，贯穿企业业务的始终，通过客户信息处理，有效改善企业业务状况，提高企业盈利。操作层包括销售自动化、营销自动化、客户服务与支持等。

销售自动化以自动化方式替代传统的销售过程。通过向销售人员提供计算机、网络、通信等工具，使销售人员了解日程安排、定价、商机、交易建议、费用、佣金、关键客户等信息，确保销售人员及时掌握最新市场动态，实现销售过程的自动化，缩短销售周期，提高工作效率并获取销售利润。主要功能包括现场销售、多渠道销售管理、联系和客户管理、销售佣金管理、销售费用管理、日历日程安排等。

营销自动化是对营销活动的设计，是对销售自动化的补充。通过分析客户和市场信息，策划营销活动和行动步骤，加强市场开拓。主要功能包括营销计划的编制、执行、结果分析及营销活动的管理，目标客户清单的产生和管理，预算和预测，"营销百科全书"（关于产品、定价、竞争信息等的知识库）的建立，客户的跟踪、分销和管理，营销资料管理等。

客户服务与支持是CRM的重要部分。它通过与客户支持、现场服务相关的业务流程的自动化，有效提高服务质量，增强服务能力，捕捉和跟踪服务中的问题，延长客户的生命周期。主要功能包括通过访问知识库实现对客户问题的快速判断和解决，支持合同和资产管理、业务研讨、现场服务、订单跟踪、客户关怀、服务请求、维修行为安排与调度、联系活动管理等。

5.3.3 分析层

分析层是以上两层的基础，完成对接触层收集到的客户信息的存储和分析，并以分析结果支撑功能层和接触层的业务。同时也接收、存储和分析处理操作层各个功能业务中产生的各种信息，并以分析结果支撑其他两层的业务。分析层中的技术包括商务智能和知识管理等。

商务智能将收集的客户信息、交易信息、竞争对手信息等进行加工处理，挖掘潜在客户和商业机会，提供定量和定性的即时分析，并将分析结果反馈给相关部门和管理层以作为决策的依据。主要功能包括：预定义查询和报告，用户定制查询和报告，以报告或图表形式查看潜在客户和业务可能带来的收入，通过预定义的图表工具进行潜在客户和业务的传递途径分析，将数据转移到第三方的预测和计划工具，柱状图和饼图工具，能力预警等。

企业中的客户信息经过专门的加工和分析，可在各部门中形成共享，使客户信息转化为客户知识，这是企业营销决策和资源分配的基础。通过客户知识管理可以有效地获取、发展和维系有利于客户组合的知识与经验，尽可能地从客户关系中获得最大收益。主要功能包括：站点上个性化信息的显示，联系人、客户、事件概况上粘贴相关文件信息，文档管理，对竞争对手 Web 站点的监测，根据用户定义的关键词对 Web 站点的变化进行监视等。

5.4 客户关系管理系统的核心技术

CRM 系统是建立在对大量客户信息的处理分析基础上的，所以客户关系管理系统的核心技术是数据处理和分析技术，本节重点介绍其中的数据仓库和数据挖掘技术。

要完成对大量客户基本信息和消费信息的处理分析，传统的数据库已远远不能满足需求，数据仓库成为 CRM 数据存储的重要方式。数据仓库与数据库的区别不仅仅只在应用的方法和目的上，同时也涉及产品和配置。数据仓库实际上是一个"以大型数据管理信息系统为基础的、附加在这个数据库系统之上的、存储了从企业所有业务数据库中获取的综合数据的、并能利用这些综合数据为用户提供经过处理后的有用信息的应用系统"。

传统数据库系统的重点与要求是快速、准确、安全、可靠地将数据存进数据库中。数据仓库的重点与要求是能够准确、安全、可靠地从数据库中取出数据，经过加工转换成有规律信息之后，再供管理人员进行分析使用，这更加符合 CRM 的应用需求。CRM 系统的数据仓库中存储有大量的客户信息，如何从中找出有用信息，是首先要解决的问题，数据挖掘很好地解决了这一问题。

数据挖掘决定了客户关系管理是否能满足现代企业的需要。可以说，只有采用了数据挖掘技术的客户关系管理才是现代的客户关系管理。对于企业而言，数据挖掘可以有助于发现业务发展的趋势，揭示已知的事实，预测未知的结果，并帮助企业分析出完成任务所需的关键因素，以达到增加收入、降低成本，使企业处于更有利的竞争位置的目的。

5.5 CRM 的新发展

进入 21 世纪以来,随着计算机技术的发展,CRM 也出现了一些新的变化,基于 Web 的 CRM 充分利用了云计算技术,提供更具性价比的服务。移动通信和计算技术的发展,也为 CRM 提供了新的服务方式,依托社交媒体应用,使得客户服务和营销领域的信息化应用呈现出一些新的变化和发展趋势。目前 CRM 的发展呈现出如下两种趋势。

1. 基于云计算的 CRM

云计算技术的出现,使得传统 CRM 焕发了新的生机,具备了更强的服务能力。基于云计算开展客户关系管理,在提升业务敏捷性的同时可以大大降低成本。基于云计算的 CRM 通常称为云 CRM,它通过云平台提供服务,对传统 CRM 的产品理念进行了拓展,并积极向 SaaS、在线、托管、SNS 等新的领域扩展,不断开创新的商业模式和市场机会。

企业 CRM 向云端迁移是一个符合潮流的趋势。对众多企业而言,云 CRM 可以根据用户需求实现个性化服务和定制方案的设计。通过云计算平台,企业能够实现 CRM 应用的租赁服务,本身不再需要购置设备、软件,也节省了建设机房和招聘 IT 开发和维护人员的费用。云 CRM 也使企业可以快捷地享受到软件升级和功能更新的服务。

运行在 SaaS 模式下的客户关系管理软件也称为在线型 CRM,在线型 CRM 基于浏览器访问特定服务,在业务处理上具有计算的灵活性、便捷性。在线型 CRM 可以更便捷地管理和与客户互动,对于挖掘客户价值以及提升客户粘度都会起到更重要的作用。此外,在线型 CRM 还可结合移动终端特性,支持移动办公,拓展系统在移动应用方面的分析能力,提高办公效率。另外,正如在第四章介绍的那样,CRM 基于云计算技术与其他各类应用的集成也是其一大优势。

2. 社交型 CRM(Social CRM)

随着微信,微博,脸书等社交媒体的崛起,品牌如何利用这些社交媒体来进行营销和公关成为很多企业的关注点。如何更好地服务客户,同客户平等沟通互动并促进企业变得更加透明是社交媒体时代企业营销策略必须要做的变革。CRM 软件开发商如今利用社交媒体技术来改进他们的产品,这些社交媒体新技术帮助企业更快速地识别市场机会、改进团队生产力、加深与客户的互动交流。社交型 CRM,

可一键打通微信、移动 App、邮件等应用，支持批量导入客户资源，能对客户进行统一管理和精细化管理。社交型 CRM 提倡同客户平等互动并通过两个渠道来实现，一个是营建品牌的专属社区来吸引客户参与，另一个是通过公共社交媒体上的专属空间。例如，丰田汽车，需要创建和经营自己的车主社区，同时在微博、论坛等公众社交媒体，也有页面同车主互动。此外，通过社区将客户聚起来，只是社交媒体时代客户关系管理的一部分，如何能够将公司内部团队社交化，同时确保在同外部客户互动过程中，内部服务团队能够快速响应和支持，这才是真正的社交型 CRM 的全部内涵。单纯的内部社区或微博营销，品牌监控等都不是全面的社交 CRM。

传统 CRM 的重心在管理，关注流程和客户记录，社交型 CRM 的重心在关系，更关注人和互动。社交型 CRM 首次突破企业边界（企业防火墙），能够方便地将客户、供应商也拉入系统进行互动。

本 章 小 结

本章从客户关系管理产生的背景切入，引入客户关系管理的概念，具体分析了客户关系管理在企业运营中的作用及其发展过程。重点介绍了客户关系管理中的几个核心概念，包括客户满意度与客户忠诚度、客户生命周期与客户终身价值，并分析了相互之间的关系。最后介绍了客户关系管理系统的构成、核心技术以及最新发展情况。通过本章学习应掌握客户关系管理的核心概念及其相互关系，了解客户关系管理系统结构和各部分功能及其核心技术。

习 题

1. 客户关系管理的出现对于企业运营的意义是什么？
2. 分析客户满意度与客户忠诚度的关系。
3. 如何在客户生命周期中提高客户终生价值？
4. 分析客户关系管理系统各功能组件的作用。
5. 分析数据仓库及数据挖掘技术在 CRM 系统中的作用。
6. 客户关系管理在云计算和移动计算时代有什么新发展？

第6章
供应链管理（SCM）

供应链管理是一种比较流行的跨组织管理理念，是现代企业管理理论研究的重要内容之一，也是我国企业管理的发展方向之一。20世纪90年代，世界经济的发展及信息技术的广泛应用，使整个世界日益成为一个紧密联系的经济体，各个国家之间的经济系统已经密切地联系在一起。与此同时，企业所处的商业环境也发生了巨大变化。在企业的严峻挑战面前，需要在提高客户服务水平的同时努力降低运营成本，在提高市场反应速度的同时给客户更多的选择，因此，人们开始将目光从企业内部生产过程的管理转向产品生命周期的供应环节乃至整个供应链系统。本章从这一大背景出发，首先分析了供应链管理的产生背景，然后介绍了供应链的概念以及供应链管理的定义和主要思想等，最后分析了供应链管理中信息系统的功能集成方式以及供应链管理的基础框架。

引导案例

逆境中突围——颐世保的供应链管理之路

青岛颐世保塑料有限公司（以下简称"颐世保"）成立于2007年4月，占地面积9 697平方米，厂房面积7 277平方米，主要生产专用色母、通用色母、功能母料、染色造粒、塑料专用料，年生产能力20 000多吨。其中改性塑料、染色料、母料产品的技术已经达到全国同行业的前列，客户市场覆盖了家电、汽车、办公设备、电子电器等传统行业和精密仪器、航空航天、新能源等高新技术领域。颐世保公司拥有先进的同向双螺杆挤出生产线14条和包括紫外线耐候试验仪、环保测试仪、熔体流动速率仪等在内的检测设备，并建立了完整的工艺质量管理体系，是一家融科研、开发、生产、销售于一体的现代化企业。颐世保的主要产品——改性塑料，是在通用塑料和工程塑料的基础上，经过填充、增强等方法加工改性，提高了韧性、阻燃性、抗冲击性等方面的塑料制品，属于石油化工产业链中的中间产品。从中石化直接采购石油裂化裂解的产物，是颐世保的主要原料来源，其采购渠道还包括现来料和进口料采购，三者占比分别约为75%、15%、10%。颐世保的下游供应商主要是海信、澳柯玛等家电制造商，负责为其空调器外壳、电饭煲壳体等提供材料。2018年，颐世保将业务拓展至汽车市场，与吉利、一汽解放、上海通用等多家汽车厂家建立供货关系，提供汽车保险杠、车灯等制造原料。在颐世保公司发展的不同阶段，通过分析企业内外部供应链环境采取了不同的供应链管理策略，随着行业供应链变化，未来仍面临着持续发展和转型的问题。

颐世保成立初期，公司流动资金不足200万元，工厂产能又有限，公司订单量始终维持在20吨上下，其下游合作商也仅有几家青岛市内的小企业。如何拓展下游客户，提高订单量，是公司负责人初期一直思考的问题。

2008年5月，颐世保塑料有限公司竞标成功，成为海信新的合作供应商。颐世保在与海信合作的第一年里，由于价格比海信原供应商降低了近3%，公司全年为海信节约成本共计200万余元，在海信外协厂家中也渐渐有了知名度。第二年，公司进一步加强与海信的合作，2009年底与海信最大的外协厂家合作开发聚丙烯阻燃材料。颐世保凭借研发优势，将许多产品的开发周期由原来的一周缩短至两天，同时材料成本由原来的每吨18 500元直降至13 800元。因明显的性价比优势，颐世保独占了海信的聚丙烯阻燃料市场。此次战略合作，双方实现了市场占领、利益均分的双赢局面。2010年，颐世保作为供应商在家电市场中已小有名气，并陆续与海尔、澳柯玛的外协厂家也建立了供货关系，下游局面逐渐被打开。但随着订单量的增加，问题也不断出现，工厂的硬件设备有待升级，需采购的原料种类和数量也在增加，仅2010年7月、8月两个月，公司所需原料就增加了20多种。公司需要在短时间内快速联系到合适供应商，但这也造成了对多家供应商管理混乱、采购成本增加等问题。

在颐世保下游合作商增加的同时，上游采购范围也不断扩大。发展到2013年，颐世保的采购渠道已经由青岛市拓展至全国。然而，在采购范围扩大的同时，问题也随之而来，供应商良莠不齐、交货周期不稳定等状况还是发生了。为降低采购和物流成本，公司转变从三级供应商采购原料的方式，直接与中石化的全资子公司中化塑料有限公司合作，实现源头采购。经过上下游合作商规模的不断扩大，颐世保进入了稳健发展阶段。在2014年5月，颐世保建立了自己的办公大楼和立体仓库，确定了三大产品结构：改性塑料、色母料、染色料。15年开始，为缓解家电市场日趋饱和，解决公司近半数生产设备闲置的问题，下半年颐世保组织人力物力开发光缆料，并于2016年上半年通过行业认定，与威海等地的3家公司建立供货关系。但该产品市场已进入成熟期，业内竞争激烈，价格近乎透明，带来的收益并不乐观。下半年因原料采购渠道受限，加上两家下游客户破产导致坏账等综合原因，颐世保停止了光缆料的生产。近几年，家电市场已接近饱和，公司订单维持无增长，再加上政府补贴政策取消，下游客户倒逼供应商降价来维持原有利润。公司要想发展，就必须勇于走出舒适区，一直拘泥于家电市场终究不是长远之计。在当时的行业背景下，颐世保开始引进专业人才开发汽车料，利用以往开发家电市场的经验，拓展新市场。2017年，颐世保与天津汽车厂正式建立供货关系，下半年伊始，公司为天津开发的所有新品转为量产，用6个月的时间实现汽车料销售收入4 200万元。2017年颐世保全年销售额实现历史新高，但受人工成本、原材料采购成本、财务费用增加等综合因素影响，净利润率下跌至5%左右。2018年在取得汽车行业的16949资质认证后，颐世保开始拓展下游汽车市场。受宏观经济形势的影响，汽车料市场自2018年初开始陷入低迷，其中颐世保在天津的订单量缩减为原来的30%。2018年下半年颐世保与一汽解放配套企业（长春）建立供货关系，并于2019年2月自民用车市场转为商用车市场，与吉利新能源车配套企业（武汉）、陕汽比亚迪新能源车配套企业（西安）建立供货关系。2019年下半年开始，颐世保面向汽车行业的销售额有所回升，下游客户由华北市场，逐渐扩张到东北、西南市场，但同时也面临下游多家汽车厂商严重拖延欠款等问题。颐世保如同在蚕蛹中挣扎的幼虫，在磕磕碰碰中不断努力，期待着破茧成蝶的一天。

案例来源：节选自《中国管理案例共享中心案例库》，并经案例作者王崇锋等同意授权引用。

案例思考：什么是供应链？小微制造企业颐世保成立初期应确定怎样的供应链战略打通行业上下游？颐世保发展期间可能经历怎样的供应链动态变化，企业应如何调整采购以及时应对？从发展期进入平稳期后，颐世保在供应链管理方面遇到了哪些问题？企业该如何应对这些问题？

6.1 供应链管理的产生背景

20世纪90年代，随着全球经济的发展以及Internet和电子商务的广泛应用，企业所处的商业环境发生了巨大变化：产品生命周期越来越短,产品种类飞速膨胀,对交货期以及产品或服务的期望越来越高,市场竞争日趋激烈。在这样的环境下,人们注意到了外部环境的变化对管理模式的影响问题,并从技术和组织的角度采取了许多措施,提出了许多适应竞争环境的有效方法。其中依托于信息技术的企业之间的联合,企业管理模式的转变,已经成为历史发展的必然。

6.1.1 企业管理模式的转变

20 世纪 90 年代以前,企业出于管理和控制的目的,对原材料、零部件或半成品供货商一直采取投资自建、投资控股或兼并的"纵向一体化"管理模式。但是,这种"纵向一体化"的企业经营过于分散,一方面,使得企业难以集中资源优势和技术优势,在相对擅长的领域建立和强化自己的核心竞争力;另一方面,"纵向一体化"的企业在投入全部资源,建立自己产业价值链的同时,由于规模庞大,机构臃肿,也逐渐丧失了其适应市场的快速反应能力。

自 20 世纪 90 年代以来,随着经济全球化和知识经济时代的到来,顾客需求越来越个性化,市场需求不确定性不断增加,整个市场竞争呈现出明显的国际化和一体化趋势。在这种情况下,人们往往会将资源需求延伸到企业以外的其他地方,借助其他企业的资源以达到快速响应市场需求的目的,于是出现了基于"横向一体化"管理模式的供应链整合思想,即基于更细的社会分工基础上的上下游企业间的合作。"横向一体化"的企业注重自己的核心业务,充分发挥核心竞争优势,将非核心业务外包给其他企业,利用企业外部资源快速响应市场需求,并与上下游企业密切合作,最大限度地获得竞争优势。

6.1.2 信息技术的推动

信息技术特别是 Internet 技术的迅猛发展使得信息传递和资源共享突破了组织原有的时间概念和空间界限。信息技术可以将上下游的合作企业紧密地连接起来,成为一个链式的结构,并使企业间的信息传递路线与产品的物理运动路线相一致,这样各个企业能够共享链上的信息,有效协调各自的行为。另外,信息技术也为企业之间合作、实施并行工程提供了强有力的技术支持,使企业间合作的广度和深度都大大加强。最后,信息技术的应用范围涉及整个供应链企业的经济活动,直接影响供应链企业间供应、生产、库存、销售中任何一环的响应速度、成本和效益。信息技术的应用大大降低供应链企业的交易成本,建立与供应商、分销商和客户更快、更方便、更精确的电子化联络方式,实现信息共享和管理决策支持,使供应链企业以低成本实现共享管理,并随着管理规模的扩大形成规模管理效应。

鉴于"纵向一体化"管理模式的种种弊端和"横向一体化"管理思想的兴起,这样便形成一条从供应商到制造商再到分销商的贯穿上下游企业的"链"——供应链。而链上节点企业必须达到同步、协调运行,才可使链上所有企业都能受益,而信息技术特别是网络技术的发展使得企业之间的实时信息传递和信息共享成为可能,于是,供应链管理这一新的管理理念和实践应运而生。

6.2 供应链

6.2.1 供应链的定义

供应链是围绕核心企业,通过对物流、资金流和信息流的控制,在产品生产和流通过程中将所涉及的原材料供应商、制造商、分销商、零售商直到最终消费者连成一个整体的供需网链结构模型。根据定义,可将供应链的结构简单地归纳为如图6-1所示的网链结构模型。

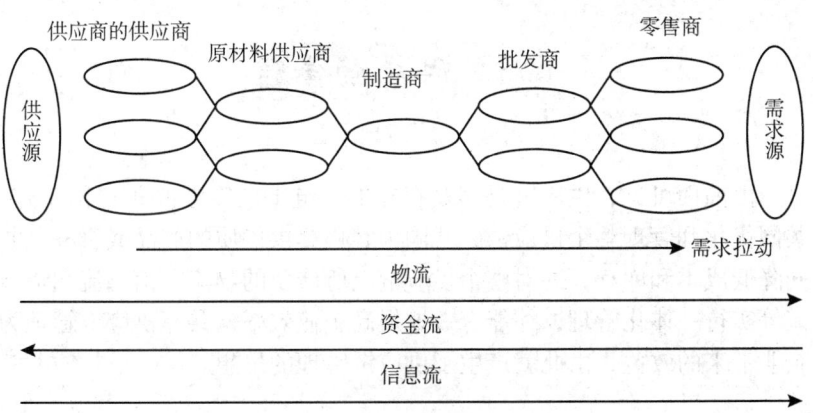

图6-1 供应链的网链结构模型

从图6-1中可以看出,供应链由所有加盟的节点企业组成,其中一般有一个核心企业(可以是产品制造企业,也可以是大型零售企业),节点企业在需求信息的驱动下,通过供应链的职能分工与合作(生产、分销、零售等),以物流、资金流和信息流为媒介实现整个供应链的不断增值,给相关企业都带来收益。但供应链上的各企业必须同步、协调运行,才有可能使链上的所有企业都受益。

6.2.2 供应链的特征

从供应链的结构模型还可以看出，供应链是一个网链结构，由围绕核心企业的供应商、供应商的供应商和批发商、批发商的零售商等组成。一个企业是一个节点，节点企业和节点企业之间是一种需求与供应关系。供应链主要具有以下特征：

(1) 复杂性。因为供应链节点企业组成的跨度（层次）不同，供应链往往由多个、多类型甚至多国企业构成，所以供应链结构模式比一般单个企业的结构模式更为复杂。

(2) 动态性。因企业战略和适应市场需求变化的需要，供应链节点企业需要动态地更新，并相互提高响应速度，这就使得供应链具有明显的动态性。

(3) 面向客户需求。供应链的形成、存在和重构，都是基于一定的市场需求而发生，并且在供应链的运作过程中，客户的需求拉动是供应链中物流、资金流和信息流运作的驱动源。

(4) 交叉性。节点企业可以是这个供应链的成员，同时又是另一个供应链的成员，众多的供应链形成交叉结构，增加了协调管理的难度。

6.3 供应链管理

由前面可见，供应链是客观存在的，链上的企业必须协同工作，共同优化和管理整个供应链，共同为客户提供优质的产品或服务，共同降低成本和库存，即对整个供应链上所涉及的物流、信息流和资金流等实行一体化管理，才能有效地提高企业效率，共享供应链管理为企业带来的效益，由此就产生了供应链管理的思想。

6.3.1 供应链管理的定义

中国国家标准《物流术语》对 SCM 的定义：利用计算机网络技术全面规划供应链中的物流、资金流和信息流，并进行计划、组织、协调与控制等。

美国学者伊文斯（Evens）认为："供应链管理是通过前馈的信息流和反馈的物流及信息流，将供应商、制造商、分销商、零售商，直到最终用户连成一个整体的模式。"

IBM将SCM定义为：借助信息技术和电子商务，将供应链上业务伙伴的业务流程相互集成，从而有效管理从原材料采购、产品制造、分销、直到交付给最终消费者的全过程，在提高客户满意度的同时，降低整个供应链的成本，提高各企业效益。

对于供应链管理，定义虽不同，但基本含义是一致的，即都强调：借助于信息技术的支持；追求整个供应链的总成本最低；强调一种集成的管理思想和方法；供应链上的各个节点有机结合，实现供应链整体效率最高。

6.3.2 供应链管理的特征

如何确定供应链是供应链管理的首要的战略性问题，满足最终用户需求是供应链上每个成员的共同目标，其特征主要表现在以下几方面：

（1）供应链管理是全过程的战略管理。供应链中各节点企业不是彼此分割的，而是环环相扣的一个有机整体。因此，从总体上考虑，如果只依赖于部分环节的信息，则会由于信息的局限或失真，导致决策失误、计划失控、管理失效。供应链管理要求各企业之间实现信息共享、风险共担、利益共存，并从战略的高度来认识供应链管理的重要性和必要性，从而真正实现全过程的战略管理。

（2）供应链管理是一种基于流程的集成化管理模式。传统的管理以企业的职能部门为基础，往往由于职能矛盾、利益目标冲突、信息分散等原因，各职能部门无法完全发挥其潜在效能，因而很难实现整体目标最优。供应链管理则是一种横向一体化经营的集成管理模式，它以流程为基础，以价值链的优化为核心，强调供应链整体的集成与协调，通过信息共享、技术扩散、资源优化配置和有效的价值链激励机制等方法实现经营一体化。

（3）供应链提出了全新的库存观，强调供应链中贸易伙伴之间的密切合作，致力于总体库存的大幅度降低。传统的库存思想认为：库存是维系生产与销售的必要措施，是一种必要的成本。而供应链管理使企业与其上下游企业之间在不同的市场环境下实现了库存的转移，降低了企业的库存成本。这也要求供应链上的各个企业成员建立战略合作关系，通过快速反应降低库存总成本。

（4）应用现代信息技术和通信技术，遵从共同的标准和规范。信息共享是供应链管理的关键，供应链管理需要来自各个节点企业的实时、准确的信息，一些有用的IT工具，如条码技术、Internet、电子数据交换（EDI）、物联网等，被集成到SCM中的各个职能领域发挥其作用。

6.3.3 供应链管理与传统管理的区别

供应链管理不同于传统的企业管理，它更强调供应链整体的集成与协调，要求各节点企业围绕物流、信息流、资金流进行信息共享与经营协调，主要表现在以下几方面：

（1）传统管理是基于单一企业的管理，虽然也和其他企业相互联系，但是与相关企业的关系是竞争管理，即"输赢（Win – Lose）"关系。而供应链管理强调的是链上的所有节点企业的"双赢（Win – Win）"关系，以提高整个供应链的效益为目的。供应链管理是对所有资源的整合，超越了单一企业的范畴，充分利用了供应链上节点企业的资源。

（2）供应链管理更加注重客户需求。供应链的形成、存在、重构，都是基于一定的需求而产生，并且在供应链管理过程中，需求是拉动物流、信息流、资金流的源泉。

（3）供应链管理更为复杂。复杂性来源于供应链中的"不确定性"。例如，制造不确定性、供应不确定性、市场需求不确定性等，其中市场需求不确定性对企业影响最大，增加了供应链管理的复杂程度。

6.4 信息系统与供应链管理

供应链管理是使企业更好地从上游供应商处采购制造产品或提供服务所需的原材料，然后生产产品或提供服务并将其递送至下游客户的艺术和科学的结合。供应链管理的核心问题是如何有效协调和控制供应链上的物流、信息流、资金流和事务流，实现整个供应链稳定和高效地运行以达到满足最终顾客需求的目的。

在供应链运行的过程中，物流、资金流和事务流都紧密地围绕信息流展开。只有在各参与方都提供一致而准确的信息的情况下进行决策，才能保证供应链各部分实现稳定而高效的运行。然而供应链运行中的效率低下，如零部件缺货、过量库存、工厂生产能力利用不足、高昂的运输成本等，均是由于供应链中传递信息不正确或不及时造成的。如果生产商想要准确获取顾客需求的时间、地点和数量，就需要一种高效率的准时化策略。这种策略可以保证生产所需的原材料和部件在需要的时刻刚好到达，而产成品在下线的同时就被运走。

6.4.1 牛鞭效应

供应链运作过程中,许多不可预测事件的发生都会带来生产、运输等环节的不确定性。为了应付这种不确定性,处于下游的零售商往往需要设置一个安全库存来对供应链中供货不足进行缓冲。与此同时,来自客户需求的不确定性又会逆着供应链逐渐向上游传播,形成一种供给和需求不确定性的循环。而这种被逐级放大的扭曲需求现象被称为"牛鞭效应",如图6-2所示。

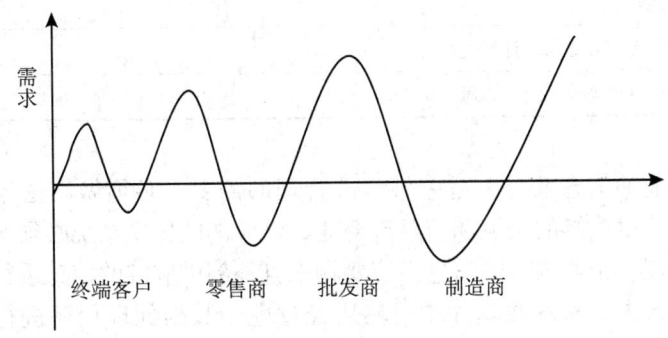

图6-2 牛鞭效应示意

造成"牛鞭效应"的主要原因是信息流从最终客户端向上游供应商传递时,无法有效地实现信息共享,使得信息扭曲而逐级放大,导致了需求信息出现越来越大的波动。在供应链上,这种波动效应越往上游变化就越大,距终端客户越远,影响就越大。牛鞭效应如果和企业制造过程中的不确定因素叠加在一起,将会导致巨大的经济损失。当供应链中的成员均有准确和及时的信息时,牛鞭效应可以通过减少需求和供应的不确定而加以克服。如果供应链中的成员可以共享库存水平、调度、预测和运输的动态信息,它们将会有较精确的调整其材料来源、制造和配送计划的意图,而这可以有效减少甚至消除这种不确定性。

6.4.2 供应链中的信息系统

供应链管理的基础是供应链上的节点企业之间信息的高度集成和共享,实现这一点的关键是有一个良好的基于信息技术的支撑体系。供应链的信息共享也是消除牛鞭效应的有效手段。

供应链中的信息系统涉及企业内部的信息系统和企业间的信息系统。这些信息系统可以为供应链节点企业的信息共享提供支持,从而帮助它们做出较好的采购和调度决策。节点企业通过信息系统的应用可以获得如下益处（见表6-1）。

表6-1　　　　　信息系统对供应链管理的辅助作用

对生产什么、储存什么、运送什么做出决策
快速的订单沟通
跟踪订单的状态
校核库存的可用性和监视库存水平
减少库存运输和仓储成本
跟踪运输
基于顾客实际需求的计划生产
产品设计中变化的快速沟通

企业的信息系统为适应供应链管理的需要，必须做出适当的调整。为使供应链的物流和信息流畅通，供应链的信息系统必须实现集成化管理。企业内部的信息系统要将来自外部供应链的信息进行预处理并存入内部 MIS 数据库中，然后经过电子数据处理程序进行各种数据的统计和计算，并生成报表，然后在 DSS 中进行预测、分析和控制，以帮助管理层做出科学的决策。

企业内实现供应链管理需要三类信息系统：

（1）管理信息系统（MIS）。主要实现对人、财、物和产、供、销的管理。

（2）决策支持系统（DSS）。从 MIS 获得各种报表和各种数学模型，进行企业决策，提供解决半结构化问题的能力。

（3）基于知识的系统（KBS）。解决供应链上非线性问题。

上述三类系统在现实中更多的是由企业资源计划（ERP）系统来完成的。

供应链中的信息系统还是典型的跨组织系统（Inter-organizational Systems，IOS）。供应链节点企业之间依靠信息系统进行信息传递，这些信息包括订单、库存和计划等。企业将收到的信息进行加工处理，提高生产效率和客户响应速度。因此，供应链信息系统要面向企业采购、销售、库存和质量管理人员，提供采购、销售、仓储、存货核算、质量监测和控制、进出口等业务环节的管理功能，帮助企业全面管理供应链业务。该系统既可独立运行，又可与生产、财务系统结合使用，构成更完整、更全面的一体化企业应用解决方案。

跨组织信息系统可以跨国界、跨地区、跨企业对企业提供信息技术支持和服务，同时又能利用其特有的功能创造新的商务模式、新的组织形式、企业间合作、协调方式，甚至改变竞争规则。

供应链管理的成功实施要依靠信息系统来实现，其与链上企业内部、外部信息系统密切相关，其核心是要通过 ERP 系统、供应链管理软件、最新的物联网（接入产品和其对应零部件）和大数据的收集分析，让信息流、物流、资金流和事务流合一，做到对每一个个体产品、零部件在生产的全流程中可以实时监控和管理，事前预测、事中操作和事后追踪。图 6-3 描述了供应链管理与信息系统之间的关系。从图 6-3 可以看出，供应链中的信息系统涉及两个层次：其一是企业内部的信息系统，其二是企业间信息系统。供应链管理理念是建立在企业内部全面集成的信息化管理（主要是 ERP 实施）之上的，而这种信息化管理的具体表现就是在企业内部信息系统建设的基础上进行企业间综合集成，从而构建一个整体的供应链管理系统，以支持供应链企业的综合化、一体化管理。

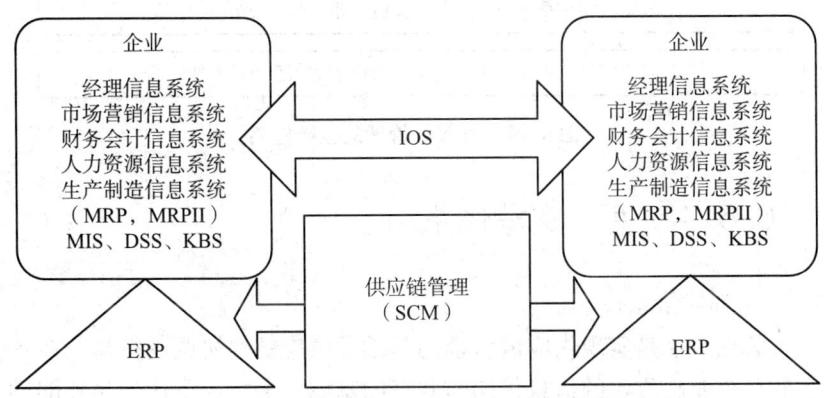

图 6-3　供应链管理与信息系统关系图

供应链管理系统从功能上可分为帮助企业制订供应链计划的软件（供应链计划系统）和帮助企业执行供应链步骤的软件（供应链执行系统）。供应链计划系统可以使企业产生对某种产品的需求预测，并确定对该产品开发最佳材料来源和制造计划。供应链执行系统通过对仓储、销售和配送等业务环节的信息流的集成，保证将产品以最高的效率配送到正确的地点。

6.5　供应链管理系统的框架

供应链管理是使企业更好地从上游供应商处采购制造产品或提供

服务所需的原材料，然后生产产品或服务并将其递送给下游客户的艺术和科学的结合。图6-4给出了供应链管理系统的基础框架，可以看出，供应链管理的要素包括两个支撑体系和五大职能。

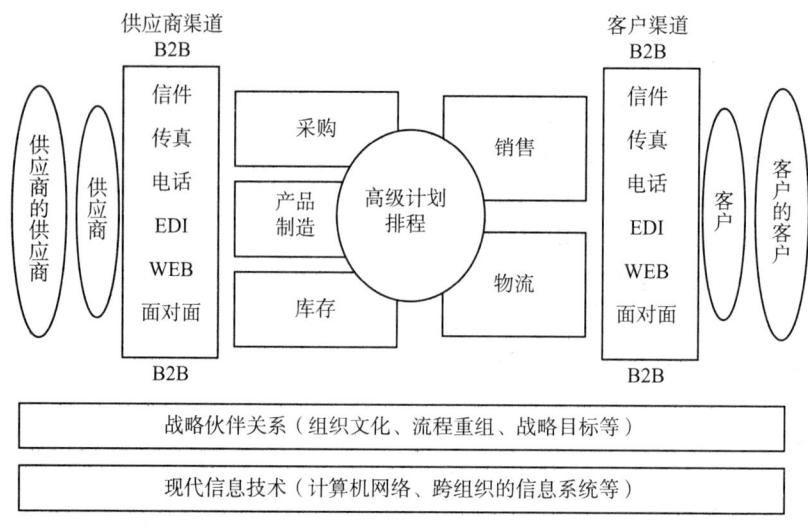

图6-4 供应链管理的基础框架

6.5.1 两个支撑体系

1. 现代信息技术

信息共享是实现供应链管理的基础，供应链的协调运行建立在各个节点企业高质量的信息传递与共享的基础之上。为了达到与外部供应链的集成，企业必须采用适当的信息技术为企业内部的信息系统提供与外部供应链节点企业的很好的接口，达到信息共享和信息交互，达到相互操作的一致性。

因此，Internet/内部网的集成、EDI、Web数据库等现代信息技术是通过电子化手段传递商务信息并实现供应链协同管理的基础平台。

2. 战略伙伴关系

供应链中的本企业与上游供应商、下游经销商所建立的以信任、合作、双赢为基础的关系就是供应链战略伙伴关系，这种伙伴关系是供应链管理赖以实现的软环境。通过建立良好的战略伙伴关系，企业就可以很好地与用户、供应商和服务提供商实现集成和合作，共同在预测、产品设计、生产、运输计划和竞争策略等方面设计和控制整个供应链的运作。

因此，供应链节点企业应在组织文化、流程重组、经营目标等方面进行战略调整，为实现多赢营造一个有利环境。

6.5.2 五大职能

除了两大支撑体系,对于供应链上的核心企业来说,供应链管理还包括五大职能:

(1) 采购管理:采购管理包含采购自助服务、采购内容管理、货物来源的分配、供应商的协作、收货及付款、采购智能等功能。SCM 的采购与 ERP 中的不同,它是由交易关系转变为合作关系,由为避免缺料的采购转变为满足订货的采购,由被动供应转变为主动供应,由制造商管理库存转变为供应商管理库存。SCM 系统追求的是零库存管理。

(2) 库存管理:库存管理从实物管理的角度出发,实现企业对物料的管理。与 ERP 中的库存管理不同,如何加速物料流动,减少库存积压,加强物流的批次跟踪,严格物料的失效期管理是 SCM 中库存管理的重点,是一套完整的库存管理解决方案。

(3) 销售管理:销售管理主要有销售订单管理、客户自助服务、订单配置、需求获取、订单履行、开票以及销售智能等功能。与 ERP 中的销售管理不同,它是由推式市场模式转变为拉式市场模式,由以制造商为中心转变为以客户为中心,由等待型销售方式转变为创造型销售方式。

(4) 高级计划排程(Advanced Planning and Scheduling,APS):它是 SCM 的重要组成部分,包括综合预测、供应链计划、需求计划、制造计划和排程、供应链智能等功能。SCM 需要 ERP 的集成数据来进行供应链的分析,以便提供决策。而 ERP 也需要 APS 的优化功能进一步提升管理水平。

(5) 物流:合作性与协调性是供应链管理的一个重要特点,但如果没有物流系统的无缝连接,运输的货物逾期未到,顾客的需要不能得到及时满足,采购的物资常常在途中受阻,都会使供应链的合作性大打折扣,因此,无缝连接的供应链物流系统是使供应链获得协调运作的前提条件。

本 章 小 结

供应链管理是一种集成的管理思想和方法,它提倡各成员企业以满足客户需求为核心,在业务管理方面进行协作,并且以信息流控制为核心,执行供应链中从上游的供应商到下游的顾客之间的物流、资金流计划和控制等职能。供应链和供应链管理是近年来受到广泛关注的管理领域,来自学术界和实践领域的专家们从不同的角度或基于不同的观点研究和讨论了这些概念。本章基于这些成果首先分析了供应链管理的产生背景，其次从物理结构上介绍了供应链的概念，并进一步给出供应链管理的定义、特征以及与传统管理的区别，最后分析了供应链中信息系统的形式，各种信息系统对供应链管理的作用以及供应链管理的基础架构。现代企业要想实现高效的供应链管理必定离不开信息技术的支持，了解供应链管理思想和理念以及供应链管理系统建设并对整个供应链进行优化，可以有助于组织信息化建设并最终提升供应链上企业的整体竞争力。

习　题

1. 什么是供应链管理？
2. 供应链管理与传统管理有何区别？
3. 供应链管理如何减轻或消除牛鞭效应？
4. 供应链管理中的信息系统是如何发挥作用的？

第7章
电子商务

随着经济全球化与信息化成为一种强有力的趋势，Internet 为商业、企业经营等活动提供了快速通道，全球互联的商业时代已经到来。电子商务作为新经济的标志，能够跨越时间与地域的限制，使信息的处理与传递更加迅速、准确，为社会经济发展带来勃勃生机。电子商务的产生与发展对企业的经营模式、政府的管理模式、人们的生活方式等方面都带来了巨大的影响和变革，并将成为未来企业运营与商务活动的基础。

引导案例

拼多多电子商务平台

拼多多成立于 2015 年 9 月，是一家第三方的社交电商平台。拼多多开创了独特的新社交电子商务思维，即通过沟通和分享形成的社交概念，用户可以和朋友、家人、邻居组成拼团，拼团凝聚更多人的力量，以更低的价格购买更多优质产品。

拼多多通过"社交+低价"的形式吸引了众多消费者，这也成为拼多多在京东、阿里双巨头的竞争格局下能够迅速打开市场的关键。拼多多通过拼团的模式，把电商和社交捆绑起来，不同于以往的搜索式购物，拼多多从人出发，以社交为出发点，通过拼团刺激消费者，通过顾客推荐产品，并分享到微信、微博、QQ 等社交软件，完成拼多多产品的推广。如果说上一代传统电商是消费者自己带着购物目的去搜索商品，那么拼多多则是通过分享拼团，将有着相同购物爱好的人群聚合到一起，将人群和量产的折扣化商品衔接起来。拼多多用自己独特的"游戏式经营"创造了新电商，开辟了自己的市场，这在电子商务的领域尚属独创。

拼多多依托于腾讯，充分利用微信强大的流量，通过砍价活动、抢红包活动吸引人流，也节省了大量的宣传成本。此外，拼多多在大热的综艺节目投放广告，以脍炙人口的歌曲宣传拼多多，很多消费者也就是通过电视广告知道拼多多这个电商平台的。拼多多也充分利用"社交化"使其品牌充分得到传播。拼多多可以在微信中推出各种活动，利用起了人们的"社交圈"，即通过分享、发起拼单邀请消费者社交群里的家人或朋友，完成了拼多多与消费者、消费者与消费者之间的一个很好的交流模式。而与此同时，拼多多还可以通过后台精准推荐和匹配拼单，更好地了解消费者需求。

拼多多在市场推广方面也有一系列的新举措。拼多多从创立之初就定位三四线城市及以下的市场，因为这部分市场的人群相对产品的价格更有敏感性，也可以说是被天猫和京东所忽视的市场，这与天猫以及京东则有不同的用户群体。拼多多主打"低价+拼团+社交裂变"策略。拼多多与腾讯合作，在微信上推出各种小程序吸引流量，如"砍价免费拿""抢红包"等活动，这些活动加上社交的裂变大量吸引客流量。移动社交时代，拼多多快速发展。目前，拼多多平台已汇聚7.313亿名年度活跃买家和510万家活跃商户，平台年交易额达人民币14 576亿元，迅速发展成为中国第二大电商平台。

案例来源：丁姝月：《社交化电子商务营销策略研究——以拼多多为例》，河南大学硕士学位论文，2019年。

案例讨论：你有在拼多多购物的经历吗？体验如何？根据你的理解，拼多多的电子商务模式有什么特色？拼多多对传统电子商务有什么新发展？拼多多的"低价+拼团+社交裂变"策略有什么优劣势？

7.1 电子商务的产生与发展

电子商务产生的原动力是信息技术的进步和商务活动的发展。Internet的出现将信息技术的进步推向一个新的高度，同时，信息技术与商务活动日益融合，使社会网络化、经济数字化、竞争全球化、贸易自由化的趋势不断加强。电子商务正是在这种背景下产生的。

早在电报刚出现时，人们便开始了对运用电子手段进行商务活动的讨论，当贸易活动信息开始在通信线路中传输时，就标志着运用电子手段进行商务活动的开始。20世纪60年代以来，计算机、网络通信等信息技术相继产生并不断发展，电子商务在这些技术的互动发展中不断完善与提升，特别是于90年代出现Internet后，为电子商务的进一步发展和在企业中的应用奠定了坚实的基础和条件。伴随着信息技术的发展，电子商务的应用平台从电报网、电话网、广播电视网发展到Internet。

一般来讲，电子商务的发展大致经历了以下两个阶段：基于 EDI 的电子商务和基于互联网的电子商务。

第一阶段：基于 EDI 的电子商务。

20 世纪 60 年代末，贸易商们在应用计算机处理各类商务文件时发现，由手工输入计算机中的数据大多来源于其他贸易伙伴由计算机产生的文件，由于过多的人为因素，影响了数据输入的准确性和工作效率的提高，人们开始尝试在贸易伙伴之间利用计算机实现数据的自动交换，电子数据交换（Electric Data Interchange，EDI）应运而生。

EDI 产生于美国，是一种利用计算机进行商务信息处理的方法，它将贸易、运输、保险、银行和海关等行业的信息，用一种国际公认的标准格式，通过专用计算机通信网络，在各有关部门、公司和企业之间进行数据交换和处理，并完成以贸易为中心的全部业务过程。由于 EDI 的使用可以完全取代传统的纸张文件的交换，因此人们称它为"无纸贸易"或"电子贸易"。

但是，EDI 标准极其复杂，行业内以及行业间的标准难以协调，统一的国标标准难以实现。EDI 多用于行业内的商务活动，行业间的 EDI 并未广泛展开，同时，租用专用网的费用相当高，限制了 EDI 的推广。因此，基于 EDI 的电子商务应用范围非常有限。

第二阶段：基于互联网的电子商务阶段。

20 世纪 90 年代以来，Internet 迅速发展并普及，逐步地从大学、科研机构走向企业和百姓家庭，其功能也已从信息共享演变为一种大众化的信息传播工具。从 1991 年起，一直排斥在互联网之外的商业贸易活动也开始加入其中并逐步扩大，使电子商务成为 Internet 应用的最大热点之一。

在基于 Internet 的电子商务发展初期，企业主要通过在 Internet 上建立企业网站，发布信息。随着 Internet 进一步的推广与应用，有些企业将网站前端，包括商品目录、价格、订单等，与后端管理系统相连接，如订单管理、存货控制等。此时的企业电子商务网站可动态地提供有关库存、商品价格及订货、发货的最新信息，使客户可以直接从网站发出并追踪订单，有效控制订购过程。因此，基于 Internet 的电子商务降低了交易成本，提高了客户满意度。

与传统基于 EDI 的电子商务形式相比，基于 Internet 的电子商务具有以下明显的优势：

（1）费用低。由于互联网是国际的开放性网络，使用费用较低，企业利用这一优势可有效降低交易成本。

（2）覆盖广。互联网几乎遍及全球的各个角落，用户可以跨越地域的限制，方便地与贸易伙伴传递商业信息和文件。

（3）使用灵活。基于 Internet 的电子商务不受特殊数据交换协议的限制，任何商业文件或单证可以直接通过填写与现行的纸面单证格式一致的屏幕单证来完成，不需要再进行转换，易于操作。

（4）功能全面。互联网可以全面支持不同类型的用户实现不同层次的商务目标，如发布电子商情、在线洽谈、建立虚拟商场或网上银行等。

进入 21 世纪以来，移动通信技术迅猛发展，通过手机等移动通信设备与 Internet 有机结合进行电子商务活动成为可能，移动电子商务（M-Commerce）逐渐成为人们进行商务活动的新模式。与传统电子商务不同，移动电子商务是利用手机、个人数字助理（PDA）等无线终端进行商务活动，为用户随时随地提供所需的服务、应用、信息和娱乐。目前我国电子商务正处在蓬勃发展的阶段，随着互联网的进一步普及，以及电子商务规模和形式的不断发展，中国电子商务的规模正在稳步前进。商务部电子商务司发布的《中国电子商务报告2019》显示：2019 年，中国电子商务市场规模持续引领全球，服务能力和应用水平进一步提高。中国网民规模已超过 9 亿人，全国电子商务交易额达 34.81 万亿元，其中网上零售额达 10.63 万亿元，同比增长 16.5%，实物商品网上零售额 8.52 万亿元，占社会消费品零售总额的比重上升到 20.7%；电子商务从业人员达 5 125.65 万人。

2020 年以来，面对新冠肺炎疫情带来的冲击，各大电商平台承担了更大的消费流量，不仅在很大程度上满足了消费者购物需求，还为广大商家和企业逆势谋生提供了强大的"消费支撑力"。人工智能、大数据、小程序等技术广泛应用，内容电商、社交电商、跨境电商海外仓等模式深化创新，顺应了时下多元化、个性化、重视体验的消费需求。与此同时，电子商务带动线上线下融合发展的趋势更加明显，餐饮企业、零售门店主动拓展线上市场空间，传统实体经济在数字化转型方面做出新的探索和尝试。网络零售向智能制造领域延伸，电子商务平台与产业链中的各方建立数字化连接，对于提升供应链运营效率和助推产业转型升级成效明显。

7.2 电子商务的概念

国际上对电子商务尚无统一定义，不同学者、IT 厂商、国际组织、政府等都从不同角度对其进行了描述。2007 年 6 月，国家发展改革委员会和国务院信息办联合发布了我国《电子商务发展"十一五"规划》，首次明确了电子商务是网络化的新型经济活动，即基于互联网、广播电视网和电信网络等电子信息网络的生产、流通和消费活动，而不仅仅是基于互联网的新型交易或流通方式。电子商务涵盖了不同经济主体内部和主体之间的经济活动，体现了信息技术网络化应用的根本特性，即信息资源高度共享、社会行为高度协同所带来的经济活动的高效率和高效能。

目前，对电子商务广泛认可的观点是将电子商务划分为两个层次的概念：狭义的电子商务和广义的电子商务。

狭义的电子商务，主要是指买卖双方及有关各方利用计算机网络和数字化手段进行产品与服务的交易活动，它仅仅将 Internet 上的交易活动归属于电子商务。这类活动常称为电子交易（E-Commerce）。

广义的电子商务，是指利用计算机网络和数字化手段进行包括市场分析、客户联系、交易、物资调运、公司内部联系等全部商务活动，即实现商务活动的电子化，这类活动常称为 E-Business（或译为电子业务）。

以上两个层次的概念所确定的基本对象都是商务活动，所强调的活动形式都是基于电子化。所不同的是，它们审视电子商务的角度和侧重点不同：狭义电子商务强调交易过程，广义电子商务强调企业生产、经营、服务与应用；它们对电子商务中的商务外延界定范围不同：狭义电子商务仅仅界定为商务交易，广义电子商务界定为是电子方式的所有商务活动，甚至包括除商务活动之外的生产、管理和服务领域；它们对电子商务中的技术即电子手段的外延范围不同：狭义电子商务主要强调基于 Internet，广义电子商务认为的电子方式涵盖所有的信息技术。

对于企业而言，电子商务的含义一方面是通过电子网络向相关的企业订购产品或服务，允许其他企业或个人通过电子网络订购本企业的产品或服务，基于网络进行电子货币结算，通过网络宣传产品；另一方面是使企业内员工进行电子化的协同工作，利用信息网络技术完成企业计划、生产、调度和协调等任务。

为了更好地理解电子商务的概念，我们将电子商务与传统商务进行比较，如表 7-1 所示。

表 7-1　　　　　　电子商务与传统商务比较

商务步骤	商务类型	
	传统商务	电子商务
交易前准备	通过报纸、电视户外媒体等广告进行商品信息的发布、查询、匹配	交易的供需信息以网络为主进行发布、查询和匹配，信息沟通更快

续表

商务步骤	商务类型	
	传统商务	电子商务
贸易磋商	磋商常用工具是电话传真邮寄等，是口头磋商或纸面贸易单证的传递过程	贸易双方通过电子信息传递贸易单证，由安全协议保证信息的正确、安全
合同签订与执行	磋商后需以书面形式签订具有法律效应的合同	磋商后双方进行电子签名确认具有法律效应的电子合同
资金支付	有支票和现金两种支付方式	采用信用卡、电子支票、电子现金和电子钱包等支付形式

可见，电子商务与传统商务相比有明显优势，表现在以下几个方面：

（1）交易虚拟化。基于 Internet 的贸易双方从贸易磋商、签订合同到支付等环节，无须当面进行，均通过计算机互联网完成，整个交易完全虚拟化。

（2）交易透明度高。贸易双方的交易全过程都是基于网络进行，其通畅、快捷的信息传输无须人为参与就可保证各种信息之间的互相核对，防止伪造信息的流通。

（3）交易成本低。Internet 使用费用低，无店面，交易双方通过网络进行商务活动，减少中间环节。

（4）交易效率高。由于互联网将贸易中的商业报文标准化，使商业报文在世界各地瞬间完成传递与计算机自动处理，原料采购，产品生产、需求与销售、银行汇兑、保险，货物托运及申报等过程无须人员干预，可在最短的时间内完成。

7.3 电子商务的分类

电子商务的应用形式多种多样，按照不同的分类标准可将其划分成不同的类别，目前最常见的分类标准是按照电子商务交易参与者的性质进行分类，可以分为以下四种类型：企业与消费者之间的电子商务，即 B2C（Business to Consumer）；企业与企业之间的电子商务，即 B2B（Business to Business）；消费者与消费者之间的电子商务，即 C2C（Consumer to Consumer）；企业与政府，即 B2G（Business to Government）方面的电子商务。各个电子商务参与主体之间的关系如

图 7-1 所示。

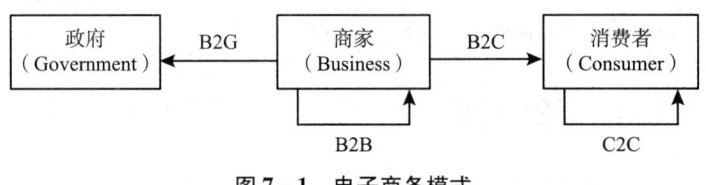

图 7-1 电子商务模式

7.3.1 B2C 模式

B2C 模式是指企业对消费者的电子商务模式,也就是通常所说的电子化的在线商业零售,即网上购物。它直接面向消费者销售产品和服务,消费者通过网络进行网上购物并在网上支付。这种模式节省了客户和企业的时间和空间,提高了交易效率,缩短了交易时间。随着 Internet 的普及,这类电子商务发展迅速。最具有代表性的国内 B2C 电子商务模式网站有当当网(dangdang.com)、京东(jd.com),全球最著名的 B2C 电子商务网站是美国的亚马逊网上商店(amazon.com)。

7.3.2 B2B 模式

B2B 模式是企业对企业的电子商务模式,或者说是企业间的电子商务,即企业与企业之间通过互联网进行产品、服务及信息的交换。企业间通过网络交换信息,传递各种电子单证(如订单、发票、收付款通知等),从而使交易全程实现电子化和无纸化。B2B 电子商务模式包括两种基本模式:一种是企业之间直接进行的电子商务(如制造商在线采购和在线供货等);另一种是通过第三方电子商务交易平台进行的商务活动。B2B 模式是目前应用最广泛的一种,随着竞争的日益加剧,企业需要用电子商务来改善竞争条件,建立竞争优势。企业为寻求自身发展必将努力改善电子商务运行环境,从动态角度看,B2B 电子商务必将有较大发展。典型的 B2B 电子商务网站有阿里巴巴(china.alibaba.com)、慧聪(hc360.com)、金银岛(315.com.cn)等。

7.3.3 C2C 模式

C2C 模式是消费者对消费者的电子商务模式,通过为买卖双方提供一个在线交易平台,使卖方可以主动提供商品上网拍卖,而买方可以自行选择商品进行竞价。随着互联网用户的高速增长，外部条件也日趋成熟，C2C日益蓬勃发展。典型的C2C电子商务网站有淘宝网（taobao.com）、易趣网（eachnet.com）等。

7.3.4 B2G 模式

B2G模式是企业对政府的电子商务模式，指的是企业与政府之间进行的电子商务活动。例如，政府将采购的细节在国际互联网上公布，通过网上竞价方式进行招标，企业也可通过电子方式进行投标。因此，政府可以通过这种方式树立政府形象，通过示范作用促进电子商务的发展。此外，政府还可以通过这类电子商务实施对企业的行政事务管理，如政府用电子商务方式发放进出口许可证、开展统计工作，企业可以通过网上办理交税和退税等。我国的金关工程就是通过该模式建立我国以外贸为龙头的电子商务框架，并促进我国此类电子商务活动的开展。

7.4 电子商务的基础框架

电子商务的基础框架是指实现电子商务的技术和环境方面的支撑性保证。由图7-2可见，它是一个以应用为目的，以法律法规、技术规范和物流为保障，以信息平台为核心的有机整体。

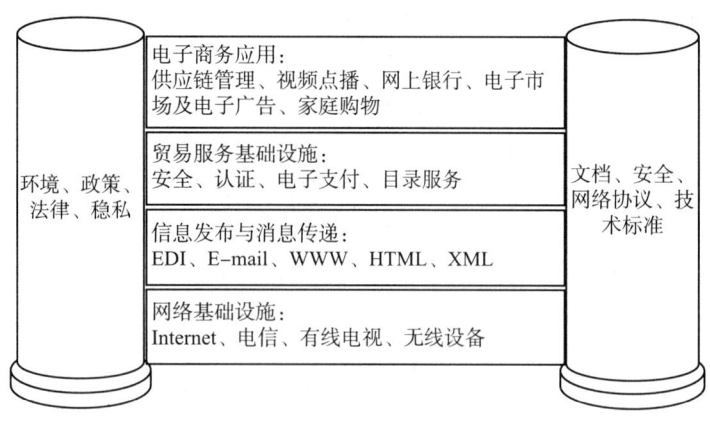

图7-2 电子商务基础框架

从宏观上看，电子商务的基础框架由网络基础设施层、信息发布与消息传递层、贸易服务基础设施层和电子商务应用层四个层面，以及社会人文性的政策法规和自然科技性的工程技术标准两大支柱构成。

7.4.1 网络基础设施

网络基础设施是支持电子商务的硬件基础设施，是通过电子化手段传递商务信息的基本平台。随着技术的发展，各种类型的网络逐渐在以 TCP/IP 协议为主的统一标准下联结为一体，从而为电子商务提供随时随地、多种形式的信息访问、发布和交换能力。

7.4.2 信息发布与消息传递

信息发布与消息传递是指电子商务信息的表达形式。网络中传输的信息以图、文、声、像等多种媒体的形式出现，它们被超文本标记语言组织并在万维网（WWW）上发布。这种电子商务环境下多媒体表达方式的应用，改变了传统企业着力进行广告和促销活动的方式，以一种更方便、快捷的方式传递企业信息，宣传企业文化。另外，网络中的信息传播工具提供两种交流方式，一种是面向人的非格式化的信息交流，如 E-mail、FAX 等；另一种是面向机器的格式化的信息交流，其处理和传递过程都是标准化、自动化的，如 EDI。

7.4.3 贸易服务的基础设施

贸易服务的基础设施是电子商务系统为贸易活动提供的通用的业务服务，主要包括安全、认证、电子支付、商品目录等工具。

安全和认证：提供的信息是可靠、不可篡改、不可抵赖的，可在有争议时提供证据。

电子支付：完成一笔网上交易，要进行电子支付，必须保证网上支付是安全的。

目录服务：将信息妥善组织，使之方便修改，支持市场调研、咨询服务、商品购买指南。

7.4.4 电子商务应用

在上述基础上，可逐步建设实际的电子商务应用。如供应链管理、视频点播、网上银行、电子市场、电子广告、网上娱乐、家庭购物等。

7.4.5 政策与法律

政策与法律是电子商务两大支柱之一。

在电子商务发展过程中，政府的支持和推进作用是不可缺少的。电子商务作为一种对现代市场经济起巨大冲击作用的革新力量，其宏观形态和发展方向也应该由政府进行一定程度的调控。另外，电子商务作为信息时代的重要特征，也应对政府的宏观政策制定起到参考作用。由于电子商务的透明性，传统的监控方法开始变得无能为力。同时，政府如何在电子商务中发挥管理、监视、协调、促进和服务的作用，将对电子商务的进一步发展起重要作用。

法律维系着商务活动的正常运作，由于网上商务活动的独特性，买卖双方的纠纷需要一个成熟、统一的法律系统进行仲裁，法律制定的成功与否直接关系到电子商务活动能否顺利进行，同时，知识产权的保护也是法律在电子商务中的一个重要任务。

7.4.6 安全性和技术标准化

网络商务活动的安全性和技术标准化是电子商务的另一支柱。

安全问题是电子商务活动中的一个重要问题，一方面可采用安全技术保证数据不被窃取、篡改和滥用，如利用数据加密、数字签名、数字证书、安全套接字协议层（SSL）、安全电子交易协议（SET）等技术加以保护；另一方面，借助法律法规打击电子商务活动中的不法分子。

技术标准定义了用户接口、传输协议、信息发布标准、安全协议等技术细节。就整个网络而言，标准对于保证兼容性和通用性是十分重要的。

7.5 电子商务的盈利模式

企业经营的最终目的是获得投资回报，电子商务企业也不例外，电子商务企业的盈利模式与传统企业相比，有很多相似之处，由于电子商务的创新特性，其盈利模式又有其特殊性。目前电子商务市场中存在多种盈利模式，下面介绍其中比较具有代表性的几种。

7.5.1 会员费

注册会员以获得网站的服务是目前很多互联网用户包括企业用户所广泛接受的一种电子商务服务形式。收取会员缴纳的会员年费或会员管理费，成为很多电子商务企业的盈利模式。

例如阿里巴巴网站收取中国供应商、诚信通两种会员费，中国供应商会员费分为每年 4 万元和 6 万元两种，诚信通的会员费每年 2 300 元；中国化工网每个会员第一年的费用为 12 000 元，以后每年综合服务费用为 6 000 元。

7.5.2 广告费

收取在网站投放广告的企业用户的广告费，也是电子商务企业特别是各类门户网站的主要盈利来源。根据广告的投放位置、广告大小、播放时长等的不同，收取的广告费也各不相同。而有的网络广告则是根据点击量收取费用。

阿里巴巴网站的广告根据其在首页位置及广告类型来收费。而很多视频网站则是根据广告的播放次数收取费用。

7.5.3 竞价排名

对于大多数的搜索引擎公司来说，最重要的收入来源是企业竞价排名的收费。竞价排名是企业为了在搜索引擎的搜索结果中将自己的排名靠前，而缴纳给搜索引擎公司的费用。

百度推广是由百度公司推出，企业在购买该项服务后，通过注册提交一定数量的关键词，其推广信息就会率先出现在网民相应的搜索结果中。简单来说就是当用户利用某一关键词进行检索，在检索结果页面会出现与该关键词相关的广告内容。阿里巴巴的竞价排名是诚信通会员专享的搜索排名服务，当买家在阿里巴巴搜索供应信息时，竞价企业的信息将排在搜索结果的前三位，被买家第一时间找到。

7.5.4 增值服务费

电子商务网站为客户提供增值服务所收取的费用称为增值服务费，增值服务费是很多服务型电子商务网站的主要利润来源。增值服务包括企业认证、独立域名、提供行业数据分析报告、搜索引擎优化等。

7.5.5 商品销售收入

对于零售类电子商务企业而言,其业务与传统零售业非常类似,其主要的利润来源是通过在线销售各类商品获得收入。与传统零售不同的是其销售的商品除了传统有形商品之外还包括很多信息类无形商品,如软件、电子资料等。

7.6 电子商务的新发展

1. 移动电子商务

随着移动网络从 2G、3G、4G 直到 5G 的演进,网络所支持的移动数据速率快速提升,为移动电子商务的推广与普及创造了条件。同时,全球拥有手机等移动通信工具的人数众多,移动电子商务正在形成一个庞大的市场。根据 CNNIC 发布的第 45 次《中国互联网络发展状况统计报告》指出,截至 2020 年 3 月,中国手机网民规模达到 8.97 亿人,较 2018 年底增长 7 992 万人。网民中使用手机上网的人群比例达到 99.3%,远高于使用其他设备上网的网民比例,手机依然是中国网民增长的主要驱动力。在 5G 网络普及、智能手机和无线网络持续发展的背景下,视频、音乐等高流量手机应用拥有越来越多的用户。截至 2020 年 3 月,我国短视频用户规模达到 7.73 亿人,占网民整体的 85.6%,在手机类应用用户规模增长幅度统计中排名第一。伴随 5G 时代的到来,移动电子商务必将成为电子商务最活跃的领域。

而移动电商的发展过程也存在很多的阻碍,首先需要解决的是转化率的问题,即如何将庞大的移动互联网用户转化为真正的移动电子商务用户,这需要移动电商企业在客户关系建设和市场建设方面加大投入。其次,移动电商的安全性也是制约其发展的重要因素,如何确保移动电商用户交易过程中各类信息的安全性是移动电商急需解决的问题。

2. 社交电子商务

按照《中国社交电商大数据白皮书》对社交电子商务的定义:社交电子商务,是电子商务的一种新的衍生模式。它借助社交网站、SNS、微博、社交媒介、网络媒介的传播途径,通过社交互动、用户自生内容等手段来辅助商品的购买和销售行为,同时将关注、分享、沟通、讨论、互动等社交化的元素应用于电子商务交易过程之中。它是电子商务和社交媒体的融合,以信任为核心的社交型交易模式,是新型电子商务的重要表现形式之一。

2019 年,中国社交电商步入稳步发展期,2020 年继续高速发展,预计社交电商营销规模达到电子商务零售总额的 30% 以上。

社交电商与传统电商的区别在于:

(1)获取客户方式不同。传统电商是以流量为王,靠流量带动更多销量;社交电商,是以社交分享为王。微商就是社交电商的一个典型案例,但微商也面临很多弊端还需要进一步转化与升级。

(2)顾客群体不同。顾客群体从点线面来分析的话,传统电商是面对点,其所面向的大众群体,做的是大众化的生意,顾客不稳定,随时可能选择其他的商家;社交电商是点对点,只是通过社交做一群人的生意,与顾客之间建立关系,顾客是自己的。

(3)产品结构不同。传统电商所经营的是性价比高的爆款产品,由于具有一定的滞后性,市场上什么东西比较流行就卖什么,实行价格战,然后通过性价比来抢顾客;社交电商恰恰相反,社交电商所经营的可能不是单一产品,而是高品质的多个产品的组合,价格可能会比较高。

3. 电商内容化

电商内容化也就是常说的内容电商,是指在互联网信息碎片化时代用内容重新定义广告、用内容沉淀消费行为、用内容塑造电商的新生态。近年来,品牌主在平台上通过秒杀、满减、买赠、折扣等获取流量的方式已越来越难行得通。自媒体、网红、视频直播成为三个备受传媒和资本瞩目的新业务形态,它们借助于强大的内容输出基础上产生的交易,正成为新的流量入口和未来发展趋势,它们是内容传播渠道和产品销售渠道前所未有的深度融合。内容电商的核心不是直接卖货,而是将有需求价值的内容(通过内容引发需求)通过品牌主、电商平台及各种资源的整合传播,精准触达目标用户,通过影响消费者的购买行为从而实现购买转化。如今,越来越多的消费者在看直播、看自媒体文章、看帖子的过程中购买商品。内容电商,正在逐步崛起。电子商务的发起使交易从线下转到线上,市场的游戏规则变了,现在正从交易型电商转到内容电商,游戏规则也会发生变化。

根据内容的发布方,可以将内容分为:

UGC(User-generated Content 用户自产内容);

PGC(Professional-generated Content 专家生产内容);

BGC(Brand-generated Content 品牌主生产内容);

MGC(Media-generated Content 媒体生产内容)。

根据这 4 种形式的内容,内容电商可划分为 4 种导购形式。

(1) UGC 导购

典型的有小红书、蘑菇街等。是产品的用户、品牌方的粉丝自发或者在激励策略的诱导下产出内容，内容种类和形式是包含很多种的，甚至公众号的粉丝评论也属于用户产出的内容范畴。

(2) PGC 导购

典型的是各种微信公众号大号。是品牌方邀请在某些领域更具有发言权的专家来产出内容。据统计，目前微信差不多每 7 个大号就有一个是内容电商，其中一些知名大号销量惊人。此外，网红直播卖货也是一种 PGC 导购。

(3) BGC 导购

主要体现在淘宝、天猫、京东等各种电商平台向内容电商转型。平台上面的商家为所服务的用户提供自己的品牌、产品或者价值主张相关的信息，不断强化自己品牌或产品在用户心中的认知。平台不仅是内容制造者，同时也通过各种自有媒体整合成为内容传播者，最终成为一个内容导购平台，成为品牌的销售者。

(4) MGC 导购

新媒体时代，随着流量和影响力的不断高企，短视频平台诸如美拍、抖音等也开始在短视频内容营销上发力。以抖音为例，品牌的原生广告，需要以抖音式的创作模式进行制作，真正融入场景之中。再加上全面竖屏的呈现形式，也完全改变了品牌讲故事的方式。

与传统电商相比，社交电商、内容电商等新型电子商务具有鲜明的特征。社交电商注重社交两个字，而内容电商则注重产品的包装推广。社交电商依托社交网站以及社交软件平台等各种传播媒介，通过互动等行为，吸引潜在客户的目光然后对其进行销售，同时客户还可以为所购买的品牌进行推广分享。借助于互联网平台的发展，我们可以通过淘宝、天猫和京东等大型的电商平台发现，如今的产品营销已经不再是利用简单的主页推广来吸引顾客的注意，直播、软文推广等的营销案例已经屡见不鲜，网红/达人、自媒体、社群和垂直社区等都是基于内容的新型流量获取方式，将提升企业用户获取的效率和价值。新型电子商务的模式仍然在不断地更新，未来还会有更多的商业新热点出现。

综合案例：直播可解电商之困？

近年来，随着消费者线上购物习惯的养成，方便和快捷成为常态，电商发展遭遇天花板。2018 年移动应用报告数据显示，综合电商应用的使用时长增速仅为 5.1%，另外，短视频直播类应用的使用时长增速爆发，成为最快的应用分类，高达 33.1%，增速是排在第二名的即时通信类的近一倍……随着用户注意力与兴趣的转移，直播能否成为电商的救命稻草呢？

电商直播：如何直击消费者痛点？

直播行业兴起，"电商+直播"所组成的新型直播形态让许多传统电商嗅到了新的商机，几年时间，淘宝直播、聚美优品、蘑菇街、蜜芽……几乎所有传统电商平台均已入局电商直播领域。

视频技术的发展与普及，直播行业已进入下半场，但赛道内的电商直播尚不能称为"火起来"，因为众多电商平台更倾向于将直播当成单纯的流量工具。有人认为"直播+电商"本质是"电视+电商"，即所谓的T2O模式（TV to Online）模式，"直播+电商"带来的销量并不理想，而销量才是电商的终极目标；也有人认为，直播只是宣传方式的一种，跟文字、图片等没有本质区别，而电商的商业本质并没有变化，过去并不存在"文字+电商"，"图片+电商"的说法，"直播+电商"只是一个伪概念。

这样的论断并不少见，他们看到了直播的工具性，却忽视了直播解决了传统电商的最大痛点——体验。

相对于传统电商，消费者通过互联网得到的信息，对于购物决策并不总是足够，消费者需要更全面地了解才能做出最后的消费决策，直播中的讲解与互动是传统电商无法达成的场景，通过直播正在将线下店铺购物的消费优势嫁接进入线上，将对商品进行内容化解读，将商品价值更立体、更直接地传递给用户，是对消费体验缺失的最好弥补，在便捷之外，满足消费对品质、真实等因素的追求，扫清消费者的决策障碍，为提高消费者的转化提供了更加有力的支持。在观看电商直播与互动的过程中，用户往往能够及时、高效地得到自己需要的信息，从而更加快速、果断地做出决策。

如果说直播解决了电商购物的体验难题，那么从电商主播中产生的社交关系与网红经济更像是意外收入。中国互联网信息中心第42次《中国互联网络发展状况统计报告》显示，截至2018年6月，我国网络直播用户规模达到4.25亿人，其中真人秀直播用户2亿人，占总体网民的25.3%[1]，其中，一些网络直播不但成为电商宠儿、带货能手，还会受到全网关注，获得更高更持久的关注度，带来稳定的流量与成交量。

"直播"不仅是"直播"！

随着直播这一形式的成熟，它开始成为电商的基础设施，如同购物车、商品图片一样，不可或缺，跳出流量工具之外，直播以其强互动、非标品等特征为传统电商打开了新思路，同时，人工智能和大数据等技术的进步，图像识别、语音识别、虚拟现实和增强现实等技术的实现都进一步撬动了直播电商红利。

直播作为流量工具，其流量效率与平台分发有着密切的关系。目前，众多电商平台的流量分发逻辑正在从以往的"搜索引擎"，逐渐向"按需分发"转变，在"商品信息"可以按照个性化的方式适时地出现在需要的人的身边，不论这种商品信息是基于"算法推荐"，还是基于"关系链推荐"。协同过滤算法在直播中的应用也意味着"全网爆款"正在日渐稀少，取而代之的是"群体爆款"，不是由搜索引擎定义的全体流行，而是由不同用户群的需求促成的

---

[1] 第45次《中国互联网络发展状况统计报告》显示：2020年3月，我国网络直播用户达5.60亿人；电商直播用户2.65亿人，占网民总体的29.3%；真人秀直播用户2.07亿人，占网民总体的22.9%。

流行。

同时，直播强互动的特点带来了更多的信息维度和信息数量。在经历了文字、图片、视频、直播等不同的内容形态，内容的呈现效果从抽象到具象，受众也开始具备了与内容生产方实时互动的能力。更及时的互动性使直播产生了比短视频电商更丰富的信息。围观者随时可以在直播间内要求主播对于商品某些细节做进一步的展示；直播的时长也更具有弹性，这些特点让直播比短视频更能产生立体丰富的信息。

另外，相较于短视频，直播的"加工"的意味更少，虽然两者都能起到为用户"提供信息增量"进而"降低决策门槛"的作用，但依旧在电商运用中产生了区别：用户观看短视频的预期，更靠近传统广告，倾向于了解商品品牌层面或者所在领域信息，而非看单纯的商品展示；而进入电商直播的预期则更为明确，对主播做出的商品展示的观看更为积极。同时，在直播间的互动氛围下，购买的群体效应更易被激发，在一定程度上能有效提升用户的消费频次。

另外，智能技术正在成为撬动直播电商红利的杠杆，产生了丰富的技术应用与数据资源。如，视频识别技术为直播内容提供优化性建议（如，内容的场景切换、内容监测等），语音识别技术将带来内容电商深层次的互动（如语音互动搜索、展示相应广告信息等），以及通过VR/AR技术还原购物场景、提升现实体验上带来的突破（如虚拟试衣、虚拟选车等）……

随着更多技术与数据在直播中的深入应用，电商直播的快速反应能力也为倒推产业链升级提供了可能。直播所具有的快速销售特点，能迅速测试市场，调整产品结构，不断推出新产品以紧跟消费者心态变化，甚至引领他们的消费意识，从而提升消费频次和品牌忠诚度……直播为更加精细化的、个性化的、柔性的电商供应链也提供了可能。

至于直播是否能解开目前的电商之困，仍有待未来的验证。

案例来源：泰一数据搜狐号，https://www.sohu.com/a/295816637_99987923。

案例分析：随着电子商务的飞速发展，越来越多的传统行业面对来自电子商务的冲击，如何应对挑战，将是众多传统行业需要考虑的问题。直播和短视频作为社交电商的重要手段，在电商销售业绩方面取得了一些成绩，同时面临众多的问题。这正是传统行业转型电商中所面临的普遍性问题，如何解决这些问题，将是传统企业面临的新挑战。

由于不同于以往的新的经营环境和用户需求，使得传统企业以往一些经营理念不能满足电子商务环境的要求，故而如何做好电商转型和转型中的管理对接将是解决问题的关键。这包含供应链管理、客户管理、售后管理等多个方面。

本 章 小 结

本章通过介绍电子商务的产生与发展，首先介绍了电子商务的基本概念，电子商务的主流分类及其各自的特点。其次分析了电子商务的基础框架，并详细说明了各部分的重要功能。最后介绍了电子商务的主要盈利模式、新型电子商务及其未来发展。通过对本章内容的学习，应掌握电子商务定义，明确电子商务分类，了解电子商务基础框架和盈利模式，思考电子商务未来的发展方向。

习　题

1. 电子商务的产生对传统商业形式而言有何意义？
2. 分析各类电子商务形式的特点。
3. 分析电子商务基础框架中各部分的作用。
4. 分析实践中电子商务企业的盈利模式。
5. 分析移动电商的发展趋势。
6. 分析新型电子商务发展有哪些特点和趋势。

第8章
知识管理与新型商务智能

引导案例

马路上的自动驾驶

大数据与人工智能技术的发展与应用,使得自动驾驶逐渐走进了人们的视野。很早之前,我们看到马路上奔驰的汽车,毫无疑问的是人在驾驶,如果旁边冒出一句"看,没有人在开车,那辆车好像在自动驾驶。"我们会觉得这是一件异想天开的事情。

现在马路上飞驰的自动驾驶汽车越来越多,自动驾驶技术的级别也越来越高。在汽车自动驾驶的过程中,可通过摄像头、传感器、激光测距器等设备及时获取周围交通信息,实现车辆周围360度区域覆盖,识别精度可以达到10厘米以内;利用控制系统进行数据的处理并对汽车进行操控,车内的计算机系统会根据各种路况作出油门、刹车、转向等控制指令;进一步通过地图为其导航。目前,主流水平的自动驾驶技术级别多位于L2~L3之间,可实现简单的自动转向、刹车及自动跟车等功能(见表8-1)。

表8-1　　　　　　　自动驾驶技术分级标准

等级		车辆横向和纵向运动控制	目标和事件探测响应	动态驾驶任务接管	设计运行条件
L0	应急辅助	驾驶员	驾驶员及系统	驾驶员	有限制
L1	部分驾驶辅助	驾驶员及系统	驾驶员及系统	驾驶员	有限制
L2	组合驾驶辅助	系统	驾驶员及系统	驾驶员	有限制
L3	有条件自动驾驶	系统	系统	动态驾驶任务接管用户(接管后成为驾驶员)	有限制
L4	高度自动驾驶	系统	系统	系统	有限制
L5	完全自动驾驶	系统	系统	系统	无限制

资料来源:中华人民共和国工业和信息化部网站。

随着道路上车辆增多，路况的复杂性提升，为更高级别自动驾驶的实现带来了困境，对自动驾驶的安全性、稳定性、驾驶速度、成本等指标带来了挑战。而且，自动驾驶本身就是一个复杂的系统工程，很难有一家公司可以全部解决各个环节的问题。最好的解决方法是先按照模块分割，各个公司依据所长攻克特定环节的技术难题，最后整合成一个完整的自动驾驶产品。

自动驾驶技术想要实现向更高级别（尤其是L4及更高级）提升同样需要高精地图的支撑，以实现车道级高精定位和精准路径规划，这也是自动驾驶技术升级的关键。相比于传统的地图，高精地图不仅包含传统地图的地名、路网等基本信息，还需要更加精确的测度信息及实时的信息。如需要掌握精确到厘米的马路牙子高度、周围建筑物、车道线、护栏、交通标识牌等道路信息，识别场景中移动的车辆、行人、骑行者等多种目标和障碍物及路面上新设的各种障碍等实时信息。同时，采集到的大量数据也需要经过快速、高效的处理，并将结果反馈回去以指导汽车自动驾驶。以深度学习为典型的大数据与人工智能技术有效解决了数据处理、分析的难题，进一步推动了高阶段自动驾驶的实现。

在激烈的市场竞争中，高精地图对自动驾驶向L4、L5阶段进阶意义非凡。随着未来市场的瞬息万变以及大数据与人工智能技术的迅速发展，从事高清地图研发的企业也面临着新的机遇与挑战。

这是一个非常具有代表性的地图知识管理和人工智能应用案例。随着信息技术的发展，人工智能已经广泛应用于各行各业中，并快速向更深层次发展。智能化产品不断涌现，如 Flippy（人工智能驱动的机器人，用于将食材放置到合适的面包上，并翻转汉堡包）、ELLI.Q（老年伴侣机器人）、Ara（人工智能的牙刷）、Domgy（人工智能宠物伴侣机器人）、Beauty.AI（美容AI）、Robot bees（机器人蜜蜂）、Sports Data（体育数据）等。接下来，我们从知识管理和以人工智能为代表的新型商务智能应用展开内容。

8.1 知识管理概论

8.1.1 知识的分类

随着对知识内涵的认识加深，人类从不同角度对知识进行了分类。从某种意义上说，对知识进行分类是建立在对知识内涵的理解之上的，分类原则本身也在一定程度上体现出人类在不同社会经济形态下对知识的不同认识。下面介绍关于知识的几种重要的分类。

1. OECD 的知识四分法

1996 年，国际经济合作发展组织（OECD）在《以知识为基础的经济》报告中，从经济学的视角，把知识分为四种类型：

（1）Know What。Know What 也称为"知事类知识"，指认知知识、描述性知识，指有关事物或者事实方面的知识，是"知道是什么的知识"，即了解事物的概念、组成与结构的知识，如纽约有多少人口？滑铁卢战争是什么时候发生的？等都属于知事类知识。这类知识与通常所说的信息概念比较接近，它可以被计量；许多领域的专家（如律师、医生、药剂师等）都需要这类知识，以便完成他们的工作。

（2）Know How。Know How 也称为"知能类知识"，指程序性的知识，是"知道怎么做的知识"，即了解事件的执行程序、步骤、方法的知识，一般是指做某些事情的技艺和能力，代表了将书本知识（Know what）转化为实际结果的能力。大多数公司对知识的认识都属于这个层次，即抓住已知规律，很好地应用于实践。例如，商人对于某件新产品的市场前景的判断技能、人事经理招聘员工的技能、工厂技工的操作技能等，都属于知能类知识。知能类知识往往是单个产业所拥有的、由它自身发起并仅限于其自身范围内而不向外传播的知识，并且往往是一些秘诀和窍门。

（3）Know Why。Know Why 也称为"知因类知识"，指因果性知识，是"知道为什么的知识"，即了解事件发生的前因、后果等关系的知识，代表着对知识的系统理解，一般是指自然原理和规律方面的科学理论。这种知识能使个人跃出 Know How 的水平，形成利用知识的卓越能力，并用这种能力解决未知的跨部门的协作和突发事件中出现的问题。例如，股票经纪人直觉地知道买卖时机，牛顿万有引力定律，棒球运动员知道最佳击球时间，等等。知因类知识是许多产业中技术进步和产品及工艺发展的基础，专业机构和组织（如研究所、实验室和大学）是这类知识产生和不断涌现的地方，企业为了获取这类知识通常要与上述机构或组织打交道。

（4）Know Who。Know Who 也称为"知人类知识"，是指"知道是谁的知识"，它涉及谁知道和谁知道如何做某些事的信息，以及特殊社会关系的形成，这些使与有关专家建立联系并有效地利用其知识成为可能。在知识的创造、传递、利用、存储、转化、创新等过程中，人员起着非常重要的承载作用，对一个企业来说，如果能对企业成员采取适当的鼓励和激励措施，就能提高企业整体的知识价值创造能力。这类知识对于今天企业之间的竞争日趋加剧的局面来说，要比其他类型的知识具有更加重要的现实意义。

知事类知识和知因类知识都属于"编码知识",知能类知识和知人类知识同属于"隐性知识",后者较难以归类和量度。此外,有人还在 OECD 提出的四类知识的基础上,又加上其他三类,即知时类(Know-When)知识、知地类(Know Where)知识、知数类(Know Quantity)知识,以强调 When、Where 以及 Quantity 的重要性。

2. 按知识表述方法划分

根据知识能否被清晰地表述和有效地转移,可以将知识分为两类:显性知识(Explicit Knowledge)和隐性知识(Tacit Knowledge)。两者的比较如表 8-2 所示。

表 8-2　　　　　　　　　隐性知识和显性知识的比较

特性	隐性知识	显性知识
本质	直觉、想象力、创意或者技巧,无法清楚说明,个人的、特定的隐含结构	可编码呈现,可清楚说明,较客观
正式化程度	非结构化,不容易文件化、记录、传递和说明,难以用语言表达	结构化,能通过编码利用正式的文字、图表等有系统地进行传播
形成的过程	在实践经验、身体力行及不断试验中学习和积累	对于信息的研读、了解、推理与分析
存储地点	人类的大脑、心灵深处	文件、资料库、图表和网页等地方
媒介需求	需要丰富的、多媒介的渠道沟通,例如面对面沟通或通过视频会议传递	可以利用电子文件传送,如 E-mail、FTP,不需要太丰富、复杂的人际互动
转换过程	通过比喻和类推的形象化的方法将隐性知识转化成显性知识	通过理解、消化吸收,将显性知识转化成隐性知识
重要运用	对于突发性、新问题的预测、解决并创新	可以有效地完成结构化的工作,如工作手册的制定

所谓显性知识,也称为编码知识,是指经过人的整理和组织后,可以编码化和度量,人们可以通过口头传授、教科书、参考资料、期刊、专利文献、视听媒体、软件和数据库等方式获取,也可以通过语言、文字、公式、计算机程序、数据库等编码方式表现出来,还可以通过正式的、系统化的方式(如书籍、出版物、计算机网络等)加以传播,便于其他人学习和掌握的知识。典型的显性知识主要是指以专利、科学发明和特殊技术等形式存在的知识,存在于书本、计算机

数据库、CD-ROM 等载体中。在 OECD 对于知识的四类划分中，关于 Know What 和 Know Why 的知识基本属于显性知识。

所谓隐性知识，也称为默认知识，它是存在于个体中私有的特殊知识，通常来自实践并依赖于体验、直觉和洞察力，包括个体思维模式、信仰、观点、价值体系、具体技能和技术等。它难以规范化和明晰化，只有通过不断积累经验，从干中学，因而在一定程度上具有独占性和排他性，通常难以通过常规的方法收集到它，也难以通过常规的信息工具进行传播，难以交流和共享。例如，技术高超的厨师或艺术家可能达到世界水平，却很难将自己的技术或技巧表达出来，从而将其传播给别人或与别人共享。隐性知识所对应的是 OECD 分类中关于 Know How 和 Know Who 的知识，其特点是不易被认识到、不易衡量其价值、不易被其他人所理解和掌握。表 8-2 是显性知识和隐性知识之间的比较。

根据"隐性知识"和"显性知识"之间的关系，可以总结出知识的四种基本管理过程，如图 8-1 所示，其中 i 表示 individual 个人，g 表示 group 团体，o 表示 organization 组织。

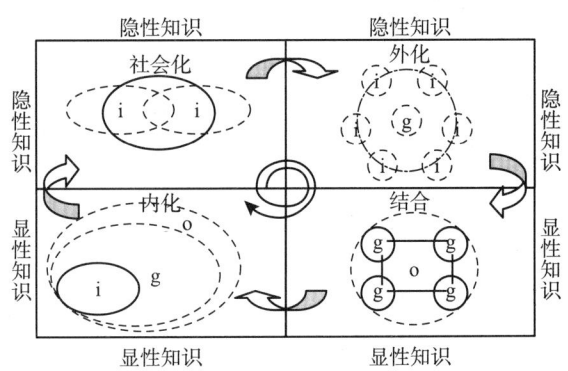

图 8-1　显性知识和隐性知识的转化

（1）隐性知识到隐性知识的转化。这是在个人间分享隐性知识，是知识社会化的过程。主要通过观察、模仿、对话交流和亲身实践等形式使隐性知识得以传递，是个体直接从他人那里获取新知识。师传徒受就是个人间分享隐性知识的典型形式。借助信息技术建立虚拟知识社区，则为在更广范围内实现从隐性知识到隐性知识的转化创造了条件。

（2）隐性知识到显性知识的转化。这是对隐性知识的明晰表述，将其转化为别人容易理解的形式，主要依赖于类比、隐喻和假设、倾听和深度会谈等方式来推动隐性知识向显性知识的转换。当前的一些智能技术，如知识挖掘系统、商业智能、专家系统等，则为实现隐性知识的显性化提供了手段。

（3）显性知识到显性知识的转化。这是一种知识扩散的过程，通常是将零碎的显性知识进一步系统化和复杂化。将各种不同形式的零碎的显性知识进行整合并用专业语言表述出来，个人知识就上升为了组织知识，能更容易地为更多人共享和创造组织价值。分布式文档管理、内容管理、数据仓库等是实现显性知识组合的有效工具。

（4）显性知识到隐性知识的转化。这意味着，企业的显性知识转化为企业中其他各成员的隐性知识，是知识内化的过程。即，知识在企业成员之间进行传播，成员接收这些结合化知识后，可以将其用到工作中去，并创造出新的隐性知识。例如，在实践中学习知识，个人把从文件中得来的知识内化为自己的切身经验。团体工作、干中学和工作中培训等是实现显性知识隐性化的有效方法。知识的转化、传递和创造是一个动态的、递进的过程，当组织的隐性知识完成一次知识螺旋运动并转化为新的隐性知识时，就开始了新一轮的知识螺旋。

显性知识和隐性知识的划分突破了过去人们对知识的认知，对还未经系统化处理的经验类知识给予了承认。如果说显性知识是"冰山的尖端"，那么隐性知识则是隐藏在水面以下的大部分，它们虽然比显性知识更难发觉，却是社会财富的最主要源泉。知识管理中的一个重要观点，就是隐性知识比显性知识更完善、更能创造价值，隐性知识的挖掘和利用能力，将成为个人和组织成功的关键。

8.1.2 知识管理的流程

知识管理是对一个企业集体的知识与技能的捕获，是为增强组织的绩效而创造、获取和使用知识的过程（知识的创造、储存、分享、应用和更新）。知识只有在共享时，价值才会更好地提升。知识管理的目标就是将恰当的知识在恰当的时候传递给恰当的人，以便使他们能够作出最好的决策，以提高企业的智能。因此，知识管理是对知识进行管理的活动流程。它可以是独立流程，也可以是依附流程，即依附于业务或工作流程，而知识管理只有和业务流程结合起来才能创造更大的价值。一个组织的知识管理流程，通常包括知识的获取、知识的共享、知识的储存、知识的扩散、知识的应用、知识的创造、知识的保护、知识资产的测量和知识流失九大流程。而且，不同的知识管理步骤有时会同时进行，如知识共享的过程可以和知识储存的过程同时发生、知识创造的过程可以发生在每一个流程中。

1. 知识的获取

知识的获取流程是组织进行知识管理、从外部获取相关知识的第一个流程,是知识外化的过程,主要包括获得或产生或构建和确认流程,它起着提供组织知识来源的功能。知识管理的获取流程主要是以获取知识为目的,既增进已有知识的使用并且能更有效率地取得新的知识。知识获取包括组织从外界取得的知识以及在组织内部产生的知识,获得的这些知识都意味着新知识。从过程来看,知识的获取主要包括三个阶段:

(1) 知识的识别:即企业基于自身发展的需要,对企业内部和外部知识进行了解、评估、筛选,确定出可利用知识的种类和数量,了解所需知识的来源和可获得性,提炼知识要点,形成具有正确逻辑结构的知识。

(2) 知识的收集:组织通过无偿或有偿方式,将内部或外部知识引入组织内供个体和组织使用的过程。外部知识源可以包括科研机构、上游供应商、消费者、咨询顾问、竞争对手以及非竞争性公司等,组织可以通过把一些重要但非核心的业务委托给其他企业,以外包的形式获得组织不具备的知识,或者通过和其他企业建立知识联盟的形式获取外部的知识;组织内部知识源主要是组织员工,组织可以通过研究与开发、开展学习活动等方式提高员工的知识容量。知识收集的关键是企业的知识获取能力。

(3) 知识的整理:组织对捕获的有用知识按照组织需要,依据要求的知识结构进行重新整理,包括知识结构、记录形式等方面,转化为能够适应组织知识体系要求的知识,使之成为组织成员可以利用的形式。

知识的编码化管理是指组织将其显性知识储存在其知识管理信息系统内,如专家系统、知识库等,以有利于员工或顾客方便快捷地使用。编码化知识管理倾向于收集、编码和发散信息,适用于解决一再重复发生的问题和障碍,它需要在信息技术上有大投入。

2. 知识的共享

知识共享是指组织的员工或内外部团队在组织内或跨组织间,彼此通过各种渠道交换、讨论知识,其目的是通过知识的交流,扩大知识的利用价值并产生知识的综效,即知识以不同的方式在不同的组织或个体之间的转移或传播,知识的转移不仅强调知识的扩散,而且是跨组织或个体边界的有目的、有计划的分享。知识共享可以打破不同知识所有者之间的壁垒,实现知识在一定范围内的自由流动和自由使用。

知识共享要解决如何建立和谐的知识共享文化和灵活有效的激励机制,促进在不同组织不同群体之间的充分流动,减少知识产生的重复性投入问题,以最大的限度节约知识、获取资本,并有利于知识的应用和创新。

知识共享需要承认个人在组织知识发展过程中的独特作用，个人价值在共享中需要得到充分的肯定。当个人提供的努力和组织目标一致时，就容易提高知识的共享程度。

3. 知识的储存

知识的储存是建立知识库，对获取并经过整理的知识进行有效的保存，并保证知识的安全性。这里知识的安全性体现在避免已掌握的知识的泯灭、流失及保护知识产权和核心知识的机密性上。知识的储存还涉及知识存取、知识复制和知识审计。对于显性知识，可以利用计算机，建立标准化的知识仓库是解决的有效办法；对于隐性知识则采用个性化定制的保存方法。

4. 知识的扩散

知识的扩散流程指知识在组织内经过转化，成为能够为组织各个部门及成员易于获得和共享，以及在内部成员之间知识的转移的流程，这个流程实现了组织内知识从组织层面到个体层面的转移，这个过程的实现是知识的内部化和社会化过程，典型的途径包括内部的教育培训，个体通过各种工具获得组织知识，以及个体成员之间通过交流等实现经验等知识的转移。该流程包括传播、扩散等流程。

5. 知识的应用

知识的应用流程指知识通过组织及个人在经营业务中的活动，将知识应用于生产等活动中，转化为组织的生产力，实现知识的价值，是知识从理论到实践的转化过程。该流程包括了知识的实现、应用。当组织面临新的问题时，借助组织所掌握的显性或隐性知识，应用到实践中以解决问题，为组织创造价值。因此，知识的应用是实现知识从知识形态本身到组织价值转化的"拐点"。而且，组织与外部分享知识的应用也能使组织更快地改进知识、解决新问题、增进组织效率，实现经营效率。

6. 知识的创造

野中郁次郎（Nonaka）和 Takeuchi 指出，企业在"组织的知识创造"（即企业具有的创造新知识、在组织中扩散新知识并将这些新知识融入产品、服务和系统中去的能力）中的技能是个关键的成功因素。因此，企业面临的挑战就是不断改进创造、传递和使用知识的过程。知识的创造在整个组织的知识管理中都可能出现，然而，随着知识经济的来临，知识，尤其是创新性知识对于以知识为主要资产的现代组织获得竞争力以及竞争优势有着重要意义。

知识创造的实现途径可以有组合和交换。即，新知识不仅可以通过不同主体所拥有知识和经验的组合而产生，当有限的资源被不同的行为主体拥有的时候，资源的相互交换就成了资源组合的先决条件，管理人员可以充分利用科研人员、理论学家和思想家所掌握的互补性知识来加快知识创造活动。因此,可以通过这些行为主体相互交换其所拥有的资源而获得新知识。

知识的产生,在今天这种全球化的市场中是一项重要的策略武器,若知识无法持续不断创新,企业很快就会失去市场竞争力而遭受到被淘汰的命运。所以在知识经济时代,创新型知识对于组织获得竞争力以及竞争优势起着重要的作用。知识创新流程是通过隐性知识和显性知识的相互作用而达成的。

7. 知识的保护(防止过度扩散)

由于知识对现代企业的重要作用,如何对所拥有的知识进行有效的保护对于组织维持自身竞争优势有着重要的作用,所以组织必须努力保护其知识并防止内部、外部的不当使用;但知识保护并不意味着与知识共享交流的冲突,而在于通过合法的途径限制知识的滥用,保护知识所有人,尤其是创新知识的所有人的合法权益,规范知识的使用交流。同时,也避免重复的知识生产,加速科技进步的周期。

随着科技的快速发展与产业竞争的白热化,企业普遍依赖知识科技,作为资料处理、决策支援及知识分享的工具。知识处理活动的电子化与网络化,提高了企业营运、决策和知识分享的效率,增进了组织内外紧密地联结互动,为企业带来了许多正面的效益。但在企业利用知识科技所带来的便利和服务的同时,也让越来越多的组织必须去面对越来越复杂、严峻的知识安全环境,所以企业为了产生及维持竞争优势,必须竭尽全力保护知识资产,防范组织知识被非法偷窃或不当使用。

8. 知识资产的测量

知识是知识经济时代最有价值的资产,并且随着近年来以金融服务、通信技术、物流行业等为主的现代服务业在国内的发展,以及面临的外资的进入,并购重组成为一个重要的市场竞争策略,这其中,知识资产的价值以及知识管理流程对组织的业务活动的价值日益突出,以知识作为组织存在和发展的基础,对于组织所拥有的知识资产的衡量将对确定组织的基本状况有着重要意义,通过对知识资产的测量评估、分类整理,能够增强组织的竞争优势,对知识资产的测量评估不同于以往实物资产的测量评估,其重点不在于知识资产的存量,而在于确定组织的知识资产处于持续的增长,也就是历史连续性。因而,如何确定现代服务业组织的知识资产的数量和状况也是十分重要的知识管理流程。

9. 知识流失

知识流失通常是指企业机构规模发生变化或者因为企业内部人力资源发生变动而引起专业技能或者其他知识资源的缺失。知识流失的后果包括降低效率、增加企业投资的成本、影响发展的速度甚至出现严重的事故等。尽管造成企业知识流失的因素很多，但是人才流失造成的知识流失，越来越受到学者的关注。由于人才流失造成了员工大脑中知识和经验的流失，企业往往陷入组织失忆、技术研发陷入"重复发明轮子"的窘境、成功模式不能快速复制的困境。

8.2 大数据与人工智能对知识管理的影响

随着全球范围内大数据、云计算、物联网等技术的飞速发展，人类已经迈入大数据和人工智能时代。不仅潜移默化地改变着人们的生活、学习、工作方式，更有效地推动各行业生产过程与生产方式的转变。尤其是在此过程中，掀起知识管理技术的重大变革，对知识管理各流程及隐性知识、显性知识间的转化均产生了一定影响。

8.2.1 对知识管理流程的影响

大数据与人工智能已经深入知识管理流程的各个环节，在提高知识管理流程各环节效率的同时，也带来了管理方式的变革。

大数据与人工智能技术的运用扩宽知识获取的范围，提供了更加智能化的知识识别、收集与整理工具。例如各类智能机器人、人机交互系统、计算机视觉系统的使用，可以实现随时随地、各类信息的识别、收集与整理。较之以往的信息识别、收集与管理工作，各类大数据与人工智能工具的使用为用户提供了新的信息获取方式，有效推动知识识别精准度、知识收集范围与频率、知识整理效率等指标水平的提升。另外，人工智能提供更加便捷的编码方式，已经将传统的基于文字的搜索扩展到对图片、语音和视频等多类型的综合搜索。

大数据与人工智能技术的运用有效缓解了用户的信息孤岛，提升了知识共享水平。各类智能终端及大数据平台的使用，打破地域、时间对知识共享的限制，缓解了组织内及组织间的知识共享屏障，同时也拓展了知识共享的范围与渠道，帮助更多的用户以最小的成本共享以前较难获取的知识。如各类信息发布平台、内部论坛、专家系统等工具，以及部分系统内知识图谱的构建，均有效推动个人与个人、个人与组织、组织与组织间的信息共享。

大数据与人工智能技术的运用带来了知识存储方式的变革，推动实现知识的及时、高效储存。大数据与人工智能技术的使用，以云平台、云计算为基础，使得各类智能设备均带有不同程度的储存功能，提供了多样化的储存模式，为知识储存的及时性提供了软硬件保障，有效实现碎片化知识的存储。另外，大数据与人工智能下知识储存的工具，较之以前的知识储存设备具有更高的智能化水平，在储存时间、储存容量、储存速率等指标上更具优势。如云存储的广泛应用、基于AI芯片的计算机硬件及分布式数据库管理的加入，提升已有知识管理系统运行效率的同时，更实现了将大量数据存储到后端不同的物理节点上。

大数据与人工智能技术的运用极大地推动了知识扩散的范围与速度。尤其是各类大数据平台、智能终端等工具的使用，使得知识可以在允许的范围内得到充分扩散。而且相较于传统的知识扩散方式，大数据与人工智能技术的运用使得知识扩散涉及软硬件的速率指标均有较大程度的提升。如语音交互、混合现实、深度学习等技术的应用，实现知识的个性化和可视化，提升知识扩散水平。

大数据与人工智能技术的运用使得知识应用更加便捷。基于大数据与人工智能技术的各类平台与工具在知识应用的深度与广度水平上均有所提升，使得知识应用的平台更加宽广，知识应用的手段更加高效。如各类平台针对不同用户推出的个性化定制服务，使得知识的应用更加集中、便利。另外，多终端技术尤其是移动端技术的发展与应用，使得知识应用更加便捷，并且通过对相关知识的应用可以创造比以往更高的价值。如超虚环境CMS系统，通过AI解说和AR等功能的构建，为用户提供各类知识的文本、声音及影像等多种呈现形式。

大数据与人工智能背景下，知识保护的方式更加多样化，知识保护的效率得到有效提升。知识作为企业的核心竞争力，对其有效保护与共享交流兼顾一直是个难题。而大数据与人工智能技术的应用，为企业知识保护搭建了一个愈加安全高效的环境。通过大数据与人工智能技术的应用，有效监管知识的滥用与盗用情况，并且有效约束与追踪侵犯知识所有人合法权益的事件。

大数据与人工智能支持使得知识测量愈加智能化与可视化。大数据与人工智能为当今企业生产经营各环节提供电子化与可视化技术支撑，知识的测量与对比变得更加简便。尤其是各类平台对知识测量值指标的细化，有效提升知识测量的科学性与系统性，避免了单一指标测量与对比产生的片面性。

大数据与人工智能有效缓解知识流失的窘境。以往知识流失多归因于人才流失，而基于大数据与人工智能技术的各类专家系统及仿真模拟系统通过对知识尤其是隐性知识的训练与仿真，均可以最大限度地将员工大脑中的知识和经验转化并储存在系统中，有效弱化了人才流失与知识流失的捆绑属性。

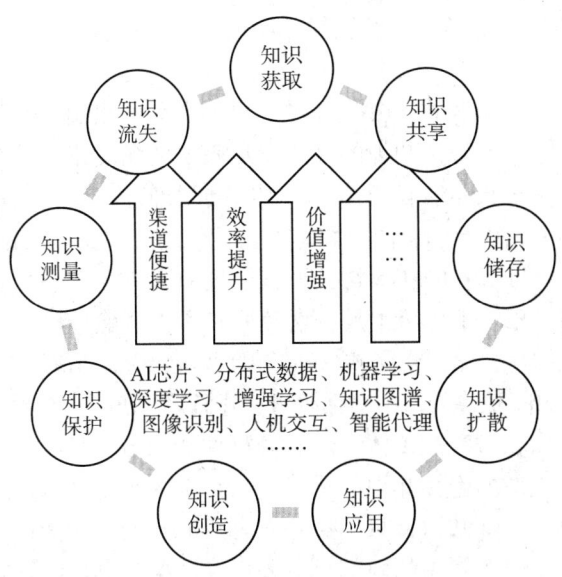

图 8-2 大数据与人工智能对知识管理流程的影响

8.2.2 对显性知识和隐性知识转化过程的影响

从显性知识和隐性知识的转化过程来看,大数据和商务智能对知识的社会化、内部化和显性知识的外显化、结合化过程均产生了不同程度的影响。

表 8-3　　人工智能在推动隐性知识与显性知识转化中的应用和影响

转化过程	传统途径	人工智能的应用	影响类型
社会化	交流、对话	人机交互系统、大脑交互系统等	工具
内部化	学习、经验	自然语言生成、智能代理等	工具
外显化	概念化	机器学习、深度学习、增强学习等	内容与工具
结合化	分类、建模、综合	关联分析、预测分析、趋势分析等	内容与工具

资料来源:欧阳智、魏琴、肖旭:《人工智能环境下的知识管理:变革发展与系统框架》,载《图书与情报》2017 年第 6 期,第 104~111 页,第 132 页。

大数据和人工智能技术的发展与应用对隐性知识的社会化和内部化过程产生工具性的影响。由于隐性知识社会化及内部化过程中知识的最终载体在人体内部,且具有无法被编码和清晰表示等特征。因此,现有大数据和人工智能等技术水平难以对隐性知识的社会化及内部化过程产生实质性的变革。如技术人员具有的难以准确表达的技艺技巧、直觉等隐性知识,在其社会化或内部化的过程中常常涉及个体意识层面的神经结构和运作机制，而现有大数据和人工智能等技术也难以破解。

人工智能为知识的社会化提供了更加便利的渠道。知识的社会化过程是个体间分享隐性知识的过程，从系统的角度来看，知识社会化过程的输入和输出均为隐性知识。如基于人工智能的人机交互系统，不仅支持线下、线上的个体及团体间交流，还提供文本、语音、手势、表情等多种信息形式的获取与分析，捕捉更多有助于隐性知识显性化的显性材料。相较于传统工具，大数据和人工智能技术的发展与应用为隐性知识的社会化提供了更加便利的平台，有效拓展信息交流渠道的同时，提升了依靠交流、对话等方式进行隐性知识社会化的效率。

知识的内化过程是个体对现有的显性知识与自身的知识体系进行融合从而产生新的隐性知识的过程。从系统的角度来看，知识内化过程的输出仍为隐性知识，只不过是融合后的新的隐性知识。因此，大数据和人工智能对知识的内部化过程也只产生工具性的影响，无法进行内容上的实质性改变。但与知识的社会化过程相比，大数据和人工智能对知识内部化过程的影响不仅体现在为其提供了更加便捷的交流平台，其重要影响还体现在为其提供高效的显性知识整合能力。如基于自然语言生成的文本摘要能够基于预定义模版自动获取文本的相关信息，智能代理等工具可以实现依据用户自定义规则自动进行信息的收集、服务程序定期执行、自定义分类及各种预定义形式下的自我学习。这些大数据和智能化工具的发展与使用，通过提升个体对显性知识的获取和吸收，进一步提升知识内部化的效率。

另外，大数据和人工智能技术的发展与应用对知识的结合化和外显化产生实质性的影响。不仅为知识的结合化和外显化带来工具方面的便利，也对最终知识的产生方式和内容产生实质性的影响，尤其是对知识外显化过程的变革力度和价值提升力度最大。

大数据和人工智能对知识的外显化过程产生一定的突破与变革。知识的外显化过程是将个体的隐性知识转化为显性知识的过程，是企业进行知识储存、知识应用与知识创新的关键，也是企业有效弱化知识流失、提升企业市场竞争力的重要一环。从系统的角度来看，其输入是隐性知识和现有的显性知识，输出为显性知识，涉及知识的识别与准确描述。如各类机器学习、深度学习、增强学习等工具的发展与应用，通过嵌入隐性多层感知器和马尔可夫过程，不断进行自我感知、自我训练、自我学习与预测，最终实现能够模仿人类思维进行隐性知识的显性化描述。可见，大数据和人工智能技术的应用，不仅为知识的外显化过程提供便利的工具，更进一步对最终知识产生的方式和内容带来实质性的影响。

大数据和商务智能已经对知识的结合化过程产生了重大的突破与

变革。知识的结合化过程是利用已有显性知识产生新的显性知识的过程，知识结合化过程的效率问题是企业市场竞争力提升的关键。从系统的角度看，其输入是显性知识，输出为新的显性知识，涉及对显性知识的分析、加工和整理等环节。在大数据和人工智能技术发展的初期阶段，就已经重点关注显性知识分析、加工和整理等工作效率的提升，并产生了众多大数据分析的智能化工具。如基于大数据分析的人工智能和机器学习等工具，采用关联分析、预测分析、趋势分析等方法更高效地获得新的显性知识，此类工具最早被应用于营销和金融领域并取得显著成效。有效利用这些新的显性知识也可以帮助部分企业衍生出极具市场竞争力的商业模式，如阿里巴巴实现了用户精准画像，帮助企业及时、准确掌握客户的潜在购物需求，并适时开展精准营销。可见，大数据和商务智能技术的应用有效提升知识结合化效率，并催生出众多新的知识。

8.3 传统商务智能的发展及应用

8.3.1 专家系统

专家系统（Expert System，ES）是人工智能的一个重要领域，自1968年费根鲍姆等研制成功第一个专家系统 DENDRAL 以来，经过几十年的科学研究，专家系统技术已经获得了迅速发展，已广泛地应用于医疗诊断、化学工程、语音识别、图像处理、金融决策、实时监控、分子遗传工程、信号解释、地质勘探、石油、军事等多个领域中，其中不少系统在性能上达到同领域专家的水平，产生了巨大的经济效益和社会效益，同时也促进了人工智能基本理论和基本技术的研究与发展。

1. 专家系统的特点

到目前为止，有关专家系统还没有一个严格公认的形式化定义。人们普遍认为专家系统具有三个方面的含义。首先，它是一种具有智能的程序系统。能运用专家知识和经验进行推理的启发式程序系统。其次，它包含有大量专家水平的领域知识，并能在运行过程中不断地对这些知识进行更新。第三，它能应用人工智能技术模拟人类专家求解问题的思维过程进行推理，解决相关领域内的困难问题，并且达到该领域专家的水平。

概括地说，专家系统是一种具有大量专门知识与经验的智能程序系统，它能运用某个领域一个或多个专家多年积累的经验和专门知识，模拟领域专家求解问题时的思维过程，以解决该领域中的各种复杂的问题。

例如：在医学界有许多医术高明的医生，他们在各自的工作领域中都具有丰富的实践经验，若把某一具体领域（如心脏病的诊断与治疗）的医疗经验集中起来，并以某种表示模式存储到计算机中形成知识库，然后再把专家们运用这些知识诊治疾病的思维过程编成程序构成推理机，使得计算机像人类专家那样诊治疾病，那么这样的程序系统就是一个专家系统。

2. 专家系统的运行原理

一般来说，专家系统通常由知识库、知识库管理系统、推理机、数据库、知识获取与学习系统、解释系统和用户接口等部分构成。图 8-3 所示是专家系统的一般体系结构。

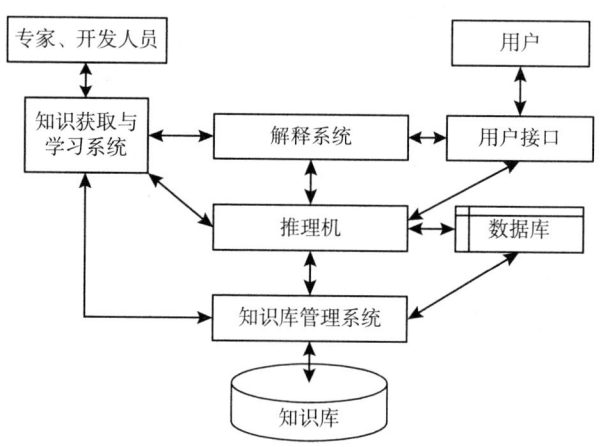

图 8-3 专家系统的一般体系结构

（1）知识库。知识库是经过分类组织的"知识的集合"，知识库的概念是数据库概念在知识处理领域的拓展。知识库以某种知识表示形式存放某领域专家系统所需的各种知识，包括事实、可行性操作与规则。专家系统的问题求解过程是通过知识库中的知识来模拟专家的思维方式，因此，知识库中知识的质量和数量决定着专家系统的质量水平。一般来说，专家系统中的知识库与专家系统程序是相互独立的，用户可以通过改变、完善知识库中的知识内容来提高专家系统的性能。

在专家系统中经常运用产生式规则来表示知识。产生式规则以 if...then... 的形式出现，其中 if 后面跟的是条件（前件），then 后面的是结论（后件），条件与结论均可以通过逻辑运算 and、or、 not 进行复合。可以这样理解：如果前提条件得到满足，就产生相应的动作或结论。例如，在"动物识别"专家系统中有这样一条规则：

  if 该动物是哺乳动物 and 是食肉动物 and 是黄褐色 and 身上有黑色条纹 then 该动物是虎

  在这条规则当中，if 后面的前件中包含四个条件，只有四个条件都得到了满足，才能得出该动物是"虎"。反之就得不出这个结论。产生式专家系统的知识库中包含了大量的规则，换言之，这里的知识库就是一个规则集。

  （2）知识库管理系统。知识库管理系统用于建立原始的知识库结构和初始数据，组织知识库中的内容，并对知识库进行例行维护。人类专家或专家系统管理员通过该子系统向知识库增加新知识，修改有关的数据，删除已过时的知识。

  （3）推理机。推理机是专家系统的核心部分，是用于记忆所采用的规则和控制策略的程序，使整个专家系统以逻辑方式协调工作。其任务是模拟领域专家的思维过程，控制并执行对问题的求解。它能根据当前已知的事实，利用知识库中的知识，按一定的推理方法和控制策略进行推理，求得问题的答案或证明某个假设的正确性，而不是简单搜索现成的答案。

  推理机的性能与构造，一般与知识的表示方式及组织方式有关，但与知识的内容无关，这有利于保证推理机与知识库的相对独立性，当知识库中的知识有变化时，无须修改推理机。

  （4）数据库。数据库又称为"黑板""综合数据库""全局数据库"等，是一个动态的存储区域，用于存放专家系统运行过程中需要的各种数据，包括领域或问题的初始数据和推理过程中得到的中间数据（信息），即被处理对象的一些当前的事实。如用户提供的初始事实、问题描述以及系统运行过程中得到的中间结果、最终结果、运行信息等。例如，医疗专家系统的数据库存放当前患者的姓名、年龄、病情症状以及推理得到的初步诊断结果。

  数据库的内容是不断变化的。在求解问题的开始时，它存放的是用户提供的初始事实；在推理过程中它存放每一步推理所得到的结果。推理机根据数据库的内容从知识库选择合适的知识进行推理，然后又把推出的结果存入数据库中。由此可以看出，数据库是推理机不可缺少的一个工作场所，同时由于它可记录推理过程中的各种有关信息，又为解释机构提供了回答用户咨询的依据。

  （5）知识获取与学习系统。知识获取与学习系统是专家系统中用于维护更新知识库的程序部分。专家系统自身通过推理过程或为完成推理在与用户的交互过程中，发现并学习新的知识，然后通过知识库管理系统更新知识库。同时，人类专家和系统开发人员也通过这个系统增加、删除或修改知识库的内容。

（6）解释系统。解释系统的功能是回答用户有关推理过程方面的问题，向用户解释说明专家系统的推理过程、推理过程中所使用的知识、所得结论的缘由、条件和结论之间的因果关系等。解释系统得出的结论既能使用户易于理解和信任，又是用户学习有关知识的一种方法。同时，它也是对推理方法进行评价和修改的依据。解释的内容通过用户接口输出。

（7）用户接口。用户接口是专家系统与用户进行交互的界面，是专家系统中完成系统与用户对话的程序部件。它直接面向用户，系统通过用户界面接收所求解问题的初始数据，使用户提出问题和了解推理过程和推理结果等，并将推理结果及相关的解释输出给用户。

在以上组成部分中，知识库和推理机是专家系统的核心成分。

一般的专家系统是通过推理机与知识库和综合数据库的交互作用来求解领域问题的，其大致过程如下：

（1）根据用户的问题对知识库进行搜索，寻找有关的知识；（匹配）

（2）根据有关的知识和系统的控制策略形成解决问题的途径，从而构成一个假设方案集合；

（3）对假设方案集合进行排序，并挑选其中在某些准则下为最优的假设方案；（冲突解决）

（4）根据挑选的假设方案去求解具体问题；（执行）

（5）如果该方案不能真正解决问题，则回溯到假设方案序列中的下一个假设方案，重复求解问题；

（6）循环执行上述过程，直到问题已经解决或所有可能的求解方案都不能解决问题而宣告"无解"为止。

8.3.2 决策支持系统

早期的管理信息系统缺乏对企业组织机构中不同层次管理人员决策行为的支持。在实际工作中，特别是在辅助企业高层管理决策工作中，面对一些复杂的决策问题，管理信息系统往往显得无能为力。随着时代的进步，一方面，计算机和通信技术的迅猛发展使得数据的获取、存储、处理和传播更为迅捷，成本也大大降低；另一方面，管理科学和人工智能的迅速发展，如运筹学、数理统计、模式识别、系统论等都有很大的进步，这些有利条件促进了信息系统的发展和演化，使得信息系统成为支持或辅助决策的重要工具。

1. 决策及相关知识

（1）决策的概念。决策一词的意思就是做出决定或选择。是指人们为了达到某个目标，在占有大量调研预测资料的基础上，运用科学的理论和方法，充分发挥人的智慧，系统地分析主客观条件，从若干可能的方案（途径）中进行选择和实施一个最佳的执行方案的分析过程。简单说就是从若干可能的方案中选择一个最佳方案。决策在社会、经济、军事、企业、团体甚至个人生活中都占有十分重要的地位，是维持事务正常运行的关键环节。决策定义的内涵包括：

①决策总是为解决某一问题而作出的决定，是为了达到某个确定的目标而进行的管理活动，如果没有目标就没有方向，也就无法进行决策；

②决策是在有风险或不确定性情况下制定决策的定量分析方法，是对影响决策的诸因素作出逻辑判断与权衡；

③决策是从多种可供选择的方案中作出的选择，如果没有比较，没有选择，那么就没有决策；

④决策的目标是寻找最优方案，但往往受客观条件的限制，决策遵循是满意原则，而不是最优原则；

⑤决策是面向未来的，要作出正确的决策，就要进行科学的预测。

（2）决策的过程。决策科学先驱西蒙（H. A. Simon）教授在著名的决策过程模型论著中指出：以决策者为主体的管理决策过程经历情报、设计和抉择三个阶段。后来西蒙在他的决策过程模型中又增加了决策实施后的评价阶段，但仍强调前三个阶段是决策过程的主要部分。现在我们把决策过程的四个阶段分为情报活动阶段、设计活动阶段、选择活动阶段和实施活动阶段，并称为决策过程模型的四个阶段。

①情报活动阶段（发现问题）。情报活动阶段的任务是发现或识别问题、需求或机会。主要是收集组织所处环境中有关经济、技术、社会各方面的信息以及组织内部的有关情况，发现和解释那些需要引起注意的一些情况的征兆。这些征兆可能以各种形态出现，如老顾客对新产品的需求、新竞争对手带来的威胁、销售量下降、生产成本上涨等。情报的收集应该尽可能全面，而且要真实，否则对以后的决策会有误导作用，极有可能作出错误的决策。

②设计活动阶段（找出可行性方案）。在确定目标的基础上，依据所收集到的信息，编制可能采取的行动方案。在一般情况下，实现目标的方案不止一个，而是有两个或更多的可供选择的方案。而决策的根本在于选择，被选方案的数量和质量对于决策的合理性有很大的影响，因此要尽可能提出多种方案，避免漏掉好的方案，为了探索可供选择的方案，有时需要研究与实现目标有关的各种限制性因素。

③选择活动阶段（选择一个最适合的方案）。从各种可能的备选方案中，针对决策目标，选出最合理的方案，是决策成功或失败的关键阶段。在选择方案时，首先要确定选择的标准，而且对各种方案应该保持清醒的估计，并对每个方案的利弊加以评价，评价每个方案的实施结果，使决策保持一定的伸缩性和灵活性。方案的选取可能要取决于多种因素，比如成本、实施的难易程度、对员工的要求等，要根据当时的情况和对未来的预测，从中选择最合适的一种方案。

④实施活动阶段。选定方案后，即可付诸实施。方案的实施是一个非常重要的环节，要制订一个合理的实施计划，包括对时间的分配，对人财物的分配等都要清晰具体。在执行决策中，还要做好决策的宣传工作，使组织成员正确理解决策，同时制定出一种有利于实现决策的气氛；而且还要收集实施过程中的情报，根据这些情报来进一步做决定是继续执行还是停止实施或修改后继续实施。

这四个阶段并不是顺序执行、一成不变的，而是在决策的某一阶段常常需要返回到前面的某个阶段，这种情况往往是非常有用而且是必需的。例如，在选择活动阶段选定了一个方案后，可能发现在设计活动阶段遗漏了另一个可选方案，于是需要返回到设计活动阶段，将这个新发现的方案加入其中，然后再回到选择活动阶段，比较这个新方案和其他方案的优劣。

（3）决策问题的类型。按决策的层次划分：战略决策、战术决策；按决策的目标划分：单目标决策、多目标决策；按决策的动态性划分：静态决策、动态决策；按决策的阶段划分：单阶段决策、序贯决策；按参与决策主体多少划分：单主体决策、多主体决策（群决策）；按决策主体理性程度划分：完全理性决策和有限理性决策；按照决策问题的结构化程度划分，可分为结构化决策、半结构化决策和非结构化决策。

①结构化决策。结构化决策也称为程序化决策，结构化决策问题相对比较简单、直接，其决策过程和决策方法有固定的规律可以遵循，能用明确的语言和模型加以描述，并可依据一定的通用模型和决策规则实现，其决策过程可基本自动化。多数管理信息系统，能够求解这类问题，如企业的订货和物资供应等，通常可用运筹学、计算机仿真和管理信息系统等来解决。更确切地讲，结构化决策是一种对决策所有四个阶段（情报、设计、选择和实施）的输入、输出和内部程序能够确定的决策，每一个决策阶段都可称为结构化决策阶段。

②非结构化决策。非结构化决策问题的决策过程较为复杂，其决策过程和决策方法没有固定的规律可以遵循，没有固定的决策规则和通用模型可以依据，决策者的主观行为（学识、经验、直觉、判断力、洞察力、个人偏好和决策风格等）对各阶段的决策效果有相当

大的影响。往往是决策者根据掌握的情况和数据临时作出决定。非结构化决策的所有四个决策阶段也都是非结构化的决策。在这种情况下，往往不能确定每个阶段的输入、输出或内部程序，这可能是因为决策问题太新或太难，即使对其认真地加以研究也无法得出准确的答案。尽管如此，利用决策支持系统和计算机仍可帮助决策者作出非结构化决策，只不过给出的决策可能是不确切或不准确的，同时将更多的过程留给了决策者。这类非结构化决策问题，在西蒙决策过程的前三个阶段中，需要借助人工智能的方法来解决。如聘用人员、为杂志选封面、为产品选定发展方向等。

③半结构化决策。半结构化决策问题介于上述两者之间，其决策过程和决策方法有一定规律可以遵循，但又不能完全确定，即有所了解但不全面，有所分析但不确切，有所估计但不确定。这样的决策问题一般可适当建立模型，但无法确定最优方案。如开发市场、经费预算。

决策问题的结构化程度并不是一成不变的，当人们掌握了足够的信息和知识时，非结构化问题有可能转化为半结构化问题，半结构化问题也有可能向结构化转化，这是人们对客观事物不断提高认识的过程。通常认为，管理信息系统主要解决结构化的决策问题，而决策支持系统则以支持半结构化和非结构化问题为目的。

2. 决策支持系统

决策支持系统产生于 20 世纪 70 年代，其主要原因是社会经济活动的需要，另一个重要的原因是现代管理科学的发展。决策支持系统正是通过现代生产管理、管理科学和管理信息系统逐步发展起来的。

（1）决策支持系统的含义。美国的 Michael S. Scott Marton 在《管理决策系统》一书中首次提出了"决策支持系统"的概念，从而开始了 DSS 的研究和开发。从狭义上讲，决策支持系统是一种高度灵活且具有良好交互性的，主要用于对半结构化和非结构化问题的决策提供辅助支持的信息系统。它是管理信息系统（MIS）向更高一级发展而产生的先进信息管理系统。它为决策者提供分析问题、建立模型、模拟决策过程和方案的环境，调用各种信息资源和分析工具，帮助决策者提高决策水平和质量。

决策者的能力则主要体现为其经验、直觉、判断能力、对问题的洞察能力以及有关决策因素的知识；而信息技术的优势在于其对复杂问题的高速、快捷的处理能力和超大的信息储存能力，能够帮助决策者产生决策时所需要的有用信息。决策支持系统的主要功能就是通过将决策者的知识技能与信息技术的强大功能相结合，使决策者更迅速地响应市场的变化以及更高效地管理资源，从而加强决策者的洞察力以对决策者提供帮助，改善决策者的决策效果。

（2）决策支持系统的特征。通常认为决策支持系统必须具有如下特征：

①面向组织中上层管理人员，经常面临的是半结构化和非结构化问题，这些问题不能通过标准定量方法和工具来解决。

②把模型和分析技术与传统的数据存储技术及检索技术结合起来，提供多种可供决策的行动方案和可能的结果，供决策者判断。

③用户友好、较强的图形功能以及自然语言的交互式人机用户界面能够极大地增加 DSS 的有效性。

④强调对环境及用户决策方法改变的灵活性及适应性。决策制定者需要快速反应，能够快速面对变化的环境，并使用 DSS 适应这些变化；DSS 是灵活的，用户可以增加、删除、合并、改变或重新安排系统的基本部分。

⑤支持但不是代替高层决策者制定决策，解决问题时决策制定者完全控制决策制定过程的各个阶段。

⑥充分利用先进信息技术快速传递和处理信息。

（3）决策支持系统的构成。20 世纪 70 年代，DSS 大都是由模型库、数据库及人机交互系统三个部件组成的两库系统，它被称为初阶决策支持系统，如 Portfolios Management、支持企业短期规划的 Projector。80 年代初，DSS 增加了知识库与方法库，构成了三库系统或四库系统。80 年代后期，人工神经元网络及机器学习等技术的研究与应用为知识的学习与获取开辟了新的途径，专家系统（ES）与 DSS 相结合，充分利用专家系统定性分析与 DSS 定量分析的优点，形成了智能决策支持系统（IDSS），提高了 DSS 支持非结构化决策问题的能力。近年来，DSS 与计算机网络技术结合构成了新型的能供异地决策者共同参与进行决策的群体决策支持系统（GDSS），为了支持范围更广的群体，包括个人与组织共同参与大规模复杂决策，人们又将分布式的数据库、模型库与知识库等决策资源有机地集成，构建分布式决策支持系统（DDSS）。

DSS 部件之间的关系构成了 DSS 的系统结构，系统的功能主要由系统结构决定。具有不同功能特色的 DSS，其系统结构也不同。目前 DSS 的系统结构大致有两大类：一类是以数据库、模型库、方法库及用户界面等子系统为基本部件构成的多库系统结构；另一类是以自然语言、问题处理、知识库等子系统为基本部件构成的系统结构。下面将介绍多库系统的结构。

①三库结构。三库结构是由数据库、模型库、方法库等子系统与对话子系统构成三角形分布的结构，也是 DSS 最基本的结构，其逻辑结构如图 8-4 所示。

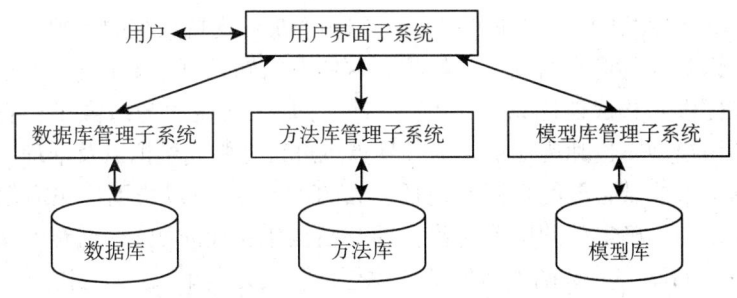

图8-4 DSS 的三库逻辑结构

用户界面子系统是 DSS 中用户和计算机的接口，用户也是这个系统的一部分。研究者认为 DSS 特有的贡献部分来源于计算机和决策制定者之间的广泛互动，大多数新的 DSS 应用都是基于 Web 的界面。

数据库管理子系统是存储、管理、提供与维护用于决策支持的数据的 DSS 基本部件，是支撑模型库子系统及方法库子系统的基础。数据库管理子系统由数据库、数据库析取模块、数据目录、数据库管理系统及数据查询模块等部件组成。DSS 数据库中存放的数据基本上能直接为决策所使用，而能对决策起作用的数据才是真正意义上的信息，即经过加工的数据。这些数据来源于具体的业务信息系统的数据库，也称作源数据库。数据析取模块负责从源数据库提取能用于决策支持的数据，析取过程是将源数据加工成信息的过程，是选择、浓缩与转换数据的过程。

模型库管理子系统是构建和管理模型的计算机软件系统，它是 DSS 中最复杂与最难实现的部分。模型库管理子系统主要由模型库和模型库管理系统两大部件组成。模型库是模型库子系统的核心部件，用于存储决策模型。模型库中的模型可以根据其职能领域（如财务模型、生产控制模型）或学科（如统计学模型、管理科学）分类，DSS 中模型的数量从几个至几百个不等，这些模型为 DSS 提供了分析功能，能够调用、运行、修改、组合和检查模型是 DSS 区别于其他计算机信息系统的关键功能。

方法库子系统是存储、管理、调用及维护 DSS 各部件要用到的通用算法、标准函数等方法的部件。方法库中的方法一般用程序方式存储。它通过描述外部接口的程序向 DSS 提供合适的环境，使计算过程实行交互式的数据存取，从数据库选择数据，从模型库中选择模型，从方法库中选择算法，然后根据模型的结构将数据和算法结合起来进行计算，并以直观清晰的呈现方式输出结果，供决策者使用。方法库内存储的方法程序一般有排序算法、分类算法、最小生成树算法、线性规划、动态规划、各种统计算法等。

②多库结构。在上述基本三库结构的决策支持系统的基础上，增加知识库（问题求解的专门知识，这些专门知识可由 ES 或其他智能系统提供）构成四库系统，基于知识的 DSS 功能大为增强了，它不仅利用模型，也利用知识，通过计算机进行分析或模拟以及推理，并对其结果能做必要的解释（包括多大的可能性），以协助决策者解决多样化和不确定性的决策问题（即非结构化决策问题）。也有人又在上面"四库"的基础上增加了"思想库""文本库"，从而构成"五库""六库"结构。

（4）专家系统和决策支持系统的区别。专家系统是一种运用推理能力得出结论的人工智能系统。它非常适用于那些需要回答"发生了什么？"的问题和那些需要回答"该做什么和该怎么做？"的问题。

而运用决策支持系统时，用户必须对所处理的问题具有相当的专业知识和专业技能，是辅助用户进行决策的，这意味着用户必须知道如何对问题进行推理、应该提出哪些问题、如何得到答案以及如何进行下一个步骤。然而，专家系统自身就具有这些功能，用户只需要向专家系统提供需要解决问题的事实和征候即可，对于那些用以解决问题的技术或专业知识则是由某领域内的专家提供的，而具有专业知识就意味着当某人具有既定问题的专业知识时，他不仅知道关于此类问题的许多事实，还可以应用专业知识来分析判断并解决相关问题。这正是专家系统需要获取的人类的专业知识。

3. 群体决策支持系统

（1）群体决策的含义。随着时代的发展，决策者面临的内外部环境日益复杂多变，许多问题的复杂性不断提高。相应地，要求综合许多领域的专门知识才能解决问题，这些跨领域的知识往往超出了个人所能掌握的限度。另外，决策者个人的价值观、态度、信仰、背景也有一定的局限性，而且决策相互关联的特性客观上也要求不同领域的人积极参与，积极提供相关信息，从不同角度认识问题并进行决策。从而使群体决策受到重视并获得迅速发展。

群体决策是指多人共同讨论问题，提出解决问题的若干方案，并通过对这些方案进行评价，选择可用的方案，最后作出决策。其中，参与决策的人组成了决策群体。它通过大家的交流、磋商、讨论，有效地避免了个体决策的片面性和可能出现的独断专行等弊端。

（2）群体决策支持系统的概念。支持群体决策的系统称为群体决策支持系统（Group DSS，GDSS），即通过计算机技术、通信技术把有关同一领域、不同方面或相关领域的各个决策支持系统集成在一起，使其互相通信、互相协作形成一个功能十分全面的决策支持系统。群体决策支持系统是由一组决策人员作为一个决策群体同时参与决策会话，从而得到一个较为理想的决策结果的计算机决策支持系统。

GDSS 是对个体决策支持系统的扩展，是为群体决策活动提供支持的信息系统，它促进具有共同责任的群体求解半结构化和非结构化决策问题。群体决策支持系统使多个决策参与者共同进行思想和信息的交流，群策群力，寻找一个令人满意和可行的方案。GDSS 从 DSS 发展而来，通过决策过程中多个参与者的参加，使得信息的来源更加广泛。

（3）群体决策支持系统的组成。GDSS 在计算机的基础上，由局部 DSS、规则库子系统、通信子系统、公共数据库、模型库及方法库、公共显示设备等部件组成。一种较具代表性的 GDSS 的框架结构如图 8-5 所示。与个人 DSS 相比，GDSS 必须建立在一个局域网或广域网上，在构件上增设了规则库、通信库、共享的公共数据库、模型库及方法库。

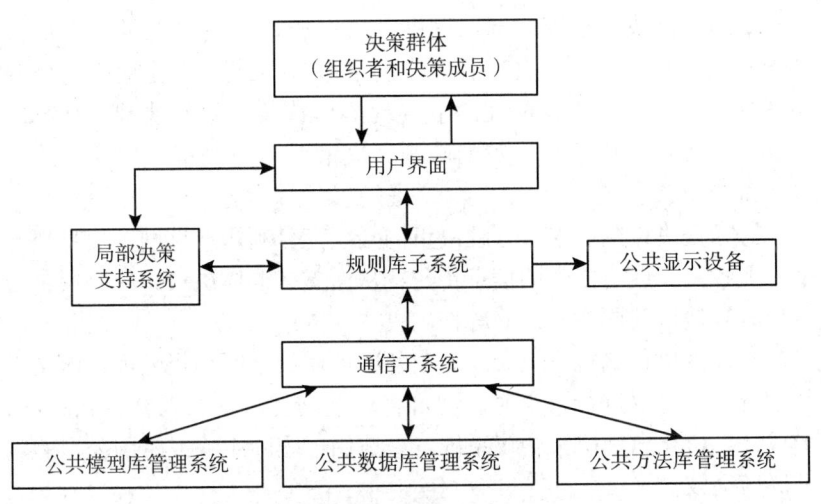

图 8-5 一种典型的群体决策支持系统的构成框架

GDSS 一般以一定的规程，如正式会议或虚拟会议的方式运行，会议由一个主持人及多个与会者，围绕一个称为"主题"的决策问题，按照某种规程展开。

用户界面接收决策群体的各种请求，这些请求包括组织者关于会议要求与安排的发布请求，决策成员对数据、模型、方法等决策资源的请求等。通信子系统相当于会议的秘书处，是系统的核心，它存储与管理主题信息、会议进程信息及与会者有关的往来信息，负责这些信息的收发，沟通与会者之间、与会者与公共数据库、模型库与方法库之间的通信。公共显示的信息也由通信子系统传送至各参会者的站点。规则库子系统存储与管理群体决策支持相关的运作规则及会议事件流程规则等,如决策者请求的优先级别规则、决策意见发送优先级规则及各种协调规则等。

GDSS 的组成比个人 DSS 要复杂得多。GDSS 可以支持群体决策,也可以支持个人决策,DSS 可看作 GDSS 的一个特例。

(4) 群体决策支持系统的类型。根据决策问题所在组织的环境和人员的空间分布、决策周期的长短等因素,GDSS 大致可以分为以下四种类型:

①单机分时系统的决策会议。单机分时系统的决策会议,又称决策室。决策者面对面地集于一室,在同一时间进行群体决策的情况。单机分时系统的决策会议的 GDSS 可设立一个与传统的会议室相似的电子会议室或决策室,备有大屏幕显示设备,显示各种决策方案、效用值及统计分析数据,供会议参加者讨论之用。决策者通过互联的计算机站点相互合作完成决策事务。单机分时系统的决策会议是相对较为简单的 GDSS。

②局域网决策会议。局域网中各决策成员通过以电子报文形式进行通信,相互交流,共享存储于网络服务器或中央处理机的公共决策资源,在某种规程的控制下实现群体决策。这种类型 GDSS 的主要优点是可克服定时决策的限制,决策者可在决策周期内时间分散地参与决策。

③远程决策网会议。远程决策网会议充分利用广域网等信息技术来实现各决策成员之间的信息传送,从而支持群体决策,使决策参与者异时异地地共同对同一问题作出决策。

④计算机化电视决策会议。当各决策成员之间相距较远,而又必须举行决策会议进行讨论时,则可将广域网与电视会议结合在一起,形成计算机化电视决策会议系统,它适用于国际组织或跨国公司的定期联席会议。

8.4 新型商务智能

一直以来,商务智能的主要作用是帮助企业根据内外部环境的变化快速、有效地做出决策,以获得市场竞争力。这里体现了商务智能提供决策的时间与准确性要求,即在正确的时间、以正确的信息提供决策。随着大数据与人工智能技术的发展与应用,各类技术在决策时间、准确性等层面的作用机理也有所变化。

传统商务智能大多运用数据仓库、数据挖掘等技术,通过对大量数据的处理与分析，为企业提供具有商业价值的信息。而新型商务智能更多地纳入机器学习、知识图谱、智能语音交互等大数据与人工智能技术，并在充分融合运筹学、人工智能等众多技术的基础上，针对企业各项活动的关键环节进行细致的分析，旨在为企业提供更加完整、应用性更强的解决方案，加快产品创新与服务升级[①]。目前，新型商务智能行业发展迅速，已经逐渐应用到客户服务、交通、诊疗、零售等领域。与传统的商务智能相比，新型商务智能侧重于智能技术在商业场景中的应用，在产业链中游汇集了大批相关领域的技术赋能型企业，各类技术提供商可以作为产业链的成员，共同为各商业场景提供赋能服务。另外，新型商务智能围绕企业运作中的关键困境（如管理问题、成本问题、效率问题），采用大数据和人工智能的相关技术，为企业提供整体解决方案，旨在提升商业环节的落地应用价值。

8.4.1 商务智能的发展

伴随着大数据和人工智能技术的发展与应用，商务智能的发展与应用从传统商务智能的专家系统、决策支持系统，逐步向新型商务智能领域转变，由此催生出众多的新型商务智能产品，对企业产品创新与服务提升起到巨大的推动作用，也成为企业战略规划的重要内容。至今为止，商务智能的发展已经经历了四个阶段。

第一阶段：商务智能初期。商务智能发展的初期阶段的主要表现为大型企业内部上线并使用 ERP、CRM、OA 等系统，旨在提升企业内部工作效率与管理水平。在此阶段各大型企业的发展迅速，通过应用自身相适应的系统，在提升工作绩效与管理水平的同时，更有效提升了企业市场占有率。但是，此阶段商务智能的发展也存在极大隐患。首先，由于市面上此类大型软件的市场多被 SAP、Oracle、IBM 等行业巨头所占据，中小型软件企业的发展相对艰难，很多技术并未充分实现共享，推进商务智能技术创新与发展的脚步受到束缚，人工智能领域的人才也相对匮乏。其次，此阶段软件购买价格与运营维护价格也普遍偏高，商务智能的用户多为大型企业，中小企业发展中引入此类系统的难度较大，很多中小企业仍采用传统低效率的工作方式去解决问题，难以实现商务智能的普遍化。最后，各企业内部的软件与数据使用都相对封闭，未能充分发挥系统的最大价值。

第二阶段：商务智能快速成长期。随着大数据分析技术与可视化技术的发展，此类技术逐渐被应用于解决企业现实问题，并由此产生

---

① 艾瑞咨询：新型商业智能发展研究报告，2019.08，http://www.ebrun.com/20190805/344831.shtml。

众多更易于数据分析的可视化工具。商务智能领域的市场不再被几个老牌巨头企业所占据，越来越多的厂商开始在市场上涌现出来，并处于快速的成长期。与此同时，企业中原有的初期商务智能产品逐渐下线，大量的可视化数据分析工具涌入市场。且伴随着企业信息化基础设施的逐步完善，越来越多的企业开始运用符合自身需求的商务智能来处理企业事务。专家系统就是此阶段的典型产品，通过数据库、知识库与推理机等技术经过数据分析与模拟专家思维提出可行方案。

第三阶段：新型商业智能转型期。随着大数据与人工智能技术的发展与应用，尤其是人工智能技术在数据挖掘领域的应用，部分产品初步实现浅层次的决策功能，可以为企业提供商业智能解决方案。在此阶段，依赖于云服务的普及与信息化基础设施的日渐完善，越来越多的中小企业用户也具备了使用商务智能的实力，开始应用商务智能解决方案解决企业事务，整个行业开始向新型商务智能转型。而且随着技术的发展，越来越多的商务智能方案提供商涌现，加速推动大数据与人工智能技术的发展与应用。如决策支持系统、群体决策支持系统、经理支持系统的应用，在一定程度上可为管理者提供具有参考价值的决策方案。

第四阶段：新型商业智能成长期。随着大数据与人工智能技术的发展与应用，越来越多的服务商将AI、RPA（机器人流程自动化，Robotic Process Automation）、运筹学、大数据等技术融合来为企业提供多维决策智能服务。此阶段商务智能更加普及，通过已有技术的融合创新出众多的商务智能产品，市场的服务范围快速拓展，服务价值也得到有效提升。尤其2018年人工智能技术的全面商业化落地，推动商务智能逐步转向多维决策智能阶段，在提供日益优化的解决方案的同时，也有效降低了应用成本。

在新型商业智能转型及发展的过程中，大数据与人工智能技术对其产生了巨大的推动作用。首先，伴随着大数据技术的发展，对各类型数据的快速处理问题已经得到有效解决，同时也有效支撑新型商务智能数据处理类型多样化、数据处理效率等方面的需求；其次，伴随着机器学习、智能语音交互等人工智能技术的引入，有效提升了新型商务智能的数据处理效率及数据分析能力。目前机器学习等人工智能技术已经被广泛应用于金融、医疗、零售等各商业领域，在降低企业运营成本、提升客户体验的同时，积极推动各类企业进行转型升级。

8.4.2 新型商务智能的应用

1. 商务智能在金融行业风险管控中的应用

信息化的发展有效推动了金融业务发展的全球化，大数据与商务智能的发展与应用为金融行业带来了巨大的机遇，同时也带来了各种挑战。由于金融行业主要经营货币、银行、基金、证券、保险、理财等多种类型的金融产品，面对更大的风险挑战。如市场风险、行业风险、信用风险、操作风险、流动性风险、法律风险、自然灾害风险等。

对商业银行而言，其经常面对却难以有效管控的最大问题是如何防范和识别用户信用卡欺诈与贷款违约行为。随着信息化建设的逐步完善，金融机构获取的数据量剧增，且多样性与真伪性共存，依靠人工进行信息真伪性辨别的难度较大且工作效率较低，较多欺诈与违约行为的辨别还是得依靠大量数据的精确分析。因此，对大数据分析及人工智能辨别技术提出了新的需求，尤其是在有针对性的欺诈与违约行为辨别的算法层面提出了更高的要求。

伴随着国家对金融行业监管力度的提升，越来越多的金融机构与科技公司进行合作，不断深入地将大数据分析、知识图谱、生物识别及机器学习等大数据和人工智能技术应用于解决金融行业的风险问题。一般融入大数据和人工智能的技术，通过大数据清洗、模型建立，充分识别并监控各种类型的风险。

中国银联数据服务有限公司就是与银行深度合作的典型代表企业之一，以商户风险监控系统、银行卡风险信息共享系统为主，为百余家银行机构提供更加有效的风险管控工具。银联数据通过研发的疑似套现用卡侦测模型，为银行解决套现问题提供了便捷有效的工具。银联商务智能数据平台还为银行提供针对不同用户的个性化识别，综合利用其掌握的欺诈预防、始终防控的关键技术及多维大数据分析技术，为企业有效防控不同用户的欺诈行为。

2. 商务智能在智慧物流中的应用

传统物流主要依靠人力资源进行各项作业，如近货物搬运、远距离运输、仓储、制定规划等。随着社会信息化的发展，很多简单、重复性的管理工作首先被计算机所取代，对物流企业管理绩效水平的提升作用得到了各界的认可。但货物的搬运、仓储等工作依然是制约物流企业效率提升与进一步发展的瓶颈，越来越多的企业将注意力转移到大数据和人工智能等技术的发展与使用上。大数据和人工智能为物流企业带来了巨大的发展机遇与挑战，将部分繁重的人工搬运、仓储等作业交由更加智能化的工具完成，不仅解放了大量的劳动力，更有效提升这些环节的工作效率，变革了以往物流各关键环节的工作模式，进一步催生出智慧物流模式。尤其是深度学习、机器学习、计算器视觉等人工智能技术的应用，实现了部分物流工作的智能化与动态性，有效缓解了物流环节中货物筛查、预测及规划、风险控制等瓶颈。

典型如京东智慧物流①，将大数据和人工智能的技术运用到物流各关键环节，研发并使用有效提升各环节作业效率的各类机器人，并让各类机器人模拟人类的工作思维与工作过程，根据不同场景作出合理的判断与选择。目前京东物流部分环节已经开始采用拣选机器人、智能叉车和搬运型机器人、配送机器人、巡检机器人及无人机运营调度等智能化工具，实现了对传统工作模式的变革，解放人力资源的同时工作效率也得到快速提升。尤其是 2017 年 618 期间，京东物流在西安和宿迁地区实现了智慧物流无人技术的全面落地运营，结合低空无人机技术，实现从订单分拣、搬运、拆码垛、配送、巡检、路线规划等环节的智能化工作，呈现出整个物流环节的无人模式。

3. 商务智能在智慧零售中的应用

技术的发展推动零售行业的经营模式在短短十年间发生了多次变革。传统零售行业以实体店经营模式为主，并由市场供给转向市场需求的引导模式。此后，伴随着电子商务技术的发展与应用，越来越多的软硬件资源开始流入互联网，由此推动了互联网经济浪潮的发展。在此阶段，世界零售行业的资源也不断涌向互联网以寻求更大的发展，其经营模式也由线下销售为主逐渐转变为以线上销售为主的电商发展模式，尤其直接面向顾客群体销售的 B2C、C2C 电商模式逐渐赢得零售企业的青睐。从 2015 年开始，伴随着纯电商发展脚步的放缓，零售行业转向以线上线下零售资源整合为主的 O2O 发展模式。但随着经济全球化发展，国际市场的竞争加剧，零售行业的竞争更显激烈。尤其"80 后""90 后""00 后"逐渐成为零售市场的主要客户群体，他们更加注重购买体验与产品的质量，因此，整个国际化市场对产品的移动化、个性化、社交化的需求逐渐凸显，也推动零售企业探寻更适宜环境发展与客户需求的营销模式。

大数据、人工智能、物联网等技术的发展与应用，以更加高效的分析能力、智能化水平、场景体验，为零售企业的营销模式转型带来了巨大机遇，并催生出智慧零售的概念，使得智能制造、精准定制、精准营销成为现实。通过大数据和人工智能技术获取直接客户与潜在客户的特征与产品需求等信息，对直接获取的客户海量数据进行分析，抓住客户群体的消费特征与需求，进一步从用户需求出发进行产品的设计、预测与生产，并采用更加友好的购物体验方式将产品销售给特定用户。

如苏宁在"一体、两翼、三云、四端"的战略布局（其中，一体指零售，两翼指线上、线下，三云指物流云、数据云、金融云，四端指 POS 端、PC 端、移动端、电视端）下，利用大数据和人工智能

---

① https：//x.jdwl.com/news/detail/10/0。

等技术研发出众多产品，如无人机、"聊商"机器人、"千人千面""千里传音""聚宝盆""数据易道"、AR/VR 交互式场景体验。并进一步将智能化产品运用到采购、渠道、物流、销售、服务等整个供应链环节，实现智慧零售的转型。如阿里巴巴利用大数据和人工智能等技术对银泰、盒马生鲜等企业的重新架构与升级，催生出适宜自身发展的零售新业态。

4. 商务智能在智慧医疗中的应用

传统医疗服务的地域制约严重，众多优质医疗设备、专家等资源多聚集在一线城市。而且知名专家隐性知识的扩散、共享及显性化表达等效率受到社会大环境的较大限制。由此造成了三线、四线城市专家缺乏、大病看病难的问题。大数据和人工智能技术在医疗领域的应用有效弱化了这种限制，整体提升了各地医疗服务的质量与效率。其应用主要体现在医药研发、临床诊断、辅助治疗与管理等层面。

大数据和人工智能技术已经应用到医药研发中，有效缓解了传统医药研发周期长、成本高、成功率低、风险大的难题。在医药数据标准体系研发中，国内众多医药企业通过大数据的识别、匹配与挖掘，以专业人工和机器辅助的形式构建标准数据模块仓库，涌现出国内的医药魔方、米内数据、药渡等众多医药大数据服务公司。Tech Emergence 的研究报告显示，人工智能在新药研发中的初期应用，可以将研发成功率提升 2 个百分点，节约数十亿美元的研发成本。

近年来，大数据和人工智能技术已经应用到医疗诊断中，并取得显著成效。如中山大学附属第六医院将人工智能技术（沃森智能辅助诊疗系统）引进胃肠疾病会诊中，通过机器学习与相关算法设计，针对病人实际情况进行诊疗，给出可行的推荐治疗方案供医生决策。北京大学国际医院的专家与山东省临沂、淄博地区的专家引入百洋智能医生云平台（BSmartD）智能化工具为肿瘤患者进行远程会诊，将患者疾病数据输入系统后，在较短的时间内给出了针对患者的可行整体规划与方案。截至 2020 年，解放军总医院医疗保障中心已经使用人工智能影像辅助为百余名危重患者进行远程会诊。

5. 商务智能在智能客服中的应用

市场上产品类型愈加多样化、个性化，客户的消费特征也愈加多样化、个性化。因此，企业经营中除了在质量、营销上取胜外，客户满意度指标也是企业市场占有率提升的一个关键指标。客户服务作为客户与企业联系的重要纽带，是客户满意度指标提升的最直接的重要渠道，也是企业经营中最直接的市场数据来源。搭建更加高效、便捷的客户服务渠道成为越来越多企业的内在需求，而大数据和人工智能等技术的发展与应用，为企业智能客服的实现提供了技术保障。

首先，传统客服在培训层面成本较大、成效较低。因为客服人员的个体差异性，对知识的吸收和理解程度各异，培训内容难以面面俱到，均需要在后期工作中不断练习与积累。而且优质客服人员的流失较快，对企业造成了巨大的损失。其次，传统客服在顾客服务层面的效率较低，不仅在时间上难以保证能及时回复客户，而且问题的重复性回复工作量较大，往往也会把个人情绪带到工作中。此类情况的发生将会给客户带来较差的服务体验，从而降低客户满意度、丢失客户群体。另外，对客服的监管难度较大，管理力度不均、抽检覆盖率低、标准不统一等问题屡见不鲜，而单纯依靠人工解决上述问题的成本较高。

大数据和人工智能技术的发展与应用，将大量的人力资源从繁重、低效的工作中解放出来，去从事价值含量更高的工作。智能客服就是大数据和人工智能在客户服务领域的典型产品，已经应用到各行各业的客户服务工作中。智能客服系统根据行业与企业特征，将很多共性的、个性化的问题随时随地纳入动态知识库中，并构建开放式回答和交互式对话的技能，在数据库中搭建问题与回复之间的对应关系，让智能客服系统可以根据客户的问题快速输出系统匹配答案，客户的服务体验也较人工时期有了很大的改善。其次，智能客服系统有效降低了企业客服培训和客服流失的成本，将知识进行有效存储的同时，也能够随时实现知识库的扩充与更新。另外，智能客服的应用提高了企业客服管理的效率，监管力度与监管范围均有所提升，实现了监管标准的统一性。目前智能客服已经被广泛应用于金融、教育、电商等领域，适用于不同企业的智能语音客服、智能聊天机器人、云客服、呼叫中心等产品不断涌现。

8.4.3 新型商务智能的发展趋势

随着大数据、人工智能、物联网、云计算等技术的不断发展与应用，新型商务智能在各行业的应用将不断深入，应用范围将越来越广，应用方式将越来越便捷，应用成本将越来越低。在当今社会化大背景下，商务智能逐渐呈现出云端化、模糊化、整合化、移动协作化、智能交互和智能预测的发展趋势。

云端化指作为商务智能基础的业务系统的云端化，推动企业业务及数据的标准化、规模化和规范化发展，形成更加稳定的业务分析与处理模式。模糊化指商务智能的数据边界将越来越模糊，企业将通过云端技术的使用获得越来越多的外部数据，为企业提供高效的数据获取与数据分析支撑。整合化指商务智能技术及工具的整合性使用。随着各项技术的成熟与应用，未来商务智能将不再关注单一工具的发展与应用，更关注各类工具的整合性应用，使其产生"1＋1＞2"的效应。移动协作化指在移动端可协同实现商务智能的应用,解决了商务智能应用的时间与空间制约,可实现中心与个人、个人与个人间可逆的信息传输模式。如企业内已经普遍实现的业务与微信的互联互通。智能交互指交互的智能化水平将越来越高。一方面,用户对企业的交互性要求越来越高,使得企业提升客户满意度变得愈加艰难;另一方面,用户的数据信息越来越多样化与个性化,使得数据的清洗与有效分析工作难度增加。从用户需求与企业发展的视角来看,未来商务智能的交互水平将更加智能化。智能预测指商务智能将更多地基于技术为用户提供决策信息,机器洞察、智能洞察等工具将逐渐取代传统的人工数据洞察模式,各类语言处理算法、机器学习算法将更加成熟。

综合案例:跑在互联网上的售货机

"以后不愿意去超市,在宿舍楼里扫码或投币就可以买到零食。""以后不用坐公交去菜市场挤了,在小区的自动售货机上扫码或投币就可以买到里面的水果或蔬菜。""来不及吃午饭了,我在等地铁的时候,顺便在自动售货机里买了些牛奶和面包"……此类话出现的频率越来越多。24 小时无人自动售货机的出现,是对传统购物模式的一种巨大挑战,改变了以往购物的时间、地点、支付方式的约束,同时有效提升了经营者的管理效率与收益率。

24 小时无人自动售货机实现了全天无人销售模式,可以通过智能化平台实现购买、销售、补货的智能化提醒或操作。尤其实现了夜间时段的无人销售,抓住了顾客夜间消费但实体店夜间不营业或距离太远而错失的销售机遇。据统计,晚上 8 点到凌晨 1 点的无人自动售货机销售量占其全天总销量的 60% 以上,其上的广告投放也是商家的一笔可观收入。而且无人自动售货机的智能化平台可有效识别与获取销售相关数据,并通过大数据和人工智能的工具对销售数据进行分析,向商家反馈消费者近期购物倾向,为商家提供更有效益的进货方案与销售方案。如今,24 小时无人自动售货机上除了销售饮料、零食、水果、蔬菜等物品外,像汉堡类的各种新鲜制作商品也将通过 24 小时无人自动售货机进行销售。

自动售货机的市场竞争也很激烈,近年来国内外涌现出了众多自动售货机运营商,各企业纷纷寻求自身独特的发展优势,如农夫山泉的自动售货机、上海米源售卖咖啡和奶茶等饮料的自动售货机。在这些企业中友宝在线也积极创建自身优势,与各类企业合作,先后研发了各类快餐自动售货机、友宝自主便利店、友宝快递柜等产品,并通过部分软件服务付费下载、积分兑换、发放优惠券等多种方式吸引顾客的眼光。

随着大数据和人工智能技术的发展与应用,车站、医院、步行街、小区、学校等人流量大的地方将不断涌现出各种智能化的 24 小时无人自动售货机,其销售的货物类型也将日益丰富多样。智能化售货机将进一步优化基于"准备零钱、挑选商品、投币、机器找零、取货"的传统自动售货机流程,实现"挑选商品、手机支付、取货"的便捷购物模式。

案例讨论：
1. 24小时无人自动售货机为什么能迅速占据广大市场份额？
2. 24小时无人自动售货机为什么被称为跑在互联网上的售货机？
3. 24小时无人自动售货机的盈利模式有哪些？

本 章 小 结

知识管理是网络新经济时代的新兴管理思潮与方法，是让组织中的信息与知识，透过获得、创造、分享、整合、记录、存取、更新等过程，达到知识不断创新的最终目的，并回馈到知识系统内。随着对知识内涵的认识不断加深，人类从不同角度对知识进行了分类。国际经济合作发展组织（OECD）从经济学的视角将知识分成四种类型：Know What，Know How，Know Why 和 Know Who；知识还可以按其表述方法划分为两类：显性知识和隐性知识，并且显性知识和隐性知识之间是可以相互转化的。

知识管理的核心流程是知识管理导入过程关键的步骤。这些核心步骤包括：知识的获取、知识的共享、知识的存储、知识的扩散、知识的应用、知识的创造、知识的保护、知识的测量等过程。大数据和人工智能技术的发展与应用对知识管理流程及显性知识、隐性知识的转化过程均产生了重大的影响。

专家系统（Expert System，ES）是一种具有大量专门知识与经验的智能程序系统，它能运用某个领域一个或多个专家多年积累的经验和专门知识，模拟领域专家求解问题时的思维过程，以解决该领域中的各种复杂的问题。一般来说，专家系统通常由知识库、知识库管理系统、推理机、数据库、知识获取与学习系统、解释系统和用户接口等部分构成。

决策是为确定未来某个行动的目标，决策科学先驱西蒙认为管理决策过程经历情报、设计、抉择和实施四个阶段，而且这四个阶段并不是线性排列、顺序执行、一成不变的，而是在决策的某一阶段常常需要返回到前面的某个阶段。决策支持系统高度灵活且具有良好的交互性，主要用于对半结构化和非结构化问题的决策提供辅助支持的信息系统，它是管理信息系统向更高一级发展而产生的先进信息管理系统，并为决策者提供分析问题、建立模型、模拟决策过程和方案的环境，调用各种信息资源和分析工具，帮助决策者提高决策水平和质量。而支持群体决策的系统称为群体决策支持系统，即通过计算机技术、通信技术把有关同一领域、不同方面或相关领域的各个决策支持系统集成在一起，使其互相通信、互相协作形成一个功能十分全面的决策支持系统。

商务智能的发展从基于大型软件封闭式应用的初期阶段，发展到基于大数据分析技术与可视化技术的快速成长期,通过大数据和人工智能等技术的融合应用实现向新型商务智能的转型,现阶段及未来很长的一段时间里新型商务智能将得到更快速的发展。从专家系统到决策支持系统,再到新型商务智能在各行各业的应用,如金融管控、智慧物流、智慧零售、智慧医疗、智能客服的不断涌现,推动商务智能向着云端化、模糊化、整合化、移动协作化、智能交互和智能预测的趋势发展。

习 题

1. 简述 OECD 知识四分法。
2. 什么是显性知识?什么是隐性知识?二者是如何相互转化的?
3. 简述知识管理的流程。
4. 新型智能商务有什么特征?
5. 什么是专家系统?专家系统的一般结构是什么?
6. 简述决策的过程。
7. 专家系统和决策支持系统有什么联系和区别?
8. 什么是群体决策支持系统?
9. 简述商务智能的未来发展趋势。

第3篇

建设与管理篇

【本篇主要内容】

第9章　信息系统战略规划与开发方法

第10章　信息系统分析

第11章　信息系统设计

第12章　信息系统实施

第13章　信息系统项目管理

第14章　信息系统运行与管理

【本篇教学目标】

使学生通过学习信息系统的战略规划与开发过程以及项目管理的知识，掌握如何"造"一个满足企业需求的信息系统，同时通过学习信息系统的运营与维护管理的知识，掌握如何"用"好信息系统。

第9章
信息系统战略规划与开发方法

引导案例

加利福尼亚的混乱

1996年，加利福尼亚州政府的信息系统建设处于一种混乱无序的状态。在该州汽车部，利用过时的系统处理各类事务要拖延32.8%的时间，顾客往往因等待过多而离去，而投资2 500万美元的新计算机站点却处于空闲状态。楼下的社会服务部大厅也因缺乏检查几个不同县是否存在重复提供救济金的系统，往往要多支付几百万美元的欺骗性救济金。或许最棘手的问题发生在生成收益的处理上，即州级的抽彩给奖法。在投资5 700万美元建立一个新的抽彩给奖法系统的同时，在潜在的彩票收入中，由于拖延而付出的代价超过1亿美元。显然，州政府需要制定一个满足全州总体需求的系统规划。

为了保证州政府的目标与新信息系统的目标相一致，州政府设立了一个首席信息主管（Chief Information Officer, CIO）的职位，并聘请John Flynn担任这一职务。一位在加利福尼亚州山景城（Mountain View）的G2研究所工作的产业分析家Megan Cotter解释说："设立CIO职位的作用是为州政府建立一种信息技术的指导战略，这是以前未曾有过的，这显然是州政府首脑直接关心此事而努力的结果。"首先，州政府必须在战略规划层次上识别和理解自身的需求，然后，制定满足这些需求的信息系统的规划，一种满足这些需求的方法就是着眼于对特殊信息需求的识别上。

在一年的时间中，加利福尼亚州的125个机构共筹集了25亿美元用于信息系统。每个机构都有自身的工作重点，并建立了支持这些工作重点的系统需求。作为州级CIO，John的工作就是要保证所有这些机构的系统能帮助州政府实现他们的目标。因此，John 为州政府找出了关键成功因素，如通过消除欺骗性救济金而削减成本。下一步是识别支持这些关键成功因素的信息需求。州 IT 预算分委员会前主席 Debra Bowen 说："州内的问题之一是各机构之间的信息不能相互交流。"福利救济金的发放分别由 58 个独立的县级运行的系统单独进行，在此基础上，州政府则建立了一套新的用于全州范围的自动福利发放救济系统（Statewide Automated Welfare System，SAWS），该系统通过运用指纹识别，保证不会为同一人重复发放救济金。该系统将通过与各县交流谁在什么时间接受过哪类救济的信息，为州政府节省几百万美元，并同时消除了欺骗行为。该系统满足了识别信息需求以及州政府经济目标这两方面的要求。

案例来源：刘仲英：《管理信息系统》，高等教育出版社 2006 年版。

案例讨论：造成加利福尼亚州政府信息系统建设混乱的根本原因是什么？如何解决这个问题？

9.1 企业建设信息系统的原因

9.1.1 当前系统存在的问题

对现行系统不满意是企业要求开发新系统的主要原因。企业建设信息系统，可以提高企业的效率，从而发现原来业务流程中的问题，使企业向着科学管理的方向逐步迈进。信息系统建设的重要意义在于，能够帮助组织发现当前系统存在的问题，并采取有效的措施，构建起对组织的战略、业务运作、信息安全获得实现和保障的管理机制和支撑平台，进而有效地管理信息资源。

9.1.2 企业增长的需要

当今时代是经济全球化和信息全球化的时代，当一个企业规模不断扩张，业务不断扩大的时候，企业各种管理事务千头万绪，企业需要建立一个有效的管理体系，使企业内部各种动态情况实时处在决策者的掌控之中，而市场的变化和竞争形势也需要及时反馈给相关人员，以提供企业经营决策最重要的"数据"和"速度"，确保庞大市场范围内各项业务在企业要求的轨道上平稳、健康地前行。此时，企业需要实施信息系统建设，建立起一个以信息技术为支撑的现代管理体系，实现数据的信息化、业务流程的信息化和决策的信息化。

9.1.3 企业增强竞争力的需要

企业可以通过信息系统建设，简化企业流程，使内部流转、数据处理、需求输入等过程优化并更快速，以达到快速响应客户需求的目的；企业进行信息系统建设，通过资源需求规划和运算模型，自动匹配需调用的各种资源，包括设备、材料、班组、产能等以实现快速构建组织内部资源；通过信息系统建设，企业可以具体规划、指导、参与客户的开发和维护，从而把控客户的价值、偏好、合作方式，以达到充分掌握客户的目的，增强企业竞争力。

9.1.4 企业期望更有效地利用信息

在当代社会中，信息作为企业的一项重要资源，任何一个企业只有有效地管理好信息，才有可能在激烈的市场竞争中获取胜利。为了有效地利用信息，企业需要借助先进的信息系统，更好地收集、加工和输出有用的信息，以获取信息优势。

9.1.5 市场与外部环境的变化

现代企业生存和发展的内外环境变化剧烈，用户需求日趋复杂，企业组织只有进行不断的调整与改革才能适应形势发展的需要。因此要求管理信息系统本身应有很强的应变和促进变革的能力，而且要求这项工作的效果应为增强组织的应变能力做出切实的贡献。通过建设信息系统，可以为企业带来新的机遇。信息系统的战略作用就体现在改变组织目标、生产流程、产品、服务或者与环境的关系方面，以帮助企业赢得市场的竞争优势。

9.2 信息系统战略规划概述

9.2.1 战略规划的概念和作用

战略规划是基于组织使命制订的组织长远的计划，至少3~5年，一般是10年，长的能到50年。MIS战略规划是关于企业信息系统长远发展的计划，它规划企业信息系统的发展目标、方向、规模和发展进程等，是企业整体战略规划的重要组成部分，它服务于企业的整体战略规划，目的是保持信息系统功能体系与经营战略的一致性。管理信息系统战略规划也是为加强计划性、减少盲目性、为企业信息化建设提供保障的指导性文件。

一个科学、可行的 MIS 战略规划是企业管理信息系统建设成功的关键，MIS 战略规划的作用包括如下几方面：

（1）通过规划明确 MIS 发展的目标、任务、方法、步骤和原则，从而指导管理信息系统的建设工作。

（2）通过规划摸清企业信息资源的现状，有利于企业信息资源的合理分配和投入。

（3）通过规划发现企业存在的问题，有利于改善企业的管理模式，特别是根据新技术条件下信息处理的特点，寻求业务处理的最佳流程和组织的最佳结构。

9.2.2 战略规划的内容

信息系统规划阶段包括确定一个可靠的开发信息系统计划。规划阶段是组织所做的所有努力中的第一个也是最为重要的阶段，一般要完成以下五项基本的内容：

1. 管理信息系统目标、约束和总体结构的确定

根据企业的整体目标和内外部约束条件，确定 MIS 的目标和总体结构、MIS 目标确定信息系统的发展方向并提出衡量各项具体工作是否完成的标准、总体结构、规划 MIS 的总体框架，包括由哪些子系统构成和开发进程等。

2. 企业现状分析

包括企业计算机软硬件设备现状、能够参与开发的人员、计划投入的开发费用以及企业信息系统应用现状和企业对信息系统依赖的程度、应用环境等。

3. 企业流程重组

企业现有业务流程是在旧系统运行期间形成的，在新技术条件下要建立适应新系统运行的业务流程，对原有流程自然要经过合并、撤销、调整和新增等处理过程。

4. 对相关信息技术发展的预测

对规划中涉及的软硬件技术、网络技术、数据处理技术的发展变化及其对信息系统的影响做出预测，从而使所开发的管理信息系统具有更强大的生命力。

5. 资源分配计划

制订 MIS 建设所需的软硬件资源、信息设备、人员、技术和资金投入计划。

9.2.3 诺兰阶段模型

管理信息系统规划是信息系统开发的关键步骤，合理的模型与方法作为指导是提高管理信息系统规划的重要基础。模型刻画了管理信息系统规划过程中的指导模式，而方法描述了具体实施规划时的步骤。目前使用比较多的管理信息系统规划模型有诺兰阶段模型和三阶段模型。诺兰的阶段模型反映了信息系统的发展阶段，并使信息系统的各种特性与系统生长的不同阶段对应起来；三阶段模型阐明了广义规划的制定活动以及各活动的顺序与可选用的技术与方法。规划方法有很多，常用方法有企业系统规划法、组织数据规划法、组织计划引出法、关键成功因素法等。

任何一个单位的信息系统建设不可能一步到位，总是分阶段实施的。美国信息系统专家诺兰（Nolan）教授在总结了若干家企业信息化的过程后，于1973年提出了著名的信息系统发展的阶段理论，被称为阶段模型，并于1980年进一步完善了该模型。诺兰模型将企业信息化过程分成六个阶段，如图 9-1 所示。

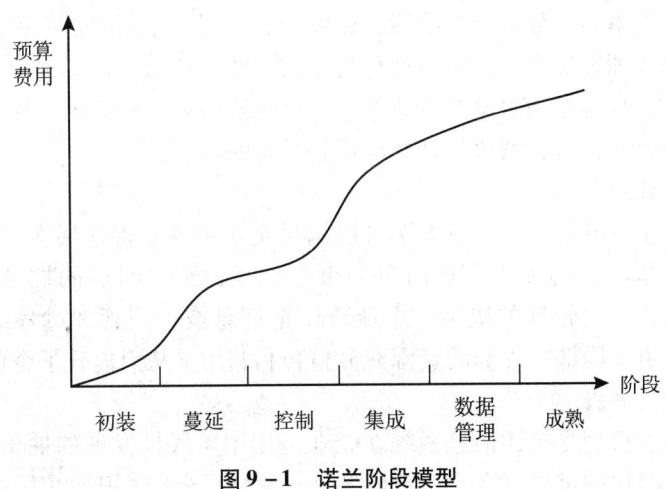

图 9-1 诺兰阶段模型

1. 初装阶段

初装阶段从企业购置第一台计算机并初步应用管理程序开始，一般发生在企业的财务、人事等数据处理量大的部门。该阶段的特点是计算机的作用被初步认识到，少数人具有了初步使用计算机的能力，计算机是分散控制的，没有统一的规划。

2. 蔓延阶段

随着计算机的应用初见成效，信息系统从少数部门扩散到各个部门，并开发了大量的应用程序，以至于信息系统的管理和费用方面都产生了危机，这便是所谓的蔓延阶段。

在该阶段中，数据处理能力发展得最为迅速，但同时在组织内部出现了诸如数据冗余、不一致性以及难以共享等有待解决的问题。

3. 控制阶段

随着计算机应用的进一步发展，预算每年以30%（40%或更高）的比例增长，投资的回报却不理想，企业管理者开始对计算机信息系统的开发使用进行控制。管理者召集来自不同部门的用户组成委员会，以共同规划企业信息系统的发展。此时应用开始走向正轨，并为将来的信息系统集成发展打下基础。

4. 集成阶段

在控制的基础上，对子系统中的硬件进行重新连接，建立集中式的数据库及充分利用和管理各种信息的系统，从而使整个企业做到资源共享，提高管理效率。该阶段需要重新装备大量设备，预算费用又一次迅速增长。

5. 数据管理阶段

信息系统通过集成、综合之后才有可能进行有效的数据管理，实现数据共享。在数据管理阶段，企业开始使用一体化的管理软件，日常数据处理工作已经普遍由计算机完成，并对数据进行协调一致和深入使用；真正做到对整个企业的数据进行统一规划和应用，提高信息的使用效率，充分发挥了计算机信息系统的功能。

6. 成熟阶段

到了成熟阶段，信息系统可以满足企业中各个管理层次（高层、中层、基层）的需求，从简单的事务处理，到中间层的控制管理，再到支持高层管理的决策。企业真正把信息技术同管理过程结合起来，将组织内部、外部的资源充分整合和利用，从而提升了企业的竞争力和发展潜力。

诺兰模型是描述信息系统在企业应用中阶段性发展的抽象模型，具有划时代的重要意义。诺兰模型是在总结了全球尤其是美国企业近20年的计算机应用发展历程后所浓缩出的研究成果，该理论已成为说明企业信息化发展程度的有力工具。该模型在概念层次上对企业信息化的计划制订过程也大有裨益。因此，企业无论在确定开发管理信息系统的策略时，或者在制定管理信息系统规划的时候，都应首先明确组织当前所处的信息技术应用阶段，进而根据该阶段特征来指导管理信息系统建设。

9.3 信息系统战略规划的常用方法

制定 MIS 战略规划的方法很多，比较常用的有企业系统规划法和关键成功因素法。

9.3.1 企业系统规划法

企业系统规划法（Business System Planning，BSP）是 IBM 在 20 世纪 70 年代提出的，旨在帮助企业制定信息系统的战略，以满足企业近期和长期的信息需求，它较早运用面向过程的管理思想，是现阶段影响最广的方法。

1. BSP 法的基本思路

BSP 法的基本思路是：即将建立的信息系统必须支持企业目标；表达所有管理层次的要求；向企业提供一致性信息；对组织机构的变革具有适应性。企业系统规划法是从企业目标入手，逐步将企业目标转化为管理信息系统的目标和结构，从而更好地支持企业目标的实现。

2. BSP 法的作用

企业系统规划法是通过识别企业"过程"以及各过程产生和使用的"数据"来帮助企业规划人员制定 MIS 战略规划的结构化方法。因此，该方法有比较固定的规划步骤，按此方法一步一步地进行，将得到未来信息系统的总体结构、各子系统之间的数据交换关系以及各子系统的开发顺序，从而保证了信息的一致性。

BSP 法的优点在于它能保证信息系统独立于企业的组织机构，即使企业的组织机构和管理体制发生变化，信息系统的结构体系也不至于受到太大的冲击，这就保证了信息系统具有对环境变化的适应性。

3. BSP 法的工作步骤

（1）准备工作。包括成立专门的委员会，企业的总经理或副总经理是委员会的最高负责人，下设一个专门的规划研究组，研究组不仅有信息技术人员，还包括各部门业务骨干，明确规划目标和范围，制订规划进度计划，并进行必要的人员培训。

（2）调研。通过多种方式调查、收集有关材料，深入了解企业有关决策过程、组织职能、部门的主要活动以及企业存在的主要问题。

（3）定义业务过程。业务过程指为了实现企业的目标而进行的一系列跨越时空逻辑相关的业务活动。定义业务过程是BSP法的核心。

（4）业务流程重组。在定义业务过程的基础上，对其进行优化，分析哪些是冗余的，哪些需要合并、撤销等，也可能需要新增某个过程。主要是哪些过程是低效的，需要在信息技术条件下优化，哪些不适合计算机处理的特点，要加以取消。

（5）定义数据类。数据类是支持业务过程所必需的逻辑相关的数据。分析各业务过程使用的数据（即输入数据）和产生的数据（即输出数据）按逻辑相关性归纳分类。

（6）定义信息系统的总体结构。确定系统的总体结构也就是划分子系统构成，U/C矩阵是确定总体结构的主要分析工具。

（7）形成最终的规划报告。整理研究结果，提出建议书和制订开发计划。

4. U/C矩阵的应用

BSP方法将企业过程和数据类作为定义管理信息系统总体结构的基础，利用企业过程/数据类矩阵（也称U/C矩阵）来表达两者之间的关系。使用U/C矩阵的步骤如下：

（1）建立U/C矩阵。U/C矩阵中的行表示过程，列表示数据类，过程与数据类交叉点上的符号C（Create）表示这类数据由该过程产生，用交叉点上的U（Use）来表示在这类过程中使用相应的数据类，没有符号的交叉点表示过程与数据类无关，如表9-1所示。例如，经营计划过程需要使用财务和成本数据，则在这些数据下面的经营计划一行画上U，该过程产生计划数据时则画上C。

（2）U/C矩阵求解。调换过程行和数据类列的顺序；对过程行按功能组排列，组内按发生先后次序排列；对数据类列使矩阵中所有C尽量靠近主对角线；将U和C密集的地方框起来，所有C都必须包括在框里，沿对角线一个接一个地画框，既不能重叠，也不能漏掉任何一个过程；方框的划分是任意的，但C都包含在方框内。表9-1重新排列后成为表9-2所示的U/C矩阵。

表9-1　　　　　　　　　　过程/数据类关系

过程	数据类																
	客户	订单	产品	工艺路线	材料表	供应商	成本	物料清单	原材料库存	成品库存	职工	销售区域	财务	计划	设备负荷	材料供应	工序
企业计划							U						U	C			
财务规划							U				U		U	U			

续表

过程	数据类																
	客户	订单	产品	工艺路线	材料表	供应商	成本	物料清单	原材料库存	成品库存	职工	销售区域	财务	计划	设备负荷	材料供应	工序
产品预测	U	U										U	U				
设计、开发	U		C	U		C											
产品工艺			U		C			U	U								
采购						C											
库存控制								C	C							U	U
调度			U		U										U		C
能力计划				U	U										C	U	
材料需求			U	U	U											C	
生产流程			C												U	U	U
区域管理	C	U	U														
销售	U	U	U									C					
订货服务	U	C	U														
运输		U	U								U						
会计总账	U	U				U					U						
成本核算		U				U	C										
人员计划											C						
招聘考核											U						

表9-2　　调整后的过程/数据类关系

过程	数据类																
	计划	财务	产品	物料清单	材料表	供应商	原材料库存	成品库存	工序	设备负荷	材料供应	工艺路线	客户	销售区域	订单	成本	职工
企业计划	C	U												U			
财务规划	U	U														U	U
产品预测	U		U							U	U						
设计、开发			C		C	U											
产品工艺			U	U	C												
采购						C	U										
库存控制				C			C	U		U							
调度			U		U				C	U							
能力计划					U					C	U	U					
材料需求			U		U						C						
生产流程									U	U	U	C					

续表

过程	数据类																
	计划	财务	产品	物料清单	材料表	供应商	原材料库存	成品库存	工序	设备负荷	材料供应	工艺路线	客户	销售区域	订单	成本	职工
区域管理			U										C	U			
销售			U										U	C	U		
订货服务			U										U		C		
运输			U					U							U		
会计总账			U			U							U				U
成本核算							U								U	C	
人员计划																	C
招聘考核																	U

（3）确定 MIS 的总体结构。U/C 矩阵中，按上述方法形成的每个方框就是一个子系统，全部子系统产生所有的数据类，并实现所有的功能，从而构成完整系统。按照这种划分，整个系统被划分为经营计划、技术准备、生产制造、销售、财会和人事六个子系统。从 U/C 矩阵不仅可以获得系统的总体结构，而且根据产生和使用数据的情况，再参考需求急迫程度、开发难易程度和对企业的重要程度等因素，便可确定各子系统的开发顺序。

（4）确定系统数据资源的分布。数据被方框分隔成两类：方框内和方框外；方框内的 U 和 C 表示的数据主要放在本系统计算机设备上处理；方框外的"U"表示各子系统之间的数据联系，可以放在网络服务器上供各子系统共享或通过网络相互传递。

在求解 U/C 矩阵的过程中注意正确性和完整性，通常情况下一个数据类只能由一个子系统产生，每行需要有 C 或 U；不能有空行或空列。

9.3.2 关键成功因素法

关键成功因素法（Critical Success Factors，CSF）是信息系统战略规划方法之一，在 1970 年由哈佛大学教授 William Zani 提出。20 世纪80 年代初，麻省理工学院的教授 John Rokart 把 CSF 应用于 MIS 的战略规划。关键成功因素法是以关键因素为依据来确定系统信息需求的一种 MIS 总体规划的方法。在现行系统中，总存在着多个变量影响系统目标的实现，其中若干个因素是关键的和主要的（即成功变量）。通过分析找出使得企业成功的关键因素，然后再围绕这些关键因素，找出实现目标所需的关键信息集合，来确定系统的需求，从而确定系统开发的优先次序，并进行规划。

关键成功因素法的实施步骤如下：

（1）了解企业战略目标或 MIS 战略目标。

（2）识别所有的成功因素。主要是分析影响战略目标的各种因素和影响这些因素的子因素，可以使用树枝结果图，采用逐层分解的方法引出影响企业或 MIS 目标的各种因素以及这些因素的子因素。图 9－2 描述了影响某企业目标——提高产品竞争力的各种因素以及影响它们的子因素。

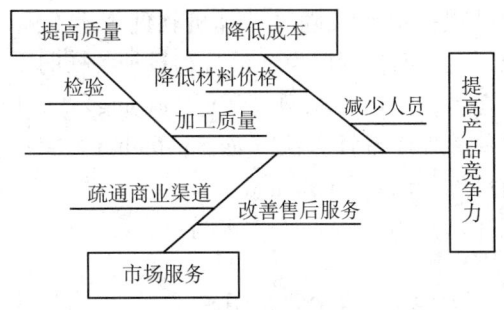

图 9－2　识别成功因素的树枝因果

（3）确定关键成功因素。能否正确地确定关键成功因素是关键成功因素法能否成功的关键，不同行业的关键成功因素各不相同，即使同一个行业，由于各自所处的外部环境不同和内部条件的差异，其关键成功因素也不尽相同。在实际应用中，首先根据已经确定了的企业目标，列举与目标实现有关的所有因素；然后讨论这些因素与目标之间的关系以便明确诸因素地位、作用的大小及相互关系，进而确定哪些因素应该合并，哪些应该忽略，经过筛选保留那些确有关键作用的因素。

（4）明确各关键成功因素的性能指标。关键成功因素的性能指标可以用来确定信息系统的需求，当这些需求确定之后，可以通过分析现有的信息系统以确定所需的信息是否已经存在或是否能够由现有的数据库生成。如果现有的信息系统不能提供这些信息需求，管理者就可以明确这一新的信息需求，并通过将要开发的系统来满足。

关键成功因素法的优点是能使所开发的系统具有较强的针对性，能较快地取得收益。应用关键成功因素法需要注意的是，当关键成功因素解决后，由于企业的需求具有不确定性，又会出现新的关键成功因素，从而必须再重新开发系统。关键成功因素法用于高层管理一般效果较好,由于中层决策问题结构化较强,其自由度较小。

9.4 信息系统的开发方法

信息系统的开发方法是指在信息系统开发过程中的指导思想、逻辑、途径以及工具等的组合。从20世纪70年代开始,系统开发的生命周期(life cycle)法诞生了,它较好地给出了过程的定义,也大大改善了开发的过程;80年代随着计算机软件技术的发展,特别是关系数据库系统,在第四代程序生成语言和各种各样的系统开发生成环境产生的基础之上,产生了原型法(Prototyping);同样是在80年代末各种面向对象的程序设计方法(如Smalltalk、C++等)基础上发展起来了面向对象(Object Oriented,OO)的方法。下面介绍这四种最常见的系统开发方法。

9.4.1 传统的生命周期法

1. 结构化系统开发方法的基本思想

结构化系统开发方法(Structured System Development Methodology)是目前应用最普遍的一种开发方法,是在信息系统生命周期模型的基础上发展起来的。其基本思想是:用系统的思想和系统工程的方法,按照用户至上的原则,结构化、模块化、自顶向下地先对系统进行分析与设计,然后再自下向上地逐步实施,从而构成整体系统。

2. 结构化系统开发方法的六个阶段

该方法是将整个开发过程划分成六个首尾相连接的阶段,也称为信息系统生命周期模型,如图9-3所示。其中前五个阶段(系统规划、系统分析、系统设计、系统实施、系统评审)称开发阶段,开发阶段是建设一个系统。最后一个阶段(系统运行维护)称为运行维护阶段,是指从新系统投入使用,并在使用中不断维护新系统,使其延长寿命,直至被新的系统取代的过程。信息系统生命周期模型中各阶段任务如图9-3所示。

(1)系统规划。系统规划阶段的任务是对企业的环境、目标、现行系统的状况进行初步调查,根据企业目标和发展战略,确定管理信息系统的发展战略,对建设新系统的需求做出分析和预测,同时考虑建设新系统所受的各种约束,研究建设新系统的必要性和可行性。

根据需要与可能，给出拟建系统的备选方案。对这些方案进行可行性分析，写出可行性分析报告。可行性分析报告审议通过后，可将新系统建设方案及实施计划编写成系统设计任务书。

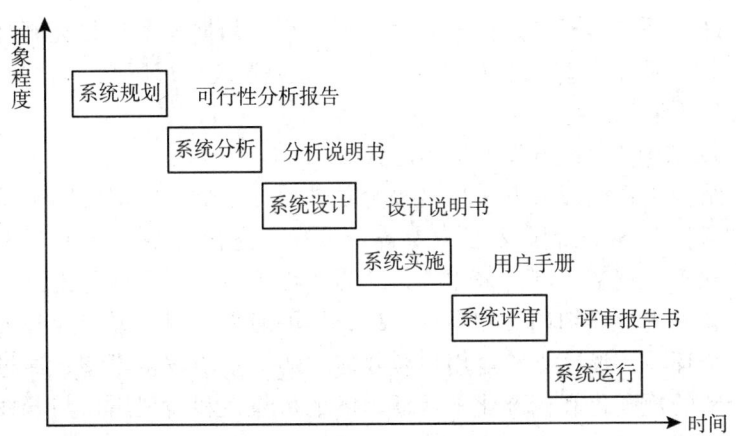

图 9-3 信息系统生命周期模型

（2）系统分析。系统分析阶段的任务是根据系统设计任务书所确定的范围，对现行系统进行详细调查，描述现行系统的业务流程，指出现行系统的局限性和不足之处，确定新系统的基本目标和逻辑要求，给出新系统的逻辑模型。该阶段又称为逻辑设计阶段，是整个系统建设的关键阶段，也是与一般传统工程不一样的地方。传统工程没有系统分析阶段。

系统分析阶段的阶段性成果是系统分析说明书，它既是给用户看的，也是下一个阶段的设计依据。用户通过它可以了解未来系统的功能，判断是不是所需要的系统，系统分析说明书一旦讨论通过，就是系统设计阶段的设计依据，也是将来系统验收的依据。

（3）系统设计。系统分析阶段的任务是回答新系统"做什么"的问题，而系统设计阶段的任务是解决新系统"怎么做"的问题。该阶段的任务是根据系统分析说明书中规定的功能要求，考虑实际条件，具体设计新系统的物理模型。该阶段又称为物理设计阶段，由总体设计和详细设计组成。系统设计阶段的阶段性成果是系统设计说明书。

（4）系统实施。系统实施阶段的任务是根据系统设计说明书中设计的要求，实施一个可见的新系统。该阶段的任务包括购置计算机系统、安装、调试；程序的编写、调试；数据准备；人员培训；系统转换等。系统实施阶段的阶段性成果是用户手册。

（5）系统评审。系统评审阶段的任务是以系统分析说明书中确定的新系统基本目标和逻辑要求为验收依据，检查新系统是否达到预期的目标，技术性能是否达到设计要求，经济效益是否理想。验收通过即可正式投入使用或推广使用。系统评审阶段的阶段性成果是评审报告。

（6）系统运行维护。系统投入运行后，初期需要进行完善性维护，中后期需要进行适应性维护，同时记录系统运行情况、评价系统的工作质量和经济效益。

3. 结构化系统开发方法的优点

结构化系统开发方法严格按阶段进行，每个阶段都有明确的任务和目标，各个阶段又可分为若干步骤。这种有条不紊的开发方法，便于计划和控制；采用的是"自顶而下、逐步求精"的开发策略；首先进行详细调查和系统分析，尽可能弄清现行系统业务处理的各个环节，描述出符合用户实际需求的新系统逻辑模型；通过文档资料的规范化和标准化来保证 MIS 的可靠性和实现用户与开发人员的交流。

（1）自顶向下的分析与设计和自下向上逐步实施的系统开发过程。在系统分析与设计时，从整体全局考虑，自顶向下地工作；在系统实施阶段则根据设计的要求，先编制一个个具体的功能模块，然后自下向上逐步实现整个系统。

（2）坚持用户为中心的原则。准确把握用户的需求是影响系统开发成败的关键因素，整个开发过程中，要面向用户，加强与用户的沟通，充分了解用户的需求与愿望。

（3）严格划分工作阶段。把系统开发的整个过程划分为若干工作阶段，每一个阶段都有明确的任务和目标、预期达到的工作成效，以便计划和控制进度，协调各方面的工作。前一阶段的工作成果是后一阶段的工作依据。

（4）工作文档的标准化、规范化。结构化系统开发方法非常重视文档工作，要求每个阶段的工作完成以后，都要按工程标准完成相应的文档报告和图表。文档的标准化、规范化也为今后系统维护带来了方便。

4. 结构化系统开发方法的不足

但是随着时间的推移，结构化系统开发方法也逐渐暴露出很多不足，突出的缺点是开发过程复杂烦琐、开发周期长；可见性差，用户在系统完成之前不能使用系统；直到最后才能见到实际的系统，却要求用户从一开始就要详尽地描述自己的功能需求，这往往不太现实；由于各阶段逻辑关联性强，缺乏灵活性，适应需求变化的能力差。

（1）预先定义所有需求。结构化系统开发方法的基本前提是必须能够在早期就冻结用户的需求,只适应于可以在早期阶段就完全确定用户需求的项目。然而在实际中要做到这一点往往是不现实的,用户很难在早期准确地陈述其需求。

(2) 灵活性差。结构化系统开发方法完全按照已经确定的设计目标进行,因此,很难适用于运行环境经常变化的信息系统的开发。

(3) 开发周期长。结构化系统开发方法要求必须按顺序一个阶段、一个阶段地进行开发,严格的阶段划分和文档要求造成开发周期漫长。

(4) 不直观,用户最后才能看到真实模型。采用结构化系统开发方法,只有到系统实施的阶段,用户才能看到实际能使用的系统。在系统实施阶段之前的时间里,用户由于长时间看不到实际的系统,会感到疑惑,开发热情减退,对开发人员与用户的交流产生影响。

5. 结构化系统开发方法的适用范围

结构化系统开发方法适合于大型管理信息系统的开发,特别适合于有较好信息系统基础的企业;结构化系统开发方法适用于一些组织相对稳定、业务处理过程规范、需求明确且在一定时期内不会发生大的变化的大型复杂系统的开发。

9.4.2 原型法

原型法是 20 世纪 80 年代随着计算机技术的发展,特别是在关系数据库系统(RDBS)、第 4 代程序语言(4GL)的基础上发展起来的一种系统开发方法。与结构化系统开发方法相比,原型法不需要对现行系统进行全面、详细的调查与分析,而是系统开发人员根据对用户需求的理解,在强有力的软件环境支持下,快速开发出一个能运行的系统原型,提供给用户,然后与用户一起反复协商修改,直到形成实际系统。

1. 原型法的开发步骤

系统开发人员在初步了解用户需求的基础上,迅速开发出一个能够运行的实验型的系统,即"原型",交给用户使用并做出评价,然后与用户一起反复修改,直到用户满意为止,如图 9-4 所示。

2. 原型法的主要优点

(1) 减少开发时间,提高系统开发效率。原型法减少了大量制作文档的时间,开发周期短,费用相对少。

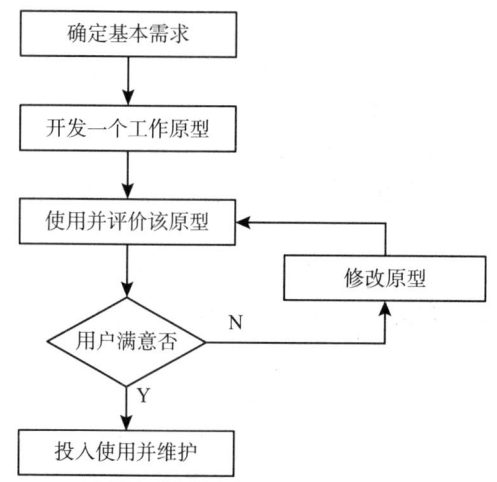

图 9-4 原型法开发的步骤

（2）改进用户与系统开发人员的信息交流方式。原型法将系统原型提供给用户，使用户在参与中直接发现问题，及时得到用户的反馈，这种方式改善了用户与系统开发人员的信息沟通状况，减少了设计错误。

（3）用户满意程度高。原型法使用户面对的是一个活灵活现的系统原型，这不仅使得用户易于接受，而且激发用户主动参与的积极性，减少用户的培训时间，提高了用户的满意程度。

（4）应变能力强。原型法是在迭代中完善的，信息技术的进步、企业经营环境的变化，都能及时地体现在系统中，这就使得所开发的系统能及时适应迅速变化的环境。

3. 原型法的主要缺点

（1）开发工具要求高。原型法需要快速开发出原型，开发工作量较大，如果没有现代化的开发工具和技术支持是无法快速完成的。

（2）对大型系统或复杂性高的系统不适用。对于大型的、复杂的系统，设计人员很难理解透彻，如果采用原型法，分析和设计上的深度不够，这个原型就得反复迭代，反复修改的次数多了，周期就会变长，成本也会增大，这就会失去原型法的优势。

（3）对用户的管理水平要求高。原型法要求用户的管理能力达到一定水平，对于管理不善、信息处理混乱的用户，不能直接使用原型法。

4. 原型法的适用范围

原型法的适用范围是比较有限的，适用于小型、简单、处理过程比较明确、没有大量运算和逻辑处理过程的系统的开发。

9.4.3 面向对象方法

面向对象方法在 20 世纪 80 年代后获得广泛应用，这种方法以类、继承等概念描述客观事物及其联系，为管理信息系统的开发提供了一种全新的思路。

1. 面向对象方法的基本思想

面向对象方法认为：客观世界是由许多各种各样的对象所组成的，每种对象都有各自的内部状态和运动规律，不同的对象之间的相互作用和联系就构成了各种不同的系统。我们设计和实现一个客观系统时，如果能在满足需求的条件下，把系统设计成由一些不可变的（相对固定）部分组成的最小集合，这个设计就是最好的。因为它把握了事物的本质，因而不会再被周围环境（物理环境和管理模式）的变化以及用户没完没了的变化需求所左右，而这些不可变的部分就是所谓的对象。

2. 面向对象方法的特点

面向对象方法是以对象为中心的一种开发方法，具有以下特点：

（1）封装性。对象是一个独立存在的实体，程序和数据是封装在一起的，从外部可以了解它的功能，但其内部细节是被"隐藏"和不受外界干扰的，对象之间的相互依赖性很小。封装性是一种信息隐蔽技术，是面向对象方法的基础。

（2）抽象性。抽象出客观事物的本质和内在属性而忽略一些无关紧要的属性。类是抽象的产物，对象是类的一个实体。同类中的对象具有类中规定的属性和行为。

（3）继承性。是指子类共享父类的属性与操作的一种方式。类可以派生出子类，子类自动继承父类的属性与方法。可见，继承大大地提高了软件的可重用性。

（4）动态链接性。动态链接性是指各种对象间统一、方便、动态的消息传递机制。

3. 面向对象方法的开发过程

面向对象开发方法可把一个信息系统的开发分为 4 个阶段。

（1）系统调查与需求分析。对系统将要面临的具体管理问题以及用户对系统开发的需求进行调查研究，即先弄清要干什么的问题。

（2）面向对象分析（OOA）。分析问题的性质和求解，在繁杂的问题中抽象识别出对象以及其行为、结构、属性、方法等。

（3）面向对象设计（OOD）。整理问题，即对分析的结果进一步的抽象、归类、整理，并最终以范式的形式将它们确定下来。

（4）面向对象编程（OOP）。程序实现，即用面向对象的程序设计语言将上一步整理的范式直接映射为应用程序软件。

4. 面向对象方法的优缺点

面向对象的方法更接近于现实世界，可以很好地限制由于不同的人对系统的不同理解所造成的偏差；以对象为中心，利用特定的软件工具直接完成从对象客体的描述到软件结构间的转换，解决了从分析和设计到软件模块结构之间多次转换的繁杂过程，缩短了开发周期，是一种很有发展潜力的系统开发方法。

但是，面向对象的开发方法需要一定的软件基础支持才可以应用，并且在大型 MIS 开发中不进行自上向下的整体划分，而直接采用自下向上的开发，很难得出系统的全貌，会造成系统结构不合理，各部分关系失调等问题。

9.4.4 敏捷开发

新需求的泛滥成了软件工程界最令人头痛的问题，这个问题在互联网行业尤其突出。为了在不断变化的市场中保持竞争力，产品开发团队需要一种崭新的开发方法以提升其应对变化的响应速度。这个问题的解决方案就是敏捷开发（Agile Development）方法。"敏捷"这个概念不是专指某种特定的开发方法，它其实是提供了一组工具和最佳实践的集合。它帮助开发团队专注于效率、协作、质量，以及为用户提供真正的价值。

Nagel R. N. 于 1991 年在 21 世纪制造企业战略（21st Century Manufacturing Enterprise Strategy）中首次提出敏捷性的概念。2001 年 2 月，Beck K. 和 Beedle M. 等知名软件工程师、软件咨询师共同签署了"敏捷软件开发宣言"，代表着一种不同于传统软件开发模型的新软件开发方法的诞生——敏捷（Agile）软件开发。敏捷开发是一种迭代和增量的软件开发方法。重要原则是"频繁地交付可工作的软件"，通过快速迭代的方式，在软件项目的每一轮迭代中只做"刚刚好"的设计，随着业务的不断深入进行逐步调整。目前主流的敏捷开发方法包括 eXtreme Programing（XP）和 Scrum。

1. 敏捷开发的核心理念

（1）尽快响应客户需求。敏捷开发的理念是及时响应客户不断变化的需求，尽快交付满足客户质量要求的产品。因此，敏捷开发十分强调在项目开发过程中与用户紧密和持续互动。通过与用户和项目团队的互动可以实现实时的反馈循环、了解用户的需求和各项目模块的优先等级。为实现与用户的紧密互动，敏捷开发方法通过客户代表（Customer Representivie，CR）实现了紧密的团队—用户合作关系。

（2）轻量级架构。轻量级架构是指架构设计中使用够用、简单化的设计。早期的敏捷用户主要来自美国一些小的软件企业，而且多是纯软件项目。大型项目的需求较为完整，设计是必需的，需要保证每一个过程都是严谨的、能通过验证评审的。而敏捷项目的需求往往不稳定，需要及时研发出成果，交付周期要短，要灵敏地适应不断发生的变化。

（3）迭代开发，小批量持续发布。敏捷开发的项目，在项目开始时往往需求不明确或者需求不断变化。对于这类项目，只能利用迭代的方式，采用"刚刚好""差不多"的设计进行快速研发并交付，交付周期可以是一个月、一个星期或者更短，每次小批量地发布，持续地交付。

2. 敏捷开发的优势

敏捷开发是一种以人为核心的、通过迭代和循序渐进的方式进行产品开发的方法。在敏捷开发方法中，开发人员并不追求设计和编码的完美，而是力求在尽量短的时间内完成产品的核心功能。敏捷开发就是把一个大项目分为多个相互联系、可以独立运行的小项目。这些小项目使用迭代方法以及持续反馈方法，实现项目的快速完成。每一个小项目由一个团队完成。国际上有关敏捷开发优势的调查表明，超过60%的受访者认为敏捷开发可以提高项目可见性（65%）、团队士气（64%）、交付速度/上市时间（63%）和团队生产力（61%）。除此之外，受访者还认为敏捷开发可以帮助团队提高项目的可预测性（52%）、降低项目风险（50%）、提高软件质量（47%）、提高工程规范性（42%）、提高软件可维护性（34%）和降低项目成本（25%），如图9-5所示。

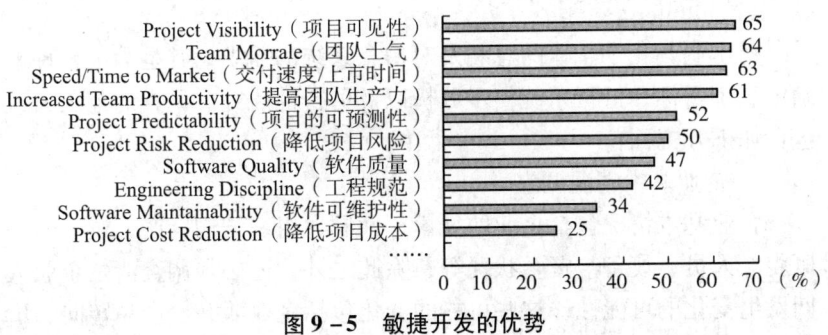

图9-5 敏捷开发的优势

DevOps在敏捷开发环境下更容易实施。DevOps强调创建应用程序的软件开发人员与运行和维护应用程序的IT运营人员之间的紧密协作。DevOps通过在整个应用程序开发生命周期中促进系统开发和运营团队之间更好、更频繁地沟通和协作，以及创建快速及稳定的工作流程，来改变这种关系。DevOps 重视"软件开发人员（Dev）"和"IT 运维技术人员（Ops）"之间沟通合作的文化、运动或惯例。透过自动化"软件交付"和"架构变更"的流程，使得构建、测试、发布软件更加地快捷、频繁和可靠。

> **案例**
>
> Netflix 拥有一个基于云的 IT 基础架构，每天都有数万次软件更改。它的网站由数百个相互通信的小型软件服务组成。每项服务都由专门的 DevOps 团队进行维护。Netflix 的开发人员可以自动创建生产环境中的测试功能和服务的 Web 图像代码，并与基础设施架构集成，自动进行监控，确保没有任何问题。Netflix 使用 DevOps 和自动化流程，可以在几个小时内用新的软件更新生产系统，而大多数公司需要几个月的时间。

9.5 初步调查与可行性研究

初步调查与可行性分析是系统开发工作展开前的前期准备工作，它决定了该系统能否立项，以及立项后大致按什么规模、什么方式开发。所以，在系统开发之前对项目进行初步调查与可行性分析论证是非常必要的。

9.5.1 初步调查

初步调查一个企业的总貌及对信息系统的需求，其是为了合理地确定系统目标，进行系统初步分析以及可行性研究。调查的范围大致包括如下几方面：

1. 企业基本情况调查

企业基本情况包括企业的规模、性质、组织结构、产、供、销的概貌，人员、设备与资金状况等，除此之外，还必须调查清楚企业近期发生变化的可能性，这些可能的变化包括企业兼并、产品转向、厂址迁移、周围环境的变化等。

2. 现有信息系统运行状况调查

对现行系统不满意是企业要求开发新系统的主要原因。在决定是否开发新系统之前必须了解现有系统（不论它是手工系统还是正在运行的计算机系统）的运行状况、特点、所存在的问题、可利用的信息资源、技术力量以及信息处理设备等。

3. 用户需求调查

初步调查的第一步就要从用户提出新系统开发的原因以及从用户对新系统的要求入手，考察用户对新系统的需求，预期新系统将来要达到的目的。

4. 管理方式和基础数据管理状况

企业现有的管理方式和基础数据管理状况是整个系统调查工作的重点，它与将要开发的系统密切相关。但是在初步调查阶段我们只需要对这些作大致的了解，并定性了解对今后系统开发能否支持即可。

9.5.2 可行性分析的内容

在对用户和原系统进行初步调查的基础上，开始从技术、经济和管理等方面研究并论证本项目的可行性，编写可行性分析报告，制订初步项目开发计划。

可行性分析的任务是明确信息系统开发的必要性与可行性。必要性来自实现开发任务的迫切性，而可行性则取决于实现应用系统的资源和条件。可行性分析包括：

1. 技术上的可行性

首先，分析用户所提出的要求在现有技术条件下是否有可能实现。例如，通信设备性能、软硬件配置能否达到系统目标要求，能否满足系统在管理模型、处理精度、定量化分析方法方面的要求等，并对建立新系统的技术难点和解决方案进行评价。这里所说的现有技术条件，应指社会上已经普遍使用的和开发人员、操作人员能够运用的技术，不应该把尚在实验里的新技术和开发人员尚未掌握（或操作人员较难掌握）的技术作为分析的依据。

此外，还要考虑开发人员的技术水平，因为信息系统的开发属于知识密集型工作，因此对技术的要求较高，如果缺乏足够的技术力量，或者单纯依靠外部力量进行开发，是很难成功的。

2. 经济上的可行性

对项目进行投资/效益分析。新系统的投资包括硬件、系统软件、辅助设备费、机房建设和环境设施费、系统开发费、人员培训费、运行费（包括硬件、软件维护、计算机系统人员的工资、日常消耗物资的费用）等。效益则应从两个方面综合考虑，一部分是可以用货币衡量的效益，如加快流动资金周转、减少资金积压等；另一部分是难以用货币表示的，例如提供更多的更高质量的信息，提高取得信息的速度等。根据估算的直接效益和各种间接效益，评价新系统经济上的可行性。

3. 管理上的可行性

除了技术、经济因素之外，还有许多管理因素对于项目的发展起着制约作用。例如，与项目有直接关系的管理人员是否对于项目的开展抱有支持态度，如果有误解甚至有抵触态度，那么应该说条件还不成熟。又如，如果企业的管理制度正在变动之中，那么应该在企业的管理制度和管理方法制订之后，项目才能着手进行。再如，某些工作环节的工作人员的水平比较低，在短期内这种情况不会有根本的变化，这时大范围地使用某些要求水平较高的新技术是不现实的。所有这些管理因素均必须考虑在内。

9.5.3 可行性分析报告

根据初步调查了解的情况，系统分析员对建立管理信息系统的必要性和可能性进行全面的分析，将分析的结果以书面形式表达出来，这就是可行性分析报告。

可行性分析报告目前尚无统一的格式，报告的内容通常包括引言、初步调查与分析、可行性分析结论，其核心内容应是：提出设想的新系统初步方案（一般应有几套），从各方面进行可行性分析，比较各种方案的利弊得失，并应提出倾向性的意见及理由，供用户在可行性审核时进行抉择。

可行性分析报告需要提交到正式会议上进行认真讨论和审查，可行性分析的结论可能是可以立即开发、改进原系统、目前不可行或推迟到某些条件具备以后再进行等。

可行性分析报告要尽量取得有关管理人员的一致认同，并经主管领导批准，才可付诸实施。同时，也意味着系统规划阶段的结束，而进入系统分析阶段。

案例研究：山东过桥缘餐饮连锁有限公司信息化战略规划

一、公司信息化建设现状

（一）公司信息化发展历程

2004 年过桥缘餐饮连锁经营有限公司开始发展加盟店，正式开始连锁经营，并成立督导部、物流中心（负责储存、生产和运输职能）、财务部等职能部门，到 2005 年底，达到了 20 多家分店。此时，许多业务手工操作已经应对不了，成本核算、财务管理、物流配送、门店管理等业务出现了信息传递速度慢、核算数据不准确等问题。虽然此时公司的现金流并不十分充足，公司决策层还是毅然决然地决定上 ERP 系统。经过一定的调研和咨询后，选择了大连华普汇能公司的 ERP S3 系统，2005～2009 年，随着公司的大规模扩张，先后投资 150 万元部署了近 70 家门店站点，每个门店（站点）均实现了以下功能：

（1）前台管理。使用可视化点餐系统，利用触摸屏实现了门店终端点餐的傻瓜式操作。

（2）门店库存管理。实现了门店后台制作与前台点餐的信息同步，并将信息收集、汇总后生成申购单与出货单。

（3）物料配送管理。由各门店将申购信息传真至物流中心，物流中心加工或采购后统一配送至各门店。

（4）财务管理。以财务为中心，各门店的财务与库存信息、物流中心的采购、加工与配送信息等均定期汇总到财务部门，加以汇总与核算，出报表给总部决策层，并将相关信息反馈给各门店和物流中心。

前台收银信息化和 ERP 系统的实施，形成了"门店—财务—业务部门"的信息流闭环，解决了单据流与物流的同步，保证了各门店原料、半成品原料的统一采购、统一加工与统一提供，实现了规模化生产，很好地支持了近 70 家门店的业务运营。

（二）信息化战略规划的必要性

2008 年公司决定开始实施大规模市场扩张，走出山东，迈向全国，进入 2010 年以后，公司决定加速市场开拓，坚持市场规模带动下的专业化发展战略，提出 2011 年之前餐厅总数达到 100 家，未来三年内实现 300 家餐厅的规模等目标。随着公司规模的扩大和门店的增多，业务流程也越来越复杂，现有系统明显地表现出一些不足之处，最明显的就是无法实现数据的统一管理和及时共享。由于各门店站点系统都是独立安装，缺乏统一的数据管理平台，虽然可以实现数据的统一收集，但由于各门店相对独立，原始数据整理不够规范，数据传输也不能做到及时有效，使得总部的数据处理非常烦琐，仅做一次月度数据汇总就要大约 1 天的时间（需要做大量的数据调整与核对工作），不但耗费大量的人力、物力，还经常出现大量业务停滞等待的现象（业务部门无法及时采集到信息）。并且，各门店之间也存在着沟通不畅、执行力低、效率低下的问题，甚至出现数据失真的现象，使得总部决策调整缺乏现实依据，影响了公司决策的科学性和可执行性。前台收银化和 ERP 系统已经不能支撑公司的发展战略，公司必须对信息技术的应用重新进行战略规划和建设。

二、公司信息化战略规划

2010 年，公司组成了由董事长、总经理、财务总监挂帅，主要部门负责人参与的信息化项目组，进行了长达 6 个月的调研和咨询，公司提出从企业信息化到打造信息化企业的创新思路，最终决定与金蝶（国际）集团公司签订战略合作关系，并投资 800 万元实施其 EAS 系统——集团及大中型企业管理系统。该系统以"创造无边界信息流"为产品设计理念，支持云计算、SOA 和动态流程管理的整合技术平台，全面覆盖企业战略管理、风险管理、集团财务管理、战略人力资源管理、跨组织供应链、多工厂制造和外部产业链等管理领域，突破流程制造、项目制造、供应商协作、客户协作等复杂制造和产业链协同应用，实现业务的全面管理，支持管理创新与发展，帮助企业敏捷应对日益复杂的商业环境变化，提升整体运作效率，实现效益最大化。

2010 年 7 月 3 日，项目启动大会隆重召开，金蝶集团的咨询专家正式进驻公司，与过桥缘公司的相关负责人（总经理、财务总监、营运总监及采购总监）组成项目组。总体上，项目分三阶段实施，第一阶段为信息化战略规划，历时 2 个半月；第二阶段为项目各模块的分析、设计与实施，历时 6 个半月；第三阶段为系统集成与智能应用,历时3个月。信息化战略规划(2010年7月3日~9月10日)该阶段主要由调研诊断、流程梳理优化、IT整体规划三部分组成,分别形成了《管理诊断报告》《管理和业务流程设计报告》和《IT整体规划报告》三个报告,每个报告均由总经理签字确认后通过。

(一)管理诊断(2010年7月3日~8月2日)

在管理诊断过程中,主要通过调研,调查问卷制作、发放和统计,调查问卷分析等方式,对过桥缘整个公司的组织架构、业务流程、现行系统运行状况等进行了详细的调查分析,找出了其中的核心问题,并根据公司的愿景、战略目标和信息化需求,提出对公司的组织架构和核心业务流程进行完善和重新设计的必要性。

(二)管理和业务流程优化设计(2010年8月3~30日)

为帮助过桥缘实现公司的愿景、战略和目标,金蝶咨询项目组首先在管理诊断的基础上,对过桥缘的组织架构进行了改良,在当前的组织结构(职能型组织架构)的基础上,将采购、物流统一由一个总监分管,有利于协调、沟通和管理。

在对未来3~5年的组织架构设计上,设立区域分公司,总部不再设营运部,营运职能下沉到分公司。通过区域分公司来打破地域限制,实现过桥缘的规模扩张和有效管理,区域分公司的定位是区域营运管理职能,下设营运部、企划部、办公室,分公司企划部负责区域内餐厅的企划工作,但整体企业规划须遵循公司统一政策。

然后,在接下来的业务流程优化设计过程中,金蝶咨询项目组采用了互动培训、深入调研、研讨与修改反馈的闭环工作流程。金蝶咨询项目组对每一个工作单元都制定了详细的主要工作活动,并提出了相应的工作结果预期。最终从价值链模型出发构建了如图9-6所示的过桥缘公司三层次流程框架体系,并明确提出:公司的所有活动都可体现在决策/管理/业务三个层次上(见图9-6)。

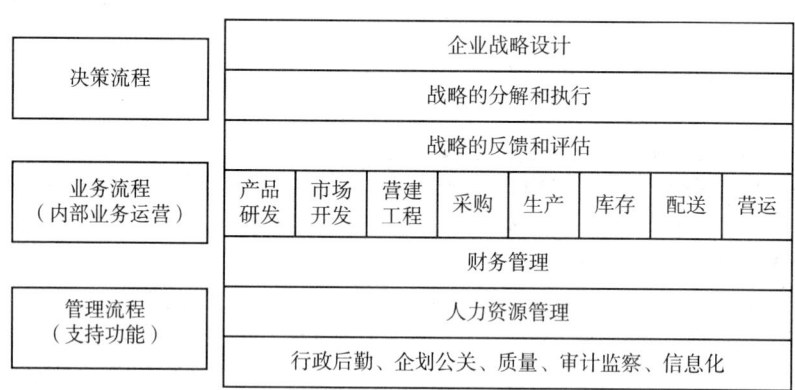

图9-6 过桥缘公司的三层次流程框架体系

(1)在决策层的每一项活动都要确保过桥缘的可持续经营与发展,体现方向性。金蝶咨询项目组通过研讨、沟通等方式确定过桥缘的决策流程共包括战略、计划、预算、融资管理共12条流程。

(2)在业务层的每一项活动都要体现增值性。金蝶咨询项目组从价值链出发、规范、优化了过桥缘的业务流程,共包括产品研发、市场开发、营建、营运、采购、生产、物流管理共91条流程。

(3) 在管理层的每一项活动都是为业务活动提供支撑服务,体现效率。金蝶咨询项目组规范、优化了包括流程制度管理、信息化管理、财务管理、审计监察、人力资源和行政管理共91条流程。

(三) IT整体规划(2010年8月31日~9月10日)

公司的发展战略对信息化提出了要求,同时战略的实现也需要信息化的支持,以获取快速复制的能力,支持公司的快速扩张,提升经营效益、降低运营成本。过桥缘的战略目标,分解为以下三点:

(1) 着力于市场规模的扩张,迅速占领市场,赢得竞争优势;
(2) 坚持专业化发展,专注于米线行业,做精、作强、作大;
(3) 通过强有力的管理平台和可复制的业务模式,实现规模扩张。

根据以上分析,总结提出了IT规划助力过桥缘战略实施的四项建设目标:

(1) 协助实现快速扩张:借助信息系统固化为一个可快速复制的管理运营模式,协助实现过桥缘未来几年内快速扩展目标。

(2) 协助提升顾客满意度:借助信息系统掌握更多客户信息,进行高度分析;透过对客户的充分了解,提供更符合客户需求、具有高度针对性的服务;提高客户满意度、忠诚度;发挥每个客户对过桥缘的最大价值——刺激重复消费。

(3) 协助提升经营效益:透过信息管理提高管理效率;借助信息系统来管理、追踪及分析各业务关节的成本,提高对日常运营、日常管理和业务拓展成本的管控。

(4) 协助加强运营管理力度:借助信息系统对流程的标准化及业务信息的充分分享,加强管理层对业务运营的管控,能对业务和财务实时监控;提高工作效率,加快公司业务流程,增强各部门之间的配合。

基于公司的发展战略,总结出过桥缘的价值链和核心业务对信息化的需求主要体现在如下几个方面:

(1) 连锁经营的核心在于"连锁并举",必须借助信息化手段,在总部、配送中心、各门店、仓库、加工厂等各个环节搭建高效共享的信息化平台,建立以总部为管理中枢,以配送中心为信息中枢一体化管理网络,实现全过程统一管理,前台后台一体化;

(2) 过桥缘的核心业务,需要市场开发、采购、仓储、物流和前台运营的信息系统支持,形成快速可复制的能力;

(3) 快速的业务扩张和良好的公司运营,离不开财务、人力资源和行政后勤的支持,这意味着需要强有力的财务、人力资源和OA系统的支持。

项目组设计提出了公司的应用系统架构(见图9-7)。确立了各核心业务系统要解决的问题、解决的手段与达成的管理目标,并给出了各个系统建设的详细说明,包括项目含义、项目负责人建议、关键成功因素、功能结构、主要实施策略等。

案例来源:张立涛、于秀艳,中国管理案例共享中心,并经案例作者同意授权使用。

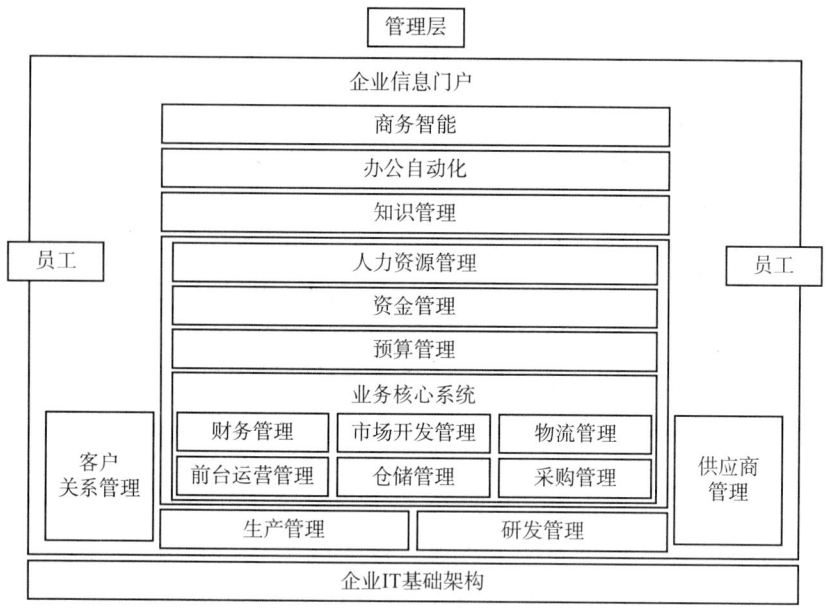

图 9-7 过桥缘公司的应用系统架构

本 章 小 结

本章首先介绍了企业建设信息系统的原因，然后讲述了管理信息系统战略规划的概念、作用、内容、信息系统发展的阶段理论——诺兰模型，讨论了管理信息系统战略规划的两种常用方法、信息系统的四种开发方法，最后介绍了可行性分析的内容。

本章重点介绍了 BSP 方法，读者一定要熟悉 U/C 矩阵的使用，了解通过 U/C 矩阵来确定管理信息系统总体结构和各子系统开发顺序的原理，明白为什么按此方法作出的战略规划与单位的组织机构无关。本章还介绍了 CSF 方法，大家要熟悉 CSF 的步骤。信息系统开发的四种方法中应重点掌握结构化方法和原型法。

每个系统开发前都要进行技术的、经济的以及管理方面的可行性研究，并编写可行性分析报告，只有在可行性报告获得批准后，才能开发立项。

习　题

1. 企业启动信息系统建设的原因是什么？
2. 什么是 MIS 战略规划？其作用是什么？
3. 试述 MIS 战略规划的内容。
4. 诺兰模型把企业信息化过程分为哪几个阶段？学习诺兰模型有何意义？
5. BSP 法的基本思路是什么？

6. 简述使用 U/C 矩阵的步骤。
7. 比较分析 BSP 方法、CSF 方法的优缺点。
8. 管理信息系统的生命周期分哪几个阶段？
9. 试述结构化系统开发方法、原型法和面向对象方法的优缺点和适用范围。
10. 初步调查的范围是什么？
11. 可行性分析的任务是什么？
12. 由本章结尾处的案例思考以下问题：
（1）信息战略规划要做哪些工作？
（2）信息战略规划在企业信息化建设中的地位和作用如何？
（3）本案例对 IT 与业务匹配的启示有哪些？

第10章
信息系统分析

系统开发的目标是根据系统规划所确定的总体结构方案和项目开发计划，把拟定的项目计划转化成可以运行的实际系统。按照结构化系统开发方法，管理信息系统开发过程分为系统分析、系统设计和系统实施三个阶段。经过可行性分析，确定要进行新系统的开发时，便进入系统分析阶段。

在系统分析阶段，系统分析人员首先要在详细调查、充分认识现有系统的不足和用户需求的基础上，进行分析与优化，确定新系统的逻辑方案，主要包括数据流程图和数据字典，最后编写系统分析报告。系统分析报告描述了新系统的逻辑模型，解决新系统"做什么"的问题，既是系统设计和实施的依据，也作为最后交接验收的依据，是整个开发过程中最重要的文档之一。

引导案例

某高校图书馆管理信息系统

一般的高校都有自己的图书馆和不同专业的资料室，藏书从几千册到几百万册，规模大小不一，为学生、教师和科研人员提供着各种服务。它所能提供服务的好与坏、管理水平的高与低、信息化的程度等都对整个学校的教学、科研发展至关重要。本案例选择图书馆管理信息系统具有一定的代表意义，它适用于各种本科和高职院校。系统的功能包括读者管理、图书维护、读者留言管理、图书采编、图书借阅管理、图书查询、图书预定等相互关联的子系统，实现了从读者借阅到图书维护的全过程管理，并且为读者提供了查询、预定和留言等服务。图书借阅和图书维护管理不仅能根据扫描的图书条码信息和读者信息直接完成图书借阅工作，而且还能根据对图书的维护和对读者留言的管理制订采购计划。系统内部还要进行多种形式的报表输出。例如，采购计划表，包括需要采购的图书名称、作者、出版社、采购数量等信息。又如，库存统计表，包括库存图书名称、作者、出版社、在库册数、损耗册数等信息。此外，还要把图书馆新书信息上传到读者管理子系统发布等。

图书馆管理信息系统必须具备如下特点：

■ 图书管理和读者管理的人性化和方便性。

■ 根据读者的需求，考虑借阅的权限设置、提供预订服务。

■ 图书管理员合理安排分类、检索方式，为用户提供各种方便的查询服务。

■ 图书馆管理信息系统的开放性较强，能提供丰富的子系统接口与相关的子系统联合使用，构成一个信息高度共享的有机整体。

■ 可向读者和图书管理员提供较强的查询功能、报表打印和馆内用于管理的统计功能。

总之，图书馆管理信息系统的设计，充满着科学性、复杂性、先进性和实用性。例如，同一本书不能被同一个读者借阅一本以上，以避免资源外流或同一个人占用过多资源。读者借阅的图书归还以后若还想借阅需等五天以上，即归还的图书不能被同一读者立刻再次借阅。读者的借书证是一张IC卡，记录着读者的个人信息和借书、预定图书等信息，借书证只限本人使用，不得转借他人等。

案例来源：杨一平：《管理信息系统》，机械工业出版社2017年版。

本章将以某高校图书馆管理信息系统为例，介绍信息系统分析过程。

10.1 详细调查

一个成功的信息系统从来都不是由人们凭空想象出来的，它是凝结了管理者多年的管理经验和设计者艰辛劳动的产物。对于系统分析人员来说，熟知用户企业的实际情况、业务状况、问题焦点以及建立新系统的真正需求是什么等，始终是进行系统分析的关键环节。详细调查就是要解决这个问题。

详细调查是指集中一段时间和人力，对现行系统（即当前正在运行的系统，它可能是人工系统，也可能是基于计算机的信息系统）做全面、充分和详细的调查，弄清现行系统的边界、组织机构、人员分工、业务流程、各种计划、单据和报表的格式、种类及处理过程、企业资源及约束情况等，为新系统的开发做好原始资料的准备工作。

10.1.1 详细调查的目的

详细调查与初步调查不同，它要了解现行系统内部信息处理的具体情况，而不是系统的外部情况；要弄清现行系统的基本逻辑功能及信息流程，其重点在于调查分析系统内部的功能结构，包括组织结构、业务流程、数据流程、数据存储及其组成等。这些正是新系统研制中有可能要加以修改、更换的内容。详细调查的程度比初步调查要细致得多，工作量大，参与人员多，而且要有一些熟悉现行系统业务和管理工作的人员参加。

详细调查的目的在于完整掌握现行系统的各个方面。这是由于新系统一般都是以现行系统的基础为前提，只有通过对现行系统的详细调查，收集整理有关数据，弄清业务现状，查明执行效果，发现薄弱环节，才能为改进系统和开发高质量的新系统提供可靠的资料，为建立新系统的逻辑模型打下坚实的基础。

10.1.2 详细调查的原则

(1) 真实性：调查中要去伪存真，保证调查所得资料的真实性。虚假的调查资料会影响系统分析与设计人员的判断，为系统的开发留下隐患。

(2) 全面性：系统由若干子系统构成，详细调查应包括所涉及的所有方面，应注意调查资料的完整性。如果在详细调查时忽略了某些内容，待系统实现后再补充进去，其花费会成倍增长，有些疏漏也许是事后无法补充的。

(3) 规范性：规范性是指调查过程的规范性和对结果描述方法的规范性。调查步骤要循序渐进、逐步深入，对调查分析结果的描述应采用一套规范的逻辑模型描述方法。在调查过程中使用一系列规范、直观的图表工具，把调查结果全面、详细地描述出来，既可以提高调查质量，又可以建立一套完整的调查文档。

(4) 启发性：详细调查不仅需要业务人员的密切配合，更需要调查人员的启发引导。许多业务人员对计算机处理信息的特点不甚了解，往往不能准确地表达新系统的功能需求和性能要求，这就需要调查人员尽量使用业务人员能够理解的方式提出问题和启发思维。

10.1.3 详细调查的方法

对现行系统的详细调查是一项繁杂而艰巨的任务，如果能掌握合适的方法，会起到事半功倍的效果。常用的调查方法有：

（1）召开座谈会。这是一种集中调查的方法，适合于了解宏观情况。大规模的座谈会一般用于解决涉及企业总体业务框架的关键问题，需要来自多个相关部门的骨干人员参加；小规模的座谈会一般用于了解某个业务处理过程的细节。

（2）问卷调查。把要调查的问题设计成调查表，让被调查者填写，适用于一些有共性的问题较大范围的调查。

（3）走访面谈。对特殊问题、个别细节的调查需要对有关人员作专题访问。

（4）直接参加业务实践。必要时也可以亲自参加业务实践，一方面，对于复杂的处理过程如能亲手做一做，会更加心中有数；另一方面，在业务实践中，可以和业务人员广泛接触，开展交流，使开发人员更加了解用户，也使用户更了解新系统。

10.1.4 详细调查的内容

详细调查的目的是建立新系统的逻辑模型，与可行性分析阶段的初步调查相比无论在深度还是广度上都要有所加深和扩展。通过详细调查，为系统的逻辑模型提供详尽的、准确的、完整的和系统的资料。详细调查包括组织结构调查、功能需求调查、性能需求调查、业务流程调查、数据流程调查等。

1. 组织结构调查

详细调查当然应该围绕现行系统的数据处理展开，然而，信息又渗透于组织之中。因此，系统分析人员必须从具体的组织结构出发，逐步抽象，才能最后得出现行系统的全貌。除了组织结构的框架，还要了解各职能部门（特别是与所开发系统相关的部门）的职责、工作内容和内部分工。

以某高校图书馆管理信息系统为例，图书馆的组织结构图如图10-1所示。其中办公室和财务室是同级别的机构，而信息咨询部、图书借阅室、期刊阅览室、资源建设部和技术服务部是同一级别的机构。

2. 功能需求调查

功能需求是用户对新系统的基本需求。大部分功能需求用户能够直接提出来，但有些需求用户可能不会直接提出，他们认为是不言而喻的。调查中要引导用户把这些隐性的需求明确化、具体化。在调查功能需求时，要充分与用户协商，把信息系统处理数据的功能和特点介绍给用户。

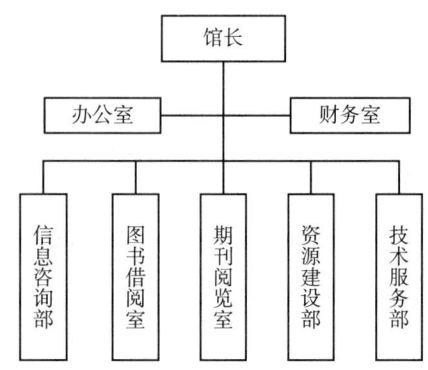

图 10-1　某高校图书馆组织结构

3. 性能需求调查

性能体现系统的品质,如计算或网络速度、存储容量、差错率、方便性、安全性等。由于用户对信息技术不够了解,调查中要引导、启发用户提出具体、量化的需求。

4. 业务流程调查

业务流程是指为了实现组织目标而进行的一系列逻辑相关的业务活动。全面细致地了解整个系统各方面的业务流程,注意发现和消除业务流程中不合理的环节。

5. 数据流程调查

对收集的数据和处理数据的过程进行分析整理,在业务流程调查的基础上舍去具体的物质要素,只考虑数据的流向、处理和存储等,并绘制原系统的数据流程图,为进一步的分析做准备。

6. 系统环境调查

系统环境不直接包括在信息系统之中,是对信息系统有较大影响的因素的集合。环境调查包括处理对象的数据来源,处理结果的输出时间和方式、格式等内容。

7. 各种信息载体的收集

调查过程中要注意收集与系统相关的各种凭证、卡片、原始单据、账簿、输出报表;统计各类数据的类型、格式、平均值、最大值、最小值、数据流向、流量等数据特征值。这项任务贯穿于详细调查的全过程,为之后进行的数据流程分析、对新系统数据结构的设计和数据存储的设计提供依据。

10.2　现行系统分析与优化

系统调查工作使系统分析人员清楚地了解了现行业务系统"是

什么",而分析与优化工作的目的是为新系统"能做什么"提出具体的信息处理方案。它的任务是通过对现行系统的管理模式和业务流程的分析,找出存在的问题和不足之处,从而提出优化和改进的方法,为建立新系统的逻辑模型奠定良好的基础。

10.2.1 重新审定系统目标

系统目标是开发工作的指南,同时也是将来进行系统验收的标准,它对系统建设工作意义重大。在系统详细调查完成后,有必要根据调查时掌握的实际情况,重新审定并及时修订和完善系统目标,使之更适合组织发展的战略目标和管理需求。

10.2.2 管理模式的分析和优化

信息系统的目标和建设是围绕着组织的战略目标而进行的,信息系统目标与组织战略目标相匹配才能发挥最大价值。管理是对组织的资源进行有效整合以达到组织既定目标与责任的动态创造性活动,是组织所有活动的核心。信息系统是使管理的各项工作得以顺利完成的一种技术支持手段。因此,组织管理模式的提升和优化是信息系统发挥作用的关键。

所谓管理模式是指组织为实现其经营目标,组织资源、经营生产活动的基本框架和方式。一个好的管理模式能够提高生产效率、协调人际关系和调动员工的积极性,能使组织的资源得到有效整合以达到组织的既定目标。很多系统失败的真正原因并不是技术问题,大都是组织管理模式的问题。

作者根据多年从事信息化相关工作的经验提出一些建议供读者参考:

(1) 成立由企业高层领导和管理咨询专家组成的小组研究管理模式的问题。

(2) 选用前面章节介绍的关键成功因素法、业务系统规划法、企业流程再造等方法来综合分析和优化现有系统的管理模式。

(3) 要充分重视信息系统对组织变革(组织结构、竞争战略、业务流程等)的影响,反之,组织变革也同样对信息系统的建设有影响。这部分内容在第二章中有过详细阐述。

综上所述,只有管理者自己真正认识到这个问题,新系统逻辑模型的分析才可能成功。

10.2.3 业务流程分析与优化

在对组织结构和管理功能进行分析后,需要从业务流程的角度将系统调查中有关业务流程的资料整理出来。

1. 业务流程分析

业务流程分析的主要任务是分析各环节的管理业务活动,掌握管理业务内容、作用及信息的输入、输出,数据存储和信息的处理方法及过程等,通过绘制业务流程图,发现原系统流程的不合理部分,并提出优化方案。

业务流程图是一种描述系统内各部门、人员之间业务关系、作业顺序和管理信息流向的图表,利用业务流程图可以帮助人们描述和分析业务流程中的不合理流向。业务流程图的绘制并无严格的限制,只需简明扼要地如实反映实际业务即可。

还是以图书馆管理系统为例,业务流程分析是系统分析中的基础环节,其目的就是要厘清业务关系,明确图书馆管理系统的主要业务流程并抽象出管理模式。部分业务如下:

(1)图书采编:图书馆管理员编制图书采购计划,由采购员负责新书的采购工作,采购图书入库后,交采编室编目,粘贴标签,产生图书目录。图书交图书借阅室上架,供读者借阅。图书采编业务流程如图 10-2 所示。

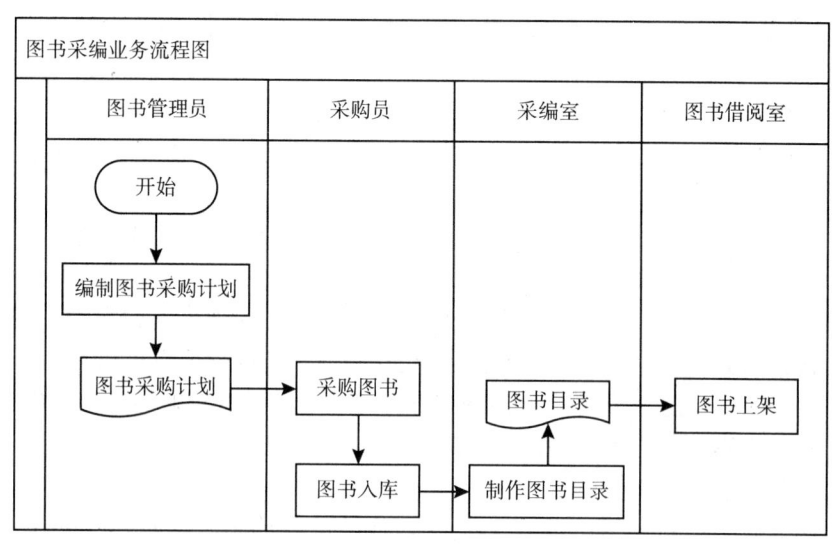

图 10-2 图书采编业务流程

(2)读者管理及图书借阅:读者分为注册读者和非注册读者,

只有注册读者可以在本图书馆借书，非注册读者可查询目录但不能借书。读者填写注册登记表交图书馆管理员审核后，记入读者登记表，成为注册读者，发给借书证。注册读者借书时，需填写借书单，连同借书证一起交给借阅管理员，借阅管理员核对无误后，填写借阅登记表，修改图书登记表中该书的数量，上架取书交给读者。该部分业务流程如图 10-3 所示。

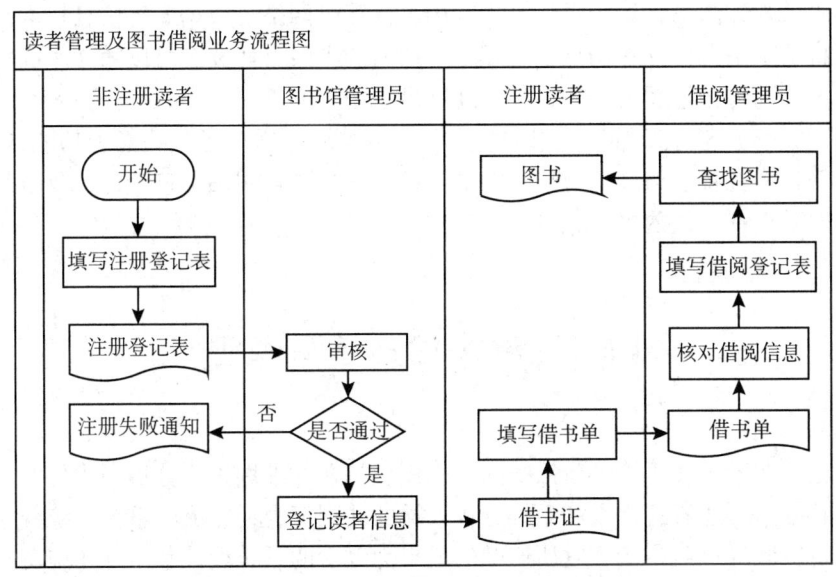

图 10-3 读者管理及图书借阅业务流程

（3）读者留言管理：图书馆设有读者信箱，读者如果需要某类图书，但图书馆没有库存，读者可以通过读者信箱反映，图书馆管理员定期处理读者信箱中的意见，将读者需要的图书编制成图书采购计划交采购员购买。限于篇幅，本部分业务流程图不再给出。

2. 业务流程优化

业务流程优化是指根据系统调查阶段了解到的情况，借助于业务流程图，从业务全过程的角度摸清现状、找出问题的关键点，对现有业务流程进行彻底的分析和改进。业务流程优化绝不是原有业务流程的翻版或简单调整，其实质是对现有业务流程进行重组，即以业务流程为对象和中心、以关心客户的需求和满意度为目标、对现有流程进行根本性的再思考和彻底的再设计，利用先进的信息技术以及现代化的管理手段最大限度地提高业务流程效率和用户的满意度。业务流程优化的主要内容有：业务和数据的流程是否通畅，是否合理；数据、业务过程和管理功能之间的关系；原系统管理模式改革和新系统管理方法的实现是否具有可行性等。

以图书馆管理信息系统为例，可以发现优化后的系统有较大的变化：

（1）从系统流程效率的角度看，在现行手工操作方式下，图书的编目、维护、借阅等的工作量很大，准确性却很低，利用条码阅读器等新型IT设备后明显提高了工作流程的效率和数据质量。

（2）从用户满意的角度看，读者以前只能到图书馆以手工方式查找书目，且不能直接借阅图书，效率较低。新系统增加了图书预订子系统和图书查询子系统，且利用了计算机网络、数据库等信息技术将系统平台建立在网络上，超越了地域的界限，使读者可以随心所欲地查询与预订图书，较大程度地满足了用户的需求。

（3）从系统管理效果的角度看，新系统还增加了一些管理功能，例如将各种表格文档上传到图书维护子系统进行图书信息统计，及时向采编室提供购书信息等。

10.3 新系统的逻辑模型

在系统分析中，新系统的逻辑模型是在详细调查、分析和优化的基础上，通过管理者和系统分析人员的共同努力，完成的整个系统分析阶段的最后一步，它所产生的成果为以后的系统设计和系统实施奠定了基础。新系统的逻辑模型主要包括数据流程图和数据字典两个部分。

10.3.1 数据流程图

业务流程调查过程中绘制的业务流程图虽然形象地表达了管理中信息的流动和存储过程，但仍没有完全脱离一些物理要素（如人、部门、产品等）。为了便于计算机进行信息管理，还必须进一步舍弃业务流程中的物理要素，只保留信息（或数据）在流程中的流动、处理和存储情况，即绘制系统的数据流程图（Data Flow Diagram，DFD）。

数据流程图是一种能全面地描述信息系统逻辑模型的主要工具，使用四种符号综合地反映出信息在系统中的流动、处理和存储情况。数据流程具有抽象性和概括性。抽象性表现在它完全舍去了具体的物理要素，只剩下数据的流动、处理和存储；概括性表现在它可以把信息中的各种不同业务处理过程联系起来，形成一个整体。无论是手工操作还是计算机处理，都可以用数据流程图表示。

1. 基本符号

数据流程图的四种符号画法见图10－4。

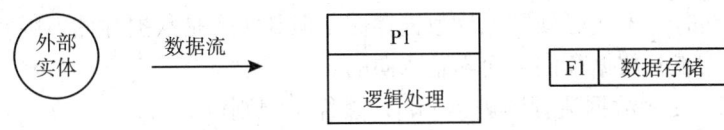

图10－4 数据流程图的基本符号

（1）外部实体：指系统外与系统有联系的人或事物，表示该系统数据的来源和去处。原则上讲，它不属于数据流程图的核心部分，只是数据流程图的外围环境部分。在实际问题中它可能是人员、部门或外系统等。在圆圈中用文字注明外部实体的名称。

（2）数据流：数据流表示流动的数据，它可以由一项或一组确定的数据组成。例如"发票"数据流由品名、规格、单位、单价、数量等数据组成。数据流上的箭头表示数据的流向，符号的上方标有数据流的名称。

对数据流的表示通常有以下约定：

■ 数据流的命名用名词，但是不要使用意义空洞的名词，尽量使用现实系统已有名字；同一数据流程图中不能有重名的数据流；名字最好能反映出数据流的含义，不同的数据流间不能同名。

■ 对流进或流出数据文件的数据流可以不标注名字，因为数据文件本身就足以说明数据了。而其他的数据流必须给予命名。

■ 两个数据处理之间可以有多个不同的数据流，这是由于它们的用途不同或它们之间没有联系，或它们的流动时间不同。

（3）逻辑处理（也称数据处理或者加工）：它包括两方面的内容：一是改变数据结构；二是在原有数据内容基础上增加新的内容，形成新的数据。例如，对数据进行的操作，它把流入的数据流转换为流出的数据流，就是一种处理。每个处理都应取一个名字表示它的含义，并规定一个编号用来标识处理在层次分解中的位置（P0表示顶层图中的逻辑处理，P1、P2、P3、P4表示下一层次图的逻辑处理，P1－1、P1－2……以此类推）。逻辑处理的命名应当简洁，采用动宾结构，但不能使用空洞的动词，比如"检验领料单""录入凭证"是比较合理的命名，而"处理""计算"这种空洞的动词不能作为逻辑处理的命名；逻辑处理不应该只有输入或只有输出，通常应该既有输入又有输出。

（4）数据存储：数据存储表示数据保存的地方，用一个右边开口的长方形条来表示，图形右部填写存储的数据和数据集的名字，左边填写该数据存储的标志。数据存储的命名应与它的内容一致，写在开口长方形内。从数据存储流入或流出数据流时，数据流方向是很重要的。如果是读数据存储，则数据流的方向应从数据存储流出，写数据存储时则相反。如果是又读又写，则数据流应是双向的。在修改数据存储时，虽然必须首先读数据存储，但其实质是数据存储，因此数据流应流向数据存储，而不是双向的。

2. 使用数据流程图进行分析应遵循的原则

采用数据流程图的方式进行数据流程分析一般应遵循以下原则：

（1）明确系统边界。一张数据流程图表示某个系统的逻辑模型。系统分析人员要根据调查资料，识别出那些不受本系统控制，但又影响本系统运行的外部环境。例如，系统数据输入的来源和输出的去处可以作为外部实体确定下来。只有划清本系统和外部环境的边界，才可以集中力量分析和确定系统本身的逻辑模型。

（2）自顶向下逐层分解。即按照结构化方法的思想，采用分层的数据流程图，把大问题或复杂的问题分解成若干个小问题，然后分别解决。实际上，管理信息系统涉及的具体的数据处理可能成千上百，关系错综复杂，不可能用一两张数据流程图明确、具体地描述整个系统的逻辑功能，自顶向下的原则为我们绘制数据流程图提供了一条清醒的思路和标准化的步骤。

（3）在局部上遵循由外向里的原则。即先确定每一层数据流程图的边界或范围，再考虑数据流程图的内部；先画逻辑处理的输入和输出，再画逻辑处理的内部。

3. 绘制数据流程图的步骤

数据流程图绘制的基本思想：自顶向下，逐步求精，具体步骤：

（1）先画出顶层 DFD，加工编号为 P0，流程图编号为 DFD/0；

（2）根据业务处理过程对顶层图中 0 号加工进行分解，得到第一层 DFD，流程图编号为 DFD/1，其上的加工编号分别为 P1、P2；

（3）如果第一层仍很复杂，需对其继续分解，得到第二层 DFD，流程图编号为 DFD/2，其上的加工编号分别为 P1-1、P1-2、P2-1、P2-2，一直分解到都是基本加工为止；

（4）对草图进行检查，看是否有遗漏、重复和冲突，并调整布局；

（5）装配数据流程图总图。

4. 数据流程图的分层结构

通常情况下，数据流程图分三个主要层次。如图 10-5 所示。

（1）顶层图。顶层数据流程图是把整个系统看成一个整体，视系统为一个总的数据处理模块。顶层数据流程图只需指明处理与有关外部实体之间的信息交换关系就可以了，无须考虑内部的处理、存储、信息流动等问题。顶层数据流程图的基本结构如图 10-5 的最上端所示。

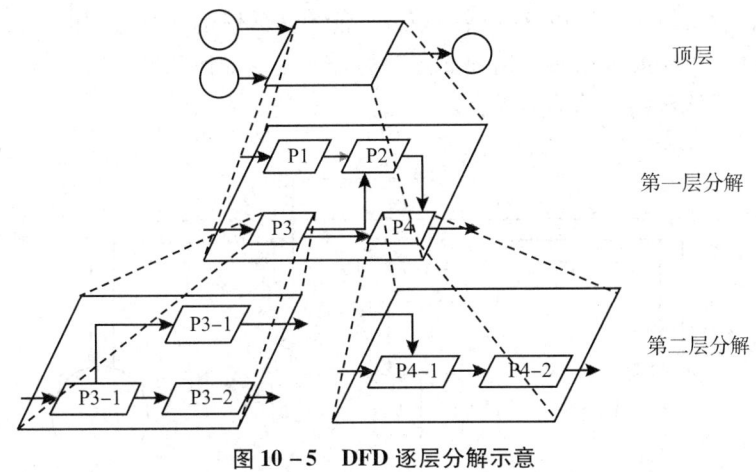

图10-5 DFD 逐层分解示意

图 10-6 描述的顶层数据流程图是一个与两个外部实体有信息交换关系的系统。两个实体的名称分别为 A 和 B，系统与实体 A 信息交换的关系是实体 A 把信息输入到给系统，也就是系统处理数据时需要使用实体 A 提供的数据；系统与实体 B 信息交换的关系是实体 B 把查询需求输入到系统，系统将处理结果输出给实体 B。

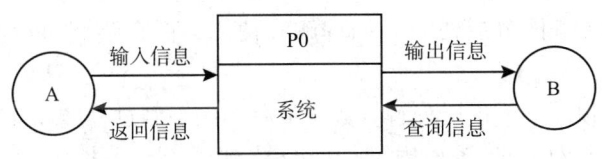

图 10-6 顶层数据流程图的基本结构

不论是顶层，还是后面要介绍的中层或底层，图中所有数据流都必须有确定的信息，所以，绘制数据流程图要标明图中每个数据流中的具体信息的内容，有关的描述请看后面的实例。

（2）中层图。中层数据流程图是对顶层数据流程图的分解，分解的原则是以系统的模块（子系统）为划分标准。中层数据流程图中增加了数据存储。

中层数据流程图的基本结构如图 10-7 所示。它描述了一个包括 M 和 N 子系统的数据流程图。图中的信息流反映了数据存储 F 与两个子系统之间的信息往来关系，反映了两个子系统与两个外部实体之间的信息交换关系（此处省略了对数据流的描述）。

（3）底层图。底层数据流程图是对中层数据流程图的进一步分解，是研究子系统内部的数据处理、数据存储、信息流动与交换情况的。底层分解要特别注意的问题是：对大型复杂的系统，由于功能复杂，层次较多，所以这一层的划分可能不是最终的或最底层的，到底划分多少层要根据实际情况而定。另外，不论如何分层，整个系统分层都应该按同样的标准进行。

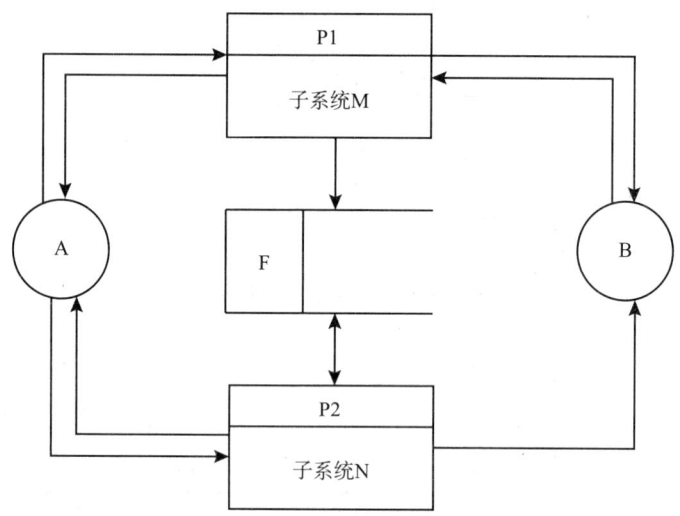

图 10-7　中层数据流程图的基本结构

数据流程图分层便于人们理解和使用，但在绘制时应注意以下事项：

①自顶向下，逐层分解。数据流程图的绘制过程应该自顶向下进行，由系统外部至系统内部、由总体到局部、由抽象到具体逐层分解。

②数据流必须经过逻辑处理，即必须进入逻辑处理或从逻辑处理流出。不经过逻辑处理的数据流（如外部实体之间的数据交换）不需在数据流程图上表示，因为这类数据流与所描述的系统无直接关系。

③注意不同层次图的编号规范。每个逻辑处理和每张数据流程图都要按逐层分解的原则编号。父图与子图的编号要有一致性，一般子图的图号是父图上对应的处理的编号。从图 10-5 所示的数据流程图分层结构中可以看出，图中的符号表示也是按层次结构编号的。

5. 数据流程图举例

以某图书馆管理系统为实例，新系统的逻辑模型将采用三层数据流程图进行描述。图书馆管理系统有 7 部分内容，它包括读者管理、图书维护、读者留言管理、图书采编、图书借阅、图书查询、图书预定等。由于篇幅的限制，在此我们只画出图书采编、图书借阅、图书维护、读者管理和图书预定子系统的部分数据流程图。

(1) 顶层图。顶层图是图书馆管理系统的总体数据流程图,通过这张图我们很清楚地知道哪些外部实体(人和物)与系统有关联。在只涉及图书采编、图书借阅、图书维护、读者管理和图书预定子系统的情况下,图书馆管理系统与办公室、读者、采编室和图书管理员等实体交换信息,例如,办公室与系统间的信息交换:办公室把读者信息输入到系统中,而系统则把读者的借阅情况统计、库存统计信息、留言汇总输出给办公室,而这里输出的读者借阅情况统计、留言汇总则是系统把图书借阅信息和读者的留言信息处理后输出给办公室的。如图10-8所示。

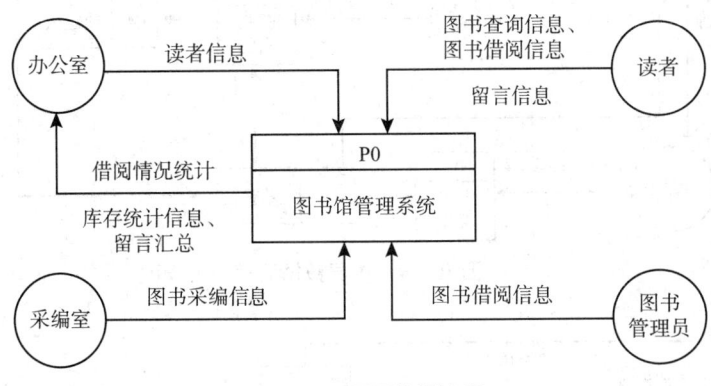

图10-8 顶层数据流程

(2) 中层图。在中层图中,我们把顶层数据流程图分解为图书采编、图书借阅、图书维护、读者管理和图书预定五个子系统,并且增加了数据存储读者表、借阅表、图书表和预定表。中层图中的信息流反映了数据存储与各个子系统之间的信息往来关系,反映了各个子系统与外部实体的信息交换关系。如图10-9所示,图书维护子系统从借阅表和图书表获得图书库存信息,从而制定出采编计划给采编室。

(3) 底层图。对中层数据流程图进行进一步分解,从而得到底层数据流程图。每一个子系统即为一个图,图中给出子系统内部的数据处理、数据存储、信息流动与交换情况。中层图中有五个子系统,因此底层图要分别画出这五个子系统的流程图。在这里,我们只给出图书借阅子系统的"借书借阅"的底层数据流程图,如图10-10所示,"借书管理"又具体划分为五个逻辑处理:检查读者身份、检查图书是否在库、检查是否有预定、修改预定信息、填写借阅表并修改借阅表。

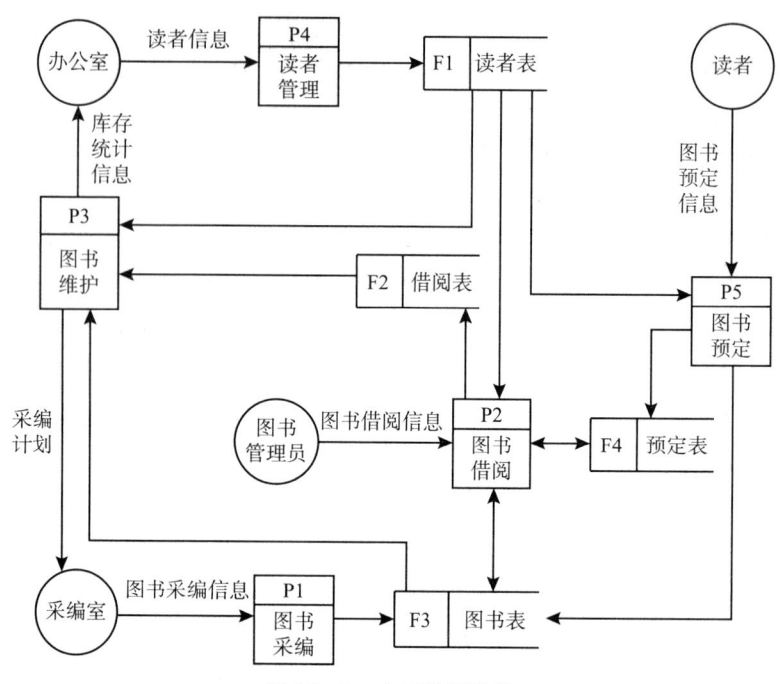

图 10-9 中层数据流程

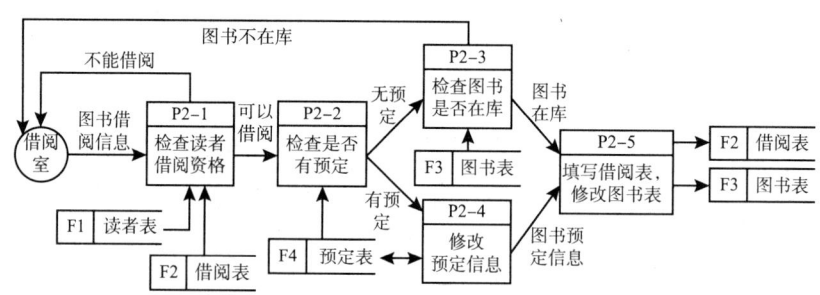

图 10-10 "图书借阅"底层数据流程

6. 画数据流程图的指导原则

(1) 分解守恒：数据流程图在自顶向下逐层分解时，必须保持上一层图的输入输出数据流与下一层图的输入输出数据流相同。如图 10-11 所示。

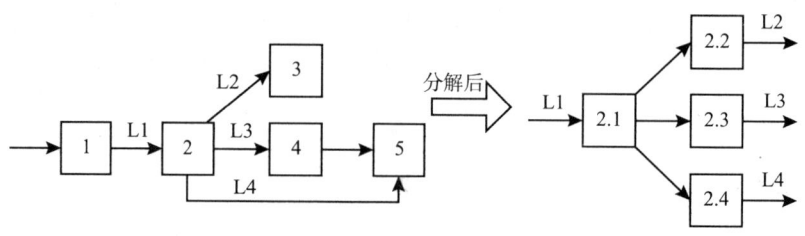

图 10-11 数据流守恒

数据不守恒的错误有两种，一是漏掉某些输入数据流；二是某些输入数据流在逻辑处理内部没有被使用。注意的是，逻辑处理与数据存储之间的数据流一般比较明确，可以将数据流名称省略。

（2）临时数据流不影响数据守恒：临时数据流是指要求用户输入的临时信息，比如口令或确认信息等；经检验是非法的而被系统排除的数据流，比如"无效的读者身份""不合格的订单"等；再就是一些带有判断性质的数据流，比如图10-10中的"不能借阅""图书不在库"等数据流也可以视为临时数据流，另外，这种数据流在后面的数据字典中也不需要进行详细描述。

（3）分解的深度与宽度：数据流程图分解的深度和宽度没有绝对标准，视系统复杂程度而定，在同一张数据流程图上，应避免出现某些逻辑处理已是最小功能单元，而另一些逻辑处理却还等待继续分解好几层的情况出现。

（4）数据存储的使用：在数据流程图中，数据存储与逻辑处理之间的数据流的方向应按规定认真标注，这样有利于对数据存储使用正确性的检查。例如，从整个数据流程图看，如果发现某个数据存储只有输入流，而没有输出流，要么是画错了，要么是系统分析出现了问题，因为一个不产生任何输出流的数据存储是没有意义的。

（5）顶层图：顶层图集中反映系统主要的、正常的逻辑功能和与之有关的数据变换，不反映出错和例外处理；尽量避免交叉线；所有元素的命名应当对客户有意义，且与业务相关。

（6）简化逻辑处理之间的联系：各处理之间的数据流越少，各处理的独立性就越高，因此，应当尽量减少逻辑处理之间的数据流数目。逻辑处理间的数据流最好控制在1~2条，否则就应该考虑对逻辑处理进行合并或删除。

数据流程图从总体上描述了系统的逻辑功能、系统内各部分的信息联系以及与系统外各有关事物的联系，反映了系统中信息运动的规律，是系统逻辑模型的主要描述形式。数据流程图清晰、明了，容易理解，使人对描述系统的逻辑功能和各部分的数据联系有一目了然的感觉，便于交流。

10.3.2 数据字典

1. 数据字典概述

画数据流程图时，为了提高可读性，我们要求图中标注的数据流名称、逻辑处理名称、数据存储名称以及外部实体名称都要简单明了，但这给理解新系统和后面的设计实施带来了不便，因此，必须对图中的每个元素作出解释。数据字典（Data Dictionary，DD）就是对数据流程图中所有数据流、逻辑处理、数据存储以及外部项进行详细定义的文件。数据流程图配以数据字典，就可以从图形和文字两个方面对新系统的逻辑模型进行完整的描述。

数据字典包括数据项、数据结构、数据流、逻辑处理、数据存储和外部实体等6个方面的定义。既然DFD中只有4种元素，为什么DD中却有6种元素的定义呢？这是因为在定义数据流之前，必须先定义数据项和数据结构。

数据字典的定义可以采用卡片式，也可以采用表格式，不管哪种格式，其内容是一致的。

2. 数据字典内容

（1）数据项。又称数据元素，是系统中最基本的数据单位。收集系统中所涉及的所有数据项，对每个数据项作出定义，填表或制成卡片装订。表10-1是图书馆管理系统部分数据项的定义。特别强调的是表中应收集系统所涉及的所有数据项，这里只写了几项以显示其格式。

表10-1　　　　图书馆管理系统部分数据项的定义举例

编号	名称	别名	值域	类型/长度	备注
I01	学号	学生编号		C/12	
I02	姓名	学生姓名		C/12	
I03	专业			C/20	
I04	年级			C/4	
I05	班级			C/20	

（2）数据结构。数据结构描述某些数据项之间的关系。一个数据结构可以由若干个数据项组成；也可以由若干个数据结构组成，还可以由若干个数据项和数据结构组成。数据结构仍可用表格或卡片式定义。表10-2是图书馆管理系统部分数据结构的定义。表中DS01读者（学生）基本信息的组成包括"学号+姓名+专业+年级+班级"都是在数据项中已经定义过的，数据结构定义时只用数据项的编号即可。

表10-2　　　　图书馆管理系统数据结构的定义举例

编号	名称	组成	备注
DS01	读者（学生）基本信息	I01 + I02 + I03 + I04 + I05	
DS02	图书基本信息	I06 + I07 + I08 + I10	

(3) 数据流。数据流由一个或一组固定的数据项组成,在数据字典中描述以下属性:

数据流的来源:数据流可以来自某个外部实体、数据存储或某个处理。

数据流的去处:某些数据流的去处可能不止一个,如果有多个,则每个去处都要说明。

数据流的组成:一个数据流可包含一个或多个数据结构(或数据项)。若只含一个数据结构,注意名称的统一,以免产生二义性。

数据流的流通量:指单位时间(每日、每小时等)里的传输次数,估计平均数是多少。

高峰时的流通量:指单位时间(每日、每小时等)的最高流量各多少。

"图书借阅信息"的数据流如表 10-3 所示。

表 10-3 "图书借阅信息"数据流

数据流					
系统名: 图书馆管理系统			编号: D01		
条目名: 图书借阅信息			别名:		
来源: 借阅室			去处: P2-1 检查读者身份		
数据流结构: 图书借阅信息: BookID(图书编码) + ReaderID(读者编号) + AppointDate(预定日期) + BorrowDate(借阅日期) + Quantity(借阅数量)					
数据流量: 100 条/日			高峰流量: 500 条/日		
简要说明:					
修改记录:	编写	刘伟	日期	2019 年 7 月 1 日	
	审核	李强	日期	2019 年 7 月 4 日	

(4) 逻辑处理。在数据字典中,仅对数据流程图中最底层的逻辑处理加以说明。逻辑对处理的定义,可以采用表格式或卡片式,本书采用表格式举例(见表 10-4)。

(5) 数据存储。数据存储的条目主要描述该数据存储的结构及有关的数据流、查询要求。数据流程图是分层的,下层图是上层图的具体化。同一个数据存储可能在不同的层次的图中出现。描述这样的数据存储,应列出最低层图中的数据流。举例如表 10-5 所示。

(6) 外部实体。外部实体是数据的来源或去向。因此,在数据字典中关于外部实体的条目,主要说明外部实体产生的数据流和传给该外部实体的数据流。外部实体的数量对于估计本系统的业务量有参考作用,尤其是关系密切的主要外部实体。以"读者"为例,如表 10-6 所示。

表 10-4　"检查读者借阅资格"逻辑处理

逻辑处理				
系统名：__图书馆管理系统__			编号：__P2-1__	
条目名：__检查读者借阅资格__			别名：_____	
输入数据流：图书借阅信息 D01			输出数据流：有效的读者身份 D02	
逻辑处理：核实读者借阅资格，确定其是否可以借阅图书				
处理频率：100 人/日				
简要说明：图书管理员通过读卡设备，从读者表中读取读者的信息，核实该读者是否为有效身份，从借阅表中查看是否有超期未还图书、是否超过能够借阅图书的最多本数等，否则将不能进行借阅图书。				
修改记录：	编写	姜明	日期	2019 年 7 月 1 日

表 10-5　"读者表"数据存储

数据存储				
系统名：__图书馆管理系统__			编号：__F1__	
条目名：__读者表__			别名：_____	
数据存储组织方式：每个读者一条记录		记录数：约 3 000 条		主关键字：ReaderID
数据存储组成： 项名：ReaderID + ReaderName + Password + Department + E-mail + Phone + PreOrderUser 长度　　　10　　　　20　　　　10　　　　20　　　　16　　　10　　　1 （字节）				
相关联的处理：P2-1，P4-1，P6-1，P7-2				
简要说明：读者信息，读者在本馆注册后成为注册读者。				
修改记录：	编写	姜名	日期	2019 年 7 月 1 日
	审核	李强	日期	2019 年 7 月 4 日

表 10-6　"读者"外部实体

外部实体				
系统名：__图书馆管理系统__			编号：__S2__	
条目名：__读者__			别名：_____	
输入数据流：图书预定信息等			输出数据流：略	
简要说明：（略）				
修改记录：	编写	姜明	日期	2019 年 7 月 1 日
	审核	李强	日期	2019 年 7 月 5 日

编写数据字典是系统开发的一项重要的基础工作。一旦建立，并按编号排序之后，就是一本关于数据流程图的详细说明和便于查阅的手册，从系统分析一直到系统设计和实施都要使用它。在数据字典的建立、修正和补充过程中，始终要保证数据的一致性和完整性。

3. 描述逻辑处理的工具

数据流程图中比较简单的逻辑处理可以在数据字典中作出定义，但还有不少逻辑上的比较复杂的处理，如图书馆管理系统中的逻辑处理"检查读者借阅资格"，对于处理读者借阅资格，即根据读者的信息确定是否可以办理借阅，需要考虑读者身份、是否有超期未还读书以及是否超过借阅图书的限额等条件来决定是否办理借阅。如果读者身份无效，则不办理借阅；如果读者有超期未还的图书，则不排课办理借阅；如果借阅图书的数量超过借阅限额，则不办理借阅；如果读者身份有效并且没有超期未还图书并且未超过借阅限额，则直接办理借阅。以上描述若仅仅用文字表达，不仅十分烦琐，而且难以理解。因此，有必要运用一些描述逻辑处理的工具来加以说明，以便清晰地表达逻辑关系。下面介绍常用的三种描述复杂逻辑处理的工具。

（1）结构化语言表示法。人们日常生活中使用的自然语言语义丰富、语法灵活，可描述十分广泛而复杂的问题。但自然语言没有严格的规范，理解上容易产生歧义。计算机语言是一种形式化语言，各种词汇均有严格定义，语法严格规范，但使用的词汇限制在很小范围内，叙述方式繁琐，难以清晰、简洁地描述复杂问题。结构化语言的特点介于两者之间。下面是图书馆管理系统中"检查读者借阅资格"的结构化语言表示法示例。

```
IF   读者身份有效
    IF   有超期未还图书
        不办理借阅
    ELSE
        IF   超过借阅限额
            不办理借阅
        Else
            办理借阅
        ENDIF
    ENDIF
ELSE
    不办理借阅
ENDIF
```

（2）判定树。判定树（Decision Tree）是用树形分叉图表示逻辑处理的一种工具。它由两部分组成，左侧用分叉表示条件，右侧表示采取的行动（处理方案），如图 10-12 所示。可以看出，采用判定树，形象直观，简单明了，不易产生逻辑上的混乱，特别适合于条件组合不太多的情况。当条件组合较多并且相应的决策方案也较多的情形下用判定树来描述时，树的结构会比较复杂。

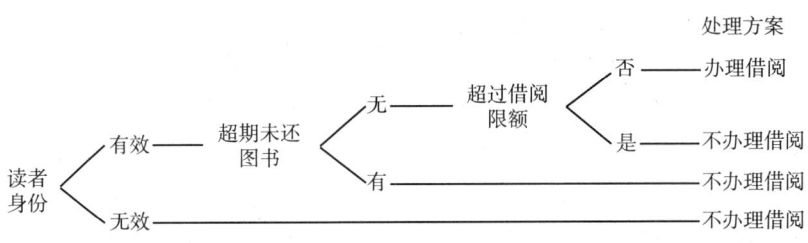

图 10-12　图书馆管理系统中"检查读者借阅资格"决策方案

（3）判定表。在判断条件较多时，用判定表（Decision Table）来描述更为合适。对上例"检查读者借阅资格"用判定表描述见表 10-7。采用判定表可以清晰地表达条件、决策规则和处理方案之间的逻辑关系，将复杂的决策问题简洁、明确地描述出来，容易为管理人员和系统地调动人员所接受。判定表是描述条件比较多的决策问题的有效工具。

表 10-7　　　　　　　　"检查读者借阅资格"的判定表

	决策规则	1	2	3	4	5	6	7	8
条件	C1：读者身份有效	Y	Y	Y	Y	N	N	N	N
	C2：有超期未还图书	N	N	Y	Y	Y	Y	N	N
	C3：超过借阅限额	N	Y	N	Y	N	Y	N	Y
处理方案	A1：办理借阅	√							
	A2：不办理借阅		√	√	√	√	√	√	√

对于表 10-7 还可以进行简化。如果判定表中有两个判定列，具有相同的处理方案，且其条件取值列中取值不同，其余条件取值均相同，则可以对它们进行一次合并，合并后得到表 10-8。

表 10-8　　　　　　　　合并后的判定表

	决策规则	1	2	3	4
条件	C1：读者身份有效	Y	Y	Y	N
	C2：有超期未还图书	N	N	Y	—
	C3：超过借阅限额	N	Y	—	—

续表

决策规则		1	2	3	4
处理方案	A1：办理借阅	√			
	A2：不办理借阅		√	√	√

10.4 编制系统分析报告

完成系统分析阶段的工作后，应提交一份完整的系统分析报告作为该阶段的里程碑成果，来全面总结系统分析阶段的工作。系统分析报告一经确认，就成为具有约束力的指导性文件，成为下一阶段系统设计工作的依据和今后验收目标系统的检验标准。系统分析报告形成后必须组织各方面的人员（包括用户企业的领导、管理人员、咨询专家、系统分析人员等）一起对已经形成的方案进行论证，尽可能发现其中的问题和不足。对于有争论的问题要重新核实当初的原始调查资料或进行深入调查研究，对于重大的问题甚至可能需要调整或修改系统目标，重新进行系统分析。只有系统分析报告经过系统开发工作的领导部门审查批准后才能进行下一阶段的工作。

1. 系统分析报告的作用

系统分析报告应达到的基本要求是全面、准确、详实、清晰地表达系统开发的目标、任务和系统功能。在系统分析报告中，数据流程图、数据字典是主体，是系统分析报告中必不可少的组成部分。而其他各部分内容，则应根据所开发目标系统的规模、性质等具体情况酌情选用，不必生搬硬套。总之，系统分析报告必须简明扼要、抓住本质，反映出目标系统的全貌和开发人员的设想。

系统分析报告主要有以下3个作用：

（1）描述了目标系统的逻辑模型，作为开发人员进行系统设计和实施的基础。

（2）作为用户和开发人员之间的协议或合同，为双方的交流和监督提供基础。

（3）作为目标系统验收和评价的依据。

因此，系统分析报告是系统开发过程中的一份重要文档，必须完整、一致、精确且简明易懂。

2. 系统分析报告的内容

一份完整的系统分析报告应该包括下述内容。

（1）概述。简要说明在系统分析阶段所进行的各项工作的主要内容。这些是建立新系统逻辑模型的必要条件，而逻辑模型是系统分析完成的核心工作。

（2）现行系统的概况。新系统是在现行系统基础上建立起来的。设计新系统之前，必须对现行系统进行详细调查，掌握现行系统的真实情况，了解用户的要求和问题所在。该部分内容包括：

■ 组织情况概述：对系统所在组织的基本情况作概括性的描述，包括组织的结构、组织的目标、组织的工作过程和性质、业务功能等。

■ 现行系统概述：通过现行系统的组织结构图、业务流程图、数据流程图等，说明现行系统的目标、规模、主要功能、组织机构、业务流程、数据存储和数据流，以及存在的薄弱环节。

■ 需求说明：用户需求以及现行系统主要存在的问题。

（3）现行系统的分析和优化。

内容从略。

（4）新系统的逻辑模型。通过对现行系统的分析和优化，找出现行系统的主要问题所在，进行必要的变动，即得到新系统的逻辑模型。同时，系统分析人员应对这些变动所带来的结果和影响做出客观全面的介绍，既要指明这些变动将带来的收益，也要指明变动将对组织的哪些部分发生影响，对组织的工作方式及人员配置发生什么影响，为将来建立一套与新系统相配套的管理制度与运行体制做好准备工作。

■ 新系统拟定的业务流程及业务处理工作方式。提出明确的功能目标，并与现行系统进行比较分析，重点要突出计算机处理的优越性。

■ 新系统拟定的数据指标体系和分析优化后的数据流程，各个层次的数据流程图、数据字典。

说明：系统分析阶段还包括数据存储分析，即确定系统所要处理的数据，用实体、联系等概念描述系统的概念模型（E-R图）。到设计阶段再把概念模型转化为数据模型。但为了使读者能完整地掌握数据库建设过程，本书将数据分析、设计等所有与数据库有关的内容集中放在系统设计阶段讨论。

10.5 系统分析阶段用户的作用

用户既是系统调查的对象，同时也是最终系统的使用者。本节强调的是，在系统分析阶段，用户的作用主要在于提出用户需求，主要包括功能要求、性能要求、可靠性要求、安全、保密要求、开发费用和时间以及资源方面的限制等。

10.5.1 用户需求驱动管理信息系统建设

用户是信息系统的使用者。用户需求的满足程度是衡量管理信息系统建设效果的重要指标。用户需求通常包括业务需求和系统需求两部分。其中，业务是企业为向社会提供相应的产品或服务而开展的相关生产、购买和销售活动。业务需求在企业开展相关业务的生产、购买和销售活动中产生。业务需求伴随着生产者、购买者、销售者的目标产生，在生产、购买、销售行为中发展、实现或消亡，最终生产、购买、销售结果会进一步强化或弱化目标，从而激发新一轮的生产、购买和销售需求。

在企业管理信息系统建设过程中，无论是信息系统的详细调查，还是信息系统功能的确定，都受制于企业的业务需求，它是驱动信息系统建设的主要因素之一。业务需求调查分析是信息系统建设的基础工作，调查分析的主要内容是了解：谁在什么时间、空间状态下从事什么类型的业务活动；为什么要从事该类型的业务活动，该业务活动与其他业务活动有何关系；需要输入、处理、输出哪些资源，具体如何实现。系统需求通常来源于业务需求，使业务需求系统化、模块化、具体化。系统需求主要包括系统输入、处理、输出需求三个方面，它不同于业务需求，系统需求关注的是业务活动中的信息需求，是业务人员在从事某业务活动过程中的信息输入、处理、输出要求。

10.5.2 用户需求的特点增加信息系统建设的难度

用户需求具有渐进明晰、动态可变的特点，这些特点决定了信息系统建设的难度。虽然表面上看业务需求的直接来源是业务工作人员、业务管理人员，但业务需求调查实践表明，一开始，无论是直接从事某项业务的工作人员还是业务管理人员，都难以准确描述自己在所从事的业务管理活动中的需求，所以更不可能初次见面就准确地告诉调查人员，他们到底需要一个什么样的信息系统。其中，一部分用户不知道在工作时到底需要一个什么样的信息系统来辅助自己，另一部分用户则不知道该如何描述自己的需求。

在信息系统建设过程中，调查人员不仅要仔细倾听用户需求，还要注意观察用户行为。只有与用户进行有效沟通，帮助用户进一步明确自己的业务需求，才能准确提取系统需求，正确分析在完成某项业务活动过程中需要输入、处理和输出哪些信息，判断是采用人工方式效率更高还是采用机器方式效率更高。在这个过程中特别要重视企业高管、业务主管、业务骨干等关键用户的需求。其中，企业高管相对于其他用户而言，更理解组织战略目标，并拥有实现组织目标的人事权、财务权、指挥权，更有能力主导或影响企业管理变革，是信息系统建设项目的主要投资者和启动者。因此，用户需求调查人员尤其应该与其进行有效沟通。

本 章 小 结

系统分析是整个开发过程的重要环节，本章就是从结构化系统分析的角度对系统分析的内容进行了阐述。首先对新系统进行详细调查，然后在此基础上对原系统进行分析与优化，从而提出新系统的逻辑方案，并编制系统分析报告，最后强调用户在系统分析阶段的作用。

习 题

1. 系统分析阶段的主要任务是什么？为什么说系统分析是管理信息系统开发过程中最重要的环节？
2. 系统详细调查主要从哪几方面展开？一般可用的调查方法有哪些？
3. 对原系统的分析与优化包括几方面的内容？
4. 什么是数据流程图？什么是数据字典？二者在系统分析中的作用是什么？
5. 请绘制某商场供销存管理的数据流程图：

某商场对每一批购入的商品根据入库单登记在购入流水账中，对每一批销售的商品根据出库单登记在销售流水账中。商品每天入库或出库后，要根据购入流水账和销售流水账，修改库存台账。商场每月将根据库存台账制作各种报表。

6. 用户在系统分析阶段起什么样的作用？

第11章 信息系统设计

在本书第 10 章中,系统分析阶段回答了系统"做什么"的问题,给出了系统的逻辑模型,明确了系统的功能。作为 MIS 开发的第二个阶段,系统设计阶段的主要任务是利用系统分析的成果,以系统分析报告为依据,把新系统逻辑模型转换成物理模型,即为实现系统的功能确定实施方案,解决系统"怎样做"的问题。

11.1 系统设计阶段的工作与原则

11.1.1 系统设计阶段的工作

系统设计包括总体设计和详细设计两大部分。其中,总体设计主要完成系统功能结构设计与系统物理配置方案设计。详细设计包括代码设计、数据库设计、输入/输出设计、计算机处理流程设计等。

具体而言,系统设计阶段的工作主要包括如下几个方面:

(1) 功能结构设计:将整个系统划分为具有独立性的模块,以便于系统实施阶段的程序设计。

(2) 系统物理配置方案设计:包括硬件设备配置、网络选型、系统软件的选择等。

(3) 代码设计:提供合理的编码结构、制定代码设计的规范。

(4) 数据库设计:包括数据库结构设计、安全保密设计等。

(5) 输入、输出设计与编写程序设计说明书。

系统设计阶段的主要成果是系统设计报告,它既是目标系统的物理模型,也是下一个阶段系统实施的工作依据。

11.1.2 系统设计阶段的原则

1. 运行效率

系统的运行效率主要是指系统的处理能力、处理速度和响应时间三个指标：

（1）处理能力，即在单位时间内处理的事务个数；

（2）处理速度，即处理单个事务的平均时间；

（3）响应时间，即从用户发出请求一直到系统返回结果的时间。

需要强调的是，此处的运行效率所指的是系统的整体效率，而不是某一部分的效率。例如超市收银系统，衡量其运行效率的是顾客等待时间的长短，这包括工作人员的操作时间以及计算机的运算时间。一般来讲，计算机运算时间比工作人员操作的时间要少得多，因此，人机界面设计是否便于操作，对这类系统的整体效率起着至关重要的影响。影响系统整体效率的因素很多，从系统设计角度分析，主要有系统的体系结构、文件传输的次数及外存访问的次数、程序调用关系、程序执行时间等。

2. 系统性

由于信息系统是作为一个整体而存在的，因此系统设计要从整个系统的全局角度进行考虑。系统中各部分的代码要统一，设计规范应标准，信息传递要具备一致性，对系统的数据采集要做到数出一处、全局共享，使一次输入得到多次使用。

3. 灵活性

对于信息系统而言，经常需要面对扩充、修改和完善等要求。为了保持系统的长久生命力，系统应具有较好的开放性和结构可变性，以适应外界环境的不断变化。因此，在系统设计中，尽量采用模块化结构，提高各个模块的独立性，尽量降低模块间的耦合程度，使各子系统间的数据依赖降至最低限度。这样，便于模块的修改与内容增减，从而提高系统适应环境变化的能力。

4. 可靠性

信息系统在运行过程中难免遇到各种干扰，这些干扰有些是人为的，如病毒、错误操作等；有些是自然的，如停电、火灾等。可靠性是指系统抵御外界干扰的能力及受外界干扰时的恢复能力。衡量系统可靠性的指标包括平均故障间隔时间和平均维护时间。前者是指前后两次发生故障的平均时间，反映了系统安全运行时间；后者是指故障发生后平均所用的修复时间，反映系统可维护性的好坏。

从系统设计的角度来提高系统的可靠性，就应尽可能提高系统的检错、纠错、容错以及排错能力，并且还应设计系统的故障恢复能力。可靠性的设计往往会使系统的运行效率降低，因此常常需要在两者之间做出权衡。

5. 经济性

经济性是指在满足系统需求的前提下，尽可能减少系统开销。一方面，在硬件投资上不能盲目追求技术上的先进性，而应以满足应用需要为前提；另一方面，系统设计中应尽量避免不必要的复杂化，各模块应尽量简洁，以便缩短处理流程，减少处理费用。

总的来说，上述原则是相互联系又彼此制约的，并且有时是相互矛盾的。在系统的设计过程中，必须根据实际需要和可行性进行综合的考量，选择其中最重要的原则作为优先实现的设计指标。例如，火车订票等需要实时查询的系统应该优先考虑系统的运行效率，财务信息系统的设计则应该首先考虑可靠性，而设计一个大规模的系统时首先应该关注的是系统性。

11.2 系统功能结构设计

系统功能结构设计是系统设计阶段首先要考虑的问题。它的主要任务是从计算机实现的角度出发，将整个系统划分为具有独立性的子系统和模块，使之条理化和清晰化。

11.2.1 功能结构设计

功能结构设计的主要思路就是以数据流程图中的"逻辑处理"为依据，从系统的上层开始，大功能分解为若干小功能，层层分解，直到一个复杂的问题简单化，一个抽象的功能具体化为止。产生一个按功能隶属关系划分的"功能结构图"，图中每一个框均称为功能模块。

图11-1所示的是图书馆管理系统的功能结构图，将其分为图书采编子系统、图书借阅子系统、图书查询子系统、图书预定子系统、图书维护子系统、读者留言子系统和读者管理子系统等七个子系统。这样划分使系统总体结构比较清晰，易于进行后续的系统设计和系统实施工作。

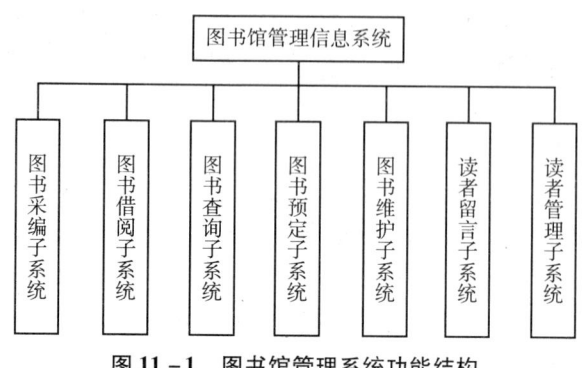

图 11-1　图书馆管理系统功能结构

11.2.2　模块和模块化设计

为了使复杂的问题简单化，降低系统的开发难度，进一步采用了模块来描述局部的功能。模块化设计的过程使子系统各部分的功能描述更加详细和完善。

1. 模块

模块是可以组合、更换和分解的单元，是组成系统、进行处理的基本单位。系统中任何一个处理功能都可以看成是一个模块。在系统分析中，数据流程图中定义的处理逻辑可视为逻辑模块；在系统设计中，物理模块是逻辑模块的具体化；在系统实施中，模块可以是一个计算机程序、子程序或若干条程序语句。一个模块应具备四个要素，即输入输出、处理功能、内部数据、程序代码。前两个要素是模块的外部特性，后两个要素是模块的内部特性。

（1）输入和输出：模块的输入来源和输出去向都是同一个调用者，即一个模块从调用者那里取得输入，进行加工后再把产生的结果传递给调用者。

（2）处理功能：指模块把输入转换成输出所作的工作。

（3）内部数据：指仅供该模块本身引用的数据。

（4）程序代码：指用来实现模块功能的程序。

2. 模块化

模块化是一种把复杂问题简单化的重要的设计思想，通过分解把复杂系统的设计化解为多个简单功能模块的设计。结构化方法的基本思想就是模块化，即把系统功能自顶向下地、由抽象到具体地划分为多层次的独立功能模块，每个模块完成一个特定的功能，一直分解到能简单地用程序实现为止。模块化能够使整个系统结构更加清晰，便于实施和维护。

在系统功能结构设计中，模块的划分是至关重要的，模块的质量以及模块间联系的质量决定了系统的质量。模块划分的原则称为模块独立性原则，模块的独立性包括耦合和内聚两个指标。耦合指多个模块间相互联系、相互依赖的程度，主要是从模块外部考察模块的独立性。耦合度越低，相互影响越小，系统独立性越强，故应尽量降低模块间的耦合度。内聚指一个功能模块内部各处理之间相互联系的密切程度，主要是从模块内部来考察模块的独立性。内聚性越高，系统独立性越强。内聚的强弱将直接影响系统功能实现的复杂性，应尽量提高模块的内聚。通过这种"低耦合、高内聚"的原则来提高模块的独立性，使其便于实现、修改和维护。

3. 模块详细设计

功能结构设计将系统划分成子系统，子系统划分成模块，并用模块结构图表示了模块的调用关系和数据传递关系，即确定了模块的外部特征，但没有描述模块的内部特征，因此要利用模块说明书完成对每个模块的详细设计，也称为模块内部算法设计，就是要确定模块的内部特征，即对每个模块的加工处理逻辑进行分析与设计，它是在功能结构图或模块结构图的基础上具体设计出每个模块内部的处理过程，为程序员提供详细的技术资料。

模块说明书模板可以参考表 11-1，在其中的"算法说明"部分有时需要借助判定树、判定表和结构化语言等工具来描述比较复杂的处理过程。

表 11-1　　　　　　　　　　模块说明书

模块标识		所属子系统	
模块名称			
主要功能			
调用模块			
被调用模块			
输入			
输出			
相关数据表			
主要内部变量			
算法说明			
设计者：		设计日期：	版本：

11.3 系统物理配置方案设计

系统物理配置方案的设计主要包括计算机软件、硬件系统的配置，网络系统的配置，数据库管理系统的选择，计算机处理方式的选择等工作。由于满足企业功能要求的计算机物理系统通常投资较大，少则几十万元、几百万元，多则上千万元。因此，选择一个合适的计算机物理配置方案是至关重要的。

11.3.1 设计依据

1. 系统的吞吐量

系统单位时间内执行的作业数称为系统的吞吐量。吞吐量对系统的处理能力有着至关重要的影响，同时计算机软件、硬件的选择又直接影响着系统的吞吐量。如果要求系统具有较大的吞吐量，就应当选择具有较高性能的计算机和网络系统。

2. 系统的响应时间

从用户向系统发出一个作业请求开始，经系统处理后，到给出应答结果的时间称为系统的相应时间。它由计算机 CPU 的处理速度、网络传输速率来决定。本地用户一般要求系统的响应时间不小于 3 秒。

3. 系统的可靠性

系统的可靠性通常用连续工作时间表示。选择高性能的计算机和网络系统可以提高系统的可靠性。另外，提高可靠性的具体措施还包括在设备上采用双机双工的系统配置，保证系统发生故障时，继续工作不停机；在软件上设置数据库备份功能，保证系统发生故障时，在最短时间内恢复系统断面，继续工作。

4. 系统的总体布局

系统的总体布局是指系统的软件、硬件资源以及数据资源在空间上的分布特征，主要可以分成集中式与分布式。集中式是指管理信息系统在一台小型、中型或大型主计算机上实现系统的信息处理，系统中的各节点通过终端与该主机相连。这种方式数据共享性较好，冗余度小，易于保持数据的一致性。但是系统可靠性较差，一旦主机系统发生故障，所有终端节点都不得不停止工作。另外，当用户数量较多时，主机系统负担过重，容易造成终端响应慢。

分布式结构的管理信息系统由主机和若干台具有处理能力的客户机组成，主机用来处理共享数据，客户机则负责控制或管理一个子系统，并处理本地的数据。分布式系统实现了不同地点的软件、硬件以及数据等信息资源的共享，提高了信息系统的扩展性与可靠性。缺点是由于系统功能分给若干台计算机，因而造成数据处理分散、统一规范管理困难、安全保密性降低等。

一般而言，如果系统的数据处理是集中式的，可以采用主机—终端系统，以大型机或中小型机作为主机，进而利用计算机的强大计算能力，使系统具有较好的性能。但如果针对企业管理等应用，其应用本身就是分布式的，使用大型主机主要是为了利用其多用户能力，则不如采用微机网络更能有效地发挥系统的性能。

5. 地域范围

对于分布式系统，要根据系统覆盖的范围决定采用广域网还是局域网。

11.3.2 计算机软件、硬件的选择

根据系统需要和资源约束，进行计算机软件、硬件的选择，这项工作对于管理信息系统的功能有很大的影响。大型管理信息系统软件、硬件的采购可以采用招标等方式进行。新系统的建设应当尽量避免先买设备，再进行系统设计的情况。

1. 计算机硬件的选择

由于计算机的更新换代比较快，因此在进行硬件选择时，必须强调实用性与先进性并重。具体的选择原则包括：

(1) 选择技术上成熟可靠的标准系列机型；
(2) 中央处理器（CPU）的速度快、性能稳定；
(3) 内存、外存的容量以及可扩充量较大；
(4) 良好的兼容性、可扩充性与可维修性；
(5) 厂家或供应商的技术和售后服务好；
(6) 操作和使用方便；
(7) 性价比高。

2. 计算机软件的选择

随着计算机软件产业不断发展，出现了众多技术成熟、设计规范并且思想先进的商品化应用软件。在系统设计中，可以直接应用这些商品化软件，不但可以节省投资，而且有利于规范管理流程，加快系统应用。

具体的选择原则包括：

(1) 软件的功能能够满足用户实际应用的需求；
(2) 具有较强的适应性和可维护性，无论是与其他软件配套使用，还是软件自身功能需要调整，都能灵活地满足要求；

（3）能够获得长期、稳定的售后支持；
（4）可靠性好，具有较强的容错能力；
（5）安全保密方面能够满足用户需要；
（6）性价比高。

11.3.3　计算机通信网络系统的配置

计算机通信网络系统的设计主要包括中型、小型机方案与微机网络方案的选取，网络互联结构及通信介质的选择，局域网拓扑结构的设计，网络应用模式及网络操作系统的选型，网络协议的选择，网络管理，远程用户等工作。有关内容请参考计算机网络的技术书籍。

11.3.4　数据库管理系统的选择

数据库是管理信息系统的核心，不论用户还是应用软件，其最终的目标都是存储在服务器上的数据库。管理信息系统都是以数据库系统为基础，一个好的数据库管理系统对管理信息系统的应用有着举足轻重的影响。目前，市场上流行的数据库管理系统有 Oracle、SQL Server、Sybase、Informix、mySQL、MongoDB、PostgreSQL、FoxPro、Access 等，Oracle、SQL Server、Sybase 是商业版的 DBMS，是开发大型 MIS 的首选，mySQL、MongoDB、PostgreSQL 是开源数据库，FoxPro、Access 在开发小型或者单机版 MIS 时最为流行。

11.4　代码设计

日常生活中，人们会接触到各式各样的代码，像邮政编码、电话号码、身份证号、学号等。代码是人为确定的代表客观事物（实体）名称、属性或状态的符号，它以简短的符号形式替代具体冗长的文字说明。例如，中国居民第二代身份证采用 18 位的代码组成，表示居民所在的省市、地区、出生年月日等信息。在管理信息系统中，代码是进行信息分类、校对、统计和检索的依据。代码设计就是要设计出一套能为系统各部门共用的、优化的代码系统，这是实现计算机管理的前提。

11.4.1　代码设计的作用

代码设计是系统设计中的重要内容，它的主要作用包括：

1. 帮助对数据进行鉴别和使用

为事物或者属性提供了简短、唯一而又明确的标识，便于数据的存储和检索。同时，代码缩短了事物或属性的名称，能够节省存储空间与时间。

2. 便于数据管理，提高效率

按照一定规则编制的代码能够显示数据的分类、分组形式，便于对数据进行排序、检索和统计，从而提高系统的处理效率。

3. 提高数据的全局一致性

现实世界中的客观事物可能存在一物多名或者多物一名的现象，以客观事物的名称标记客观事物容易引起数据的二义性，可以利用有效合理的代码对数据进行统一，有利于提高系统的整体统一性。

11.4.2 代码设计的原则

代码设计是管理信息系统中一项重要的基础性工作。如果系统开发完成，发现代码设计不合适或者不符合国家标准与规范，那么对代码的修改会严重影响信息系统的正常使用，小则引起程序的修改，大则导致数据文件的重新构建以及数据使用的混乱结果。因此在代码设计过程中必须严格遵守以下几项基本原则：

1. 唯一性

每个代码都仅代表唯一的实体或属性，且一个编码对象只能赋予一个代码，如学校中的学号，保证每名学生有且仅有一个自己独有的学号。

2. 通用性

系统所用代码尽量参照现有的标准通用代码，如国际、国家、行业或部门及企业规定的标准代码，以使代码方案尽可能通用。

3. 合理性

代码结构要合理，尽量反映编码对象的特征，并与事物分类体系相适应，以便代码具有分类的标示作用，便于理解和交流。尽量采用不易出错的代码结构，如字母—字母—数字的结构相比字母—数字—字母的结构发生错误的概率更小。另外，在代码设计中，要避免使用易于混淆的字符，如 O、Z、I、S、V 与 0、2、1、5、U 易混，同时尽量不用空格作为代码的一部分。

4. 简洁性

一般说来，代码越短，分类、准备、存储和传递的开销越低，数据检索及处理就越好。当代码很长时，应分成小段，便于记忆。例如，010－8768－9956 比 01087689956 更易于准确地记忆。

5. 可扩充性

代码设计应具有不能轻易改变的稳定性，避免经常修改，但是也要考虑今后环境的变化，应预留足够的扩充余地。当增加新的实体或属性时，可以直接利用原代码进行扩充，而尽量不要重新变动已有的代码系统。在提高系统的可扩充性时，往往以系统的简洁性为代价，因此代码设计时根据实际需求在两者之间作出权衡。

11.4.3 代码的分类

一般来说，代码可按文字种类或结构规则进行分类。按文字种类可分为数字代码、字母代码（英语字母或汉语拼音字母）和数字、字母混合码；按结构规则可以分成以下三类：

1. 顺序码

顺序码又称系列码，它用连续数字代表编码对象，通常从1开始编码，是一种无实际含义的代码。其优点是简短、易于管理，缺点是不能说明编码对象的任何特征，不易记忆。

在信息系统的设计工作中，纯粹的顺序码很少被使用，通常顺序码仅作为其他码分类中细分类的一种补充手段。例如，可以利用01，02，03，…分别代表企业的财务部、销售部、人力资源管理部等各个部门。

2. 区间码

区间码把代码的各数字位分成若干个区间，每一个区间都规定不同的含义。因此，代码中数字的值和位置都代表一定意义。例如，我国居民第二代身份证编码就是一种18位的区间码，各位均采用数字编码，具体含义如图11-2所示。

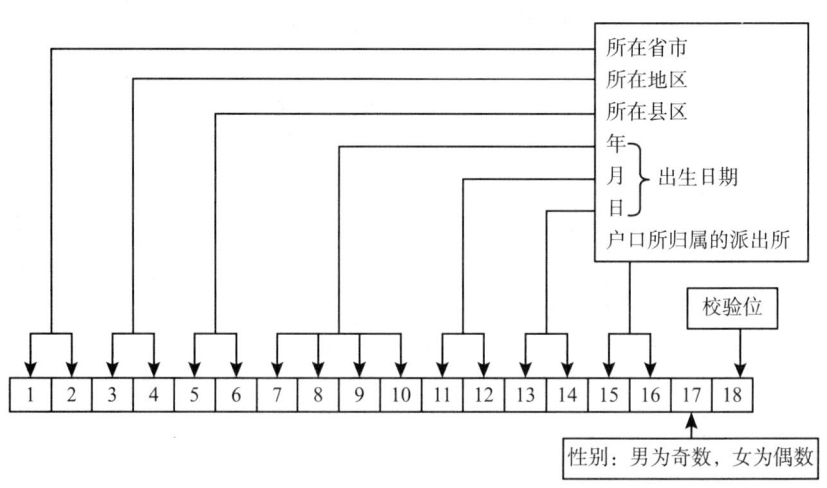

图11-2 中国居民身份证代码的含义

区间码的优点是分类标准明确，易于进行排序、分类、检索等操作；缺点是如果分类属性的数量过多，容易造成代码过长。

3. 助记码

将编码对象的名称、规格等作为代码的一部分，以帮助记忆，所以称为助记码。例如，用 TV－B－14 代表 14 寸黑白电视机，用 TV－C－40 代表 40 寸彩色电视机。

助记码适用于代码数据项数目较少的情况，否则容易引起联想出错。

11.4.4 代码的校验

代码作为计算机的重要输入内容之一，其正确性直接影响计算机处理的质量。某些重要的或者具有特殊用途的代码如果出错，会造成无法弥补的严重后果，例如银行账户、医院的处方代码等，因此对输入计算机中的代码进行校验是非常有必要的。为了保证输入的正确性，通常有意识地在原有代码的基础上，加一位校验位，使其变成代码的一个组成部分。校验位通过事先规定的数学方法计算出来。输入时，计算机用同样的方法计算出校验位，并与输入的校验位比较，以检验输入的正确性。

1. 校验位可以发现如下错误

（1）识别错误：1/7，0/O，Z/2，D/O，S/5，…

（2）易位错误：12345/13245，…

（3）双易位错误：12345/13254，…

（4）随机错误。上述两种或两种以上的错误出现。

2. 校验位的查错原理

举例：×××××——设计好的代码共 5 位

×××××追加校验位后共 6 位，使用时，需用 6 位××××××

使用时，应录入包括校验位在内的完整代码，代码进入系统后，系统将取前 5 位，按照确定代码校验位的算法进行计算，并与录入代码的最后一位（校验位）进行比较，如果相等，则录入代码正确，否则录入代码错误，需重新录入。

3. 校验位的确定步骤

设有一组代码为：$a_1a_2a_3a_4,\cdots,a_i$，为代码的每一位 a_i 确定一个权数 p_i（权数可为算术级数、几何级数或质数）。

$$校验码 = (\sum_{i=1}^{n} p_i a_i) \bmod (M_0)$$

其中：M_0——模数；

p_i——第 i 位代码字符的权；

a_i——第 i 位代码字符的值。

（1）校验码"位数"的选择。通常采用一位数字校验码。

（2）"模"的选择原则。模的取值应大于代码字符集中字符的个数；模与代码各位上的权互为质数；模最好为质数。通常取 11 作为模数，这样，余数最大为 10。由于校验位取 1 位，当余数为 10 时，规定校验位仍取 0。

（3）"权"的选择原则。通常有以下三种选择权的方法：

算术级数法：权取 2　3　4　5　6　…

几何级数法：权取 2　4　8　16　32　…

质　数　法：权取 3　5　7　13　17　…

（4）举例：校验位的确定。

原设计的一组代码为 5 位，如 32456，按算术级数法求校验位

原代码　　　3　2　4　5　6

各乘以权　　6　5　4　3　2

乘积之和　　18 + 10 + 16 + 15 + 12 = 71

模取 11 求余数　71/11 = 6…5

校验位为 5

带校验位的码：324565。

案例：UPC 条形码的构成及其校验位的计算

UPC 码（Universal Product Code，通用产品码）是美国统一代码委员会制定的一种商品用条码，也是最早大规模应用的条形码。其特性是一种长度固定、连续性的条形码，主要在美国和加拿大使用，由于其应用范围广泛，故又被称万用条形码。UPC 码仅可用来表示数字，故其字码集为数字 0~9。起初创建的 UPC 条形码用于帮助杂货店加快结账流程，更好地跟踪存货，但由于其应用很成功，因此该系统很快推广到所有其他零售商品。

UPC 起源于一家名为统一编码委员会（UCC）的公司。制造商向 UCC 申请获得进入 UPC 系统的许可，各制造商需要支付享受该特权的年费。而作为回报，UCC 给制造商颁发一个六位数的制造商标识码并且提供使用指南。所有标准 12 位 UPC 条形码中均有

制造商标识码，例如，BYG 出版社出版的《青少年认识真实世界启蒙》（*The Teenager's Guide to the Real World*）一书的背面就有这样的标识码（如上页图所示）。

从图中可以看到印刷在包装盒上的 UPC 符号包括两部分：
◆ 机读条形码
◆ 符合人类阅读习惯的 12 位 UPC 码

BYG 出版社的制造商标识码为 UPC 码的前 6 位（639382），后 5 位（00039）是商品号。制造商雇用的 UPC 协调员主要负责为产品分配商品号，确保同一个条形码只用于一件产品，从产品系列中撤销产品时撤销其条形码等。通常，制造商卖出的每个商品，以及每种尺寸的包装和商品的每次重新包装都需要不同的商品条形码。因此，355.2 毫升的罐装可口可乐与 473.6 毫升的瓶装可口可乐需要不同的商品号，6 罐、12 罐以及 24 罐一箱的 355.2 毫升可口可乐也是如此。UPC 协调员的工作职责就是保持所有这些号码的唯一性！

UPC 条形码的最后一位是校验位。扫描器通过校验位判断是否扫描了正确的号码。下面，以上图中《青少年认识真实世界启蒙》一书的条形码 63938200039 为例，介绍 UPC 条形码中，如何用其他 11 位数生成校验位。

1. 将所有奇数位置（第 1、第 3、第 5、第 7、第 9 和第 11 位）上的数字相加。

   $6+9+8+0+0+9=32$

2. 然后，将该数乘以 3。

   $32 \times 3 = 96$

3. 将所有偶数位置（第 2、第 4、第 6、第 8 和第 10 位）上的数字相加。

   $3+3+2+0+3=11$

4. 然后，将该和与第 2 步所得的值相加。

   $96+11=107$

5. 保存第 4 步的值。要创建校验位，需要确定一个值，当将该值与步骤 4 所得的值相加时，结果为 10 的倍数，该值就是最终创建的校验位。

   $107+3=110$

   因此，校验位为 3。

扫描器每次扫描商品时，都要执行此计算。如果计算所得校验位与读取的校验位不一致，则扫描器会知道发生错误，需要重新扫描商品。

11.5 数据库设计

数据库设计是指根据用户需求研制数据库结构的过程，具体地说，是指对于一个给定的应用环境，构造最优的数据库模式，建立数据库及其应用系统，使之有效地存储数据，满足用户的信息要求和处理要求。也就是把现实世界中的数据，根据各种应用处理的要求，加以合理组织，满足硬件和操作系统的特性，利用已有的 DBMS 来建立能够实现系统目标的数据库。

数据库是管理信息系统的重要组成部分，因此，数据库设计是信息系统开发过程中的核心技术，数据库设计的质量将直接影响整个系统的运行效率和用户对数据使用的满意度。

11.5.1 数据库设计的方法

传统的数据库设计主要采用手工和经验相结合的方法，设计的质量往往取决于设计人员的经验和水平，缺乏科学理论和工程方法的支持，难以保证设计的质量，增加了系统开发的成本。

经过多年的努力，运用软件工程的思想与方法，研究人员提出了许多数据库设计方法，这些设计方法都属于规范化设计方法。其中新奥尔良（New Orleans）法是目前公认的比较完整和权威的一种规范设计法。新奥尔良法将数据库设计分成需求分析（分析用户需求）、概念设计（信息分析和定义）、逻辑设计（设计实现）和物理设计（物理数据库设计）。目前，常用的规范设计方法大多起源于新奥尔良法，并在设计的每一阶段采用一些辅助方法来具体实现。

下面简单介绍几种常用的规范设计方法。

1. 基于 E – R 模型的数据库设计方法

基于 E – R 模型的数据库设计方法是由 P. P. S. Chen 于 1976 年提出的数据库设计方法，其基本思想是在需求分析的基础上，用 E – R（实体—联系）图构造一个反映现实世界实体之间联系的企业模式，然后再将此企业模式转换成基于某一特定的 DBMS 的概念模式。

2. 基于 3NF（第三范式）的数据库设计方法

这是一种结构化数据设计方法，其基本思想是在需求分析的基础上，确定数据库模式中的全部属性和属性间的依赖关系，将它们组织在一个单一的关系模式中，然后再分析模式中不符合 3NF 的约束条件，将其进行投影分解，规范成若干个 3NF 关系模式的集合。

3. 对象定义语言（Object Definition Language，ODL）方法

这是一种基于面向对象技术建立数据库的方法。该方法用面向对象的概念和术语来说明数据库结构。ODL 的主要作用是进行面向对象数据库设计，进而将其直接转换成面向对象数据库管理系统（OODBMS）的说明。

目前，许多计算机辅助软件工程（Computer Aided Software Engineering，CASE）工具可以自动或辅助设计人员完成数据库设计过程中的很多任务。例如，Sybase 公司的 Power Designer 等。

11.5.2 数据库设计的步骤

数据库作为信息系统的重要组成部分，数据库设计应该与应用系统的设计过程紧密结合起来。在结构化系统开发过程中，数据库设计主要包括以下步骤：用户需求分析、概念结构设计、逻辑结构设计和物理结构设计。

1. 用户需求分析

数据库的用户需求分析是整个数据库设计过程中比较费时、较复杂的一步，也是最重要的一步，是在系统分析的详细调查阶段完成的。这个阶段的主要任务是从数据库设计的角度出发，对现实世界要处理的对象（组织、部门、企业等）进行详细调查，在了解原系统的概况，确定新系统功能的过程中，收集支持系统目标的基础数据及其处理。在分析用户要求时，要确保用户目标的一致性。

2. 概念结构设计

数据库概念结构设计是在系统分析阶段进行的，该阶段的任务是根据用户需求设计数据库的概念数据模型（以下简称"概念模型"）。概念模型直接面向现实世界，是独立于具体 DBMS 的。概念模型常用后面介绍的 E–R 模型表示。

3. 逻辑结构设计

数据库的逻辑结构设计是将概念结构设计阶段完成的概念模型转换为能被选定的数据库管理系统（DBMS）所支持的数据模型。数据模型是对客观事物及其联系的数据化描述。数据模型可以由实体联系模型转换而来，也可以用基于第三范式的方法进行设计。

4. 物理结构设计

数据库最终要存储在物理设备上。对于给定的逻辑数据模型，选取一个最适合应用环境的物理结构的过程，称为数据库物理结构设计。物理结构设计的任务是为了有效地实现逻辑模式，确定所采取的存储策略。此阶段是以逻辑结构设计的结果作为输入，结合具体 DBMS 的特点与存储设备特性进行设计，选定数据库在物理设备上的存储结构和存取方法。

11.5.3 概念模型

数据模型是现实世界中的事物及事物间的联系在计算机中的表示，为了建立数据模型，首先把现实世界中的事物及事物间的联系用一些概念描述出来，称为概念模型。概念模型是从用户的观点对数据及信息建模，不涉及具体的 DBMS，是系统分析人员与用户交流的有力工具，另外，概念模型应能很方便地转化为数据模型。

建立概念模型所涉及的主要概念有：

（1）实体：现实世界中可以区分的事物。可以是具体的对象，也可以是抽象的事件。如一个人、一棵树、一场球赛都是实体。

（2）实体集：同类实体的集合。

（3）属性：实体具有的某种特性。如描述学生的属性包括学号、姓名、年龄、性别等。

（4）实体标识符：在众多属性中能够唯一标识实体的属性或属性组合。如学生的"学号"。

（5）联系：现实世界的事物总是存在着这样或那样的联系。实体间的联系有以下三种（见图 11-3）。

① 一对一联系（1:1）。实体集 A 中的每个实体至多与实体集 B 中的一个实体发生联系，反之亦然。

如图 11-3（a）所示，一个工厂只有一名厂长，一个厂长也只管理一个工厂，工厂和厂长之间具有一对一联系。

② 一对多联系（1:n）。实体集 A 中的每个实体可与实体集 B 中的多个实体发生联系，而实体集 B 中的每个实体至多与实体集 A 中的一个实体发生联系。

如图 11-3（b）所示，一个班级有多名学生，而一个学生只属于一个班级，班级和学生之间具有一对多联系。

③ 多对多联系（m:n）。实体集 A 中的每个实体可与实体集 B 中的多个实体发生联系，反之亦然。

如图 11-3（c）所示，一名学生可以选多门课程，一门课程允许多个学生选，学生和课程之间具有多对多联系。

例如，对于课程、教师与参考书三个实体集，如果一门课程可以有多名教师讲授，使用多本参考书，而每个教师只讲授一门课，每本参考书只供一门课使用，则课程与教师、参考书之间的联系如图 11-4 所示。

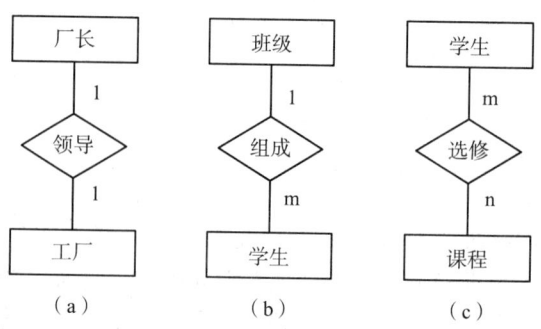

图 11-3 实体间联系实例

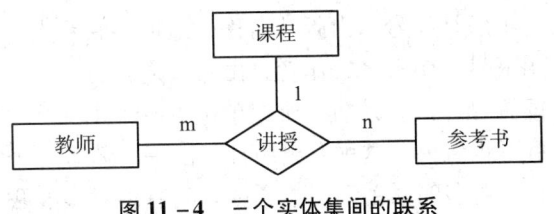

图 11-4 三个实体集间的联系

同一个实体集内部的各实体间也可以存在一对一、一对多、多对多的联系。例如,某一职工作为单位领导,它能领导其他职工。领导和职工有一对多的关系,如图 11-5 所示。

图 11-5 同一实体集内的联系

现实世界中的事物用上述概念描述出来就构成了概念模型。"实体—联系模型"(Entity-Relationship,简称 E-R 模型)是一种常用的概念模型,"实体—联系图"(简称 E-R 图)是实体—联系模型的图形表示。

在系统分析阶段,通过详细调查,了解客观事物及其联系之后,即可着手建立 E-R 模型。根据收集到的材料(DFD 和 DD),利用分类、聚集、概括等方法抽象出实体,并一一命名,再分析实体间的各种联系。先设计出各个局部 E-R 模型,最后集成构成整个系统的 E-R 模型。

11.5.4 E-R 图的绘制

在画 E-R 图时,用矩形表示实体型,用椭圆表示属性,并用无向边将其与相应的实体连接起来;用菱形表示实体间的联系,并用无向边分别与有关实体联系起来,同时在无向边标上联系的类型。须注意的是:联系也可以有属性。

例如,图书馆管理系统中规定从一家出版社可以订购多种图书,一种图书只能从一家出版社订购;一个读者可以预定多种图书,一种图书也可以被多个读者预定(前提是图书馆的一种图书藏有多本)。用 E-R 图画出该图书馆管理系统的概念模型。各实体及属性:

出版社（出版社编号，出版社名称，地址，联系人）
图书（图书号，图书名，作者，出版日期）
读者（读者号，读者姓名，所在单位，E-mail）

通过分析不难看出，这里有出版社、图书、读者三个实体，出版社、图书间有1对多的联系，图书、读者间有多对多的联系，先画出草图，最后整理成E-R图，如图11-6所示。

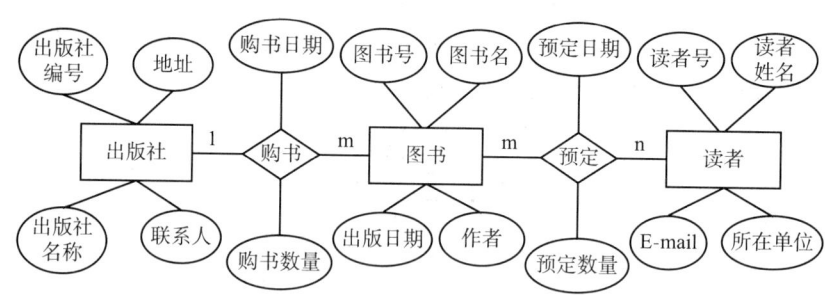

图11-6 从出版社购书及读者预定图书的E-R图

11.5.5 数据模型

E-R模型只是建立了信息世界的概念模型，为了便于计算机处理，还需要将其转化为数据模型。

转化为数据模型是数据库设计阶段的重要任务，数据模型与所选用的DBMS有关，有层次模型、网状模型、关系模型、面向对象模型等，目前最常用的是关系型DBMS，所以这里只介绍关系模型。

关系模型是现实世界中的事物及事物间的联系用关系模式所描述的模型。有关的关系模型的相关概念如下：

（1）关系：满足一定条件的二维表称为关系，如学生成绩表。

（2）元组：表中的一行称为一个元组（或称记录）。

（3）属性：表中的一列称为一个属性（或称字段），如图书表有图书号、图书名、作者、出版日期等属性。

（4）主码（或称主关键字）。关系中能唯一标识一个元组的属性或属性组合，例如图书实体中的"图书号"属性。

（5）候选码：若关系中的某一属性组的值能唯一地标识一个元组，而其任何真子集都不能再标识，则称该属性组为候选码。例如：在图书实体中，"图书号"是能唯一地区分学生实体的，同时又假设"图书名""作者"的属性组合足以区分图书实体，那么 {图书号} 和 {图书名，作者} 都是候选码。

（6）关系模式：是对关系的描述，一般表示为：关系名（属性1，属性2，属性3，…）。

(7) 外码：某属性或属性组合不是本关系的主码，但却是本数据库中另一个关系的主码，称其为本关系模式的外码。

11.5.6 E-R模型向关系数据模型转换

E-R模型中的主要成分是实体和联系。可以分别对实体和联系实施如下转换规则。

1. 实体转换规则

E-R模型中的每个实体都相应地转换为一个关系模式，该关系模式应包括对应实体的全部属性，并根据关系表达的语义确定出主码。

2. 联系转换规则

由于外码在关系模型中是实现联系的主要手段，所以应该在转换后的各关系中确定各自的主码和外码。对于图11-7中三种E-R模型中的联系，根据不同的联系方式，可以采取不同的处理手段。

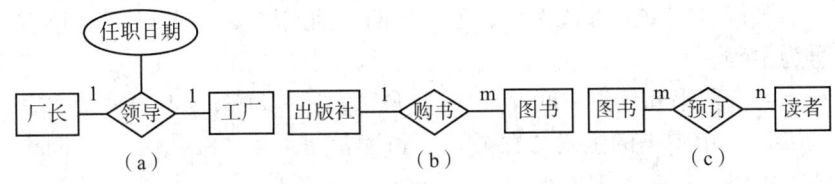

图11-7 三种E-R模型

(1) 对于1∶1联系：可以在两个实体转换成的任意一个关系模式中加入另一个关系的主码和联系的属性。

举例：厂长和工厂之间存在如图11-7(a)所示的1∶1的联系，将其转化为关系模式时，把"领导"关系模式省略，在厂长关系模式中增加"厂名"和"任职日期"属性。

图11-7(a)模型转化为：

厂长（姓名，性别，年龄，厂名，任职日期）

工厂（厂名、厂址、建厂日期、工厂性质、主要产品、职工人数）

厂长关系模式中"姓名"是主码，"厂名"是外码，工厂关系模式中"厂名"是主码，厂长与工厂的联系（1∶1）隐含在厂长关系模式中，"任职日期"是联系的属性。

从理论上讲，1∶1联系可以与任意一端对应的关系模式合并。但有些情况下，与不同的关系模式合并效率会不大一样。因此究竟应该与哪端的关系模式合并需要依应用的具体情况而定。

注意：每个关系模式中构成主码的属性或属性组合带下划线。

(2) 对于1∶n联系：可以在n方实体转换成的关系模式中加入1

方实体转换成的关系模式的主码和联系的属性，如果联系有属性，也把联系的属性加入 n 方实体对应的关系模式中。

例如：出版社与图书之间存在 1∶n 的联系，其 E‐R 图如图 11‐7（b）所示。可以转化为：

出版社（出版社编号、出版社名称、地址、联系人），主码为出版社编号；

图书（图书号、图书名、出版日期、作者、出版社编号、购书日期、购书数量），主码为图书号，外码为出版社编号，购书日期、购书数量属于联系的属性。

(3) 对于 m∶n 联系：只能将联系单独转换成一个关系模式，其属性为两端实体的主码加上联系的属性，而主码为两方实体主码的组合。

例如：图书与读者之间的预定关系存在如图 11‐7（c）所示的 m∶n 联系。按照规则，将其转化为下述三个关系：

图书（图书号、图书名、出版日期、作者），图书号为主码；

读者（读者号、读者姓名、所在单位、E‐mail），读者号为主码；

预订（图书号、读者号、预订日期、预定数量），图书号、读者号为主码。

由于图书和读者之间存在 m∶n 联系，所以联系转换为一个关系"预订"。由图书的主码"图书号"和读者的主码"读者号"共同构成其主码。

另外，每个关系建立关系模型之后，还要进行合并，在本案例中，图书的关系模式出现了两次，因此，要保留属性最多的关系模式：

图书（图书号、图书名、出版日期、作者、出版社编号、购书日期、购书数量），主码为图书号，外码为出版社编号。

11.5.7 关系规范化

我们知道，关系数据库是由一组关系组成，一个关系可以用来描述一个实体及其包括的属性，又可用来描述实体之间的联系。那么，针对一个具体的问题，如何构造适合于它的关系模式，即应该构造几个关系，每个关系由哪些属性组成等。这是关系数据库的规范化问题。规范化理论研究关系模式中各属性之间的依赖关系及其对关系模式性能的影响。

规范化是在保持存储数据完整性的同时最小化冗余数据的结构的过程。规范化的数据库必须符合关系模型的范式（Normal Form，NF）规则。范式可以防止在使用数据库时出现不一致的数据，并防止数据丢失。范式表示的是关系模式的规范化程度，也即满足某种约束条件的关系模式，根据满足的约束条件的不同来确定范式。各种形式的范式在关系数据库中都允许存在,但是为了构造好的逻辑结构,常常需要将低级范式分解为若干个高级范式,这个过程称为关系的规范化。关系模型的范式有第一范式、第二范式、第三范式和 BCNF 范式等多种。

1. 相关概念

在介绍范式之前,需要先定义几个关于属性间关系的概念:

(1) 依赖:若某属性或属性组合 X 定了,属性 Y 也就跟着定了,称 X 决定 Y,或称 Y 依赖 X。如学生(学号、姓名、性别、年龄)中,姓名、性别、年龄等都依赖学号。

(2) 主属性:构成主码的属性称为主属性,其他称为非主属性。所有非主属性依赖主码。如学生关系模式中学号为主属性,其他为非主属性;选课(学号、课程号、成绩)中,学号和课程号为主属性,成绩为非主属性。

(3) 部分依赖与完全依赖:若某属性依赖主码中的部分属性,则称部分依赖于主码;若某属性依赖码中的所有属性,则称完全依赖于主码,当然,只有当属性组合作为主码时,才可能有部分依赖的问题。如关系模式(学号、课程号、成绩、性别)中,学号和课程号共同作为主码,成绩完全依赖于主码,性别仅由学号决定,与课程号没关系,性别是部分依赖于主码。

(4) 传递依赖:若 Z 依赖 Y,并且 Y 依赖 X,则称 Z 传递依赖 X。如关系模式(学号、系名、系主任),系主任依赖系名,系名依赖学号,则系主任传递依赖学号。

2. 关系的规范化过程

(1) 第一范式(1NF)。属于第一范式的关系应满足的基本条件是元组中的每一个属性都必须是不可再分的数据项。例如,表 11-2 所示关系不符合第一范式,而表 11-3 则是经过规范化处理,去掉了重复项而符合第一范式的关系。

表 11-2　　　　　　　　　　不符合第一范式的关系

教师代码	姓名	工资	
		基本工资	附加工资
1001	张强	1 000.00	200.00
1002	李敏	800.00	200.00
1003	王方	700.00	100.00

表 11-3　　　　　　　　　符合第一范式的关系

教师代码	姓名	基本工资	附加工资
1001	张强	1 000.00	200.00
1002	李敏	800.00	200.00
1003	王方	700.00	100.00

（2）第二范式（2NF）。第二范式指的是这种关系不仅满足第一范式，而且所有非主属性完全依赖于其主码（即没有部分依赖的问题）。例如，表 11-4 所示关系虽满足 1NF，但不满足 2NF，因为它有非主属性"系名"和"系主任"不完全依赖于由"学号"和"课程名"组成的主码。这种关系会引起插入异常、删除异常、数据冗余和更新异常。当要插入新的课程时，由于暂时无人选，缺少相应的学号，以致无法插入；当删除 99002 这位学生时，将有管理会计这门课的信息也丢失了；同一数据多处重复存放，若修改了部分数据，会引起数据不一致。解决方法是将一个非 2NF 的关系模式分解为多个 2NF 的关系模式。

表 11-4　　　　　　　　　不符合第二范式的关系

学号	系名	系主任	课程名	成绩
99001	会计系	张强	基础会计	87
99001	会计系	张强	成本会计	89
99002	会计系	张强	管理会计	78
99003	计算机系	李敏	离散数学	80
99003	计算机系	李敏	数据结构	90

在本例中，分解为两个关系模式：表 11-4 所示关系被分为满足 2NF 要求的三个关系：

学生（学号、系名、系主任）

选课（学号、课程名、成绩）

这样的两个关系模式因为没有部分依赖的问题，都满足 2NF。

（3）第三范式（3NF）。第三范式指的是这种关系不仅满足第二范式，而且它的任何一个非主属性都不传递依赖于主码（或者说非主属性之间没有依赖关系）。

考察上面的关系模式学生（学号，系名，系主任），虽已满足 2NF，仍然有插入异常、删除异常、数据冗余和更新异常的问题，原因是该关系模式不是第三范式。由于"系名"和"系主任"是 1∶1

的关系,"系名"确定了,"系主任"自然也就确定了,"系主任"依赖"系名","系名"依赖"学号",所以,"系主任"通过"系名"传递依赖"学号"。

消除传递依赖关系的办法,是将学生(学号、系名、系主任)关系分解为如下两个 3NF 关系模式:

学生(学号、系名)

系(系名、系主任)

3NF 消除了插入、删除异常及数据冗余、修改复杂等问题,已经是比较规范的关系。

在关系规范化的过程中,规范理论还提出了 BCNF、4NF 等,但在实际应用中,一般企业管理信息系统数据存储逻辑结构要求达到 3NF 就可以了。

11.6 输入输出设计

输入/输出设计是系统设计的重要内容。系统设计的最终目标是满足用户的要求,输入输出设计的质量是评价系统开发成功与否的主要标准。需要注意的是,在系统设计过程中,先根据管理和用户的需要进行输出设计,然后再根据输出所要求获得的信息进行输入设计。

11.6.1 输出设计

输出设计所要解决的问题是针对不同用户的特点和需求,以最恰当的形式,向用户输出最及时、准确、符合要求的信息。输出设计中,需要具体考虑确定输出内容、选择输出方式以及设计具体的输出格式等三项内容。

1. 输出设计的内容

输出设计必须使管理信息系统输出满足用户需求的信息。因此,在确定输出设计的内容时,应首先确定用户在使用信息方面的要求,包括信息的使用者、使用目的、信息量、输出周期、有效期、保管方法和输出份数等。根据用户的要求,进一步设计输出信息的内容,包括信息形式(文字、数字、表格)、输出项目及数据结构、数据类型、位数与取值范围、数据的生成途径等。

2. 输出方式的选择

常用的输出设备和介质各有特点(具体参照表 11-5),信息系统的输出方式应根据用户对输出信息的要求、信息量的大小,结合资金条件和现有的输出设备情况进行选择。例如，系统最终的输出信息一般采用打印机或者绘图仪等设备，以图表或者文件的形式输出，或者通过网络传给其他系统。对于一些输出内容不多，而又不需要保存的检索信息可以采用屏幕显示的方式输出。另外，一些需要长期保存的信息以及系统内非常重要的信息都可以利用磁盘等磁性介质来备份。

表 11-5　　　　　　　　　输出设备和介质一览表

输出设备	行式打印机	激光打印机	磁盘机	显示终端	绘图仪	缩微胶卷输出机
介质	打印纸	打印纸	磁盘	屏幕	绘图纸	缩微胶卷
特点用途	便于保存，成本低	速度快，质量高，价格较高	容量大，便于存取和更新	能实时响应人机对话	图形的精度高	体积小，易保存

3. 确定输出设计的格式

（1）基本要求。

提供给用户使用的输出信息都应该进行输出格式的设计，输出格式的设计应满足以下基本要求：

①使用方便，满足使用者的要求和习惯；

②格式清晰，界面美观；

③规格标准化，文字和术语统一，易于阅读和理解；

④便于计算机实现；

⑤能适当考虑系统未来的发展需要。

（2）常用输出格式。

输出格式主要有以下两种：

①报表形式。报表是较常用的输出格式之一。报表的类型有详细型报表、汇总型报表、分析型报表。详细型报表主要记录单位一定时期往来数据的明细列表。汇总型报表指将填列在不同位置的有关信息共同反映在一张报表上。分析型报表指为支持单位管理部门工作，对数据进行统计处理过的报表。

②图形形式。为了能够直观清晰地表达数据的变化趋势，管理信息系统中通常采用可视化的图形形式。图形形式输出经常被用于年终总结、数据分析以及各种演示汇报的场合，起着数据报表难以达到的显著效用，常为决策者所喜爱，常用的图形形式主要有柱状图、饼图、折线图等。

11.6.2 输入设计

"输入的是垃圾,输出的必然是垃圾",因此要想获得高质量的输出信息,保证高质量的输入数据是至关重要的。输入设计是信息系统与用户之间交互的纽带,对系统的质量有着重要影响。

1. 输入设计的原则

输入设计的根本目标是提高输入效率和减少输入错误,为此,输入设计中应具体遵循以下原则:

(1) 量小原则。

由于数据输入与计算机处理比较起来相对缓慢,在数据录入时,系统大多数时间都处于等待状态,系统效率将显著降低;同时,数据录入工作一般需要人的参与,大量的数据录入往往浪费很多人力资源,增加系统的运行成本。因此,输入设计中,应尽量控制输入数据量,用户只需要录入最基本的信息,能由信息系统自动导出或转换的数据就不再由用户输入。

(2) 提速原则。

输入数据的速度对于信息系统运行效率的提高有着较大的影响,为了减少输入延迟,可以采用周转文件、批量输入等方式。

(3) 简单原则。

用户界面简洁友好,输入格式直观清晰,同时,应避免不必要的输入步骤,尽可能做到操作简单方便。

(4) 灵活原则。

允许用户控制交互的流程。用户可以跳过不必要的操作,改变动作次序或取消刚才的操作。

(5) 纠错原则。

信息系统应具有自动数据校验和检查的功能,尽可能防止用户出现不必要的输入错误。

2. 确定数据输入设备

输入设计首先要确定输入设备的类型和输入介质,目前最常用的输入设备包括键盘、光电阅读器、终端输入(具体参照表 11-6),其他输入设备还有操作杆、触摸屏、光笔、扫描仪等。

输入设计中,输入设备的选择一般需要考虑输入数据的量与频度、来源与形式,以及用户对输入速度、准确性、保密性、兼容性要求以及现有设备和可利用资金等多种因素。

表 11-6　　　　　　　　　　　输入设备和方式一览表

名称	方式	特点
键盘—磁盘	由数据录入员通过工作站录入，经可靠性验证后存入磁介质存储设备（如磁盘等）	成本低、速度快，易于携带，适用于大量数据输入
光学阅读器	采用光笔读入光学标记、条形码或二维码	适用于电脑阅卷或者自选商场、图书借阅等少量数据录入的场合
终端输入	终端以在线方式与主机实时连接	及时返回处理结果

3. 输入方式的设计

常用的数据输入方式有键盘输入、鼠标输入、扫描仪输入、磁盘/光盘输入等和网络传送数据等。信息系统对数据的准确性要求较高，应选择从条码阅读器、子系统或网络终端直接传送的方式，而少用人工输入的方式，避免数据输入错误所造成的损失（见图 11-8）。

图 11-8　图书借阅子系统输入界面

例如，在某高校图书馆管理信息系统中，在进行图书借阅子系统的输入设计时，读者号、图书号等原始数据可以选择通过条码阅读器读入，然后系统内部链接读者表和图书表将与读者和图书有关的信息予以显示。借阅日期默认为当天的日期，归还日期默认为当天日期加 90 天，借阅数量默认为 1 本。这样，不用任何手工输入就可以添加一条记录，很大程度上避免了输入信息可能发生的错误。

4. 输入数据的校验

输入设计中，数据校验方式的选择与设计是非常重要的。特别是针对数量、金额等字段，没有适当的校验措施作保证是很危险的。因此，应利用恰当的校验方式尽可能减少数据输入中的错误，但应指出的是绝对保证不出错的校验方式是没有的。

常用校验方式有：

（1）人工校验：即录入数据后再显示或打印出来，由人工采用目测的方法与原始单据进行比较，找出差错。人工校验效率太低，较少使用。

（2）二次键入校验：同一批数据两次键入，由系统自动检查两次输入的结果，完全一致部分则可认为输入正确；将不同部分显示出来由人工确定。对于特别重要的数据输入时，可以采用此种方法。

（3）平衡校验：根据数据之间的计算关系来检查输入数据的正确性。应用平衡校验法比较典型的例子是会计凭证数据必须满足"有借必有贷，借贷必相等"，即会计工作中的借方金额合计和贷方金额合计必须相等。如果不满足该平衡条件，那么输入的会计凭证数据一定是存在错误的。

（4）界限校验：通过给出数据的上限和下限的方法来检测输入数据的正确性。例如，日期中月份的最大取值为 12，最小取值为 1。如果输入的月份数据不在该范围之内，则认为是输入有误。

（5）类型校验：是从数据类型的角度来检测输入数据的正确性。通常，输入的数据有几种基本类型：字符型、数字型、日期型、逻辑型等。有的数据只能是数字型，如单价、库存量、销售量等；而有的则只能是字符型，如厂名、人名、地址等。例如，在输入职工姓名时，输入的应为字符型数据，如果输入的为数值型数据就属于错误输入。

（6）逻辑校验：根据业务上各种数据的逻辑性，检验数据的输入是否准确。例如月份的值只能是 1~12 等整数。

（7）格式校验：检验数据记录中各数据项的位数和位置是否符合预先设定的格式。

（8）校验位校验：具体方法参见本章第四节第五个问题。

（9）控制总数校验：采用控制总数校验时，工作人员先用手工求出数据的总值，然后在数据的输入过程中由计算机程序累计总值，然后比照两者结果进行校验。

（10）记录计数校验：通过计算记录个数检查记录是否有遗漏或者重复。

（11）顺序校验：用来检查顺序排列的记录。例如，在经济业务中，销售发票、支票、记账凭证等多种单据是顺序编号、顺序使用的。顺序校验是指在单据数据输入后，由计算机检查输入单据的有关编号是否满足应有的顺序关系，如果发现重号或缺号，计算机将给出错误信息。这种控制能防止单据在输入过程中的遗漏、丢失、重输或编号输入错误。

（12）对照校验：一般用于检查输入的数据是否为无效数据。例如，在输入课程编码时，一般需要在课程编码表中查找是否存在所输入的课程编码，如果不存在，那么输入的课程编码为无效的课程编码。

11.7 编制系统设计报告

系统设计结束后，应该编写系统设计报告来总结系统设计阶段的成果，完成新系统的物理模型设计，为系统实施阶段的提供依据。

系统设计报告通常由引言与系统设计方案两大部分组成。

1. 引言

（1）摘要：说明新系统的名称、系统目标、系统功能。

（2）系统环境及限制：系统软件、硬件及运行环境的限制；保密安全限制。

（3）专门术语定义。

2. 系统设计方案

（1）总体设计方案：包括系统功能结构设计、系统模块结构图设计、系统物理配置方案设计及其说明

（2）代码设计方案

（3）数据库设计方案

（4）输入/输出设计方案

（5）模块处理过程的算法设计

（6）系统安全设计方案

系统设计报告经过批准后，整个系统开发工作便进入系统实施阶段。

本 章 小 结

系统设计阶段是在系统分析阶段得到的逻辑模型的基础上进行

的,主要用来解决"怎么做"的问题,并且还要满足系统的系统性、灵活性、可靠性、效率以及经济性等多方面的要求。

系统功能结构设计是对系统进行宏观、总体的规划,主要任务是划分子系统和确定每个子系统的功能结构,并利用模块结构图描述系统的功能模块构成以及模块之间的层次关系。

系统物理配置方案的设计主要包括计算机软件、硬件系统的配置,网络系统的配置,数据库管理系统的选择,计算机处理方式的选择等工作。

代码设计遵循唯一性、通用性、合理性、简洁性以及可扩充性等原则,最终设计出的代码结构对于系统是否具有较强的生命力有着显著的影响。数据库是管理信息系统的重要组成部分,数据库设计描述了根据用户需求研制数据库结构的具体步骤和过程。输入设计决定了系统与用户交互的质量,输出设计则提供了向用户展示信息处理结果的唯一手段,因此输入/输出设计的水平是评价系统开发成功与否的主要标准。

系统设计阶段最终建立了新系统的物理模型,最后编写系统设计报告,作为下一阶段系统实施的依据。

习 题

1. 系统设计阶段的主要任务是什么?具体而言,系统设计阶段完成哪些工作?
2. 模块结构图的定义是什么?模块结构图与数据流程图之间有什么联系?
3. 简述物理配置方案设计的依据。
4. 代码设计能够起到什么作用?代码设计中应该遵循哪些原则?
5. 请描述数据库设计的步骤?
6. 请用E-R图画出该医院管理的概念模型,并写出最终的关系数据的逻辑模型:

医院每个病区有一名科室主任,每名主任只能在一个病区任职;每个病区有若干名医生,每个医生只在一个病区任职;每个病人由一名医生负责,每位医生分管多个病人。

各实体的属性:病区(病区名,位置,面积);主任(姓名,性别,年龄,所学专业);医生(姓名,性别,职称,毕业院校);病人(编号,姓名,性别,疾病名称)。

7. 请判断下列关系属于第几范式?试说明原因。

工号	部门	部门经理	工资（元）
01109	财务部	李俊	3 035.00
01121	财务部	李俊	2 667.00
01124	财务部	李俊	2 879.00
01408	采购部	王敏	3 186.00
01413	采购部	王敏	2 712.00

8. 输入设计中可以采用哪些方法来校验数据输入中的错误？

9. 在系统设计中，为什么先进行输出设计，再进行输入设计？

第12章 信息系统实施

系统实施作为管理信息系统开发生命周期的后期阶段,其目的是把系统分析和系统设计阶段的成果转化为可在计算机上实际运行的系统。系统实施的主要任务是按照系统设计说明书的要求,购置和安装计算机系统和网络系统、编制程序、调试新系统、培训操作人员,还要整理基础数据,然后进行新老系统的切换。

12.1 物理系统的实施

12.1.1 计算机系统的实施

按照系统设计阶段物理配置方案设计的要求,购买系统所需的硬件设备和软件系统,并安装调试。硬件设备包括主机、外围设备、稳压电源、空调装置、机房的配套设施以及通信设备;软件系统包括操作系统、数据库管理系统、应用软件和工具软件。

1. 计算机硬件选购原则
(1) 在功能、容量和性能上满足所开发 MIS 的设计要求。
(2) 计算机系统具有合理的性能价格比。
(3) 计算机系统具有良好的可扩充性。
(4) 有良好的售后服务和技术支持。

2. 软件系统选购原则
(1) 操作系统、数据库管理系统应选择主流软件产品。
(2) 程序设计语言按应用领域、性能要求、可移植性选择软件产品。
(3) 商品化软件按功能需求、适用范围、接口及运行环境选择软件产品。

12.1.2 网络系统的实施

按照设计阶段总体布局和网络拓扑结构设计的要求，选购系统所需的网络设备和网络操作系统，并进行有关的网络通信设备与通信线路的架构与连接、网络操作系统的安装和调试、整个网络系统的性能和安全测试及用户权限的设置等。

12.2 程序设计

12.2.1 程序设计语言

程序设计语言很多，比较流行的有 Java、Visual Studio.Net 系列、PowerBuilder 等。后台数据库服务器大多采用 Oracle、SQL Server 等。对于开发小型的管理软件使用 FoxPro 的也很多。下面简单介绍两种比较常见的程序设计语言。

1. Java

Java 是 20 世纪 90 年代中期 Sun 推出的一种程序设计语言。Java 由 Sun 的 OAK 项目发展而来，最初是用它来开发消费性电子产品，但因语言本身和市场的问题，加之互联网的迅速发展，Java 最终发展成为一个面向对象的程序设计语言。它可以在不同机器、不同操作平台的网络环境中开发软件，成为 Web 应用的主要开发语言，并极大地改变了应用软件的开发模式。

Java 是在 C++ 的基础上改进而来的，语法与 C++ 类似，但比 C++ 易学易用。它以一些预定义的类为基础，完全面向对象；采用分布式编程模式，支持多线程，在虚拟机上运行，因此与平台无关，适合开发大型的分布式系统；Java 是强类型语言，没有指针，采用自动内存回收，鼓励使用接口，因此具有很强的安全性和健壮性。此外，Java 还具有异常处理等特性，并通过 Package 来分解 Java 命名空间。

Java 语言为不同目的的开发提供了多种版本的体系结构：J2ME（Java2 Micro Edition）针对嵌入式开发，如手机应用等；J2SE（Java2 Standard Edition）针对桌面应用开发；J2EE（Java2 Enterprise Edition）针对企业级的应用解决方案。

Java 的开发环境可采用标准的 JDK，也可采用第三方的可视化开发工具，如 Borland 公司的 JBuilder、SyManTec 公司的 Visual Cafe、IBM 公司的 Visual Age for Java 和 Eclipse 等。

2. C#语言

C#是微软公司发布的一种面向对象的高级程序设计语言，读作 C Sharp。最初微软称 C#项目为 COOL，COOL 项目从 1998 年 12 月开始，2000 年 2 月 COOL 被正式更名为 C#。

C#旨在设计成为一种"简单、现代、通用"，以及面向对象的程序设计语言，提供对于以下软件工程要素的支持：强类型检查、数组维度检查、未初始化的变量引用检测、自动垃圾收集。

C#是一种安全的、稳定的、简单的、优雅的，由 C 和 C + + 衍生出来的面向对象的编程语言。它在继承 C 和 C + + 强大功能的同时去掉了一些它们的复杂特性（例如没有宏以及不允许多重继承）。C#所开发的程序源代码并不是编译成能够直接在操作系统上执行的二进制本地代码。与 Java 类似，它被编译成为中间代码，然后通过 .NET Framework 的虚拟机执行。

C#的开发环境为由微软公司发布的 .Net Framework，.Net Framework 是一个生产率高且基于标准的多语言开发平台，支持 C#、VB.NET、ASP.NET、C + + 等开发语言。

C#拥有比 Java 更加强大的开发环境，但是其运行环境仅限于 Windows 平台，无法像 Java 一样可在 Windows、Linux 上跨平台执行。

3. Python 语言

Python 是一种跨平台的计算机程序设计语言，是一个高层次的结合了解释性、编译性、互动性和面向对象的脚本语言。最初被设计用于编写自动化脚本（Shell），随着版本的不断更新和语言新功能的添加，越来越多被用于独立的、大型项目的开发。可以应用于以下领域：Web 和 Internet 开发、科学计算和统计、AI 人工智能、网络爬虫等。

现在流行的网络爬虫技术和 AI 人工智能技术大部分都是用 Python 语言编写的，这大大促进了 Python 语言的发展。AI 深度学习技术本身的特点决定了其不适合静态编译型语言，而 Python 语言被选作 AI 技术框架的基础语言，更多的是源于 Python 的动态特性及其开发效率高等性能优势。

另外，由于 Python 语言的简洁性、易读性以及可扩展性，在国内外用 Python 做科学计算的研究机构日益增多，一些大学已经采用 Python 来教授程序设计课程。

12.2.2 程序设计的目标

随着计算机应用水平的提高，软件越来越复杂，同时硬件价格不断下降，软件费用在整个应用系统中所占的比重急剧上升，从而使人们对程序设计的要求发生了变化。在过去的程序设计中，主要强调程序的效率，但随着系统开发技术和计算机技术的不断发展，人们则倾向于首先强调程序的可靠性、可读性和可维护性，然后才是效率。

1. 可靠性

可靠性是指程序应当具有较好的容错能力，不会因错误数据或误操作导致系统不可恢复性错误发生。程序的可靠性反映在多个方面，如程序运行的安全可靠、数据存取的正确以及通过网络传递数据的安全可靠等，可靠性在任何时候都是衡量系统质量的首要指标。

2. 可读性

程序设计人员编写的程序不仅要正确完成系统责任，而且应该易于理解，层次清楚，便于阅读，以有利于维护。要使程序具有可读性，除了结构清晰之外，还需要在程序中插入必要的注释性语句，这将为今后他人或本人阅读、修改程序提供很大的方便。程序员经常要维护他人编写的程序，一个不易于理解的程序将会给程序维护工作带来困难。

3. 可维护性

由于系统需求可能会随着环境的变化而变化，用户会经常要求系统的功能不断完善和调整，另外，由于计算机软硬件的更新换代也需要对程序进行相应的升级。如果程序做到了编程规范、结构清晰、可读性强，那么它的可维护性也是比较好的，否则将会大大增加维护的工作量。

4. 效率

程序的效率指程序占计算机资源少（如内存空间）、运行速度快。程序的效率与可读性是矛盾的。在当今计算机内存越来越大、速度越来越快的时代，人们宁可牺牲一定的空间和时间，也要尽量提高系统的可读性和可维护性，片面地追求程序的运行效率反而不利于程序设计质量的全面提高。

12.3 系统测试

系统测试是信息系统的开发周期中一个十分重要的活动。尽管在系统开发周期的各个阶段均采取了严格的技术审查，但依然难免遗留下差错，如果没有在投入运行前的系统测试阶段被发现并纠正，问题迟早会在运行中暴露出来，到那时要纠正错误将会付出更大的代价。系统测试占用的时间、花费的人力和成本占软件开发很大的比例。统计表明，开发较大规模的系统，系统测试的工作量占整个软件开发工作量的40%~50%。而对于一些特别重要甚至人命关天的大型系统，测试的工作量和成本更大，甚至超过系统开发其他各阶段总和的若干倍。

12.3.1 系统测试的目的与原则

1. 系统测试的目的

系统测试是用最小的代价找出软件中潜在的错误和缺陷，其主要目的就是验证系统是否满足了需求规格的定义，找出与需求规格不符的地方，以确保信息系统能够提供符合用户需求的处理能力。通过查错和排错，发现系统开发过程中的错误和缺陷，以便及时改进。没有发现错误的测试不是成功的测试。

2. 系统测试的原则

（1）测试工作应避免由原开发软件的个人或小组来承担。程序员应该尽量避免检查自己写的程序，因为程序员在测试自己编写的程序时往往会带有一些倾向性，另外对问题的片面理解也可能导致测试中难以发现错误或者功能上的局限性。因此，最好建立由独立的软件测试小组或测试机构进行测试。

（2）认真设计测试用例。设计测试用例时，不仅要有测试的数据输入，而且要有预期输出的结果；不仅要有合理的输入数据，而且还要有不合理的输入数据。用不合理的输入数据测试程序，往往比用合理的输入条件进行测试能发现更多的错误。

（3）尽量全面地进行测试。不仅要检验程序是否做全了该做的事，还要检查程序是否做了不该做的事。

（4）保留测试用例，将会给重新测试和追加测试带来方便。

12.3.2 系统测试的方法

对软件进行测试的主要方法为：一般源程序通过编译后，要先经过人工测试，然后再进行机器测试。人工测试是采用人工方式进行的，目的在于检查程序的静态结构，找出编译所不能发现的错误。经验表明，组织良好的人工测试可以发现程序中30%~70%的编码和逻辑设计错误，从而可以减少机器测试的负担，提高整个测试工作的效率。机器测试是运用事先设计好的测试用例执行被测程序，对比运行结果与预期结果的差别以发现错误。对某些类型的错误，机器测试比人工测试有效，但对另一些类型的错误，人工寻找的效率往往比机器测试更高。而且机器测试只能发现错误的症状，不能进行问题定位，而人工测试一旦发现错误，同时就确定了错误位置、类型和性质。因此，人工测试不可忽视，不是为了节约机时的权宜之计，它是机器测试的准备，是测试中必不可少的环节。

1. 人工测试

（1）个人复查：指源程序编完以后，直接由程序员自己进行检查。由于心理上对自己程序的偏爱，因此有些习惯性的错误自己不易发现，如果对功能理解有误，自己也不易纠正。所以这是针对小规模程序常用的方法，效率不是很高。

（2）走查：一般由3～5人组成测试小组，测试小组成员应是从未介入过该软件的设计工棚的有经验的程序设计人员。测试在预先阅读过该软件资料和源程序的前提下，由测试人员扮演计算机的角色，用人工方法将测试数据输入被测程序，并在纸上跟踪和监视程序的执行情况，让人代替机器沿着程序的逻辑走一遍，发现程序中的错误。由于人工运行很慢，因此走查只能使用少量简单的测试用例，实际上走查只是一个手段，随着"走"的进程不断从程序中发现错误。

（3）会审：测试小组的构成与走查相似，要求测试人员在会审前仔细阅读软件有关资料，根据错误类型清单（从以往经验看一般容易发生的错误）填写检测表，列出根据错误类型要提问的问题。会审时，由程序作者逐个阅读和讲解程序，测试人员逐个审查、提问、讨论可能产生的错误。会审对程序的功能、结构及风格等都要进行审定。

2. 机器测试

通过在计算机上直接运行被测程序，来发现程序中的错误。机器测试有黑盒测试和白盒测试两种方法。

（1）黑盒测试：也称功能测试，是将软件看作黑盒子，在完全不考虑程序的内部结构和特性的情况下，研究软件的外部特性。根据软件的需求规格说明书设计测试用例，从程序的输入和输出特性上测试是否满足设定的功能。

（2）白盒测试：也称结构测试，是将软件看作一个透明的白盒子，按照程序的内部结构和处理逻辑选定测试用例，对软件的逻辑路径及过程进行测试，检查与设计是否相符。

12.3.3 系统测试的步骤

1. 单元测试

单元是指程序的一个模块或一个子程序，是程序最小的独立编译单位。因此单元测试也称模块测试。由于每个模块可完成一个明确定义而又相对独立的子功能，因此可以把它作为一个单独实体来测试，而且通常比较容易设计测试用例。模块测试的目的是保证每个模块作为一个单元能够独立运行。在单元测试中所发现的往往是编程和详细设计的错误。

2. 组装测试

在每个模块完成了单元测试以后，需要按照设计时做出的功能结构图把它们连接起来，进行组装测试，也称为组合测试或综合测试。

3. 确认测试

经过组装测试，软件已装配完毕，接下来进行的确认测试和集成测试将是以整个软件作为测试对象，且采用黑盒测试方法。

确认测试是要进一步检查软件是否符合软件需求规格说明书的全部要求，因此又称为合格性测试或验收测试。

4. 集成测试

经过确认测试后，软件已测试完毕，然而软件只是信息系统的一个组成部分，还要与系统中的其他部分配套运行。集成测试是将信息系统的所有组成部分包括软件、硬件、用户以及环境等综合在一起进行测试，以保证系统各组成部分协调运行。集成测试要在系统的实际运行环境现场，在用户的直接参与下进行。

系统测试完毕后，应编写操作说明书，完成程序框图和打印源程序清单。

12.4 人员以及岗位培训

管理信息系统是一个人机系统，人员是系统的重要组成部分，这些人员包括企业的各级管理人员、操作人员以及管理与维护信息系统的专业人员。

1. 企业管理人员的培训

如前所述，管理信息系统的开发与应用是企业管理的变革，由于企业管理的传统思想及陈旧方法与管理信息系统存在差异，企业管理人员对这种新的管理思想和管理方法不甚了解，在行动上也可能对开发工作形成阻力。显然对企业各级管理人员进行有关信息系统基本知识的培训是非常必要的。

2. 操作人员的培训

操作人员是信息系统的直接使用者。统计资料表明，在信息系统运行期间发生的故障，大多数是由于操作失误造成的，因此，加强对操作人员的培训有利于提高信息系统的运行效率。一般来说，对操作人员的培训可以与信息系统的程序设计和调试工作同时进行。这样一方面可以确保信息系统按时正常投入运行；另一方面有助于操作人员更好地了解系统的结构、功能和软硬件运行环境，从而更好地使用信息系统。

3. 专业人员的培训

承担信息系统管理与维护工作的专业人员是信息系统实施运行的主要力量，但目前我国企业还缺乏这种专业人员。对这类人员的培训，可以在系统建设的一开始就进行，让他们一起参与整个建设的过程。因此，通过系统建设的过程来培养一批既懂管理业务，又懂信息系统的企业专业人员也应是企业开发信息系统的目标之一。

12.5 数据的整理、录入和转换

新系统实施时需要的数据分为两类：

（1）支撑系统运行的基础数据，如用户组织机构信息、用户信息、角色权限信息、业务基础信息。（2）原系统的历史业务数据。

1. 数据整理

数据的整理就是按照新系统对数据要求的格式和内容统一进行收集、分类和编码，即把原系统的历史业务数据和基础数据整理成符合新系统要求的数据。

2. 数据录入

数据录入就是将整理好的数据输入计算机内，并存入相应的数据库中，成为新系统的数据。

基础数据的整理和录入工作量很大，而给定的时间又比较短，因此，要注意以下几点：

（1）工作态度认真，各部门协同工作，集中一定的人力和设备，争取在尽可能短的时间内完成。

（2）工作流程要科学化，数据要标准化、规范化。

（3）在数据录入过程中，要特别注意对变动数据的控制，确保它们在系统切换时保持最新状态。

3. 数据转换

如果用户已经有旧系统，会有大量的历史数据，则可以通过数据转换提高新系统实施的效率，转换工作主要按照以下步骤进行：

（1）确定转换数据范围；

（2）分析旧系统的数据库结构，建立与新系统数据库结构的对应关系；

（3）编写数据转换脚本（SQL脚本、第三方工具、自己开发数

据转换工具等);

(4) 对旧系统数据库进行备份,使用旧系统数据库备份建立新的数据库;

(5) 在新创建的数据库上进行数据转换工作,一般不允许直接连旧系统数据库进行数据转换,因为数据转换时往往会执行大量数据更新操作,在旧系统数据库上执行可能会破坏旧系统数据;

(6) 转换完成后,使用新系统连接转换好的数据库,对系统进行完整的测试;

(7) 测试通过后,清理测试数据,并备份数据,此数据作为系统上线的初始化数据。

12.6 系统切换

系统切换是指系统开发完成后新系统替换老系统,即老系统停止使用、新系统开始运行的过程。系统切换的任务就是保证新老系统进行平稳可靠的转换,最后使整个新系统能正式交付使用。

12.6.1 系统切换的方式

系统切换一般有三种方式,如图 12-1 所示。

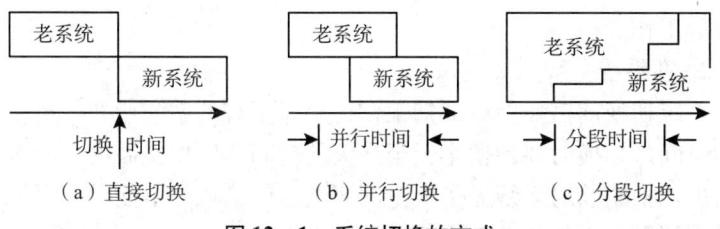

图 12-1 系统切换的方式

1. 直接切换法

直接切换法就是在确定新系统运行准确无误时,在某一特定的时刻,立刻启用新系统,终止老系统的运行,如图 12-1 (a) 所示。

这种切换方式的成本较低,但是风险比较大,因此新系统一般要经过较详细的测试和模拟运行才可以。对于一些处理过程不太复杂、数据不是很多、应用场合不是很重要的情况下可以采取直接切换的方式。

2. 并行切换法

这种切换方式是新老系统并行工作一段时间，在这个时间段中，对两个系统的输出进行严格比较，在确定新系统运行准确无误以后，新系统正式替代老系统，如图 12-1（b）所示。

并行切换的最大好处就是安全、可靠、风险低，但费用和工作量都很大，因为在相当长时间内新旧系统并行工作，要为两个系统的运行支付成本。一般情况下，在银行、财务和一些企业的核心系统中，这是一种经常使用的切换方式。

3. 分段切换法

分段切换法又称试点过渡法，这种切换方式实际上是以上两种切换方式的结合，即在新系统投入运行时，要按阶段或按模块进行，一部分一部分地替代老系统，如图 12-1（c）所示。对于还没有正式运行的那部分，仍然可以在一个模拟环境中进行考验。

分段切换既保证了可靠性，降低了风险，又不至于费用太高。但是新旧系统同时工作，增加了新旧系统的功能及数据的衔接问题，因此，分段切换对系统的设计和实现都有一定的要求，最根本的要求是模块之间的独立性要强，否则是无法实现分段切换的。

12.6.2 系统切换应注意的问题

1. 确保硬件网络环境就绪

新系统上线前要确保网络、服务器全部就绪，不要把新老系统部署在同一服务器上，新老系统在同一服务器上会影响系统升级、故障定位等工作。

2. 新系统上线后要测试

系统切换前需要做好通知工作，确保所有的系统用户知道系统切换的时间，切换时要预留半天至一天的时间，对切换后的系统进行测试，虽然上线前对系统做了大量的测试，但是依然不能保证系统切换后没有问题，系统切换后出现的异常和问题往往不是来自系统本身，通常是由服务器、网络、用户客户端造成的，所以系统切换后需要在正式环境下再次进行完整的测试。

3. 选择合适的上线时间点

有的业务系统需要保持 7×24 小时在线，如电信、银行等这种情况下要提前做好系统切换通知工作，选择业务办理最少的时间点切换系统，如凌晨。

12.7 系统实施阶段用户的作用

在系统实施阶段,用户的作用主要体现在:
(1) 提供系统部署的硬件网络环境;
(2) 提供基础数据或旧系统业务数据;
(3) 组织人员参加培训(时间、场地、参加人员);
(4) 如系统需与其他系统对接,做好协调工作;
(5) 组织项目验收活动(验收形式、验收时间、地点、专家);
(6) 确定新老系统切换时间。

本 章 小 结

系统实施作为管理信息系统开发生命周期的后期阶段,其目的是把系统分析阶段和系统设计阶段的成果转化为可在计算机上实际运行的系统。再好的系统设计,不通过系统实施也只能是不能带来现实效益的"空中楼阁"。

系统实施的主要任务是按照系统设计说明书的要求,购置和安装计算机系统和网络系统,编制程序,进行系统测试,培训操作人员,还要整理基础数据,然后进行新老系统的切换。系统切换的方式通常有三种:直接切换、并行切换和分段切换。

习 题

1. 试述系统实施阶段的主要任务。
2. 程序设计的目标是什么?
3. 简述系统测试的目的与原则。
4. 试述系统测试的方法和步骤。
5. 如何加强对企业的各级管理人员、操作人员以及管理与维护信息系统的专业人员的培训?
6. 基础数据的整理和录入要注意哪些问题?
7. 系统切换有哪几种主要方式?各自的优缺点及适用场合是什么?

第13章
信息系统项目管理

信息系统的建设是一项费时费力的、艰巨复杂的系统工程，信息系统项目的失败率也很高。几乎每一个组织的信息系统项目都要投入比最初预期更多的时间和资金来实施信息系统，否则完工的系统运行总不理想。如果信息系统不能正常运行或者开发成本太高不值得开发，那么信息系统就不能为企业带来任何收益，也就不能解决其本应解决的管理问题。企业引进一个新系统必须仔细管理、精心策划，因此了解一些信息系统的项目管理知识和成败的经验与教训也十分必要。

引导案例

某信息化项目管理案例剖析

1. 项目描述

某年，B软件公司（以下简称"B公司"）了解到A企业要建设一个客户服务中心信息系统，向客户提供有关本企业产品的咨询、查询、委托、投诉等服务，并希望能够尽可能采用各种计算机和通信技术，为客户提供快速、准确和渠道多样（包括电话、传真、Web、邮件等）的在线服务。

2. 背景

当时，客户服务中心在国内属于萌芽状态。A企业的原有业务运作只有一小部分采用计算机处理，而且原来并不存在客户服务中心这样的机构。B公司对于基于Web的信息系统的开发也从来没有尝试过。总而言之，这是个新领域，在机会存在的同时，风险也非常大。

3. 结果

B公司在项目中采用多种从未使用过的技术和产品：Browser/Web Server/Database Server结构、CTI技术、排队机，并独立开发语音传真服务器，最后按时完成项目。该项目的完成为后续合作奠定了基础，在第二年很快就签署二期合同。无论是客户还是公司，都对项目的结果表示满意；项目成员也对能参与这个项目表示高兴。

4. 项目过程

那么，B公司是如何成功完成这个充满风险的项目呢？项目完成后，公司及客户都认为，因为有一个合格的项目经理。接下来，我们就看看在项目实施过程中项目经理做了哪些事？

（1）起始阶段。在项目意向明晰后，项目经理首先做的事情是：查阅资料，确定助手，制订下一步计划。

这三方面的工作都是非常重要的，查阅资料表明项目经理意识到项目的难点和风险在哪里，并采取措施去规避风险；确定助手为组建项目实施团队奠定基础；下一步计划的任务就是和客户面对面地沟通，了解客户的期望以及对项目的认知情况，了解客户的业务；进一步了解相关技术；编写方案建议书。

在和A企业沟通的过程中，项目成员本着"三人行必有我师"的态度，向客户学习业务知识，掌握相应的业务术语，同时也和主要人员保持良好的关系。这些，都为随后项目实施中与客户的流畅沟通奠定了基础。其实，很多项目的失败就在于IT人员只是从IT出发去看项目，这是非常狭隘的。IT说到底，只是业务运作所应用的工具而已，要发挥作用，必须找到与业务流程的结合点，否则，即使项目在技术实现上非常完美，也不能发挥很好的应用效果。业务和IT本身并没有很多矛盾，矛盾更多地存在于业务人员和IT人员的相互沟通和理解上。

在这个阶段，项目经理还有一件事做得非常好，就是让公司高层领导重视这个项目，从而获得公司高层的支持，这对随后项目实施过程中能够得到其他部门的配合是非常重要的。

（2）执行阶段。在合同签署后，项目经理和助手开始着手组建实施团队，那么很重要的一个工作就是公司要有规范的文档管理，以保证项目信息的最大保留。

项目经理经过分析之后，从各部门抽调骨干人员组成项目团队，然后召开第一次项目会议，通报项目的目标和工作计划，分派相应的职责给每一个人。鉴于项目成员的经验并不丰富，项目经理发挥自己对技术的总体把握能力，随时了解项目成员的技术进展情况，并给予必要的指导和帮助，最终成功规避新技术带来的风险。

在项目组织结构和角色确定后，项目经理组织小组成员共同工作，在基于先前提交的计划基础上，进一步细化工作任务和编制项目的工作计划。此举使得项目组的骨干人员的积极性得到最大的调动，同时也帮他们树立权威，使项目工作得以齐头并进。

在计划制订之后，项目的成功与否就要看计划的执行以及针对实际情况进行应变的能力。相对于技术人员，项目经理的工作重点是调度资源、监督和控制进度、指导工作。项目经理和各方面人员的沟通是确保项目顺利进行的有效手段。

根据项目的情况，项目经理确定应用软件的开发分两个阶段：第一阶段是完成功能开发；第二阶段是界面确认和性能优化，确保软件开发更容易控制。

由于第一阶段是在 B 公司内部开发，因此各项进度还比较顺利。但是到了第二阶段，由于在现场开发，客户的参与程度有了很大的提高，虽然对项目实施的人力资源有一定补充，但也带来明显的弊病（最初项目成员都没有意识到），因为参与的客户人员会随时向项目组成员提出些修改要求。起初，项目组成员有求必应，后来发现有的要求很有必要，但有的要求则很不成熟。来回变了好几次，尤其是随着项目的进展，对项目的不利影响越来越大。项目经理在和项目成员仔细沟通后，最后向客户"晓之以理，动之以情"，说服客户：以合同为前提，如果确有必要修改，客户应尽量考虑成熟，但所有变动要以书面的形式正式通知项目经理。这样，问题很快就得到控制。当然，能够达到这样的效果有一个很重要的前提是：项目组的工作一直是有成效的，得到 A 企业的信任。许多项目在进行的过程中，作为承担项目实施的一方往往就失去客户的信任，从而在碰到问题时很难取得客户的理解和支持，最后就只能埋怨客户故意刁难。

鉴于项目涉及的无论是业务领域还是技术领域都是新鲜的，因此项目经理倡导有原则地让客户积极参与项目实施工作，其好处是：

● 对于客户，项目实施是透明的，提高了客户对 B 公司的信任度；

● 最终用户的积极介入，使得软件更适合业务需要，也更容易获得客户满意度；

● 通过和最终用户的密切配合，B 公司更好地了解业务需要，为以后拓展该行业的市场储备有关知识和人力资源。

(3) 结束阶段。在项目的执行阶段，项目经理主要关注的工作包括：总结和移交存档各种资源（如设备、文档等），其目的是使得公司能够不断积累有关的知识。项目成员工作的表彰和最后聚会，一方面是对成员工作的认可；另一方面是提高成员对项目实施的认同感，"高兴而来，满载而归"。

5. 总结分析

其实，任何一个信息系统项目在执行过程中都会碰到问题，评价一个项目是否成功并不能以碰到问题的多少作为标准，其标准应是按时、保质实现预先确定的各项指标，比如说系统的功能、系统的性能等。

在这个项目中，也碰到了很多问题，如客户需求的变化、资源的到位、成员的冲突等。这些问题是大部分项目都会碰到的，解决起来其实很简单：

（1）客户需求的变化。理解客户业务，使用客户的语言，站在客户的角度思考问题，取得客户的信任；这样最后客户也会站在开发方的角度替你思考问题。其实，大部分客户都是通情达理的，问题在于开发方实施项目时迈出的每一步。

（2）资源的到位。理解尊重相关部门或合作伙伴的工作，从而让他们也理解尊重系统开发工作并配合项目组；获得领导的支持；原定资源不能到位时，不要一条路走到黑，一定可以找到替换办法的。

（3）成员的冲突。还是那个原则——理解和尊重，在项目中倡导互相理解尊重，求同存异。

对于项目经理，除了掌握必备的项目基本方法和管理工具（如计划制订、预算编制等）、除对项目背景和目标有清楚的理解和认识外，很重要的一点就是与人交往的技巧了。成功项目经理和失败项目经理的最大差别，可能就在于如何与人打交道、如何与客户打交道、如何与公司领导打交道、如何与项目成员打交道。

案例来源：中国制造业信息化门户，http://www.e-works.net.cn/。

案例思考：

（1）一个合格的项目经理在项目实施过程中应该发挥哪些作用？

（2）让客户参与项目的实施有哪些好处？

13.1 信息系统项目管理概述

项目管理是指在一定资源，如时间、资金、人力、设备、材料、能源、动力等约束条件下，为了高效率地实现项目的既定目标（即到项目竣工时计划达到的质量、费用、时间），按照项目的内在规律和程序，对项目的全过程进行有效的计划、组织、协调、领导和控制的系统管理活动。已经在国民经济诸多领域中成功运用的项目管理方法，也完全可以用于信息系统开发项目的管理。

13.1.1 信息系统项目管理的重要性

1. 项目失控与系统失败

信息系统项目管理的现状到底差到什么程度？有些企业对信息系统的资金和时间上的投入只及战略规划中所承诺的一半，这就导致许多项目缺失了大量的系统功能。有咨询公司专注于监视IT项目的成功率,发现所有项目仅有29%按时完成,且不超出预算,并具有了原先指定的所有特性和功能。30%~40%的信息系统项目的完成时间和成本远远超出了预算,也未达到原来指定的性能。

如果没有合适的管理,一个信息系统项目可能出现以下问题:

(1)成本大幅超支,严重超出预算;

(2)时间延迟而且无法预料;

(3)技术性能低于预期;

(4)未能获得预期的收益。

失败的项目管理导致实现的系统通常不能按照最初的设想运行,或者根本不能运行。为了使其工作,用户通常还要同时并行一套手工系统。

最终实现的系统未能捕获本质的业务需求或者未能提升组织绩效,信息可能无法为企业管理提供帮助,也可能以无法使用的形式存在,甚至提供错误的信息。

2. 信息系统项目成败的原因

信息系统项目的成败在很大程度上取决于以下几点:

(1)用户在实施过程中的作用。用户参与系统开发有两点好处。首先,用户如果参与比较多,系统就可以更好地反映用户的需求;其次,用户积极地参与变革,因而更有可能对完工的系统做出积极的回应。

在系统建设中融入用户的知识和经验有正面的作用。但用户也可能对于现有的问题看得不够透彻,并且容易忽略业务过程改进或信息技术应用的机会。因此,专业的系统设计者的技巧和视野仍是需要的。

(2)用户与系统设计者之间的沟通。一直以来,用户与系统设计者之间的沟通障碍是信息系统开发中容易出现问题之处。用户与系统设计者有不同的知识背景、兴趣和优先考虑的问题,这被称为用户—系统设计者鸿沟。这种鸿沟导致双方解决问题的方式、沟通语言都存在很大的差异。例如系统设计者在解决问题的时候,往往更多着眼于技术方面,而用户则更偏好于帮助他们解决业务问题或协助完成组织任务的系统。

用户和系统设计者之间的沟通问题会使系统开发具有很高的失败风险。对用户来说,参与系统开发本来就不在其职责范围内,又很耗费时间,既然他们不能理解系统设计者在说什么,那么他们干脆就把整个项目留给技术人员去解决好了。

(3)管理层的支持。如果一个信息系统项目能够得到不同层次的管理人员的支持,那么用户和系统设计者都会正确对待这个系统。

他们会认为投入系统开发中的时间和努力都会得到恰当的回报。管理层的支持还能保证项目所需要的资金、人力、设备等资源，进而由新系统的引入所带来的业务流程、组织结构、工作习惯等的改变也能得到理解和实施。

（4）控制项目范围。项目实施过程中，项目经理必须跟踪每项活动的状况，并且如果某一项活动占用的时间比计划的长，那么，就要对项目进行调整。当项目范围扩大，就会发生范围蔓延，这种范围蔓延将会引起系统开发工作付出两倍以上的努力。另外，当用户要求增加一些不是最初需求所包含的功能时，就会发生功能蔓延。功能蔓延将会花费更多的时间和资金，而且难以控制，容易导致项目不能按期完成。

13.1.2　信息系统项目的特点

信息系统建设作为一个工程项目，除了具备一般项目的一些特点外，还具有三个鲜明的特点：

1. 目标不明确，需求不确定，质量缺乏客观评价标准

在信息系统建设过程中，对用户来讲，往往在项目开始时只有一些初步的功能要求，没有明确的目标，也提不出确切的需求，或管理过程难以完整地用文字表达，或对系统的信息与功能需求一时也不能完全说清楚。因此信息系统项目的任务范围很大程度上取决于项目组所做的系统规划和需求分析。由于对信息技术的各种性能指标并不熟悉，用户一开始难以对信息系统项目应达到的质量提出明确的要求，而是更多地由项目组定义。该特点使信息系统建设项目带有一定的灰度，需要在开发过程中由开发人员不断地去补充与完善管理业务流程的描述和目标系统的需求。

为了解决上述问题，用户可以聘请第三方 IT 咨询机构，来帮助其进行项目目标和需求定义，并监督项目的实施和验收。

2. 用户需求具有不稳定性

尽管已经做好了系统规划、可行性研究等工作，签订了较明确的技术合同，然而在系统建设过程中，由于用户企业的管理范围、管理环境会不断变化，用户的需求会不断被激发，导致系统功能、程序界面以及相关文档需要经常修改。这将造成刚开发出的系统或子系统已与实际情况和需求不符，在使用前即要修改，而且在修改过程中又可能产生新的问题。上述问题很可能经过相当长的时间后才会被发现，这就要求项目管理人员不断监控和调整项目的计划执行情况，也增加了信息系统项目管理的难度。

3. 技术手段复杂

管理信息系统是现代信息技术与管理理论相结合的产物，它涉及计算机技术、通信与网络技术、数据库技术、人工智能技术、各种现代管理技术和决策方法等。一方面，从管理信息系统作为一个软件产品的角度来说，不允许有任何错误，任何一个语法错误或语义错误，都会使运行中断或出现错误的处理结果；另一方面，信息技术本身日新月异，信息系统不仅须完成原手工系统的全部功能，而且要满足用户提出的一些新的、更高的要求，解决手工系统难以完成的管理问题。因此，管理信息系统的规模大、结构复杂，其程度远远超过一般技术工程。

综上所述，传统的作坊式项目实施方式与方法已经不能满足这种日趋复杂的需求，取而代之的是通过专业的信息系统项目管理，组织一个协调、高效的开发团队，充分发挥项目组成员的智力才能，开发一个能满足用户需要、高效并有力支持管理决策目标的、具有先进技术的信息系统。

13.1.3 信息系统项目管理的组织

1. 组织结构

要想保证信息系统开发工作的顺利启动，首先要建立项目的组织机构——项目组。项目组可以由负责项目管理和开发的不同方面的人员组成，项目组由项目组长或项目经理来领导。一般来说可以根据项目经费的多少和系统的大小来确定相应的项目组。项目组根据工作需要可设若干小组，小组的数目和每个小组的任务可以根据项目规模、复杂程度和周期长短来确定，可以设立的小组有过程管理小组、项目支持小组、质量保证小组、系统工程小组、系统开发与测试小组、系统集成与安装调试小组等。一个好的项目组不一定能保证项目的成功，但一个差的项目组将肯定会导致项目的失败。因此，在建立项目组时要充分利用项目组每个成员的特长，坚持将正确的开发方法贯穿始终。

（1）过程管理小组：过程管理小组的任务是负责整个项目的成本及进度控制，进行配置管理、安装调试、技术报告的出版、培训支持等项任务，这是一个综合性的机构，用以保证整个开发项目的顺利进行。

（2）项目支持小组：项目支持小组的任务是保障后勤支持，它要及时提供系统开发所需要的设备、材料；负责进行项目开发的成本核算；负责合同管理、安全保障等，特别是对大型项目而言，由于其涉及的资金巨大、开发人员众多、材料消耗也多，尤其要进行科学的管理。

（3）质量保证小组：质量保证小组的任务是及时发现影响系统开发质量的问题并给予解决。问题发现越早，对整个项目的影响越小，项目成功的把握就越大。

（4）系统工程小组：由于信息系统开发是一项系统工程，因此可以按照工程的一般特性，用系统的观点制定出系统开发各个阶段的任务，这是系统工程小组的工作职责，即将整个开发过程按阶段划分出若干个任务，规定好每个任务的负责人、任务的目标、检验标准、完成任务的时间等。只有明确每一项任务的责、权、利，才能使得开发工作顺利进行。

（5）开发与测试小组：开发与测试小组的任务是充分利用系统开发的一些关键技术、开发模型以及一些成熟的商品软件从事各子系统的开发与集成，并对各子系统进行测试。这是整个开发项目的关键，因此要组织好该小组的成员，并采用统一的方法和标准进行工作。

（6）系统集成与安装调试小组：系统集成是对整个信息系统进行综合的过程，该小组成员在充分注意软件、硬件产品与所开发的信息系统之间的结合、注意最大限度地保证系统可靠性及发挥系统的最高效率的前提下完成信息系统的软件、硬件等各方面的集成，并做好整个系统的测试与安装调试工作。

2. 人员组成

在信息系统项目的建设过程中，涉及各级各类的开发人员和用户企业的管理人员，如何做好人员管理工作，使全体人员各尽所能、相互配合，体现集体协作的力量，是保证信息系统开发成功的关键因素。直接参加系统建设的人员包括企业高层领导、项目经理、系统开发人员和用户四类，具体分工如下：

（1）企业高层领导：企业建设信息系统，高层领导的重视和支持是关键，最重要的是企业一把手对信息系统应用的重要性的认识。信息系统的开发与应用是一个技术性、政策性很强的系统工程，诸如系统开发目标、环境改造、管理体制变革、机构重组、设备配置、人员培训等一系列重大问题均需高层领导的支持与参与。高层领导最清楚自己企业的问题，最能合理地确定系统目标，并拥有实现目标的人权、财权、指挥权，能够决定投资、调整机构、确定计算机平台等，这是任何人也不能替代的。因此，只有高层领导亲自参与和支持管理信息系统的开发，才能获得成功。所以，组织中的高层领导必须是系统开发小组的领导成员，并且要在一些关键阶段切实投入时间和精力。

（2）项目经理：项目经理（项目负责人）是整个项目的领导者，

其任务是保证整个开发项目的顺利进行并负责协调开发人员之间、各级最终用户之间、开发人员和广大用户之间的关系。一个成功的项目经理需要具备既懂管理又懂技术两方面的才能。管理方面需要项目经理具有很强的管理、组织能力以及与人进行交流的能力；技术方面包括对计算机技术的掌握和应用，有能力制定系统开发的技术解决方案与技术路线。

（3）系统开发人员：系统开发人员主要由系统分析人员和程序员组成。

系统分析人员的主要任务是通过与用户的沟通熟悉企业的业务领域，分析用户对信息系统的需求，进行可行性研究；进行系统分析与设计，并编写系统分析、设计文档，提出新系统的设计方案。系统分析人员不仅应当具备计算机硬件、软件的知识，懂得企业管理的业务，还应了解现代化管理方法以及各种经济数学模型在企业管理中的应用，并且应当具有理论联系实际、灵活运用上述知识的能力。系统分析人员也要善于处理人际关系，能与各类人员建立良好的合作关系；能够正确理解各级管理人员提出的信息需求，灵活运用现代管理方法和建模方法，将这些需求经过分析和逻辑抽象转换为计算机系统的设计方案，成为程序员编写程序的依据。

程序员的主要任务是按照系统分析人员所提出的设计方案编制程序、调试程序、修改程序，直到新系统投入运行。在系统交付使用以后，如果是联合开发，用户企业的程序员还要担负系统的运行维护工作，负责程序的改进任务。程序员应该有较强的逻辑思维能力，掌握计算机软件的基本知识，熟练掌握数据库及程序设计语言。

（4）用户：用户在系统开发的前期和后期起着非常重要的作用。在前期他们要把自己的需求非常准确和全面地提供给系统分析人员；在与系统分析人员进行沟通时，要把业务流程和系统功能阐述得很透彻。在后期系统的雏形出来之后，能够根据系统的功能，对系统进行客观的评价，找出系统改进方向。因此，参与系统建设的用户必须是业务骨干，了解自己所在部门或工作岗位的关键点和难点是什么，更重要的是能够对未来信息系统的结构和添加哪些新功能有自己的看法。

由于新系统的采用，势必造成原来管理方法和思路的改变。用户应当按照新系统的要求，组织基础管理工作的整顿，提供新系统运行所需的各种基础数据和人文环境，积极参与和组织新系统应用所需要的各种培训，尽快适应新系统的工作流程和工作方式。

总之，参加信息系统建设的各类人员必须发挥各自的专业特长，注重实际经验的研究，注重沟通，进行正确的分工与合作以及取长补短、明确各自的责任,保证信息系统开发工作的顺利进行。

13.2 信息系统项目管理的内容

13.2.1 信息系统项目工作计划与控制

案例:一个电子商务平台的项目工作计划

小张为希赛信息技术有限公司(CSAI)的IT主管,最近接到公司总裁的命令,负责开发一个电子商务平台。小张粗略地估算该项目在正常速度下需花费的时间和成本。由于公司业务发展需要,公司总裁急于启动电子商务平台项目,因此,要求小张准备一份关于尽快启动电子商务平台项目的时间和成本的估算报告。

在第一次项目团队会议上,项目团队确定出了与项目相关的任务如下:

第一项任务是比较现有电子商务平台,按照正常速度估算完成这项任务需要花10天、成本为15 000元。但是,如果使用允许的最多加班工作量,则可在7天、18 750元的条件下完成。

一旦完成比较任务,就需要向最高层管理层提交项目计划和项目定义文件,以便获得批准。项目团队估算完成这项任务按正常速度为5天、成本3 750元,如果赶工为3天、成本为4 500元。

当项目团队获得高层批准后,各项工作就可以开始了。项目团队估计需求分析为15天、成本45 000元,如加班则为10天、成本58 500元。

设计完成后,有3项任务必须同时进行:①开发电子商务平台数据库;②开发和编写实际网页代码;③开发和编写电子商务平台表格码。估计数据库的开发在不加班的时候为10天和9 000元,加班时可以在7天和11 250元的情况下完成。同样,项目团队估算在不加班的情况下,开发和编写网页代码需要10天和17 500元,加班则可以减少两天,成本为19 500元。开发表格工作分包给别的公司,需要7天、成本8 400元。开发表格的公司并没有提供赶工多收费的方案。

最后,一旦数据库开发出来,网页和表格编码完毕,整个电子商务平台就需要进行测试、修改,项目团队估算需要3天、成本4 500元。如果加班的话,则可以减少一天,成本为6 750元。

案例来源:项目管理师案例分析,百度文库。

案例思考：

（1）假定比较其他电子商务平台的任务执行需要 13 天而不是原来估算的 10 天。小张将采取什么行动保持项目按常规速度进行？

（2）假定总裁想在 35 天内启动项目，小张将采取什么行动来达到这一期限？在 35 天完成项目将花费多少？

信息系统建设项目管理的主要内容是运用系统观察的方法为系统开发制订一份工作计划，并对计划的执行情况进行组织、监督和控制。

1. 工作分解

在编制工作计划之初首先要做的就是工作分解，即把整个信息系统的建设工作定义为一组活动的集合，这组活动又可以进一步划分成若干个子活动，进而形成具有层次结构的活动清单，使任务责任到人，落实到位，运行高效。

在进行工作分解过程中应特别注意以下两点：

一是划分活动的数量不宜过多，但也不能过少。过多会引起项目管理的复杂化并增加系统集成的难度；过少会对项目组成员，特别是任务负责人有较高的要求，而影响整个开发。因此应该注意工作分解的恰当性。

二是在工作分解后应该对活动负责人赋予一定的职权，明确责任人的任务、界限、对其他任务的依赖程度、确定约束机制和管理规则。

2. 活动估算

项目活动工期估算是根据项目范围、资源状况计划列出项目活动所需要的工期。在估算工期时要充分考虑活动清单、合理的资源需求、人员的能力因素，以及环境因素对项目工期的影响。在对每项活动的工期估算中应充分考虑风险因素对工期的影响。

一般来说，工期估算可采取以下几种方式：

（1）专家评审。专家的判断主要依赖于经验和信息。

（2）类比估算。使用以前类似的活动的完成事件作为当前活动工期的估算基础，计算评估工期。

（3）基于数量的历时。由工程/设计所确定的每一特定类型工作所需完成的工作量，乘以生产率，所得结果用于估算活动历时。

（4）保留时间。工期估算中预留一定比例作为冗余时间，以应付由于突发事件所带来的项目风险。

3. 活动排序

在工作分解和活动估算的基础上，找出项目活动之间的依赖关系，以便能在时间上安排先后开发顺序。一些基础的、前端的活动，如基础数据管理子系统、人力资源管理子系统等，应先安排；依赖性强的、建立在其他活动之上的子活动，如生产管理子系统、财务管理子系统等，应后安排。

同时，为充分体现信息系统的效益及激发企业管理人员的信心，一些难度低、见效快的子活动也应予以优先安排，如库存管理子系统等。

4. 编制工作计划

依据工作分解、活动工期估算和任务排序可制订出整个开发的工作计划表。编制信息系统开发项目工作计划的常用方法有甘特图、计划评审技术和关键路径法。

(1) 甘特图。甘特图（Gantt Chart，又称线条图）是一种对各项活动进行计划调度与控制的图表，它具有简单、醒目和便于编制等特点。图 13-1 是某信息系统项目实施的甘特图，项目的任务都列在左边的工作任务栏中，水平条说明了每个活动的持续时间，当多个水平条在同一个时间段出现时，则意味着活动至今存在并发。

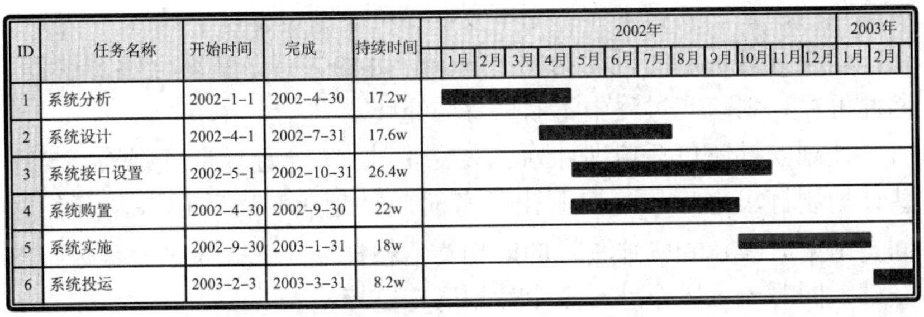

ID	任务名称	开始时间	完成	持续时间	2002年 1月	2月	3月	4月	5月	6月	7月	8月	9月	10月	11月	12月	2003年 1月	2月
1	系统分析	2002-1-1	2002-4-30	17.2w														
2	系统设计	2002-4-1	2002-7-31	17.6w														
3	系统接口设置	2002-5-1	2002-10-31	26.4w														
4	系统购置	2002-4-30	2002-9-30	22w														
5	系统实施	2002-9-30	2003-1-31	18w														
6	系统投运	2003-2-3	2003-3-31	8.2w														

图 13-1　用甘特图编制信息系统建设工作计划

一旦输入了为生成项目工作计划所需的信息，大多数的项目管理软件都可以自动生成甘特图。

(2) 计划评审技术。计划评审技术（Program Evaluation and Review Technique，PERT）是一种应用比较广泛的项目工作计划编制方法，用网络图或者表格或者矩阵来表示各项具体工作的先后顺序和相互关系，以时间为中心，找出从开工到完工所需要时间的最长路线，并围绕关键路线对系统进行统筹规划，合理安排以及对各项工作的完成进度进行严密的控制，以达到用最少的时间和资源消耗来完成系统预定目标的一种计划与控制方法。

(3) 关键路径法。关键路径法（Critical Path Method，CPM）是由杜邦公司推出的一种与 PERT 十分类似的方法。关键路径法将项目分解成为多个独立的活动并确定每个活动的工期，然后用逻辑关系（结束—开始、结束—结束、开始—开始和开始—结束）将活动连接,从而能够计算项目的工期、各个活动时间特点(最早最晚时间、时差)等。在关键路径法的活动上加载资源后,还能够对项目的资源需求和分配进行分析。关键路径法是现代项目管理中最重要的一种分析工具。

信息系统开发项目的工作计划一般应分两个层次:第一层次按开发阶段安排,以作总体进度的控制。该层次宜采用甘特图;第二层次按各开发阶段或子项目的工作步骤安排,以便能在细节上安排人力,对项目进度进行控制。这一层次宜采用计划评审技术或关键路径法。

5. 进度控制

由于信息系统开发项目带有不确定性与不稳定性因素,因此在实际中几乎没有一个管理信息系统开发项目能按计划进度完成,由此造成的损失也是很大的,因此信息系统开发项目的进度控制显得尤为重要。

进度控制主要是在已制订的工作计划的基础上,根据项目的执行情况,对项目实施过程进行有效控制,及时发现和纠正偏差、错误,使项目维持在预定的目标与时间约束内。在控制中要考虑影响项目进度变化的因素、项目工作计划不宜也不可能制定得过于具体,一般可在计划中预留一定的机动时间,随着计划的进行,情况会逐步明朗,因此可在计划落实过程中不断修订与充实。

计划安排还包括培训计划、安装计划、安全性保证计划等。当这些计划制订出来后,可以画出任务时间计划表,表明任务的开始时间、结束时间,表明任务之间的相互依赖程度。这些表是所有报告的基础,同时还可以帮助对整个计划实施监控。

13.2.2 信息系统项目成本管理

在项目实施过程中,如何合理分配实施费用,结合项目进度和时间安排,将项目成本费用控制在计划之内,是每一个建设信息系统的企业需要认真对待的问题。如果最终系统建设完成,但是花费却远远超出了预算,客观上也容易造成项目的不成功。因此,成本费用管理是信息系统开发项目管理的关键因素。

信息系统项目成本管理的过程包括资源计划编制、成本估算、成本预算和成本控制。

1. 资源计划编制

资源是形成成本的主要因素,资源计划编制过程是确定完成信息系统项目中各个活动所需要的各种资源(包括人、软硬件设备、材料等)的种类和数量的过程。

编制资源计划是进行费用估算的基础,也是工作计划编制的后续工作。通过若干专业技术人员采取相应的成本估算方法，制订出项目的资源计划。

2. 成本估算

成本估算是对完成项目工作所需要的费用进行估计和计划，要进行成本管理，必须先估算成本。在信息系统项目成本估算过程中，需要考虑各种成本方案以及这些方案的可行性。例如，在系统设计阶段细化设计方案可以减少编码阶段的成本，成本估算时应该考虑由于设计工作量增加而带来的成本增加是否能够被编码阶段降低的成本所抵销。

3. 成本预算

成本预算是指把估算的项目总成本分配到各项活动和各部分工作中，进而建立成本基准计划以便度量项目实际绩效的过程。可以看出，成本估算的输出结果是成本预算的基础和依据。

4. 成本控制

成本控制是指在整个项目的实施过程中，定期收集项目的实际成本数据，与成本的计划值进行对比分析，并进行成本预测，发现并及时纠正偏差，以使项目的成本目标尽可能好地实现。项目成本管理的主要目的就是项目的成本控制，将项目的运作成本控制在预算的范围内，或者控制在可以接受的范围内，以便在项目失控之前就及时采取措施予以纠正。

13.2.3 信息系统项目质量管理

信息系统项目的质量管理是指保证信息系统项目能够满足用户所期望的各种质量要求的过程。质量管理是整个信息系统质量保证的关键，而且系统建设初期的质量管理更为重要。质量管理包括系统开发过程中和系统运行维护过程中的质量管理，因此质量管理贯穿信息系统生命周期的全过程，是在项目管理中对质量的动态管理。

案例：某银行信息系统工程项目的质量管理

某银行信息系统工程项目，包含省级广域网工程、储蓄所终端安装工程、主机系统工程、存储系统工程、备份系统工程、银行业务软件开发工程等若干子项目。此工程项目通过公开招标方式确定承建单位，希赛信息技术有限公司（CSAI）经过激烈竞标争夺，赢得工程合同。合同约定，工程项目的开发周期预计为36周。

由于银行对于应用软件质量要求很高，CSAI也非常重视工程质量，安排资深的高级工程师张工全面负责项目实施。在工程正式开工之前，张工对工程项目进行了分解,根据工程分析,张工认为此工程项目质量、进度的关键在于银行业务定制应用软件的开发。除工程整体的开发计划外,张工还针对应用软件开发制订了详细的开发计划,定制应用软件的开发周期为36周。网络工程、终端安装工程、主机系统工程、存储系统工程、备份系统工程等与应用软件开发并行实施。

张工对工程项目在需求分析、概要设计、详细设计、编码、单元测试、集成测试等各个环节要求均非常严格。根据张工安排,需求分析、概要设计均安排有多年工作经验的高级软件工程师担任,各个阶段的阶段成果均组织了严格的评审,以保证各个阶段成果的质量。

在软件编码及单元测试工作完成之后,张工安排软件测试组的工程师编制了详细软件测试计划、测试用例,包括集成测试、功能测试、性能测试、安全性测试等。

张工在安排软件测试任务的时候,在动员软件开发小组时宣讲:"软件测试环节是软件系统质量形成的主要环节,各开发小组,特别是测试小组,应重视软件系统测试工作。"因此,张工安排给测试组进行测试的时间非常充足,测试周期占整个软件系统开发周期的40%,约14.5周。在软件系统测试的过程中,张工安排了详细的测试跟踪计划,统计每周所发现软件系统故障数量,以及所解决的软件故障。根据每周测试的结果分析,软件系统故障随时间的推移呈明显的下降趋势,第1周发现约100个故障,第2周发现约90个故障,第3周发现50个故障……第10周发现2个故障,第11周发现1个故障,第12周发现0个故障。于是张工断言软件系统可以在完成第14周测试之后顺利交付给用户,并进行项目验收。

案例来源:项目管理师案例分析,百度文库。

案例思考:

(1) 张工的软件开发计划中是否存在问题?为什么?

(2) 张工根据对定制软件系统测试的跟踪统计分析结论,得出项目可于计划的测试期限结束后达到验收交付的要求,你认为可行吗,为什么?

(3) 若你是本项目的总工,你将怎样改进工作,以提高软件系统开发的质量,保证工程项目按期验收?

信息系统项目质量管理包括质量计划编制、质量保证、质量控制与检查。

1. 质量计划编制

质量计划编制是依据系统开发的功能需求,通过开发项目的计划和实施过程所建立起来的,是对项目开发的若干要求,以此作为项目开发评审和控制标准的基础和核心。

2. 质量保证

质量保证被视为老式的信息系统项目最终能够满足相关质量标准而在质量系统内部实施的各项有计划的活动。

项目开发的质量保证包括以下几个方面的内容：

（1）确保获得完整正确的需求。

（2）在开发的每一阶段结束时，要休整一下，以进行充分审查并确保该部分工作与系统相协调。

（3）采用具有质量控制内容的程序开发规范。这包括程序逻辑性的独立检查和程序测试。

（4）规范的安装调试。

（5）事后审计评价。

为了保证系统开发的质量，通常需要结合项目的特点，选择恰当的项目开发策略，对质量加以控制。

3. 质量控制与检查

在系统开发的全过程中，尤其在系统分析阶段运用质量控制与检查的方法，是质量管理的核心，也是使新系统满足管理人员要求的保证。

一般来说，可以采取下列方法与措施，对系统开发的全过程进行质量控制与检查。

（1）严格挑选系统开发工作小组成员。系统开发工作小组成员的选择是质量保证的基本前提，开发小组应由管理人员和信息系统专业人员组成，他们除了应该熟悉本职业务和懂得本行技术之外，还必须考虑这些人员能否在较长的开发工作中保持良好合作的人际关系。

（2）加强培训工作。在系统开发的全过程中，应该有步骤、有计划、分阶段地对各类人员进行管理信息系统有关知识、开发技术等方面的培训。

（3）正确选择系统开发策略与方法。开发策略与方法的选择是质量保证的重要前提。为此，在系统开发之初就应确定开发策略，选定系统开发方法；选定数据管理方式。

（4）建立系统开发各阶段的质量检查制度。一是文档管理制度。系统开发各阶段完成时，必须交出齐全的文档，项目负责人应把好文档质量关。阶段文档与选用的开发方法相对应，如采用结构化方法开发系统时，逻辑模型为数据流程图和数据字典。交不出文档本身就是一个严重的质量问题。二是阶段审查制度。各阶段完成时，应立即进行阶段审查，严格把好质量关。

（5）集体评议是质量检查的有效方法。对信息系统进行检查的有效方法是集体评议。集体评议的进行次数、时间应该列入系统开发进度计划之中，由项目经理或企业领导监督执行。

集体评议是为了集思广益及早发现系统开发的质量问题和及时找出解决问题的办法，而不在于追究系统开发组或个人的责任，这与上级对下级的工作检查或审议性质不同。因此，可以采取多种多样的方式，正式的或非正式的，以便在集体评议中充分交流思想。

通常，在信息系统质量问题中，编程错误占25%；系统分析和设计错误占45%；程序修改错误占20%；文档错误占7%；其他占3%。错误发现得越早，就越容易修改，所花代价就越小。假设错误在系统分析阶段就修正所需费用为1个单位，拖到系统设计阶段才修正则需5倍的费用，而到系统运行阶段再修正，则需25倍的费用。因此，项目质量管理在一开始就应十分重视。

13.2.4 信息系统项目风险管理

尽管信息系统项目建设过程经过了前期的可行性研究以及一系列管理措施的控制，但其效果一般来说还不能过早确定，因为建设开发的过程伴随着风险，可能达不到预期的效果：费用可能比计划的高，实现时间可能比预期的长，而且，硬件和软件的性能可能比预期的低，等等。因此，任何一个信息系统项目都应进行风险管理。

信息系统项目风险管理一般包括风险识别、风险分析评估、风险跟踪控制这几个过程。

1. 风险识别

风险识别是风险管理的第一步，即识别信息系统项目过程中可能存在的风险。具体来说，风险识别包括确定信息系统项目的风险来源、风险产生的条件、描述其风险特征、确定风险事件有可能影响到的项目内容。收集、整理项目可能存在的风险并充分征求各方意见，形成项目的风险因素清单。

2. 风险分析评估

风险分析评估是对风险因素发生的概率、产生的影响、造成的后果进行分析和评估的过程。有些风险因素即使发生，对项目产生的影响也不大，但是有些风险因素一旦发生，就可能对项目产生致命的影响。

3. 风险跟踪控制

风险跟踪控制是指对项目风险因素进行监视、检查和测算，对已发生的风险及时采取相应的措施和行动的过程。主要包括两个层面的工作：

（1）跟踪已识别风险的发展变化情况，包括在整个项目周期内，风险产生的条件和导致的后果变化。

（2）根据风险的变化情况及时识别、分析，并采取适当的风险应对措施，同时，对于已发生过和已解决的风险及时从风险因素清单中调整出去。

对于信息系统的建设来说，项目管理中的风险管理十分重要，因其涉及方方面面的开发人员和广大的最终用户。为了保证系统开发的顺利进行，除了要建立一整套的管理职责和规范、坚持将一种正确的开发方法贯穿始终外，还要做好各类人员的思想沟通工作，使开发项目组的全体人员自始至终都保持一致的认识。

13.2.5 信息系统项目沟通管理

项目沟通管理包括通过开发工具以及执行用于有效交换信息的各种活动，来确保项目及其相关方的信息需求得以满足。项目沟通管理由两个部分组成：第一部分是制定策略，确保沟通对相关方行之有效；第二部分是执行必要活动，以落实沟通策略。

1. 项目沟通管理的过程

项目沟通管理的过程包括：

（1）规划沟通管理。基于每个相关方或者相关方群体的信息需求、可用的组织资产，以及具体项目的需求，为项目沟通活动制定恰当的方法和计划的过程。

（2）管理沟通。确保项目信息及明确恰当地收集、生成、发布、存储、检索、管理、监督和最终处置的过程。

（3）监督沟通。确保满足项目及其相关方的信息需求的过程。

2. 项目沟通管理的核心概念

沟通是指有意或无意的信息交换。交换的信息可以是想法、指示或者情绪。信息交换的方法包括：

（1）书面形式。实物或者电子形式。

（2）口头形式。面对面或者远程形式。

（3）正式或者非正式形式。用户正式纸制或者社交媒体。

（4）手势动作。语调或者面部表情。

（5）媒体形式。图片、行动，甚至只是遣词造句。

（6）遣词造句。表达一种想法的词语往往不止一个，各个词语的含义会存在细微差异。

3. 沟通活动的分类

项目经理的大多数时间用于与团队成员和其他项目相关方沟通，包括来自组织内部（组织和各个层级）和组织外部的人员。不同相关方可能有不同的文化和组织背景，以及不同的专业水平、观点和兴趣。有效的沟通能够在他们之间架起一座桥梁。

沟通活动可以按多种维度进行分类，包括（但不限于）：

（1）内部和外部。内部包括项目内部或者组织内部的相关方。外部包括项目外部相关方，如客户、供应商、其他项目、组织、政府和公众等。

（2）正式和非正式。正式沟通活动包括报告、正式会议（定期和临时）、会议和记录、相关方简报和演示。非正式沟通活动包括采用电子邮件、社交媒体、网站，以及临时讨论的一般沟通活动。

（3）层级沟通。按照信息在组织层级内的传递方向，可以分为向上沟通（针对高层相关方）、向下沟通（针对承担项目工作的团队和其他人员）和横向沟通（针对项目经理或者团队的同级人员）。

（4）官方沟通和非官方沟通。官方沟通是指采用年报形式的沟通方式，具体包括呈交监管机构或者政府部门的报告。非官方沟通是指采用灵活的手段，建立和维护项目团队和其他相关方对项目情况的了解和认可，并且在他们之间建立强有力关系的沟通方式。

（5）书面和口头沟通。

13.3 信息系统的获取方式

13.3.1 资源自包

资源自包也可理解为用户自行开发或者最终用户开发（End-user Development），即企业自行组织开发队伍，完成系统的分析、设计、实施和运行管理。随着第四代开发工具的发展，应用程序的编写更加简单，资源自包在技术上变得更加可行。一些单位有较强的专业开发队伍，如大学、研究所、计算机公司、高科技公司等，就可以自行开发，完成新系统的建设。

1. 资源自包的优点

（1）确定需求方面的改进。在资源自包过程中，用户更容易捕获自己企业的需求，容易开发出适合本单位需要的系统。

（2）增强用户的参与度和主人感。通过资源自包的方式获取一个信息系统时，如果用户知道他们将来拥有的是他们正在开发的系统，那么会更加倾向于积极参与系统开发，并且会有更强的主人感。

（3）有利于培养自己的开发人员。

2. 资源自包的缺陷和风险

（1）用户的专业技术不强将导致开发不适当的系统。由于用户不是专业开发队伍，缺少开发经验，再就是开发人员一般都是临时从所属各部门抽调来的，他们有各自的工作，精力有限，因此，往往造成开发不适当的系统。

（2）导致开发低水平的信息系统。用户容易受业务工作的限制，导致系统整体优化不够,较难开发出高水平的信息系统。

(3)信息系统生命期会缩短。由用户自行开发系统时,常常会放弃编制系统的文档,同时开发人员调动后,系统维护工作往往没有保障,这些都会造成信息系统生命期缩短。

13.3.2 资源外包

资源外包是用户(发包方)将特定的工作在规定的期限、规定的成本和规定的服务水平条件下委托给外包商(接包方)完成。信息系统资源外包即组织聘请外部软件供应商来设计和实现系统。

1. 信息系统资源外包的形式

(1)购买现成的软件。

(2)购买现成软件,并且向软件供应商支付由其对软件进行一些修改的费用。

(3)资源外包开发一个全新的软件系统。

2. 资源外包的过程

(1)选择目标系统。企业在确定需要资源外包的系统时,要考虑将要外包的系统是否涉及敏感性信息,如果是,可能不会考虑资源外包,企业不希望另一组织看到和得到自己的大部分机密信息。另外,如果计划的系统是大型的并支持常规的非敏感性的企业功能,则可以考虑资源外包。

(2)确定系统需求。无论是资源内包还是资源外包,开发人员都必须完成在系统分析阶段获取企业需求这一主要任务。满足企业需求是系统开发成功与否的关键因素,如果需求不准确或不完整,系统开发是不可能成功的。

(3)建立征询方案书。征询方案书(Request for Proposal,RFP)是一种详细描述用户对计划系统的逻辑需求的正式文档,邀请接包方递交开发投标书。RFP 是资源外包过程中最重要的文档,对于一个大规模的系统,企业可能需要花费几个月建立一份长达数百页的 RFP。

建立一份翔实完整的 RFP 是极其重要的,RFP 将成为用户和接包方(外包商)之间法律和履行合同的依据。RFP 中一般包括组织综述、问题描述、现行系统描述、目标系统描述、对新系统设计的要求、开发期限的要求以及详细的资源外包成本的描述等信息。

(4)评价 RFP 回复和选择接包方。外包管理小组要和候选接包方进行多方面的交流,如面谈、电话会议、正式会议、考察参观、项目试验等。依据 RFP 评估候选接包方的综合能力,评估内容包括接包方的技术能力、过程能力、人力资源能力、企业规模等,具体指标有:

- 技术方案是否令人满意？
- 开发进度是否可以接受？
- 性能价格比如何？
- 能否提供较好的持续服务（维护）？
- 是否具有开发相似产品的经验？
- 接包方以前开发的产品是否有良好的质量？
- 接包方的开发能力与过程管理能力如何？
- 接包方的资源（人力、财力、物资等）是否充足并且稳定？
- 接包方的信誉如何，外界对其评价如何？
- 接包方是否已经取得业界认可的证书？如 ISO 质量认证、CMMI 认证等。
- 接包方是否可以有效进行知识产权保护？
- 接包方是否有完善的数据备份和规避风险的方法？

外包管理小组给出候选接包方的综合竞争力排名，并逐一分析与候选接包方建立外包合同的风险，挑选出最合适的接包方。

（5）制定服务等级协议。一旦选择了接包方，就要开始遵守一个很长的法律契约过程了。发包方必须签订一个非常明确的描述目标系统功能的具有法律效力的契约合同，包括精确的系统成本、开发时间框架、验收标准、对违背合同约定行为的处罚准则，以及开发后期活动的约定，例如维护、技术支持等方面。这种法律契约合同通常被称为服务等级协议（SLA），在阐述了资源外包过程其余阶段之后，我们将继续对其进行比较详细的讨论。

（6）外包服务实施。双方签订合同之后，就发包方而言，外包管理小组的外包管理活动远没有结束，而是应当主动监控外包服务过程并根据产品需求提供变更请求（如果有的话），从而避免高风险事件的发生。

外包管理小组应定期检查接包方的进展情况，监督和检查的重点是：实际进度是否与计划相符？接包方的投入是否充分？工作成果的质量是否合格？一般从接包方定期提供的日报、周报、月报、里程碑报告等文档中获取相关的信息。外包管理小组应当督促接包方纠正工作偏差。如果需要变更合同、产品需求或开发计划，则按照事先约定好的变更控制流程处理变更请求。

对外包服务接包方而言，合同在签订之前就应该开始为项目的到来做好准备，接包方按照自己的流程，当谈判进展到某种程度后开始团队组建、资源准备等项目准备工作。一旦合同签订，应迅速进入项目的实施阶段。

项目的内部流程可以遵守一般的项目流程，但是外包服务的项目流程跟一般的项目流程又有较大的差别和自身特色。

（7）测试和成果验收。接包方将待验收的工作成果准备好，并将必要的材料提前交给外包管理小组。外包管理小组慎重地组织验收人员。双方确定验收的时间、地点、参加人员等。验收人员审查接包方应当交付的成果，如代码、文档等，确保这些成果是完整的并且是正确的。验收人员对待交付的产品进行全面的测试，确保产品符合需求。

如果验收人员在审查与测试时发现工作成果存在缺陷，则外包管理小组应当视问题的严重性与接包方协商，给出合适的处理措施。如果工作成果存在严重的缺陷，则退回给接包方。接包方应当给出纠正缺陷的措施，双方协商第二次验收的时间。给发包方带来损失的，应当依据合同对接包方作出相应的处罚。如果工作成果存在一些轻微的缺陷，则接包方应当给出纠正缺陷的措施，双方协商是否需要第二次验收。

当所有的工作成果都通过验收后，接包方将其交付给外包管理小组。双方的责任人签字认可。外包管理员通知本机构的财务人员，将合同余款支付给接包方。

3. 服务等级协议

服务等级协议（Service Level Agreement，SLA）是指提供服务的企业与客户之间就服务的品质、水准、性能等方面所达成的双方共同认可的协议或契约。在不同的环境内，SLA 产生不同的意义，在涉及信息系统资源外包时，SLA 定义接包方需要完成的工作、时间框架、用于衡量系统开发工作成功的衡量体系和成本。大部分 SLA 是面向业务的，一般不包含详细的技术说明，技术说明包含在一份被称为服务水平说明书或服务水平目标的支持文档中。

如果承包方同意提供开发后期的维护与支持，则 SLA 应当详细描绘系统维护和支持期间的内容和成本，以及衡量这些活动成功的关键测量标准。

4. 外包分类

从地理分布角度来说，资源外包可分为两种类型：

（1）在岸外包。在岸外包是指发包方与接包方来自同一个国家，因而外包工作在国内完成。

（2）离岸外包。离岸外包则指发包方与接包方来自不同国家，外包工作跨国完成。由于劳动力成本的差异，发包方通常来自劳动力成本较高的国家，如美国、西欧和日本，接包方则来自劳动力成本较低的国家，如印度、菲律宾和中国。

虽然在岸外包和离岸外包具有许多类似的属性，但它们差别很大。在岸外包更强调核心业务战略、技术和专门知识、从固定成本转移至可变成本、规模经济、重价值增值甚于成本减少；离岸外包则主要强调成本节省、技术熟练的劳动力的可用性，利用较低的生产成本来抵销较高的交易成本。在考虑是否进行离岸外包时，成本是决定性的因素，技术能力、服务质量和服务供应商等因素次之。

5. 资源外包的优点

（1）集中力量到唯一的核心能力上。通过把支持非关键业务职能的系统开发工作进行资源外包，组织能够削减在非核心竞争力方面的投资，从保证将力量集中在支持重要的、唯一的核心能力的系统开发上。

（2）获取另一组织的技术资源。组织不可能拥有掌握开发一个系统所需要的全部专业特长的专业人员，资源外包允许组织通过购买的形式从另一个组织获得智力资本。

（3）降低成本。资源外包对大部分组织来说，常常被看成一个资金节省的策略。外包商能以更低的成本开发信息系统，因为他们具有规模经济性和更严格的成本控制，更有能力保证一些削减成本措施的实施。

（4）改善IT管理绩效。外包商往往具备较强的软件过程管理能力，实施严格的软件质量管理标准，从而能够提高服务质量。

6. 资源外包的缺点

（1）降低了对未来技术变革的了解程度。资源外包是一种利用外部技术的途径，它也可能意味着组织内部将不再需要拥有这种技术，因此企业将会逐渐降低对技术变革的了解程度。

（2）增加了信息被攻击的风险。将信息技术资源外包，就相当于告诉接包方使用哪些信息以及如何使用这些信息，同时，组织也可能面临着信息泄露的危险。

（3）增加了对外包商的依赖性。组织一旦开始资源外包，就意味着开始依靠其他的组织完成许多业务功能，而且很难切换到别的外包商，甚至不能停止购买服务。

（4）降低了组织的学习和创新能力。组织将信息技术资源外包给接包方，将使组织的信息技术创新能力降低，而且外包商与企业的合约关系限制了它在创新方面的能力，这种关系会限制熟悉业务的用户和熟悉技术的专家之间接触，从而阻碍新技术和业务的结合。

本 章 小 结

信息系统的建设是一项费时费力的艰巨复杂的系统工程，除了具备一般项目的一些特点外，还具有三个鲜明的特点：不确定性、不稳定性和技术手段复杂。

在信息系统的建设过程中，涉及各级各类的开发人员和用户企业的管理人员，如何做好组织管理工作，使全体人员各尽所能，相互配合，体现集体协作的力量，是保证信息系统开发成功的关键因素。

已经在国民经济诸多领域中成功运用的项目管理方法，也完全可以用于信息系统开发项目的管理。信息系统项目管理的内容包括工作计划与控制、成本管理、质量管理和风险管理。

信息系统的获取方式有两种：资源自包和资源外包。如果一个组织不想应用内部资源建设和运行信息系统，可以将这项工作外包给擅长提供此类服务的外部组织（接包方）。

习　题

1. 影响信息系统项目成败的因素有哪些？
2. 信息系统项目具有哪些不同于一般项目的特点？
3. 信息系统建设中的不同人员应当如何进行角色分工？
4. 如何对信息系统项目中的进度、成本、风险和质量进行有效的管理？
5. 选择一个信息系统开发实例，以项目管理思想对其进行规划，并采用甘特图和网络计划图进行进度控制。
6. 资源自包的优点有哪些？
7. 资源外包中服务等级协议的作用是什么？
8. 从地理位置的角度，外包有哪几种形式？决定离岸外包的因素是什么？
9. 资源外包的优缺点有哪些？

第14章
信息系统运行与管理

从企业验收并启用信息系统，对系统进行管理与维护就成了企业信息化工作的主要内容，一直要延续到被更好的新系统替代为止。信息系统运行管理的目的就是对信息系统的运行进行实时控制，记录其运行状态，进行必要的修改与扩充，加强安全管理，使信息系统始终处于最佳的工作状态，为管理决策提供信息支持，从而体现其价值。

引导案例

EIS 在 C 公司的失败案例

比利是 C 公司负责信息系统的副总裁，积极倡导一套"经理信息系统"（简称 EIS）的开发，以满足公司高层经理们的信息需求。从商业性文章、会议中，以及与其他信息系统经理们的交谈中，比利已听说了 EIS 在多家公司中成功的先例。比利相信，EIS 不但能够帮助高层管理人员，还能够提高公司信息系统部的形象。比利安排了几位 EIS 的销售人员给总经理及其高级经理作了演示，得到非常好的反响。通过触摸一下屏幕，表格和报告就迅速地以各种各样的格式和颜色出现。各级经理们对 EIS 印象深刻，于是经过一个短会后，就拍板投资 25 万美元开发 EIS 系统。

3 个月后，5 位经理用上了最初的系统。多屏的信息可以提供主要的财务报告，过去这些报告都是以纸上的表格形式出现。该系统还提供了反映公司绩效的主要指标信息，这些指标一直在 C 公司战略计划制订过程中发挥作用。通过自动调用数据库中的数据，屏幕上的信息总是最新的。经理们对系统的最初反应总体上是积极的。一位经理说："过去我从未这么快就获得这些信息。"看来一些经理们为他们最终能够使用一台计算机而感到骄傲。只有一位年龄较大的经理似乎对 EIS 不感兴趣。

系统交付使用后，重点转向了维护。比利被委以另一个项目，带领系统分析师负责开发另一套新的、重要的应用系统，还安排两位维护程序员承担了 EIS 的升级、扩展使用者范围以及开发新功能的维护任务。但是，随后的几个月中，围绕 EIS 系统什么也没有做。维护程序员花了一段时间去学习如何使用 EIS 软件，不过没有详细的文档供其参考，因此效率较低。即使当他们学会了如何扩展 EIS 的功能后，程序员们仍发现这一活动较之其他的应用显得并不重要。此外，经理们很少有扩展功能的要求。在某种程度上，维护程序员将 EIS 视作"经理的玩具"。引进 EIS 9 个月了，基本上没有系统的升级。没有新的使用者，而且使用跟踪软件揭示出，5 位经理中的 3 位根本没有使用该系统。系统也没有增加新的功能。

　　就在这个时候，C 公司开始面临财政困难。为了维持正常运作，一些不重要的支出项目被砍掉了。在一次重要会议上，从未使用过 EIS 的经理建议该系统也应被砍掉。"我们已为这一系统投入了大量的时间和金钱，但我并未看到我们从中得到什么好处。"他说。"实事求是地讲，我们所获得的所有东西就是我们过去所获得的东西，只不过它们是以美妙的图画和颜色出现在屏幕上而已。抛弃这一系统能够节省金钱，而又不会失去太多。"经过讨论，经理们达成一致——这一系统令人失望，应被砍掉。

　　当比利知道这一决定时，他极为震惊，EIS 曾经是如此有前景，一切都曾非常顺利。哪里出错了？他获得了经理的支持，成立了一个好的工作班子，挑选了合适的软硬件设备，而且迅速交付了第一期系统。这些通常都是成功的关键。也许经理们只是没有准备好应用计算机。然而，比利能够肯定的一件事，就是他以及他的部门因 EIS 的失败而蒙羞。

　　案例来源：百度文库，wenku.baidu.com。

案例思考：
（1）是什么因素导致 EIS 在 C 公司的失败？
（2）如果要挽救 EIS，你可能会采取哪些行动措施？

14.1　信息系统运行管理的组织

　　信息系统的重要组成部分是人，合适的人员队伍是保障信息系统运行的基础。随着企业信息化建设的深入，企业应组建专门的信息管理部门来负责信息系统的运行管理。目前，企业中的信息管理部门大多采用信息中心、计算中心、信息管理部等组织形式，随着 IT/IS 在企业经营管理中发挥的作用越来越大以及人们对信息系统作用认识的提高，信息管理部门在企业中的地位也逐步提高。

> **案例：承担信息系统运转的应该是谁？**
>
> ××集团是河北皮革行业的龙头企业，信息主管M先生为了企业信息系统的运行忙得不亦乐乎。J先生是该企业的总裁，他对信息系统的运转有些犹豫：建设一个系统靠团队，那运行和维护一个系统靠谁？信息系统的开发、运行和维护自然有它内在的逻辑，但是当一个业务全部委托信息系统的时候，就远远不是技术层面上的事情了，而是一般意义上超越技术层面的事情。
>
> J先生知道这已经不是一个人的事情了，是关联到几百个合作伙伴，关系到几万人的大事。他总觉得在信息系统的运转上，力量还是比较单薄，之前一下子想不清楚到底单薄在什么地方？最近算是想清楚了，那就是应该有专门的主导信息化的角色。那主导信息化的角色，或者说承担信息系统运转的人应该是谁？
>
> 案例来源：武刚：《信息资源管理》，机械工业出版社2010年版。

14.1.1　信息管理部门在企业中的地位变化

信息系统参与组织运营活动的深入程度，反映了信息管理部门在企业中的地位、作用和变化，信息系统在企业中的应用与发展是以信息需求为驱动的。一般认为，信息管理部门在企业中地位的变化表现为三个阶段，如图14-1所示。

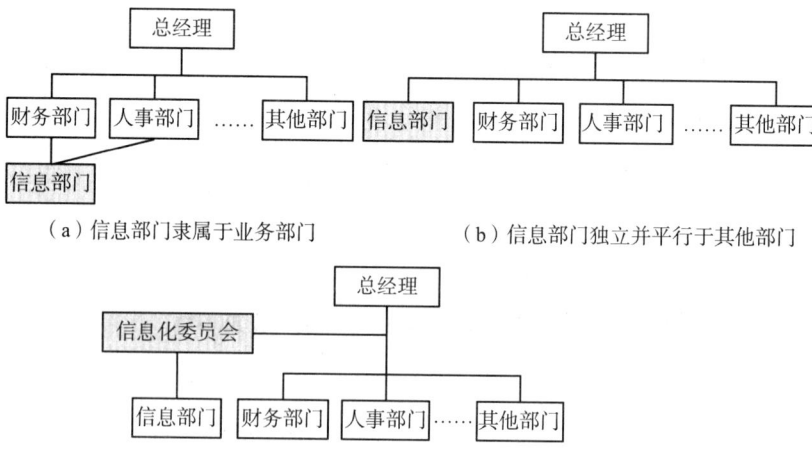

图14-1　信息管理部门在企业组织中的地位变化

1. 隶属于业务部门

在信息化建设初期，信息化还局限在单项业务应用，或者局限在从单项业务向单一管理职能过渡的时期，这时，信息部门隶属于某个业务部门。例如，组织仅有财务系统时，组织的信息部门可能只是财务部下面的一个信息技术科室。这时候的信息系统专为特定的企业部门服务，目的是加快这些部门的信息处理速度，减缓企业功能运作瓶颈。因此，信息部门在企业中隶属于所服务的部门而存在，如图14-1（a）所示。这类信息部门主要常见于中小企业和处于信息化初期阶段的企业。

2. 独立并平行于其他业务部门

随着计算机应用的普及，更多的部门意识到信息系统在管理中的作用，企业对信息的需求越来越大，信息资源从单个部门的应用，到逐渐被整个企业所共享，这就需要将各部门的信息处理有机地联系起来，跨越部门的界限，实现信息资源的共享。这时，信息管理部门从所属各职能部门独立出来，在企业中的地位上升到与其他部门平行，如图14-1（b）所示。

在这种结构中，不仅要把信息管理部门视为独立的管理机构，更应该赋予它信息资源管理和信息活动管理的职能。但是，在该结构中，信息处理的决策能力依然较弱，信息化建设中有关的协调和决策工作将受到影响。

3. 由信息化委员会直接领导的部门

由于计算机硬件、软件的发展，以及各种自动化技术的进步，使得计算机管理信息系统、计算机过程控制、计算机辅助设计、计算机辅助工艺和制造联结为一个整体，形成计算机集成制造系统 CIMS；同时，电子商务、供应链管理、客户关系管理等系统的发展，使信息技术应用在企业中的重要性进一步提高，信息管理部门逐渐处于企业运行的中心地位，这时比较流行的组织形式是企业单独成立一个"信息化委员会"，如图14-1（c）所示。

在该结构中，"信息化委员会"由首席信息主管（Chief Information Officer, CIO）负责牵头召集，组织的最高领导和其他部门的负责人均为该委员会委员，即由各利益群体代表组成，这样有利于发扬集体决策的优点，从全局角度更好地统筹安排信息化建设。在"信息化委员会"下面再设立与组织中其他业务部门平级的信息部门，这样将组织变革与信息资源开发利用紧密结合起来，将信息战略与组织的战略管理联系起来，全面负责组织的信息化工作。

14.1.2 首席信息主管

首席信息主管（CIO）是专门负责组织信息化建设、实施和运作的管理者，他通常是组织决策层的成员。CIO 机制则是组织信息化发展比较成熟以后的一种信息化管理机制，是随着组织信息化的不断发展而形成的。CIO 一般由副总经理兼任，在企业中的地位仅次于总经理。

1. CIO 的职能

（1）企业战略的参谋者：CIO 把业界、竞争对手的信息化成效，以通俗易懂的形式，介绍给 CEO 及其他企业高层管理人员，使他们意识到 IT 对于企业管理能起到实在的改造和创新作用，从而支持企业信息化建设。

（2）信息战略的执行者：CIO 需要在企业业务与 IT 之间实现协调，解决具体的技术问题和管理冲突，才能使企业战略从蓝图变为现实。

（3）信息的传播中介：CIO 要把外界的新技术、新信息、新趋势介绍给企业内部，尤其是企业的高层管理人员；同时，还要把企业内部的信息化需求传达出去，让外界了解企业需求，以便为企业提供合适的解决方案。

2. CIO 应具备的能力[①]

企业 CIO 的知识体系可以分成三个模块：初级模块、中级模块和高级模块。初级模块包括信息技术知识、信息管理知识和信息系统知识。

（1）掌握并应用现代信息技术。包括 IT 基础设施方面的计算机通信与网络系统、操作系统、安全技术、存储与备份技术等，了解当前企业管理软件的思想、原理、产品（如 ERP、PLM、SCM、CRM、EIP、BI、KM、OA 等），具备现代软件开发与管理的技术，掌握计算机服务与运行管理（如 ITSM），能够熟练地运用信息技术解决企业的实际问题。

（2）信息管理知识。企业 CIO 应当掌握信息采集与传播、信息组织、信息检索和信息分析方法等方面的知识。在信息采集与传播中，CIO 应当熟悉信息资源的特点及其采集途径、方法；信息传播行为、传播过程、传播媒介和效果监控等。在信息组织方面，CIO 应当具备信息组织的控制与规范、分类组织、主题组织、信息整序、信息

---

① 左美云、许珂、陈禹：《首席信息官（CIO）知识体系研究》，载《中国人民大学学报》2004 年第 3 期，第 120～125 页。

编码等知识。在信息检索方面，信息检索系统、信息检索技术与方法、检索效果评价等是 CIO 必备的知识和技能。在信息分析方法方面，CIO 能够熟练应用信息分析流程、分析工具、定性/定量分析等方法和工具。

（3）信息系统知识。信息系统知识主要包括管理信息系统和信息系统安全两方面的知识。在管理信息系统中，CIO 需要掌握管理信息系统的开发过程、开发方法、开发平台，以及 ERP、DSS 等；在信息系统安全方面，CIO 需要掌握信息系统运行管理、信息系统安全的分类、技术和制度。

CIO 知识体系的中级模块主要包括流程管理知识、项目管理知识、经营管理知识和公共管理知识。

①流程管理知识。流程管理主要包括对价值链的管理和对业务流程的管理。其中，对于价值链的管理，CIO 应当熟悉价值链的含义、企业内部价值链、供应链管理、价值链分析法等。对业务流程的管理，CIO 应当熟悉业务流程的表示方法、流程设计、流程分析、流程优化（BPI）、流程重组（BPR）、业务集成等。

②项目管理知识。由于 IT 项目高投入、高风险、低成功率决定了 CIO 的项目管理能力极其重要。项目管理知识主要包括 IT 项目管理和 IT 项目监理与审计两个方面。在 IT 项目管理方面，CIO 应当熟悉并掌握 IT 项目的计划、启动、实施、控制、收尾，IT 项目管理方法论等。在 IT 项目监理与审计方面，CIO 应当熟悉 IT 项目监理方选择与管理、IT 审计方法、审计方选择与管理等。

③经营管理知识。CIO 作为企业的高层管理者，需要掌握企业的经营管理方面的知识和技能，主要包括企业管理概论、投资管理和电子商务等。在企业管理概论方面，CIO 应当熟悉企业的人力资源管理、生产与运作管理、研究与开发管理、营销管理等。在投资管理方面，CIO 应当熟悉企业财务分析、投资战略、成本控制、投资效果评价、平衡计分卡等。在电子商务方面，CIO 应当熟悉电子商务模式、网络营销、电子结算、电子商务实现方式、电子商务与 ERP 的关系等。

④公共管理知识。公共管理知识主要包括公共管理、公共政策和电子政务。具体来说，公共管理包括公共部门组织管理、人事管理，公共预算与财务管理、政府绩效评估等。公共政策包括一般政策和部门政策的规划与设计、执行、评估、宏观经济政策分析等。电子政务包括政府信息化、电子政务的内容、模式和管理等。

CIO 知识体系的高级模块主要包括信息变革知识、信息战略知识和信息文化知识。

①信息变革知识。信息系统在企业内的应用势必对企业的业务流程和组织结构等产生影响。因此，CIO 需要了解这些影响或者变革背

后的原因。具体来说，CIO 应当了解信息经济学和组织变革管理等方面的知识。

②信息战略知识。信息战备方面的知识包括竞争情报、战略管理和信息战略。在竞争情报方面，CIO 需要了解竞争环境、对手、战略的情报研究；竞争情报分析方法、竞争力评估等。在战略管理方面，CIO 需要了解组织战略、战略规划、执行、控制等。在信息战略方面，CIO 需要了解信息技术战略、信息资源战略及过程、IT 项目规划等。

③信息文化知识。企业信息文化是影响企业信息化成功的重要因素，因此 CIO 应当具备一定的信息文化知识。信息文化知识包括组织文化、知识管理和信息法律法规与政策。组织文化包括企业文化/政府文化/非营利组织文化等的内容、功能、建立、传播、重塑等。知识管理包括学习型组织、智力资本管理、知识创新和共享的管理、知识管理的应用等。信息法律法规与政策包括知识产权、信息安全法律法规、国家信息政策、组织信息政策与制度等。

在国外发达国家，CIO 的设置是非常成功的，也非常普及。在我国，因为企业信息化水平仍相对较低，所以信息管理人员（包括 CIO）和信息管理部门的地位比其应有的地位要低，而且企业对 CIO 的了解和认识也不足。随着我国信息化工作的推进，信息技术、信息系统与企业管理过程不断渗透和融合，CIO 职位的设置也愈发紧迫。我国企业界应认识到 CIO 的重要性，通过设置 CIO 职位，从组织上保证信息管理工作的战略地位，从根本上改善企业信息资源的管理。

14.2 信息系统的运行维护管理

在信息系统投入运行后，企业要对信息系统的日常运行情况进行记录，并不断地对该系统进行维护。本节重点讨论信息系统的日常运行情况的记录、信息系统的维护、信息系统运行的组织结构等内容。

案例

2019 年"双 11"正式启动，仅 1 分 36 秒，天猫"双 11"成交额超过 100 亿元，1 小时 03 分 59 秒超过 1 000 亿元，最终以 2 684 亿元的成交额完美收官，再创历史新高。京东方面，11 月 11 日第一个小时，交易额同比达到

320%，京东支付峰值同比达到327%，白条交易额实现10秒破亿元。在"双11"当天苏宁易购1小时订单量同比增长89%。极速跳动的数字、成千亿级交易额背后，是来自世界各地的品牌及产业链上下游的金融服务、物流、供应链等参与者的相互协作。其中，最为特殊的仍要属金融行业。11月12日，中国人民银行发布数据，"双11"当天，网联、银联共处理网络支付业务17.79亿笔，金额14 820.70亿元，同比分别增长了35.49%和162.60%。

在"双11"当天网络流量急速增加，数据量如开闸放水，并发数是日常流量的数倍。急剧增加的数据流量给企业业务系统的运营带来了巨大的压力。如何保障核心业务稳健运行、交易数据的实时立体展现、实现灵活高效的数字化运营，是所有从业者面临的首要问题。

在"双11"开始之前各大平台多采用线上压力测试的方式来测量系统应对突发流量的能力，比如可以直接在生产环境抽取1台服务器，通过模拟回放或者直接引入多倍流量进行压力测试，根据压力测试计算出单台服务器的最大可承载能力。然后根据压力测试的结果申请扩容。即使事先做出了容量规划，但在流量峰值时还是可能会超出预期，系统还是会因为流量激增而出现问题。所以运营和维护人员又需要对系统进行限流和降级。限流就是对各个应用设置一个最大阈值，超过阈值就立刻拒绝新的请求，这样的好处就是保护应用。降级是指在"双11"期间通过关闭部分非核心功能保证交易主流程的能力最大化。在"双11"当天，运营和维护人员需要对平台运行进行严密的监测，防止平台出现重大问题，影响"双11"当天的正常交易。例如，为了保障服务器稳定性，数据中心必须时刻保持恒温恒湿；快速准确定位每一个故障发生的具体位置；处理异常交易；保障系统流畅解决因流量过大而引发的系统异常等。

14.2.1 信息系统的日常运行管理

信息系统的日常运行管理是为了保证系统能长期有效地正常运转而进行的活动，绝不仅仅是对机房环境和设施的管理，更主要的是对系统每天运行情况的记录以及系统运行的日常管理。

1. 系统运行情况的记录

系统运行情况的记录能够反映系统在大多数情况下的状态和工作效率，对于系统的评价与改进具有重要的参考价值，因此，信息系统的运行情况一定要及时、准确、完整地记录下来。原则上讲，从每天计算机的打开、应用系统的进入、功能项的选择与执行，到下班前的数据备份、存档和关机等，都要就系统软硬件及数据等的运作情况做记录。除了记录正常情况外，还要记录异常情况发生的时间、原因与处理结果。记录系统运行情况是一件细致而又繁琐的工作，从系统开始投入运行就要抓紧抓好。为了避免在实际工作中流于形式，一方面，尽量在系统中设置自动记录功能；另一方面，可对正常情况不予记录，对于不正常情况和无法运行情况则应将所见的现象、发生的时间及可能的原因做尽量详细的记录，因为这些信息对系统问题的分析与解决有重要的参考价值。

2. 系统运行的日常管理

系统运行的日常管理包括数据的日常管理以及突发事件的处理等。

数据的日常管理主要有备份、存档和整理等。每天的日常业务操作完毕后，为安全考虑，都应对更改过的或新增加的数据进行备份。数据存档是当工作数据积累到一定数量或经过一定时间间隔后转入档案数据库的处理，作为档案存储的数据成为历史数据。数据的整理是关于数据表的索引、记录顺序的调整等，数据的整理可使数据的查询与引用更为快捷与方便，对数据的完整性与正确性也有好处。

信息系统运行中的突发事件一般是由于误操作、计算机病毒、火灾、水害、突发停电等原因引起的突发性的、灾害性的事件。突发事件应由企业信息管理部门的专业人员如机房管理员处理，有时需要系统开发人员或软硬件供应商来解决。应对突发事件要做好资源的备份工作，主要包括两个方面，即数据备份和设备备份，数据备份是必须要做的，在关键的领域还必须进行设备备份。对突发事件发生时的现象、造成的损失、引起的原因及处理的方法等必须作详细的记录，这将对系统的评价与改进具有重要的价值。

14.2.2 信息系统的维护管理

系统维护是对系统使用过程中发现的问题进行处理的过程，也是系统不断完善的过程。有些问题也只有在实际运行过程中才能暴露出来，需要不断对其进行完善与修改，以保证信息系统正常工作。维护中约20%的时间被用来调试或解决突发的产品问题。20%的时间被用来改进数据、文档、报告、硬件或软件。剩余60%的时间被用来增强用户满意度、改进文档以及记录系统各组件的工作以提高运营效率。

1. 信息系统维护的内外部因素

（1）外部环境的改变：包括国家有关法律政策的改变、企业制定的规章制度的改变。

（2）组织管理方式和业务过程的改变。

（3）用户需求的改变。

（4）软硬件平台的变化与升级。

（5）系统设计中存在的问题。

（6）其他的一些突发事件或自然灾害的影响。

2. 系统维护的分类

根据维护活动的原因不同，可把系统维护分为完善性维护、适应性维护、纠错性维护和预防性维护。

（1）完善性维护。在信息系统建立初期，管理人员将注意力集中于学会使用系统，有效地运用系统提供的各种信息。随着对计算机应用的认识不断加深，管理人员会对系统提出更高的要求。完善性维护就是在应用软件系统使用期间，不断改善和加强系统的功能和性能，以满足管理人员日益增长的信息需求所进行的维护工作。

（2）适应性维护。适应性维护是指应用系统需要适应运行环境的变化而进行的维护活动。一方面计算机技术发展十分迅速，当采用新设备、新技术可以扩大系统功能、改善系统性能时，要进行相应的适应性维护工作；另一方面是适应企业外部环境变化的维护，政府政策法规的变化、竞争对手的变化等，都会引起系统的适应性修改，如财务制度、税收制度的变化，使得财务计划的制订、税金的核算要做相应修改。

（3）纠错性维护。软件系统测试阶段不可能暴露出系统所有隐藏的错误。纠错性维护的目的在于纠正在开发期间未能发现的瑕疵，以保证系统在所有可能的条件下都能正常运行。

（4）预防性维护。预防性维护是为了避免一些不必要的错误产生、提高软件的可维护性和稳定性而预先采取的一些措施。包括系统结构局部的重新设计、部分代码的重新编写和测试等。

在这四类维护活动中，完善性维护所占的比例最大，大约占整个维护工作的一半以上。实践表明，系统的维护工作主要是改善系统的性能、增强系统的功能，而不是过多地去纠正错误。

3. 系统维护的内容

系统维护的具体内容一般包括如下四个方面：

（1）硬件的维护与维修。随着系统的运行，系统的硬件设备也会出现一些故障，需要及时进行维修或替换；当系统的功能扩大后，原有的设备不能满足要求时，就需要增置或更新设备。所有这些工作都属于硬件的维护与维修工作。

（2）程序的维护。在系统维护的全部工作中，应用程序的维护工作量最大，也最经常发生。程序的维护是指改写一部分或全部程序，修改时要填写程序修改登记表，写明新、旧程序的不同之处。程序维护不一定在发现错误或条件改变时才进行，效率不高的程序也要不断地设法予以优化。

（3）数据库的维护。系统投入运行以后对数据库要不断地进行评价、调整和修改，因此数据库的维护是数据库设计工作的继续和提高。数据库维护的主要工作是：查询的优化，数据库安全性控制，数据库的正确性保护、备份和恢复,数据库的重新组织与构造等。

（4）代码维护。随着系统应用范围和环境的变化,旧的代码不能适应新的需求,必须对系统代码体系进行变更,包括制定新的或修改旧的代码体系。例如居民身份证号码由15位扩展到18位就是典型的代码维护工作。

4. 系统维护的过程

许多人往往以为系统的维护要比系统开发容易,其实在更多的情况下,维护比开发更为困难。这是因为维护人员必须用较多时间去理解别人编写的程序、文档和数据库,且对系统的修改不能影响程序的正确性和完整性;整个维护的工作又必须在所规定的很短时间内完成。

（1）确定维护的目标、内容及人员。根据系统的日常运行情况,确定系统维护的目标和内容,并确立相应的人员组织,评估问题的原因及严重性,并提交维护申请报告。

（2）建立维护计划方案。维护申请报告批准后,拟订相应维护计划方案。维护计划应包括维护任务的范围、所需的资源、维护费用和维护进度安排等。维护工作应当有计划、有步骤地统筹安排,需要注意的是维护人员必须全面理解所要维护的系统。由于程序的修改涉及面较广,某处修改很可能影响其他模块,因此,拟订维护方案时要考虑修改的影响范围和波及作用。

（3）维护的实施。根据维护方案,进行硬件的维护与维修、程序的修改与调试、数据库及代码的维护等。

（4）修改文档。软硬件的修改、调试完成后,还需修改相应的文档,以备维护验收。

（5）维护的验收、总结和评价。

14.3 信息系统文档管理

案例：没有文档的信息系统

每年夏季,某公司都雇用一些来自各大学的实习生在其会计、市场信息系统和人事部门工作。A是人事部主管,他要求人事部职员开发数据库系统来跟踪这些实习生。系统将产生这些实习生的报告,包括他们的责任、资格和评价。A希望系统能按职责和专业产生总结报告。他的职员B学过微软Access，并在夏季结束时完成这套实习生跟踪系统。然后，B离开公司去读研究生。几个月后，A让他的秘书使用这套系统生成上个夏季实习生的报告。秘书找到程序和数据磁盘，却不会使用。B没有留下任何文档，也找不到系统设计和实施阶段用到的样本输出或逻辑关系的副本。最后A只好重新雇用一个程序员来编制报表。

案例思考：采用什么方法能够杜绝此类事情发生？

信息系统文档是在系统建设过程中产生的各种文字资料，是描述系统从无到有整个发展与演变过程及其状态的文字资料。

系统文档不是事先一次性形成的，它是在系统建设、运行与维护过程中，不断地按阶段依次逐步编写、修改、完善与积累而形成的。可以说，如果没有规范的系统文档，信息系统的建设、运行与维护会处于一种无序混乱状态，这将严重影响系统的质量，甚至导致系统开发或运行的失败。当系统开发人员发生变动时，问题尤为突出。有专家认为：系统文档是信息系统的生命线，没有文档就没有信息系统。因此，在信息系统项目的开发与使用过程中，要做好文档的整理和管理工作。

14.3.1 信息系统文档的作用

信息系统实际上由系统实体以及与此对应的文档两大部分组成，信息系统建设要以文档的描述为依据，系统实体的运行与维护更需要文档来支持。

（1）为信息系统的项目管理和运行维护提供依据。开发人员把系统建设整个生命周期中发生的事件以文档的形式记录下来，这些记录下来的文档将为项目管理者提供项目计划、预算、开发进度等各方面的信息，从而作为检查开发进度的依据，减少项目风险，实现对信息系统开发的项目管理。同时，记录开发过程中的有关信息，也能为信息系统的维护工作提供有关的资料和经验，便于指导信息系统的运行和维护。

（2）提高信息系统开发效率和质量。信息系统文档的编制，可使开发人员对各个阶段的工作都进行周密考虑、全盘权衡，从而减少返工，并且可在开发早期发现错误和不一致性，便于及时加以纠正。

（3）提供信息系统运行、维护和培训的有关信息，便于管理人员、开发人员、用户之间的协作、交流和了解，使信息系统的开发活动更科学、更有成效。

（4）便于用户了解信息系统的功能、性能等各项指标，激发用户的需求，为信息系统的评价提供原始依据，能为最终用户或管理员提供用户手册。

14.3.2 信息系统文档的分类

1. 按照产生和使用的范围分类

按照文档产生和使用的范围，大致可分为三类：

（1）开发文档。这类文档是在信息系统开发过程中，作为信息系统开发人员前一阶段工作成果和后一阶段工作依据的文档。包括信息系统需求说明、数据要求说明、概要设计说明、详细设计说明、可行性研究报告和项目开发计划等。

（2）管理文档。这类文档是在信息系统开发过程中，由信息系统开发人员制定的、需提交的一些工作计划或工作报告，使管理人员能够通过这些文档了解信息系统开发项目安排、进度、资源使用和成果等。包括项目开发计划、测试计划、测试报告、开发进度月报及项目开发总结等。

（3）用户文档。这类文档是信息系统开发人员为用户准备的有关该信息系统使用、操作、维护的资料。包括用户手册、操作手册、维护修改建议等。

2. 按照国家标准分类

国家标准局在1988年发布了《计算机软件开发规范》和《软件产品开发文件编制指南》，基于信息系统生命周期方法，把信息系统软件产品从形成概念开始，经过开发、使用和不断增补修订，直到最后被淘汰的整个过程提交的文档可归纳为13种。下面对其中每一个文档做简要说明。

（1）可行性研究报告：说明该信息系统项目的建设在技术上、经济上、管理上的可行性，评述为达到开发目标可供选择的各种有效的实现方案，说明并论证所选方案的理由。

（2）项目开发规划：为信息系统项目实施方案具体地制定出规划。包括各部分工作的负责人员，开发进度、开发经费的预算、所需要的硬件和软件资源等。信息系统项目开发规划应提供给管理部门，并作为开发阶段评审的基础。

（3）需求说明书：也称软件规格说明书，其中对所开发软件的功能、性能、用户界面、运行环境等作出详细的说明。它是用户与开发人员双方对软件需求达成的协议，也是实施开发工作的基础。

（4）数据要求说明书：给出数据逻辑描述和数据采集的各项要求，为生成和维护系统的数据文件做好准备。

（5）概要设计说明书：是概要设计工作阶段的成果。说明了系统的功能分配、模块划分、程序的总体结构、输入输出及接口设计、运行设计、数据结构设计和出错处理设计等，为详细设计奠定基础。

（6）详细设计说明书：又称为程序设计说明书，着重描述每一个模块是如何实现的，包括实现算法、逻辑流程等。

（7）用户手册：详细描述软件的功能、性能和用户界面，使用户了解如何使用该软件。

（8）操作手册：为操作人员提供该软件的功能、性能和用户界面，使用户了解如何使用该软件。

（9）测试计划：针对集成测试和验收测试，为组织制订的测试计划。计划应当包括测试的内容、进度、条件、人员、测试用例的选取原则、测试结果允许的偏差范围等。

（10）测试分析报告：测试工作完成以后，应当提交测试计划执行情况的说明，对测试结果加以分析，并提出测试的结论性意见。

（11）开发进度月报：该月报是软件开发人员按月向管理部门提交的项目进展情况的报告。报告应当包括进度计划与实际执行情况的比较、阶段成果、遇到的问题和解决的办法以及下个月的打算等。

（12）项目开发总结报告：软件项目开发完成后，应当与项目实施计划对照，总结实际执行的情况，如进度、成果、资源利用、成本和投入的人力。

（13）维护、修改建议：信息系统投入使用后，应对系统的运行情况、维护做详细的记录。另外，随着系统的使用，可能有修改、更改等问题。应当对存在的问题、修改的原因以及修改的影响估计等做详细的描述，写出维护、修改建议，提交审批。

以上13种文档是在软件生命周期中，随着各个阶段的开展适时编制的。其中，有的仅反映某一个阶段的工作，有的则需要跨越多个阶段。表14-1给出了各种文档应在信息系统生命周期中的各阶段编制的对应关系。

表14-1 信息系统生命周期各阶段与各种文档编制工作的关系

阶段（文档）	系统规划	系统分析	系统设计	系统实施	运行维护
可行性研究报告	●				
项目开发规划	●	●			
需求说明书		●			
数据要求说明书		●			
概要设计说明书			●		
详细设计说明书			●		
用户手册		●	●	●	
操作手册			●	●	
测试计划			●		
测试分析报告				●	

续表

阶段（文档）	系统规划	系统分析	系统设计	系统实施	运行维护
开发进度月报	●	●	●	●	
项目开发总结报告				●	
维护、修改建议					●

在信息系统的整个生命周期内，参与信息系统文档编制的各方面人员有：高层管理人员（主要包括企业高层领导）、开发人员（包括项目经理、系统分析人员和程序员等）、维护人员和用户（操作人员）四大类。四类人员与上述 13 个文档的编制关系如表 14－2 所示[①]。

表 14－2　　　　　各类人员与文档编制的关系

阶段（文档）	管理人员	开发人员	维护人员	用户
可行性研究报告	●	●		
项目开发规划	●	●		
需求说明书		●		
数据要求说明书		●		
概要设计说明书		●	●	
详细设计说明书		●	●	
用户手册				●
操作手册				●
测试计划		●		
测试分析报告		●	●	
开发进度月报	●			
项目开发总结报告	●			
维护、修改建议	●			●

14.3.3　信息系统的文档管理内容

在整个信息系统项目的生命周期中，信息系统文档会不断地按阶段逐步编写、修改或补充。为了最终得到高质量的信息系统，必须加强对文档的管理。具体有以下管理措施：

（1）设立文档保管员，负责集中保管信息系统的主文档。

（2）文档要标准化、规范化，在系统开发前必须首先选择或制定文档标准。

（3）开发小组成员根据工作需要可在自己手中保管一些个人文

---

① 曹汉平等：《信息系统开发与IT项目管理》，清华大学出版社2006年版。

档。这些一般都应是主文档的复印件，并注意与主文档的一致性，在做必要的修改时，也应首先修正主文档。

（4）在新文档替换旧文档时，管理人员应及时注销旧文档。

（5）项目开发结束时，文档管理人员应该收回开发人员的个人文档，发现个人文档与主文档差异时，应及时解决。

14.4 信息系统的安全管理

信息系统在运行过程中会产生和积累大量的信息，这些信息是企业的重要资源，它们几乎反映了企业的过去、现在和未来。系统软硬件的损坏或信息的泄露会给企业带来不可估量的经济损失，甚至危及企业的生存与发展。因此信息系统安全是一项必不可少的极其重要的信息系统管理工作。

另外，信息系统几乎被企业内部每一位管理人员接触和使用，随着企业信息化建设的深入，企业与外界的信息交往日益广泛与频繁。由于信息的易传播性与易扩散性，使得信息系统的安全保密工作难度大大增加。

14.4.1 信息系统的脆弱性

大量的数据被存为电子文件，它们对于许多类型的威胁来说比以人工形式存在要更易受到破坏。通过网络可使不同地区的信息系统彼此相连，未经授权的访问、滥用或者欺诈不仅仅局限于某一地点，而是在网络中的任何访问点。图14-2显示了当前信息系统可能遭受的最常见威胁。

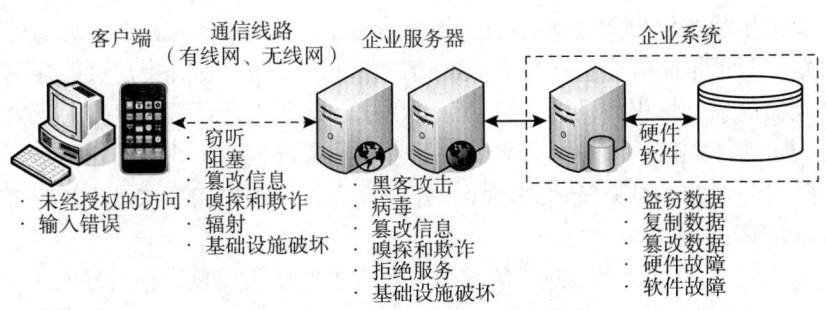

图14-2 信息系统面临的安全威胁

这些威胁可能来自技术方面的原因，也可能是由于组织和环境因素造成的。在图 14-2 所示的客户机—服务器的计算环境中，安全威胁存在于每个层次之间的信息交换中。在客户端，用户可能由于输入错误或者未经授权的访问进入系统均可对系统造成损害。很可能在浏览网页时非法访问数据、在传输过程中盗取有价值的数据或者未经授权而篡改信息。辐射同样会以许多形式破坏网络。黑客可以发动拒绝服务攻击或者植入病毒等恶意软件干扰网站运行。

嗅探（sniffing）是一种拦截计算机通信的技术。在有线网络下，嗅探需要与互联网建立物理上的连接。在无线网络环境中，不需要这种连接，入侵者（嗅探者，drive-by sniffer）利用嗅探器程序获取地址，可以不通过认证，轻易入侵 Wi-Fi 网络，随意监听和拦截无线通信。

人为事件会造成基础设施的损失。例如，一台推土机割断了一段光纤电缆通道。盗窃和恐怖事件也可能造成基础设施的损失。一个不满的被解雇的员工可能会偷走企业服务器的硬盘，恐怖袭击事件同样会造成厂房和设备的损失。自然灾害是造成基础设施损失的最大威胁。

随着商业活动中的移动设备的频繁使用，也为系统增加了安全风险。移动设备携带方便，同时也容易丢失，它们的网络很容易被外界访问。移动设备中可能存有销售数据、客户姓名、联系方式等敏感数据，入侵者可能通过这些设备访问企业内部网络。

14.4.2 信息系统安全管理的商业价值

许多企业不愿意在信息系统安全方面投资，因为它与经营业绩无直接关联。但是，信息系统安全对企业运营而言非常关键，应该得到足够重视。

1. 信息是组织的宝贵资产，需要保护

企业信息系统内部通常储存机密信息，如员工薪酬、金融资产以及工作绩效评价等个人信息，还储存包括商业机密、新产品研发计划、营销策略等企业运营方面的信息。政府的信息系统中还可能存储武器信息、情报行动、军事目标等信息。这些信息异常宝贵，一旦丢失、毁坏或落入不可靠人手中，后果将不堪设想。一项研究表明，一旦大公司的信息系统遭到破坏，公司便会在两天之内损失 2.1% 的市场份额。

2. 组织可能因信息系统安全和监管上的缺失而负法律责任

企业不仅仅要保护自己的信息，还要保护员工、客户和合作伙伴的信息。否则，一旦出现数据泄露或失窃等问题，企业将卷入烦琐的法律纠纷并承担高昂的诉讼费用。如果企业没有采取一定的防范措施，防止机密信息泄露、数据毁损和隐私受到侵犯，企业将为此承担不必要的风险责任并承担损失。拥有坚固的安全和控制系统保护企业信息资产，确实能够为企业创造高回报。

3. 加强信息系统安全和控制同样能够提高工作效率并降低运营成本

基于开放、分布式的网络环境下的信息系统能显著提高员工的工作效率，但是，如果由于安全或其他网络问题造成系统故障，将浪费大量工作时间。例如，Axia NetMedia 传媒公司原来使用开放式的宽带网络，在2004年安装信息系统的安全配置和控制系统后，员工工作效率提高了，损失降低了。此前，由于安全性以及其他网络问题曾致使系统瘫痪，工作效率大为降低。2004~2007年，新的配置和控制系统最大限度地减少系统故障，为公司节省了59万美元。

14.4.3 信息系统安全管理框架

信息系统安全是一个系统性的问题，既包括了实体的安全，也包括软件、信息安全以及技术和非技术的人为因素引起的运行安全隐患。信息系统的安全不仅涉及技术问题，还涉及管理问题，因此，信息系统的安全管理框架应涵盖安全技术和安全管理制度两个方面。

1. 安全技术

（1）操作系统与数据库安全。操作系统是连接计算机硬件与信息系统应用软件及用户的桥梁，同时，它更是所有计算机信息系统正常运行的基础。因此，操作系统安全是整个信息系统安全的基础。

数据库是信息系统集中存放和管理数据的核心部件，因此，也是最容易受到攻击的目标之一。数据库安全是指防止用户非法使用数据库造成数据泄露、更改或破坏，安全措施有加强用户标识和鉴别、存取控制、备份与恢复、数据加密、审计跟踪以及攻击检测等。数据库安全保证了信息的保密性、完整性和可用性。

（2）开发可靠的应用系统。组成信息系统的应用程序的可靠性将直接影响系统的安全性。从设计的角度来讲，可靠性是指应用程序进行无失败操作的能力，这包括确保准确的数据输入和数据转换、无错误状态管理以及对检测到的失败进行无损坏恢复。

（3）加密技术。加密技术有完备的数学理论体系，采用数学方法对原始信息（通常称为明文）进行再组织，使得加密后在网络上公开传递的内容对于非法接收者来说成为无意义的文字（加密后的信息通常称为密文）。而对于合法的接收者，因为掌握正确的密钥，可以通过解密过程得到原始数据（即明文）。

按加密密钥和解密密钥是否相同，可将现有的加密体制分为两种：对称加密体制和非对称加密体制。对称加密体制的特点是加密/解密密钥相同，速度快、安全性高，但是密钥分发和保管是安全中要考虑的问题。非对称加密体制的特点是加密/解密密钥不同，算法复杂，速度慢，可公开传输的密钥管理简单。

（4）数字签名与身份认证。数字签名是通过对文件进行摘要加密来实现确认信息发送者和防止假冒篡改等功能，其作用与书面签名类似，通过数字签名的鉴别过程也是对信息用户的身份和信息本身真实性的认证过程。

认证技术用来保障信息处理用户的合法性，主要的认证方式有：

①口令（Password）方式：口令是使用最为广泛的一种身份识别方式，如大多数系统的登录都需要用户提供口令——密码验证。口令的选择规则是：简单易记，难以被别人猜中或发现，抗分析能力强。

②令牌（Token）方式：令牌是一种个人持有物，是一种小型设备，可以随身携带。目前较多使用磁卡、密钥（盘）、IC 卡等令牌载体作为通行证。

③生物认证：指利用人体的生物特征，如指纹、耳纹、虹膜、指静脉、红外体温等作为身份识别的标志。

（5）防火墙技术。防火墙是隔离系统网络内外的一道屏障，主要用于对网络间的访问控制，它能够阻止外部非法用户对内部网络资源的访问，最大限度地对外屏蔽来保护信息的安全。但它对来自网络内部的安全威胁不具备防范作用。由于防火墙技术实施简单，因此一般有互联网接口的企业信息系统都采用该技术。

（6）访问授权控制。访问授权控制是指为确保共享资源情况下信息的安全，非法用户不能使用系统的任何资源，同时，对于合法用户超越自己的权限范围使用其他功能模块也视为非法。通过对访问控制的授权，一方面可以保证用户共享系统资源，防范人为的非法越权行为；另一方面又不会因为误操作而对职权外的数据产生干扰。访问授权控制是目前各种规范的信息系统普遍采用的安全保护措施。

（7）实体安全技术。实体安全技术是为了保护信息系统实体安全而采取的技术措施，是信息系统安全运行的基本要求。例如，场地选址要避免自然灾害，要有完整的防雷电设施，且有严格的防电磁干扰设施；机房内要做好防水、防火和防盗的预防工作；对主机房电源要有完整的双回路备份机制。

2. 安全管理制度

"三分技术，七分管理"，一直是安全领域的至理名言。三分技术，防治的更多的是已知的各种安全威胁；七分管理，则主要针对人，无论是通过各种安全制度约束，还是利用各项技术对人进行管理，目的都是约束"人"的行为，不给安全威胁可乘之机。

安全管理制度建设是计算机信息系统安全保护中的重要环节，这是国内外专家学者的共识，并在实践中得到了充分的证实。安全管理制度应该包含以下几个方面的内容：

（1）保密制度。对于有保密要求的计算机信息系统，必须建立此项制度。首先应对各种资料和数据按有关规定划分为绝密、机密、秘密三个保密等级，制定出相应的访问、查询及修改的限制条款，并对用户设置相应的权限。

（2）人事管理制度。人事管理制度是指对信息系统管理和使用人员的调出和调入作出一些管理规定。例如，组织必须就员工的解聘制定相应的安全制度。应当确保系统管理员在员工离职前的最后一个工作日之前知道这一情况，以便他们能够删除该员工的账号和密码。

（3）环境安全制度。环境安全制度应包括机房建筑环境、防火防盗防水、消防设备、供电线路、危险物品以及室内温度等相应的管理规定。

（4）出入管理制度。包括登记制度、验证制度以及钥匙管理制度等。

（5）操作与维护制度。操作规程的制定是计算机信息系统正确使用的纲领，在制定时应科学化、规范化。系统的维护是正常运行的保证，通过维护及早发现问题，避免事故的发生。

（6）日志管理及交接班制度。日志是计算机信息系统一天的详细运行情况的记载，分为人工记录日志和计算机自动记录日志两部分。制定该制度时，在保证日志的完整性、准确性及可用性等方面作出详细的规定。交接班制度是落实责任的一种管理方式，应对交接班的时间、交接班时应交接的内容作出规定，交接班人应在记录上签名。

（7）计算机病毒防治制度。计算机病毒已经成为影响计算机信息系统安全的大敌。该制度应该对防范病毒的软件、硬件作出具体规定：对于防毒软件一般要求两种以上，并应定期进行病毒检查和清除；对病毒的来源应严格加以封锁，不允许外来磁盘上机，不运行来源不明的软件，更不允许编制病毒程序。

14.5 信息系统的评价与审计

14.5.1 信息系统评价

信息系统投入使用后，是否切实发挥了为管理服务的作用？如何分析其工作质量？如何对其所花费的成本和所带来的效益进行投入产出比分析？是否实现了系统规划和用户最初提出的目标？如何分析该系统对组织内各部分的影响？针对这些问题，信息系统在其运行过程中除了不断进行大量的管理和维护工作外，还要在管理高层的直接领导下，由系统分析人员或专门的评审人员会同系统开发人员和业务部门管理人员共同参与，定期对系统的运行状况进行审核和评价。

信息系统的评价工作是一项复杂和困难的工作。由于信息系统涉及许多方面，其中有许多内容是无法单独靠定量进行评价的，因此，需要用到定性与定量相结合的方法。这里分为系统质量评价、经济效益评价两个方面的信息系统评价指标。

1. 信息系统的质量评价指标

信息系统的质量首先表现在系统运行和使用上，评价指标一般有：

（1）用户对信息系统的满意程度。系统是否满足了用户和管理业务对信息系统的需求，用户对信息系统的操作界面、操作过程和运行结果是否满意。

（2）系统的开发过程是否规范。包括系统开发各个阶段的工作过程以及文档资料是否规范。

（3）系统开发技术是否具有先进性。

（4）运行结果的完整性和有效性。即考察系统的运行结果是否全面满足了各级管理者的需求，以及运行结果对于解决预定的管理问题是否有效。

（5）信息资源的利用率。即考察信息系统是否最大限度地利用了现有的信息资源并充分发挥了它们在管理决策中的作用。

（6）提供信息的质量如何。即考察系统所提供信息的准确性、精确性、响应速度。

（7）系统的实用性。即考察系统对实际管理工作是否实用。

2. 信息系统的经济效益评价指标

信息系统的经济效益评价主要指信息系统的运行结果所产生的直接经济效益和间接经济效益的评价。

（1）直接经济效益指标。

①系统投资额。包括系统软件、硬件的购置与安装，信息系统的开发或购置所投入的资金，另外，组织内部投入的人力、材料费以及系统维护所投入的资金也要计入。

②系统运行费用。包括消耗性材料费用（如打印纸、硒鼓、磁盘等）、系统投资的折旧费、硬件日常维护费用、系统管理人员的费用等保证新的信息系统得到正常运行的费用。

③系统运行新增加的效益。由于信息系统及时、准确地提供对决策有重要影响的信息，从而提高了决策的科学性，避免不必要的开

支。主要反映在对提高组织工作效率、均衡生产过程、降低成本、提高质量、缩短生产周期等方面的贡献，对库存控制、减少储备资金方面的贡献，对提高资金利用率、加快资金周转、分析和控制资金流动状态方面的贡献。

④投资回收期。投资回收期是指通过新增效益，逐步收回投入的资金所需的时间，它也是反映信息系统经济效益好坏的重要指标。

（2）间接经济效益指标。信息系统的间接经济效益很难用具体的统计数字进行计算，只能做定性分析。但是，间接经济效益对企业的生存和发展所起的作用往往要超过直接经济效益。信息系统的间接经济效益指标主要体现在以下几方面：

①管理的科学化。信息系统的应用，使企业在获取、传递和利用信息资源方面，更加灵活、快捷和开放，从而极大地增强了决策者的信息处理能力和方案评价能力，最大限度地减少了决策过程的不确定性、随意性和主观性，提高了决策的效率和效益。

②企业结构的优化。信息系统的应用，推动了业务流程重组和企业结构的重构，原有的金字塔结构被扁平化结构所取代，从而减少了管理层次，削减了机构规模。

③员工素质的提高。信息系统的应用极大地调动了企业员工的潜能和积极性，加强他们的协作精神，促进了相互间知识和经验的交流，形成学习型企业，提高了全体员工的整体素质。

④基础数据管理规范化。与手工信息处理系统不同，信息系统需要规范和及时的基础数据。信息系统对企业工作规范、有关标准和代码等基础管理有很大的促进作用，使企业基础数据管理向规范化发展。

⑤对提高企业对市场的适应能力和竞争能力方面的贡献。信息系统在企业经营管理中的广泛应用，缩短了企业与消费者的距离，使企业迅速将消费者的需求变化及时反映到决策层，促进企业及时调整经营战略，不断向市场提供差别化的产品或服务，提高企业对市场的适应能力，并形成独特的竞争优势。

14.5.2 信息系统审计

信息系统审计是一个通过收集和评价审计的证据，对信息系统是否能够保护资产的安全、维持数据的完整、使被审计单位的目标得以有效地实现、使组织的资源得到高效使用等方面作出判断的过程。

案例：某钢铁集团信息系统审计案例

1. 审计目标

在某钢铁集团原法定代表人的经济责任审计项目中，通过检查某钢铁集团信息系统建设、管理和运行情况，对信息系统的安全性、可靠性和效益性等方面进行了审计，核查系统管理关键控制点，发现该系统在使用和管理过程中存在的薄弱环节，揭示信息系统存在的控制风险，从而对系统进行客观公正的评价，促进被审计单位加强管理、完善措施，关注企业信息化建设能否支撑企业的战略目标，信息系统是否实现了设计目标，是否发挥应有的作用，提出有针对性的审计建议，促进某钢铁集团信息化管理水平的提高。

2. 发现问题

(1) 组织规划管理执行不力：下属公司的信息化建设未执行统一的标准和规范等问题，公司对信息化建设的管理比较缺乏有力的控制能力。

(2) 信息开发控制薄弱：数据中心项目未能达到系统建设方案中提出的目标，投入资金5 000余万元未发挥应有的作用和效益，部分子系统存在缺陷已停用。

(3) 接口控制存在问题：分公司ERP系统决策失误，无法与母公司一体化系统兼容，面临被封存，造成2 500余万元资金面临损失。

3. 审计结果

审计发现，在ERP系统选型的决策过程中，分公司未考虑到集团统一计算机代码、推进信息系统一体化、标准化，实行产、销、研一体化运作的要求，也未考虑选用的ERP系统缺乏适应性的缺陷，并使用与集团不兼容的代码体系，造成集团信息化、一体化过程中未能开发出数据接口，系统无法兼容，形成信息孤岛。在信息系统整合的过程中，ERP系统面临被封存，投入ERP项目开发和实施的2 585万元信息化建设资金面临损失。

案例来源：审计署上海特派办交流资料。

1. 信息系统审计目标与作用

信息系统审计的根本目标是促进信息系统安全、稳定、有效、持续运行。通过对信息系统的安全性、稳定性和有效性进行审计、咨询，降低组织面临的信息系统风险，促使组织信息技术发展目标与其总体经营目标、战略相一致。所以与传统的财务报告审计的作用一样，信息系统审计主要起到鉴证、咨询和促进的作用。

(1) 鉴证作用。信息系统审计的鉴证作用是指，通过审计合理地保证被审计单位信息系统及其处理、产生的信息的真实性、完整性与有效性，政策遵循的一贯性。在市场经济条件下，组织的信息资料对其生存、发展非常重要，是其重要的信息资产。信息系统审计以其独立的身份，对组织的信息系统进行审计，查出其中的各种错误、舞弊、风险和不足，有效地保证了被审计信息系统及其处理、产生信息的真实性、完整性和有效性，是维护组织正常运营不可或缺的重要手段。

（2）咨询作用。信息技术的发展为组织的管理变革提供了技术手段，但是信息化产生的风险是多样的，数据大集中也将风险进一步集中起来，只有控制、化解风险才能保障信息系统安全、稳定、持续运行。通过外部的信息系统审计，可借助于其相对于信息系统建设者、使用者、服务提供厂商的独立性，依据其专业的风险管理经验或知识，在组织信息化过程中帮助其建立、健全内部控制制度，进行系统诊断、评估和咨询；也可根据实际情况，客观中立地提出合适的信息系统解决方案，帮助组织改进管理流程、优化信息系统，使信息系统更好地服务于组织经营管理的需要。通过审计咨询，也使信息系统审计更好地服务于组织信息化建设。

（3）促进作用。信息系统审计的促进价值体现在两个方面：一是指信息系统审计可以促进被审单位更有效地融入社会经济生活中；二是可以促进被审单位改进内部控制，加强管理，提高信息系统实现组织目标的效率和效果。信息系统审计完成后需出具审计报告，以鉴证被审计信息系统的真实、完整、有效。信息系统审计还可出具管理建议书，对信息系统中存在的错误、舞弊、风险、不足提出控制或改进建议，以促进被审计单位对信息系统进行全面审视，并针对上述问题设计解决方案并努力完善。

2. 信息系统审计的内容

（1）管理流程审计。信息技术管理流程审计主要评估与公司发展战略目标相一致的信息技术规划，评估信息技术工作条例或工作程序，评估信息技术部门的工作职责与工作分工，评估信息系统取得（开发、购置、引进）的制度和流程，评估信息系统运行维护的制度和流程，评估项目管理、项目监理的制度和流程，评估信息系统的安全管理制度，评估开发、测试、运行维护分岗制衡管理制度等。

（2）技术平台审计。信息技术平台审计主要评估信息技术基础平台的运行与安全管理，包括网络运行与安全管理，如路由器、网络设备、防火墙、通信线路等；硬件运行与安全管理，如小型机、服务器、前置机、打印机、扫描仪、存储设备、PC、终端等；操作系统及数据库等运行平台的运行与安全管理，如 Unix、Windows、数据库、中间件、应用开发工具、应用发布工具、版本管理工具、项目管理工具、防毒/杀毒工具等。

（3）信息系统项目审计。信息系统项目审计主要评估信息系统项目管理与项目监理的有效性。项目管理审计主要评估项目启动、立项、需求分析、系统设计、开发、测试、试点、验收和推广过程的有效性，评价系统开发生命周期中的每一个程序是否均被严格执行，评价系统迁移的方案与效果，评价各类项目文档是否齐全。其目的是控制项目进展过程中的风险。

项目监理审计主要评估项目监理在信息系统建设过程中发挥的作用，评估项目监理是否有效保证了信息系统建设的质量、进度和成本符合项目立项时的要求。评估项目管理与项目监理间的职责是否清晰，分工是否明确。

3. 信息系统审计的流程

信息系统审计的工作流程主要包括确定审计范围、做好审计准备、进行审计评估、出具审计报告和提供管理咨询等过程。

可根据审计目标，确定审计范围。例如，是进行全面审计还是专项审计；是进行全公司审计还是部分分公司审计。在此基础上制定审计预案，审计预案中要确定审计依据、人员分工、审计工作程序、方法技巧、审计工作文档模板与案例、审计时间表，并注明需重点关注的地方，也可以将审计预案制作成审计工作手册，让每一个审计人员得到同样的信息。

进行审计评估时，应对照审计依据，了解被审计单位的信息技术管理流程、技术基础平台、系统运行环境与管理制度，通过关键点测试等方式作出公正、合理的评估。完成后还需出具详细的审计报告，对被审计信息系统或专项被审计对象进行鉴证，并提出必要的管理建议书，也可主动为被审计单位提供管理咨询，促进或帮助被审计单位提高信息系统管理水平。对于公司内部审计，还有一个通过提供管理咨询帮助其提高管理水平的过程，如总公司对分公司的审计，或公司内部对信息系统的审计，更多的责任或义务是通过内部审计发现信息技术管理中的不足，提出改进建议，并督促或辅导职能部门改进、完善。

本 章 小 结

从企业验收并启用信息系统开始，信息系统就进入了运行管理的阶段，一直要延续到被更好的新系统替代为止。

要完成信息系统的运行维护工作，作为用户企业，要成立相应的信息管理部门，并由首席信息主管（CIO）全面负责企业的信息化工作。在管理信息系统投入运行后，企业要对信息系统的日常运行情况进行记录，并不断地对该系统进行维护，使程序和运行始终处于最佳的工作状态。

信息系统的文档是描述系统从无到有整个发展与演变过程及各个状态的文字资料。信息系统实际上由系统实体及与此对应的文档两大部分组成，系统的开发要以文档的描述为依据，系统实体的运行与维护更需要文档来支持。

信息系统安全管理是一项必不可少的极其重要的信息系统管理工作，要从安全技术和制度建设两个方面加强信息系统的安全管理工作。

系统投入运行后，要定期对系统的功能、软硬件性能、应用状况和系统的经济效果进行评价，以检查系统是否达到预期目标并提出今后的发展方向。信息系统审计是对信息系统是否能够保护资产的安全、维持数据的完整、使被审计单位的目标得以有效地实现、使组织的资源得到高效使用等方面作出判断的过程。

习　题

1. 简述信息管理部门在企业中的地位变迁。
2. CIO 在组织中的职责和知识结构是什么？
3. 信息系统的日常运行管理包括哪些内容？
4. 分别举例说明信息系统维护的类型。
5. 什么是信息系统文档？主要作用是什么？
6. 试述信息系统文档及其与生命周期各阶段编制工作的关系。
7. 通常信息系统会受到哪些方面的安全威胁？
8. 信息系统的安全管理框架包括哪些内容？
9. 应从哪几方面进行系统评价？简述各方面的具体内容。
10. 什么是信息系统审计？它的主要作用是什么？

参考文献

[1] 陈国青等：《中国高等院校信息系统学科课程体系 2011（CIS 2011）》，清华大学出版社 2011 年版。

[2] [美] 斯蒂芬·哈格、梅芙·卡明斯、唐纳德·麦卡布雷著，严建援译：《信息时代的管理信息系统》（原书第 8 版），机械工业出版社 2012 年版。

[3] 黄梯云：《管理信息系统（第三版）》，高等教育出版社 2005 年版。

[4] 陈国青、李一军：《管理信息系统》，高等教育出版社 2006 年版。

[5] 刘仲英：《管理信息系统》，高等教育出版社 2006 年版。

[6] 周明红：《管理信息系统》，人民邮电出版社 2012 年版。

[7] [美] 沃伦·麦克法兰、理查德·诺兰著，陈国清译：《IT 战略与竞争优势》，高等教育出版社 2003 年版。

[8] 仲秋雁、刘友德：《管理信息系统》，大连理工大学出版社 1998 年版。

[9] 薛华成：《管理信息系统》（第 6 版），清华大学出版社 2011 年版。

[10] [美] Kenneth C. Laudon 著，黄丽华、俞东慧译：《管理信息系统》（原书第 15 版），机械工业出版社 2018 年版。

[11] Kenneth C. Laudon 著，张政等译：《管理信息系统：管理数字化公司》（第 11 版），清华大学出版社 2011 年版。

[12] 毛基业、郭迅华、朱岩：《管理信息系统——基础、应用与方法》，清华大学出版社 2011 年版。

[13] 周三多等：《管理学——原理与方法》（第 3 版），复旦大学出版社 2004 年版。

[14] Frederick S. Hillier 著，胡运权译：《运筹学导论》，清华大学出版社 2007 年版。

[15] 斯蒂芬·P. 罗宾斯：《管理学》（第 7 版），中国人民大学出版社 2004 年版。

[16] 王众托：《系统工程引论》（第 3 版），电子工业出版社 2006 年版。

[17] 谭跃进：《系统工程原理》，国防科学技术大学出版社 1999

年版。

[18] 周德群：《系统工程概论》，科学出版社2005年版。

[19] 孙东川等：《系统工程引论》，清华大学出版社2004年版。

[20] 胡久清：《系统工程》，中国统计出版社1999年版。

[21] 夏绍玮等：《系统工程概论》，清华大学出版社1995年版。

[22] 杜瑞成等：《系统工程》，机械工业出版社1999年版。

[23] 梅姝娥、陈伟达：《管理信息系统》，北京师范大学出版社2008年版。

[24] [美] Kenneth C. Laudon 著，周宣光译：《管理信息系统：管理数字化公司》（第8版），清华大学出版社2005年版。

[25] 仲秋雁等：《管理信息系统》，大连理工大学出版社2006年版。

[26] 陈文伟等：《决策支持系统教程》，清华大学出版社2004年版。

[27] 张维明：《数据仓库原理与应用》，电子工业出版社2002年版。

[28] 詹姆斯·奥布赖恩、乔治·马拉卡斯著，李红、姚忠译：《管理信息系统》，人民邮电出版社2007年版。

[29] 陈国青等：《信息系统的组织管理建模》，清华大学出版社2002年版。

[30] 傅湘玲：《企业信息化集成管理》，北京邮电大学出版社2006年版。

[31] 左美云等：《信息系统的开发与管理教程》，清华大学出版社2001年版。

[32] 陈禹：《信息经济学教程》，清华大学出版社1998年版。

[33] AMT ERP 专家组：《企业资源计划（ERP）初阶》，http://www.amt.com.cn。

[34] 程控、革扬：《MRP II/ERP 原理与应用》（第2版），清华大学出版社2006年版。

[35] 闪四清：《ERP系统原理和实施》，清华大学出版社2006年版。

[36] 李健：《企业资源计划（ERP）及其应用》，电子工业出版社2004年版。

[37] 陈启申：《ERP——从内部集成起步》（第2版），电子工业出版社2005年版。

[38] 黄晓涛：《电子商务导论》，清华大学出版社2005年版。

[39] AMT CRM 研究小组：《CRM 初阶》http://www.amt.com.cn。

［40］陈畴镛等：《电子商务供应链管理》，东北财经大学出版社 2002 年版。

［41］李红、梁晋：《电子商务技术》，人民邮电出版社 2004 年版。

［42］陈国青、黄京华、郭迅华等：《中国电子商务发展现状与前景》，科学出版社 2004 年版。

［43］赵林度：《电子商务理论与实务》，人民邮电出版社 2001 年版。

［44］马士华等：《供应链管理》，机械工业出版社 2000 年版。

［45］林玲玲：《供应链管理》，清华大学出版社 2008 年版。

［46］麦克尔·波特：《竞争战略》，华夏出版社 1997 年版。

［47］黄晓涛等：《电子商务导论》，清华大学出版社 2005 年版。

［48］陈子侠等：《供应链管理》，高等教育出版社 2005 年版。

［49］朱爱群：《客户关系管理与数据挖掘》，中国财政经济出版社 2001 年版。

［50］耿骞、袁名敦、肖明：《信息系统分析与设计》，高等教育出版社 2000 年版。

［51］李志刚等：《决策支持系统原理与应用》，高等教育出版社 2005 年版。

［52］陈文伟等：《数据仓库与数据挖掘》，人民邮电出版社 2005 年版。

［53］张维明、邓苏等：《数据仓库原理与应用》，电子工业出版社 2002 年版。

［54］陈京民等：《数据仓库与数据挖掘技术》，电子工业出版社 2003 年版。

［55］陈文伟：《决策支持系统教程》，清华大学出版社 2004 年版。

［56］王珊：《数据仓库技术与联机分析》，科学出版社 1999 年版。

［57］陈京民：《数据仓库原理、设计与应用》，中国水利水电出版社 2004 年版。

［58］［美］Pang-Ning Tan，Michael Steinbach，Vipin Kumar 著，范明、范宏建译：《数据挖掘导论》，人民邮电出版社 2006 年版。

［59］［美］埃弗雷姆·特班、杰伊·E. 阿伦森、梁定澎著，杨东涛、钱峰译：《决策支持系统与智能系统》（原书第 7 版），机械工业出版社 2009 年版。

［60］林宇等：《数据仓库原理与实践》，人民邮电出版社 2003 年版。

［61］［美］Paulraj Ponniah 著，段云峰、李剑威、韩洁、宋美娜译：《数据仓库基础》，电子工业出版社 2004 年版。

［62］赵林度：《电子商务理论与实务》，人民邮电出版社 2001

年版。

[63] 罗超理、李万红：《管理信息系统原理与应用》，清华大学出版社 2002 年版。

[64] 彭志忠等：《管理信息系统实训演练实验教程》，山东大学出版社 2003 年版。

[65] 邹辉霞：《供应链物流管理》，清华大学出版社 2004 年版。

[66] 王要武：《管理信息系统》，电子工业出版社 2006 年版。

[67] 王治宇：《管理信息系统原理与实践》，航空工业出版社 2001 年版。

[68] 张立厚等：《管理信息系统开发与管理》，清华大学出版社 2008 年版。

[69] 王珊、萨师煊：《数据库系统概论》（第四版），高等教育出版社 2006 年版。

[70] 王珊、张孝、李翠平：《数据库技术与应用》，清华大学出版社 2005 年版。

[71] 周志逵、郭贵锁等：《数据库系统原理》，清华大学出版社 2008 年版。

[72] 薛华成：《信息资源管理》（第 2 版），高等教育出版社 2008 年版。

[73] 吴琮璠、谢清佳：《管理信息系统》，复旦大学出版社 2003 年版。

[74] 约翰·沃德、乔·佩帕德著，吴晓波、耿帅译：《信息系统战略规划》，机械工业出版社 2007 年版。

[75] 苏选良：《管理信息系统——应用导向的理论与实践》，电子工业出版社 2009 年版。

[76] 曹汉平等：《信息系统开发与 IT 项目管理》，清华大学出版社 2006 年版。

[77] 闪四清：《管理信息系统教程》（第 2 版），清华大学出版社 2007 年版。

[78] 邓晓红：《管理信息系统实验指导与课程设计》，机械工业出版社 2009 年版。

[79] 陈晓红：《信息系统教程》，清华大学出版社 2003 年版。

[80] 李东：《管理信息系统理论与应用》，北京大学出版社 1998 年版。

[81] 甘仞初：《管理信息系统》，机械工业出版社 2001 年版。

[82] 陈禹：《信息系统分析与设计》，高等教育出版社 2005 年版。

[83] 贺盛瑜、孙艳玲：《管理信息系统》，中国人民大学出版社 2012 年版。

[84] 张金城：《管理信息系统》，清华大学出版社2011年版。

[85] 范并思、许鑫：《管理信息系统》，华东师范大学出版社2012年版。

[86] 黄有才、贺明科、朱承：《管理信息系统》，中国人民大学出版社2012年版。

[87] 邱昭良：《企业信息化的真谛》，广东经济出版社2004年版。

[88] 游战清、李苏剑等：《企业信息化理论与案例》，机械工业出版社2004年版。

[89] 甘仞初：《信息系统原理与应用》，高等教育出版社2004年版。

[90] 马建：《物联网技术概论》，机械工业出版社2011年版。

[91] 王汝传、孙力娟：《物联网技术导论》，清华大学出版社2011年版。

[92] 百度文库，http：//wenku.baidu.com/。

[93] 马慧、杨一平：《管理信息系统》，清华大学出版社2010年版。

[94] 谷歌图书，http：//books.google.cn/。

[95] 博锐管理在线，http：//www.boraid.com/。

[96] IT专家网，http：//crm.ctocio.com.cn/。

[97] 黄梯云、李一军：《管理信息系统》（第7版），高等教育出版社2019年版。

[98] Maruping L. M., Matook S. The Multiplex Nature of the Customer Representative Role in Agile Information Systems Development. MIS Quarterly, 2020, 44 (3): 1411 – 1437.

[99] 黄敏珍、CMMI：《敏捷开发和DevOps在项目管理实践中的应用》，载《项目管理技术》2020年第9期。

[100] 张新：《管理信息系统》，机械工业出版社2010年版。

[101] 周德俭：《智能控制》，重庆大学出版社2005年版。

[102] 王永庆：《人工智能：原理·方法·应用》，西安交通大学出版社1994年版。

[103] 武刚：《信息资源管理》，机械工业出版社2010年版。

[104] 杨一平、卢山：《管理信息系统》，机械工业出版社2017年版。

[105] 张新：《管理信息系统》，经济科学出版社2014年版。

[106] [美] Kenneth C. Laudon著，薛华成译：《管理信息系统》（原书第11版），机械工业出版社2011年版。

[107] 沈波、张富国、徐升华：《信息系统分析与设计》，高等教育出版社2020年版。